파생상품

가치평가 이론을 중심으로

Derivative Securities

이정진 저

도서출판 시대가치

서문

본서는 기본적으로 학부 파생상품 과목의 교과서로 사용될 것을 염두에 두고 집필되었다. 그러나 대학원 과목에서도 사용될 수 있으며, 금융기관의 실무자들이 파생상품의 기본적 원리를 더 깊게 이해하고 싶은 경우에도 참고할 수 있으리라 생각한다. 우선 이 교재가 각자에 맞는 적절한 학습 수단이 될 수 있는지 판단하는 데 도움이 되도록 본서의 구성을 간단히 밝히고자 한다.

크게 3부분으로 구성되었는데, 우선 제 I 편은 파생상품 가운데 기준자산과의 관계가 비교적 단순한 선도나 선물, 그리고 스왑을 대상으로 한다. 이러한 금융 거래의 방식을 소개함으로써 파생상품의 기본적 특성에 대해 설명하고, 이어서 적정한 이론 가격을 차익거래라는 개념을 이용하여 도출한다. 또한 이러한 거래들이 소위 헤징(hedging)이라고 불리는 위험 관리 수단으로 어떻게 이용될 수 있는지에 대해서 살펴본다.

제 II 편에서는 옵션을 소개한 후 그 가치평가를 여러 측면에서 자세히 살펴본다. 학문적으로 파생상품 이론은 많은 경우 옵션의 평가를 중심으로 이루어져 왔고, 옵션의 가치평가라는 테두리 안에서 특별한 케이스로서 다른 파생상품들을 평가할 수도 있기에, 옵션 가치평가는 이 책의 중심 주제라고 할 수 있다. 우선 옵션의 가치가 어떤 조건들로 제약되는지를 말해 주는 차익거래 한계선을 살펴봄으로써 옵션의 특성에 대한 더 깊은 이해를 모색하였다. 그 후 기준자산 가격에 대한 확률분포의 가정에 근거하여 유도되는 이항 옵션 평가기법과 블랙-쇼울즈 공식을 자세히 살펴본다. 이어서 금융기관의 주요 수익 창출 방식의 근거가 되는 동적 헤징에 대해서 예를 들어 설명하고, 아울러 옵션의 평가공식이 재무의 다른 영역에서 어떻게 응용될 수 있는지에 대해서도 살펴본다. 학부의 한 학기 분량으로 제 I 편과 제 II 편의 학습이면 적절해 보인다.

제 III 편에서는 확률과정(stochastic process)이라는 수학적 도구를 이용하여 더 넓은 범위로, 그리고 더 엄격하게 가치평가의 방법론을 확장하고 있다. 예를 들어, 제 II 편에서는 블랙-쇼울즈 모형을 설명함에 있어서 엄밀한 수학적 도출보다는 상식에 부합하는 직관적 접근에 의존하였지만, 제 III 편에서는 옵션 평가의 이론적 논의에서 표준적이라고 할 수 있는 수학적 도구를 단계별로 적용하여 같은 결론에 도달할 수 있음을 보였다. 그리고 이러한 방법론을 이자율이라는, 주가와는 그 움직임의 패턴이 상이한 변수를 기준변수로 하는 다른 파생상품의 평가로 확장할 수 있는 기반을 살펴본 후, 실제로 이자율 파생상품의 가치평가에 적용하여 잘 알려진 모형들을 설명하였다. 따라서 제 III 편은 학부 수준의 이해에 기반을 두고 더 확장된 이해를 원하는 학생들을 위해서 기술되었다. 그런 면에서 제 III 편은 대학원 수준의 파생상품 또는 수리경제학의 한 주제로서 심도 있게 학습되어도 도움이 되리라 생각한다.

본 교재를 학습하기 위한 기초 지식으로는 재무관리와 미시경제학이 도움이 될 것이다. 또한 통계학의 기본 지식이 바람직하고, 추가적으로 제 III 편을 이해하기 위해서는 기초적인 미적분학이 필요할 것 같다. 그러나 본 교재에서는 기본적으로 높은 수준의 수학을 요구하지는 않으며 고등학교 수학을 공부한 사람이면 약간의 추가적인 학습으로 제 III 편 또한 충분히 이해할 수 있으리라 생각한다. 필요한 수학적 도구들은 이 책에서 되도록 설명하려고 하였다. 단지 본서가 택하고 있는 수리적인 방법론 자체에 대해, 즉 수학에 거부감이 있는 사람들에게는 학습에 어려움이 있을 수도 있겠다.

금융시장에는 매우 다양한 파생상품들이 거래되고 있다. 거래소에 상장되어 있는 상품들뿐만 아니라, 은행이나 증권사들이 제조하여 판매하는 파생상품들의 종류와 그 복잡성은 놀라울 정도이다. 이 교과서는 그러한 다양한 파생상품들의 개별적인 특징, 제도적 특이점, 시장의 미시적 구조 등을 살펴보는 것을 목표로 하지 않으며, 파생상품의 범주에 속하는 자산들에 대한 가치평가의 경제학적, 재무적 원리에 초점을 맞추고 있다.

여러 원리나 공식을 제시할 때 되도록 구체적인 예를 포함시켰다. 즉, 여러 이론을 처음 접하는 학생들에게 해당 이론이 의도하는 바가 무엇인지를 현실적으로 설명하기 위해 구체적 숫자를 대입한 여러 예를 통해서 그 논리의 흐름을 단계적으로 제시하려 노력하였다. 그래서 종종 복잡해 보이는 숫자들의 계산이 나타나게 되었는데, 학습할 때 자신에게 적합한 정도로 따라해 보기를 권한다. 그리고 책의 내용 가운데 너무 기술적으로(technically) 어려워진 부분들이 있어서 이런 부분들은 부록에 넣거나 [참고]라고 표시했으니 독자들의 관심 여부에 따라 선택적으로 학습해도 문제가 없을 것이다. 각 장(chapter)의 끝부분에 몇 가지 연습문제를 포함시켰는데, 대부분 저자가 해당 강의의 시험이나 과제로 사용했던 문제들이니 참고하기 바란다.

세부적인 사항 몇 가지를 참고로 언급하면, 우선 예에서의 구체적 계산과 관련하여 책에 나오는 수치들은 주로 마이크로소프트 엑셀을 이용한 결과이므로 독자들이 계산기로 확인할 경우 중간 계산의 소수점 처리에 따라 조금 다른 결과가 나올 수 있지만 이는 계산상의 문제이니 우려하지 않아도 될 것이다. 그리고 제Ⅲ편에는 여러 모형이나 정리의 영어 이름들이 나오는데, 앞부분과 달리 굳이 우리말 발음으로 표시하지 않고 영어 이름 그대로 표기하였다.

이 책은 저자가 서강대학교에서 오랜 기간 개설했던 학부와 대학원 수준의 파생상품과 재무이론 과목에 근거하고 있다. 그동안 강의를 수강했던 모든 학부생, 대학원생, 그리고 MBA 과정생들에게 큰 감사의 말을 전하고 싶다. 그 학생들의 참여를 통해서 이 책의 완성도가 조금씩 개선되어 왔다고 할 수 있겠다. 책으로 나오기까지 인내심을 가지고 작업해 주신 도서출판 시대가치의 김광범 대표님과 길정섭 실장님께 감사의 말씀을 드린다. 또한 마지막 교정 과정에서 본인의 일처럼 꼼꼼하게 도움을 준 대학원생 권혁일 군에게도 고마움을 전한다. 아무쪼록 이 책이 여러분의 재무와 파생상품의 이해에 도움이 되는 도구가 되기를 희망한다.

2024년 여름

이정진

차례

PART I 선도, 선물, 그리고 스왑

PART Ⅱ 옵션 가치평가

제 16 장 이자율 파생상품의 가치평가 379

PART I

선도, 선물, 그리고 스왑

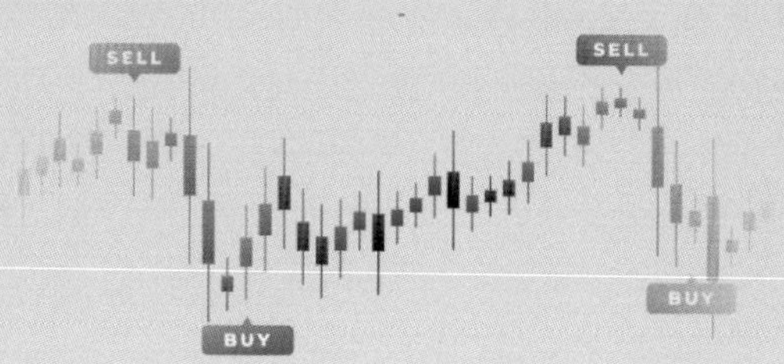

01

선도와 선물의 기초

제 1 절 선도계약

선도계약(先渡契約; forward contract)이란 어떤 자산을 지금 정해진 가격으로 미래의 일정 시점에서 주고받기로 약속하는 계약이다. 거래의 대상이 되는 자산을 기준자산(underlying asset), 기준자산의 교환이 이루어지는 날을 인도일(delivery date), 그리고 지금 정해진 그 가격을 선도가격(forward price)이라고 부른다. 이와 대비해서 계약 즉시 물건의 인도가 이루어지는 거래를 현물거래(spot transaction), 그리고 그 가격을 현물가격(spot price)이라고 일컫는다. 인도일에 기준자산을 사겠다고 약속하는 것을 매입 포지션(long position)을 취했다고, 팔겠다는 것을 매도 포지션(short position)을 취했다고 말하기도 한다.

선도거래의 기준자산은 거래의 두 당사자가 그 가격에 관심을 갖는 어떤 자산도 될 수 있는데, 여기서는 달러를 예로 들어 보자. 갑은 을로부터 3개월 후 달러당 1,200원에 $1,000,000를 매입하기로 오늘 계약한다면, 3개월 후에 인도가 되는 자산에 대해서 오늘 가격을 결정하였으므로 이는 갑이 매입 포지션을, 을이 매도 포지션을 취한 선도계약이 된다.[1] 시간이 흘러 인도일에 이르렀을 때, 그날의 현물환율이 달러당 1,230원이라면 매입 포지션의 갑은 1,230원의 달러를 1,200원에 살 수 있으므로 달러당 30원, 또는 총 3천만원의 이득을 볼 것이다. 만일 인도일의 현물환율이 1,180원이 된다면 1,180원의 달러를 더 높은 가격인 1,200원에 사야 하므로 달러당 20원의 손실이 발생할 것이다. 갑

1 특히 외환의 선도거래를 선물환(先物換) 거래라고 부른다.

그림 1.1 선도거래의 계약 시점과 이행 시점

의 이득은 을의 손실로, 갑의 손실은 을의 이득으로 이어지므로 선도거래는 소위 제로 섬(zero-sum) 게임이다.

기준자산을 인도일에 실제로 인도하는 것을 실물 인도(physical delivery)라고 하는데, 이러한 실물 인도 대신에, 쌍방의 합의로 각각의 이득과 손실을 현금으로 결제할 수도 있다. 앞의 예의 첫 번째 상황에서 갑은 달러당 1,200원을 지급하고 \$1,000,000를 인도받을 수도 있지만, 을로부터 3천만원의 현금을 지급받음으로써 거래를 종료할 수도 있다. 이를 현금 결제(cash settlement)라고 부른다. 만일 갑이 실제로 달러가 필요하다면 실물 인수에 필요했던 12억원에, 을로부터 지급받은 3천만원을 더해서 12억 3천만원으로 \$1,000,000를 현물시장에서 매입할 수 있기 때문에 거래비용을 무시할 경우 이 두 인수 방식은 경제적으로 동일하게 취급할 수 있다. 이러한 이득과 손실을 수입(payoff)이라고 표현하도록 한다. 어떤 시점 t에서의 수입이라는 표현을 향후 많이 사용하게 될 텐데, 이는 어떤 포지션을 취한 결과 얻게 되는 t 시점에서의 현금흐름(cash flow; CF) 또는 이에 상응하는 경제적 가치를 의미하는 명확하고 포괄적인 개념이다. 현금흐름이 실제로 발생하였을 때에는 수입은 현금흐름과 마찬가지이지만, 현금흐름이 아닌 경우도 포괄하기 위해 수입이라는 개념을 이용한다. 위의 예에서 현금 결제의 경우에는 수입이 현금흐름이 될 것이고, 실물 인도를 받았다면 이에 상응하는 경제적 가치를 의미할 것이다.

이하의 논의를 위해서 다음과 같이 정의한다. 후에 혼란이 없도록 조금 엄밀하게 논의해 본다. 시점은 t로 표시하는데 보통 현재는 0 시점으로 생각한다. 즉, 특별한 상황이 아닐 경우 현재는 $t = 0$으로 표시한다. 그리고 시간은 항상 연 단위로 언급한다. 선도거래의 인도는 $t = T$ 시점에서 행해진다고 생각해 보

자. 현재 시점이 $t = 0$일 경우 만일 $T = 0.25$라면 3개월 후에 인도되는 경우를, $T = 0.5$라고 하면 6개월 후에 인도되는 경우를 의미한다. 시점 t에서의 현물가격은 S_t로, T에서 인도되는 선도가격을 우선 $F_t^{[T]}$로 표시한다. 그런데 우리가 어떤 하나의 인도일을 전제로 논의를 하는 경우 그 인도일이 분명할 때는 그냥 F_t로 쓰기로 하자. 물론 두 개 이상의 인도일을 구분할 필요가 있을 때에는, 예를 들어 인도일이 하나는 T_1이고 다른 하나는 T_2일 때에는, 이 두 선도가격은 다르기 때문에 $F_t^{[T_1]}$과 $F_t^{[T_2]}$로 구분해서 표시해야 할 것이다. (하나의 T를 논의의 전제로 하고 있을 때) 현재의 현물가격과 선도가격은 S_0와 F_0로 각각 표시해야 하겠지만 이도 번거로우니 단순하게 S와 F로 쓰기도 한다.

인도 시점에서의 선도가격은 그 시점의 현물가격과 같아진다. 즉, $F_T(\equiv F_T^{[T]}) = S_T$가 성립한다. 인도일이 T 시점으로 고정되어 있는 상태에서 시간이 흐름에 따라 해당 선도계약의 인도일까지의 기간은 점점 짧아지게 되고, 인도일까지 0년이 남은 선도계약은 바로 정의상 현물계약이 되기 때문이다. 이와 같이 인도 시점에서 선도가격과 현물가격이 동일해지도록 제약되기 때문에 인도 시점 이전의 선도가격과 현물가격은 일반적으로 높은 상관관계를 갖게 된다. 이러한 둘 사이의 관계에 대해서는 제 3 장에서 자세히 살펴볼 것이다. 여기에서는 선도가격과 현물가격은

[1] 인도일에서 선도가격은 현물가격이 된다.

[2] 인도일 이전 시점에서 선도가격과 현물가격은 비슷한 방향으로 움직인다.

라는 두 가지 사실을 받아들이면 이후의 이해에 도움이 될 것이다.

[예시]

오늘은 7월 5일인데 현재 시점을 $t = 0$으로 표시한다. 우선 인도일 $T = 0.5$를 전제로 한다. 다시 말해 내년도 1월 5일에 인도된다고 생각하자. 다음과 같이 표시하는 변수의 의미를 생각해 보자.

S_0: 7월 5일의 현물가격. 오늘 알 수 있다.

그림 1.2 여러 시점에서의 현물가격과 선도가격

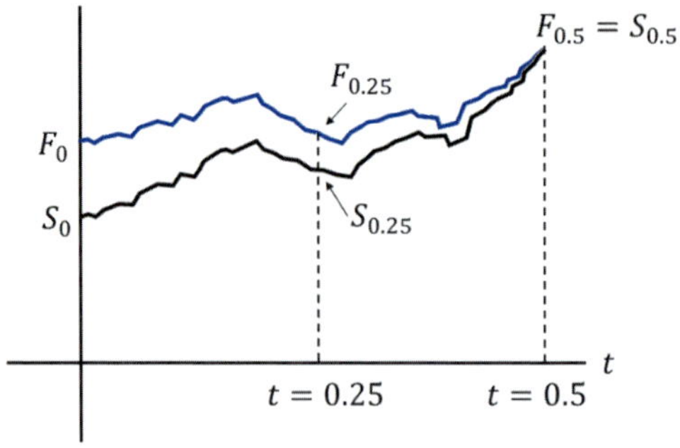

$S_{0.25}$: 3개월 후인 10월 5일의 현물가격. 오늘 알 수 없다.

F_0: 내년도 1월 5일에 인도되는 선도계약의 오늘의 선도가격. 오늘 알 수 있다.

$F_{0.25}$: 내년도 1월 5일에 인도되는 선도계약의 10월 5일의 선도가격. 오늘 알 수 없다.

$S_{0.5}, F_{0.5}$: 내년도 1월 5일 인도일에서의 현물가격과 선도가격. 오늘 알 수 없지만 두 숫자가 같다는 것은 안다.

$S_{0.5}$와 $F_{0.5}^{[1]}$은 같은 값을 갖는가?: $F_{0.5}^{[1]}$은 내년 7월 5일이 인도일인 선도거래의 내년 1월 5일의 선도가격으로서, 그날의 현물가격과 (물론 우연히 같을 수는 있지만) 반드시 같아야 할 이유는 없다.

오늘 F의 선도가격에 매입 포지션을 취한 사람은 인도일에 $S_T - F$의 수입을 얻게 되며, 반대로 오늘 F의 선도가격에 매도 포지션을 취한 사람은 인도일에 $F - S_T$의 수입을 얻게 된다. 따라서 매입자는 향후 현물가격이 상승할수록, 매도자는 현물가격이 하락할수록 더 큰 플러스의 수입을 얻게 된다. 그림 1.3은 매입자와 매도자의 인도일에서의 수입을 그래프로 나타낸 것이다. 한편, 선도거래에서 오늘은 약속만 이루어지기 때문에 매입자나 매도자에게 발생하는 오늘의 현금흐름은 0이다. 지금 논의한 것을 다음과 같이 정리할 수 있다.

그림 1.3 인도일에서의 매입자와 매도자의 수입(payoff)

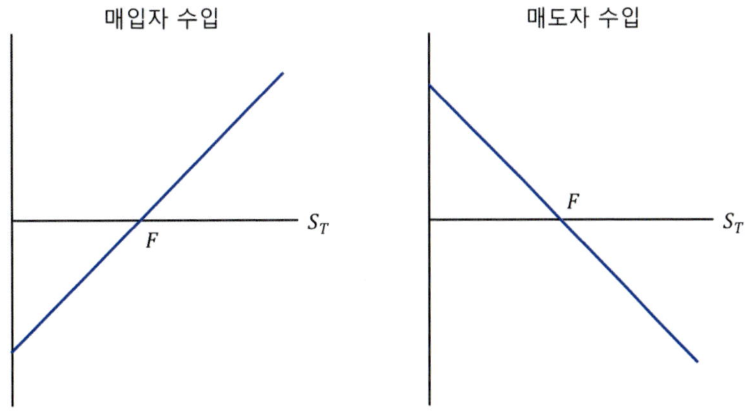

선도 매입 포지션:

오늘의 CF(현금흐름) $= 0$

인도일의 수입(payoff) $= S_T - F$

선도 매도 포지션:

오늘의 $CF = 0$

인도일의 수입 $= F - S_T$

선도거래는 거래 당사자 사이의 일대일 거래이기 때문에, 선도거래에서는 한쪽이 약속을 이행하지 않을 가능성, 즉 신용 위험(credit risk)이 존재한다. 이러한 위험 때문에 보통 선도거래는 충분한 신용도를 갖춘 거래자들 사이에서만 이루어진다. 신용 위험을 감소시키기 위해서 거래의 쌍방이 담보를 제공하는 담보화(collateralization)라는 방법을 이용하기도 한다.

제 2 절 선물거래

선도거래가 정형화되어 거래소에서 거래되는 것이 선물(先物; futures)거래다. 충분한 신용을 갖춘 거래자들만이 이용할 수 있는 선도거래와 달리, 선물거래는 증거금 제도를 통해 신용 위험을 제거할 수 있기 때문에 소액 거래자들도 참여하는 것이 가능해진다. 거래소가 결정한 거래의 한 단위를 1계약(1 contract)이라고 부르는데, 거래소는 되도록 많은 거래자들이 편리하게 거래할 수 있도록 1계약의 크기를 결정한다. 선물 거래소가 기준자산, 인도일, 거래 단위 등을 결정하여 선물을 상장(list)하면, 매입 포지션의 수요와 매도 포지션의 수요를 일치시키는 수준에서 그 시점의 선물가격이 형성되고 거래가 이루어진다. 선물 포지션은 언제든지 반대 포지션을 통해서 없앨 수 있는데, 그동안의 가격 변화에 따라 플러스 또는 마이너스의 수입을 얻게 된다. 예를 들어, 100의 선물가격으로 매입 포지션을 취한 거래자는 며칠 후 선물가격이 103이 되었을 때 매도 포지션을 취하여 포지션을 정리하게 되면 선물가격의 차액인 3의 수입을 실현하게 된다. 반대로 선물가격이 하락하였다면 마이너스의 수입을 얻게 된다. 매도 포지션을 취한 거래자의 경우에는 매입 포지션을 통해서 포지션을 정리할 수 있고 이 경우에는 선물가격이 하락할 때 플러스의 수입을 얻게 된다. 이와 같이, 한번 계약하면 서로의 합의가 없는 한 인도일까지 계약을 유지해야 하는 선도거래와 달리, 선물거래에 참여한 거래자들은 자신의 포지션을 아무 때나 정리할 수 있다.

거래자들이 수시로 포지션을 변화시킬 수 있기 때문에 계약수는 계속 변화하게 되는데, 그렇더라도 매 순간의 매입 포지션 전체의 계약수와 매도 포지션 전체의 계약수는 항상 일치해야 할 것이다. 이 매 순간의 전체 계약수를 미결제약정(open interest)이라고 부른다. 실물 인도가 가능한 선물의 경우, 선물 상장 후 미결제약정은 변화하다가 인도일이 다가옴에 따라 급격히 줄어드는 것이 일반적인 패턴으로 알려져 있다. 최종 거래일까지 포지션을 유지하면 실제로 기준자산 실물을 인도받아야 할지도 모르는데 이는 매우 번거로운 과정이 될 수 있기 때문에 대부분 인도일 이전에 포지션을 정리한다.[2] 대부분의 선물 거래자들은 일정 기간 동안의 가격의 움직임에 관심이 있는 것이지 실제로 기준자산을 인도하거나 인도받을 의도는 없기 때문이다.

한편, 거래량(trading volume)은 미결제약정과 다른 개념으로서, 일정 기간 동안 성사된 선물거래의 총 계약수를 의미한다. 거래량은 일정 기간을 전제로 한 변수이므로 유량(流量; flow) 변수고, 미결제약정은 한 시점을 전제로 하므로 저량(貯量; stock) 변수다. 예를 들어, 어떤 거래자가 새로 10계약을 매입하는데 그 10계약이 새로운 매도 계약에 의해서 매치(match)되는 경우에는, 10계약의 거래량 발생과 함께 그 순간 미결제약정도 10계약 증가할 것이다. 한편, 그 10계약이 기존에 매입 포지션을 보유하고 있던 사람이 포지션을 정리하면서 나온 매도 계약에 의해서 매치되는 경우에는, 거래량은 발생하겠지만 미결제약정은 동일하게 유지될 것이다. 어떤 경우에는 하루 거래량이 그날의 최종 미결제약정보다 클 수도 있다.

거래량은 주식 거래에 있어서의 거래량과 동일한 개념이다. 한편, 주식 거래에 있어서는 거래할 수 있는 전체 주수는 상장된 주식수로서 증자나 감자가 일어나지 않는 한 상당 기간 일정하다. 선물거래에서의 미결제약정은 마치 주식 거래에서의 상장된 주식수에 해당한다고 볼 수 있는데, 다른 점은 아무나 선물을 '발행'할 수 있기 때문에[3] 미결제약정은 수시로 그 수가 변화할 수 있다는 점이다.

2 실물 인도 여부는 선물 매도자가 결정한다.

3 선물 매도는 선물의 발행과 마찬가지로 생각할 수 있기 때문이다.

제 3 절 증거금과 매일정산

선물거래에서 특정 매입자가 특정 매도자와 일대일로 연결되는 것은 아니다. 다시 말해 갑이라는 사람의 약속 불이행이 을이라는 특정인의 불이익으로 직접 연결되는 것이 아니다. 기본적으로 매입자에 대해서는 거래소가 매도 포지션을, 매도자에 대해서는 거래소가 매입 포지션을 취하는 방식으로 모든 거래에서 거래소가 계약의 상대방이 된다고 볼 수 있다. 또한 일반 거래자들은 증권회사 등을 통해서만 선물거래를 할 수 있기 때문에 선물거래를 하기 위해서는 일단 증권회사 등에 계좌를 개설해야 한다. 따라서 어떤 거래자가 계약을 이행하지 않으면 그 결과는 우선 거래소와 증권회사가 부담하게 될 것이다. 이러한 신용 위험을 제거하기 위해서 거래소는 증거금 납부와 매일정산이라는 제도를 시행한다. 증거금(margin)이란 거래소가 선물 거래자들에게 요구하는 일종의 담보(collateral)라고 생각할 수 있다. 어떤 거래자가 선물거래를 시작하기 위해서는 증거금 계좌(margin account)를 개설하고 규정된 증거금을 납부하게 된다. 그리고 이후 포지션을 유지하는 동안 매일 종가를 기준으로 선물가격의 변화를 반영하여 증거금 계좌의 잔액을 조정하게 되는데, 이를 매일정산(daily settlement)이라고 부른다.

선물거래를 시작할 때 납부하는 증거금을 개시 증거금(initial margin)이라고 하는데 선물가격의 일중 최대 변동폭을 고려하여, 기준물 거래 대금의 5~20% 정도의 수준에서 거래소가 결정한다.[4] 증거금의 수준이 높아지면 결제 불이행의 위험은 줄일 수 있지만 거래자들에게 부담이 되므로 거래 활성화도 고려하여 증거금 수준이 결정된다.

매일정산은 포지션을 정리하지 않았음에도, 그날의 종가를 기준으로 포지션을 정리했을 때 얻거나 잃을 수 있었던 금액을 최종 증거금 계좌 잔액에 더하거나 빼는 것을 의미한다. 하루 중 가격 변화가 있으면 매입 포지션의 이득은 매도 포지션의 손실과 그 크기가 같기 때문에, 손실을 보게 되는 거래자의 계좌에

4 우리나라 국채 선물의 경우 1~4% 정도로 훨씬 낮다. 즉, 기준자산의 변동폭에 따라 증거금 수준은 많이 다르다.

서 이득을 보는 거래자의 계좌로 금액을 이동시키면 된다.

유지 증거금(maintenance margin)은 이미 개설되어 있는 계좌에 잔액으로 남아 있어야 하는 증거금의 최저 수준을 의미한다. 즉, 증거금 계좌의 잔액이 규정된 유지 증거금보다 낮아지게 되면, 거래소는 거래자에게 개시 증거금 수준으로 추가로 증거금을 납부할 것을 통보하는 마진 콜(margin call)을 내리게 된다. 정해진 시간 내에 추가 증거금을 납부하지 않을 때에는 이 거래자의 포지션은 거래소에 의해서 정리된다. 유지 증거금은 충분히 높은 수준으로 결정되어 있어서 손실을 입은 거래자가 결제를 불이행하더라도 남아 있는 증거금은 충분한 담보가 되기 때문에 선물거래에 따르는 신용 위험은 실질적으로 존재하지 않는다. 참고로 마진 콜은 선물시장에서만 사용되는 용어는 아니고, 가격의 변동으로 담보가 부족할 경우 더 많은 담보를 요구하는 통지를 의미하는 일반적인 용어다.

주가지수 선물거래의 예

주가지수 선물(index futures)이란 그 기준물이 실체가 있는 자산이 아니라 주가지수라는 하나의 수치로 규정되는 선물이다. 따라서 인도할 수 있는 물건이 없으므로 최종 결제는 실물 인수도가 불가능하여 현금 결제로만 이루어진다. 선물가격의 변화를 현금으로 전환하여 매입자와 매도자의 수입을 결정한다. 즉, 1계약을 주가지수에 일정한 금액을 곱하여 정의하게 된다. 예를 들어, 우리나라에서 활발히 거래되고 있는 KOSPI 200 지수 선물은 1계약이 선물 지수(선물가격) 1의 변화가 25만원에 해당하도록 지정되어 있다. 예를 들어, 어떤 거래자가 선물 지수 240에서 10계약을 매입하여 선물 지수 245에 매도하였다면

$$(245-240)\times 25\text{만원}\ \times 10 = 1{,}250\text{만원}$$

의 수입을 얻게 된다.

개시 증거금은 거래 금액의 15%, 유지 증거금은 10%라고 가정하고,[5] 선물

---

5 개시 증거금이나 유지 증거금은 거래소의 결정에 따라 수시로 변한다. 또한 증권사별로 추가의 증거금을 요구할 수도 있다.

지수가 238.75일 때 4계약을 매도한 거래자의 증거금 잔액의 변화를 살펴보도록 하자. 개시 증거금은

$$238.75 \times 25\text{만원} \times 4 \times 0.15 = 3{,}581.25\text{만원}$$

이고, 유지 증거금은

$$238.75 \times 25\text{만원} \times 4 \times 0.10 = 2{,}387.50\text{만원}$$

이다. 그날 선물 지수가 239.50으로 마감되었다면, 이 거래자의 계좌 잔액은

$$3{,}581.25\text{만원} - (239.50 - 238.75) \times 25\text{만원} \times 4 = 3{,}506.25\text{만원}$$

이 될 것이다. 매도한 날 지수가 0.75 상승하였기 때문에 0.75×25만원×4계약 = 75만원이 감소한 결과다. 다음 날 지수가 1.45 상승하여 종가가 240.95가 되면 다시 잔액은

$$3{,}506.25\text{만원} - (240.95 - 239.50) \times 25\text{만원} \times 4 = 3{,}361.25\text{만원}$$

이 된다. 이와 같이 선물 지수의 등락에 따라 증거금 잔액이 변화하다가, 어느 날 이 거래자의 증거금 잔액이 2,336.25만원이 되었다고 하자. 이는 유지 증거금을 하회하게 되므로 거래자는 마진 콜을 받게 되고, 개시 증거금 3,581.25만원으로 잔액을 회복시키기 위해서 정해진 시간까지 추가로 1,245만원을 납부해야 한다. 이에 응하지 못할 경우에는 이 거래자의 포지션은 거래소에 의해 정리되고 거래자는 남은 잔액을 돌려받게 된다.

이와 같이 선물가격의 변화에 따라 증거금의 잔액을 매일 정산해 나가게 된다. 한편, 선물 투자자의 가능한 손실은 개시 증거금에 한정되지 않는다는 것을 알 수 있다. 선물가격이 거래자에게 불리하게 변화하더라도 포지션을 정리하지 않고 계속 추가 증거금을 납부하며 포지션을 유지한다면 손실은 처음에 납부한 개시 증거금을 초과할 수도 있다. 매입자의 이론상 가능한 최대 손실액은 [매입시 선물가격× 25만원]이지만, 매도자의 이론적으로 가능한 손실액은 한계가 없다고 하겠다.

선물거래에서는 거래 대금의 일부만을 증거금으로 납부하여 거래를 시작하지만, 선물가격의 변화는 그대로 반영하기 때문에 선물가격의 % 변화에 비해서, 투자 금액의 % 변화가 훨씬 커지게 된다. 위에서 예를 든 매도자가 추가 증거금을 납부하고 결국 선물가격이 250.00에서 포지션을 정리하였다면, 지수 선물의 변화율은 $(250.00 - 238.75) \div 238.75 = 4.71\%$ 이지만, 투자 수익률은 -23.31% 에 달하게 된다. (연습문제 1.4 참조.) ♠

제 4 절 선물의 기준자산과 선물 거래소

선물은 그 기준물에 따라 크게 상품 선물(commodity futures)과 금융 선물(financial futures)로 구분하기도 한다. 상품 선물은 19세기 중엽부터 거래되기 시작했는데, 현재 곡물을 비롯하여 석유, 금속, 목재, 면화, 커피, 육류 등 거의 모든 주요 원자재를 대상으로 선물거래가 이루어지고 있다. 어떤 상품이 선물의 기준물이 되기 위해서는 첫째, 광범위한 분야에서 대량으로 생산되는 물건이어야 한다. 시장의 규모가 크지 않아서 몇몇 거래자들이 매점 등을 통해서 가격에 영향을 줄 수 있다면 공정한 가격 형성이 어렵기 때문이다. 둘째, 상당한 가격 변화를 보이고 있어서 그에 따라 많은 사람들의 경제적인 이해가 큰 영향을 받을 수 있는 그러한 상품이어야 선물거래가 사람들의 관심의 대상이 될 수 있다.

금융 선물로는 대표적으로 주가지수 선물, 채권 선물, 통화 선물을 들 수 있다. 개별 주식에 대한 선물도 거래되고 있다. 금융 선물의 효시는 통화 선물(currency futures)로서 1972년에 CME(Chicago Mercantile Exchange; 시카고 상업거래소)에 처음 상장되었다. 1972년은 2차 세계대전 이후 유지되어온 고정환율제도가 변동환율제도로 이행하는 시기로서, 환율 변동을 관리할 수 있는 수단으로서 개발되었다고 생각할 수 있다. 앞서 언급한 것처럼 선도거래는 충분한 신용을 갖춘 금융기관들만이 행할 수 있었지만 선물거래가 시작됨으로써 그렇지 못한 주체들에게도 환율 변동에 대한 관리 수단이 생긴 것이다.

세계적으로 가장 큰 선물 거래소는 CME Group으로, 과거 독자 운영되던 CME, CBOT(Chicago Board of Trade; 시카고 상품거래소), NYMEX(New York Mercantile Exchange; 뉴욕 상업거래소) 등의 합병체다. 금융 선물 외에도 농산물, 에너지, 금속, 날씨, 부동산 지수 등을 기준자산으로 하는 다양한 파생상품들이 상장되어 있다. (www.cmegroup.com 참조.)

우리나라에서는 1996년 5월에 KOSPI 200 지수 선물이 도입되어, 현재 한국거래소(Korea Exchange, KRX)에서 활발히 거래되고 있다. KRX에는 이 외에도 국채 선물, 미국달러 선물, 개별 주식 선물, 금 선물 등이 상장되어 있다. (www.krx.co.kr 참조.)

연습문제

1.1 어떤 거래자가 인도일이 3개월 후인 외환 선도거래에서 $2,000,000를 달러당 1,300원에 매도하는 계약을 맺었다. 3개월 후 인도일 시점에서 현물환율이 1,340원이 되었다면 이 거래자의 인도일 시점에서의 수입은 어떻게 되는가?

1.2 어떤 선물의 미결제약정이 지금 1,000계약이라고 가정하자. 거래자 A는 20계약의 매입 포지션을 가지고 있고, 거래자 B는 15계약의 매도 포지션을 가지고 있다. 이제 주어진 짧은 시간 동안 A는 12계약을 매도하고 B는 5계약을 매입하였다. 또한 그 기간 동안 C는 신규 진입하여 10계약을 매입하고 D는 역시 신규 진입하여 3계약을 매도하였다. 다른 거래는 없었다. 이런 거래들을 통해서 새롭게 발생한 거래량은 얼마이겠는가? 또한 미결제약정은 1,000에서 얼마로 변했겠는가?

1.3 어떤 거래자가 KOSPI 200 선물을 5계약 매도하였다. 어느 날 선물 종가가 275.15로 마감되었을 때, 그의 선물 계좌 잔액은 9,450만원이 되었다. 1주일 후 선물가격이 281.05일 때 이 포지션을 정리하였다면 이 거래자의 선물 계좌 잔액은 얼마이겠는가? 1계약은 선물 1포인트가 25만원에 해당하도록 구성되어 있다. 중간에 인출이나 추가 증거금 납부는 없었다고 가정한다.

1.4 본문 13페이지의 지수 선물 손익의 예에서 투자 수익률 −23.31%는 어떻게 계산되었겠는가?

02

현재가치, 이자율, 그리고 채권

여기 제 2 장에서는 이후의 논의에 있어 필요한 이자율 및 채권과 관련된 몇 가지 기본 사항들을 정리해 보도록 한다.

제 1 절 연속복리 수익률

재무관리에서 화폐의 시간가치(time value of money)를 반영하여 자산의 현재가치와 미래가치를 연결해 주는 개념이 이자율 또는 할인율(discount rate)이다. 그런데 동일한 연(年; yearly) 이자율도 얼마나 자주 복리를 취하는가에 따라 그 결과가 달라진다. 예를 들어, 연 10%의 이자율을 적용한다고 할 때 복리의 횟수에 따라 다음과 같은 차이가 있을 것이다. 100만원을 3년간 예치하는 정기예금을 생각해 볼 때,

$$\text{연 1회 복리의 원리합계} = 100\text{만원} \times (1 + 0.10)^3 = 133.10\text{만원}$$

$$\text{연 2회 복리의 원리합계} = 100\text{만원} \times \left(1 + \frac{0.10}{2}\right)^{3\times 2} = 134.01\text{만원}$$

$$\text{연 4회 복리의 원리합계} = 100\text{만원} \times \left(1 + \frac{0.10}{4}\right)^{3\times 4} = 134.49\text{만원}$$

이 된다. 복리를 취한다는 것(compounding)은, 이전 주기의 원금에 이자를 합한 원리합계를 새로운 원금으로 생각하고 그 원금에 대해서 이자율을 적용하는 것이다. 일반적으로 표현해서, 원금 PV를 연 $r \times 100\%$의 이자율로 연 m회

복리를 취하는 예금에 n년을 예치했을 때의 원리합계는 $PV \times \left(1+\frac{r}{m}\right)^{n\times m}$이다.

복리를 취하는 횟수에는 제한이 없으므로 m을 무한히 증가시키는 경우를 생각해 볼 수 있다. 이런 경우를 연속복리(continuous compounding)를 적용한다고 하는데 그 원리합계는

$$\lim_{m\to\infty} PV \times \left(1+\frac{r}{m}\right)^{n\times m} = PV \times e^{rn} \tag{2.1}$$

으로 수렴하게 된다. 식 2.1은 e라고 하는 수학에서 매우 중요한 하나의 무리수(無理數; irrational number)에 대한 정의라고 생각할 수 있고, 우리는 그 관계를 받아들이면 된다. e는 약 2.7182818의 값을 가지며, 자연대수(natural log) ln과 다음과 같은 관계가 있다. 즉,

$$e^x = y\text{이면} \quad x = \ln\ y.$$

따라서 100만원을 연속복리 연 10%의 이자율로 3년간 예치했을 때의 원리합계는

$$100\text{만원} \times e^{0.1\times 3} = 134.99\text{만원}$$

이 될 것이다. 복리의 횟수를 증가시킬수록 원리합계는 조금씩 증가하며 그 극한이 연속복리 이자를 적용했을 때의 값이다.

경제적으로 보았을 때 사실 중요한 것은 이자율 자체가 아니라 미래의 특정한 현금의 현재가치일 것이다. 이자율은 이러한 현재가치와 미래가치를 비교하게 해 주는 매개변수로서 복리의 횟수에 따라 조금씩 다르게 표현된다는 사실을 항상 염두에 둘 필요가 있다. 연속복리와 대비하여 1년에 m회의 복리를 취하는 이자율 계산 방식을 '연 m회의 이산복리(discrete compounding)'라고 부르고 $r_{[m]}$으로 표기해 보도록 하자. 연속복리는 $r_{[\infty]}$로 표기한다.

1년 후의 미래가치 FV_1이 현재가치 PV에 해당한다고 하자. 이러한 FV_1과 PV의 상대적 크기는 m회 이산복리와

$$\left(1+\frac{r_{[m]}}{m}\right)^m = \frac{FV_1}{PV} \tag{2.2}$$

의 관계가 있으므로

$$r_{[m]} = m \cdot \left[\left(\frac{FV_1}{PV}\right)^{\frac{1}{m}} - 1\right] \tag{2.3}$$

로 표현할 수 있을 것이다. 연속복리의 경우는

$$e^{r_{[\infty]}} = \frac{FV_1}{PV}$$

로부터

$$r_{[\infty]} = \ln\left(\frac{FV_1}{PV}\right)$$

로 계산할 수 있다. 추가로 $r_{[\infty]}$와 $r_{[m]}$ 사이에는

$$e^{r_{[\infty]}} = \left(1+\frac{r_{[m]}}{m}\right)^m \tag{2.4}$$

의 관계를 확인할 수 있다.

그러면 왜 이렇게 복리 횟수를 달리해서 이자율을 표시하는 것일까? 가장 중요한 이유로는, 이자율은 채권의 가격과 대응이 되는데 채권의 종류에 따라 복리의 횟수를 달리하여 이자율을 표시하기 때문이다. 예를 들어, 미국 재무성이 발행하는 장기 국채(T-bond)는 연 2회의 이표를 지급하는데 이 채권의 수익률을 표시할 때 $m = 2$의 이산복리를 이용한다. 다른 예로 우리나라 회사채의 경우 이표를 연 4회 지급하며 채권의 만기수익률을 $m = 4$의 이산복리로 계산한다.[1] 즉, 이자율 관련 상품의 특성에 따라 역사적으로 또는 관행적으로 적용하는 이산복리가 다른 것이 현실이고 이에 맞추어 우리는 현재가치와 미래가치를 비교하게 된다.

---

1 채권과 관련하여 이표, 만기수익률 등은 제 2 절에서 자세히 설명한다.

이론적인 논의에 있어서는 일반적으로 연속복리 개념이 유용하다. 이자율이 적용되는 기간이 복리의 한 구간의 배수(倍數)가 되지 않을 때에는 남은 기간에 대한 할인율의 적용이 성가신 문제가 된다. 즉, 연 4회의 복리를 취하는 경우, 예를 들어 3년 24일 후의 원리합계를 계산한다고 할 때 12번의 복리 후에 남은 24일간의 이자 계산은 다른 방식으로 행하여야 한다. 한편 연속복리를 적용할 때에는 3년 24일을 $\left(3+\frac{24}{365}\right)$년으로 생각하여 시간에 대입하면 된다. 이와 같이 연속복리는 할인율의 적용기간에 관계없이 하나의 원칙에 따라 이자를 계산할 수 있기 때문에, 관계된 수학적 결과 도출이 보다 일관적이고 용이하다. 앞으로 우리는 특별한 언급이 없을 때에는 연속복리를 사용하여 논의를 진행한다. 필요할 경우에는 앞의 식 2.2부터 식 2.4까지의 식들을 이용해서 쉽게 원하는 복리 횟수의 이산복리로 전환할 수 있다.

[예시]

[1] 연 4회 이산복리 10%를 연속복리로 표시하라. 또한 이는 연 2회 이산복리로 표시하면 얼마인가?

[2] 연속복리 7%의 이자율은 연 2회 이산복리로 몇 %에 해당하는가?

[1]

$$\left(1+\frac{0.10}{4}\right)^4 = e^{r_{[\infty]}}$$

에서 $r_{[\infty]} = 4 \cdot \ln(1.025) = 9.8770\%$이다. 또한

$$\left(1+\frac{0.10}{4}\right)^4 = \left(1+\frac{r_{[2]}}{2}\right)^2$$

로부터

$$1.025^2 = 1+\frac{r_{[2]}}{2}$$

이니 $r_{[2]} = 2 \cdot (1.025^2 - 1) = 10.1250\%$에 해당한다.

[2]

$$e^{0.07} = \left(1 + \frac{r_{[2]}}{2}\right)^2$$

로부터 $r_{[2]} = 2 \cdot \left(e^{0.07 \cdot \frac{1}{2}} - 1\right) = 7.1239\%$에 해당한다.

다시 정리하면 연속복리 할인율이 r일 때, 현재가치를 PV, T년 후의 미래가치를 FV로 표시하면,

$$FV = PV \times e^{rT}$$

이고, 이는 다시

$$PV = FV \div e^{rT} = FV \times e^{-rT}$$

로 나타낼 수 있다. 앞으로 대부분의 할인율의 적용에 있어 이러한 방식을 채택할 것이다. 위의 관계로부터

$$e^{rT} = \frac{FV}{PV}$$

$$rT = \ln\frac{FV}{PV}$$

$$r = \frac{1}{T}\ln\frac{FV}{PV}$$

를 도출해 낼 수 있는데, 이는 오늘의 원금과 만기일의 원리합계를 알고 있을 때, 이러한 이자 계산에 적용된 연속복리 이자율을 계산할 수 있는 공식이다. 예를 들어, 100만원을 3년간 투자하여 140만원을 회수하였다면 이 투자로부터의 수익률은

$$\frac{1}{3}\ln\frac{140}{100} = 0.1122$$

이므로, 이 투자로부터 연 11.22%의 수익을 낸 것이라고 하겠다. 채권의 가격으로부터 수익률을 계산하는 등, 투자의 수익률을 계산함에 있어서 많이 적용되는 공식이고 이후의 여러 논의에서 계속해서 이용되기 때문에 숙지하여 익숙해지는 것이 중요하다.

제 2 절 이자율의 기간구조

정기예금을 할 때 얼마나 오랜 기간을 약정하는가에 따라 다른 연 이자율이 적용된다. 예를 들어, 1년 만기 예금에 대해서는 연 5%, 2년 만기 예금에 대해서는 연 5.2%가 적용되는 식이다. 따라서 만기는 이자율을 언급함에 있어서 하나의 중요한 요소가 되는데, 이와 관련하여 어떤 채권/채무(債權/債務)의 만기와 그에 적용되는 이자율의 관계를 경제학에서 이자율의 기간구조(期間構造; term structure of interest rates)라고 부른다. 이자율과 채권(債券; bond) 가격이 어떻게 연결되는지에 대해서 정리하는 것으로 논의를 시작하기로 한다.

채권에는 할인채(割引債; discount bond)와 이표채(利票債; coupon bond)가 있는데, 할인채는 만기 이전에 이자(이표; coupon)를 지급하지 않는 채권이고, 이표채는 만기 이전에 일정한 간격을 두고 약정한 이자(이표)를 지급하는 채권이다. 이표가 지급되는 주기는 채권의 종류에 따라 다르다. 앞서 언급된 것처럼 미국 재무성 발행 장기 국채는 반년마다, 우리나라 회사채는 3개월마다 이표가 지급된다. 이표율(coupon rate)이란 연간 지급되는 이표 금액의 액면 대비 비율을 말한다. 즉, 어떤 채권의 액면이 100이고 이표율이 8%인데 연 4회의 이표를 지급한다고 하면, 3개월마다 2의 이자가 정기적으로 지급되는 것을 말한다.

우선 할인채에 대해서 생각해 보자. 편의상 모든 채권의 액면은 100이라고 하자. 만기가 T인 할인채의 현재 시점 0에서의 가격을 $B(0,T)$로, 지금부터 T 시점까지의 (연속복리) 이자율을 $r(0,T)$로 표시하면, 앞 절에서 설명한 바와 같이 이 두 변수들은 서로 다음과 같은 관계를 갖게 될 것이다.

$$r(0,T) = \frac{1}{T}\ln\frac{100}{B(0,T)}$$

$$B(0,T) = 100e^{-r(0,T)T}$$

이 두 식은 이자율 $r(0,T)$와 채권의 가격 $B(0,T)$의 관계를 보여주는 동일한 식으로 간주할 수 있다.

지금 금융시장에 각종 만기의 할인채들이 존재한다고 할 때, 이 할인채들의 시장가격으로부터 할인채의 만기에 해당하는 이자율을 계산하여 만기와 이자율의 관계를 xy-공간에 그려볼 수 있을 것이다. x-축에 만기 T를, y-축에 이자율을 도시한 그래프를 수익률 곡선(yield curve)이라 부른다. 그림 2.1은 어떤 시점에서 기간구조가 취할 수 있는 여러 형태를 예로 들고 있다. 만기가 멀수록 수익률이 상승하는 형태가 가장 일반적이지만, 반대로 만기가 멀수록 하락하는 경우도 있다. 또는 상승하다가 하락하는 등 여러 모양이 가능하다. 기간구조가 한 시점에서 왜 그러한 특정한 모양을 가지게 되는가를 설명하기 위한 다양한 가설들이 있다. 전통적 이론들로서 불편(不偏)기대(unbiased expectations) 가설, 유동성 선호(liquidity preference) 가설, 시장 분할(market segmentation) 가설 등이 잘 알려져 있다. 최근에는 파생상품의 가치평가 이론에 근거하여 보다 구체적인 기간구조를 도출하는 모형들이 제시되고 있다.[2]

그림 2.1 기간구조의 여러 형태

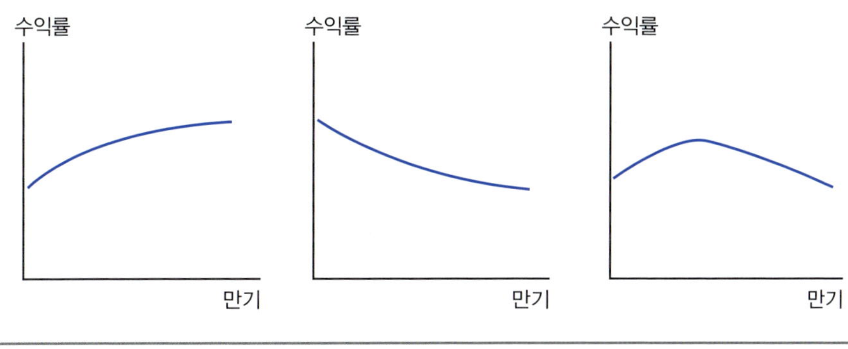

2 제 III 편의 중요한 주제 가운데 하나이다.

할인채의 가격으로부터 수익률 곡선을 도출해 보자. 여러 만기의 할인채들의 가격이 각각 다음과 같이 주어졌다.

0.5년 만기: 96.3194
1.0년 만기: 92.5427
1.5년 만기: 88.8252
2.0년 만기: 85.1292
2.5년 만기: 81.1598
3.0년 만기: 77.4916

0.5년 만기 수익률은

$$r(0,\ 0.5) = \frac{1}{0.5}\ln\frac{100}{96.3194} = 0.0750$$

즉, 7.50%가 된다. 1년 만기 수익률은

$$r(0,\ 1.0) = \frac{1}{1}\ln\frac{100}{92.5427} = 0.0775$$

즉, 7.75%이다. 이와 같은 방식으로 각종 만기의 수익률을 계산한다. 다른 만기의 수익률들은

$$r(0,\ 1.5) = 0.0790$$
$$r(0,\ 2.0) = 0.0805$$
$$r(0,\ 2.5) = 0.0835$$
$$r(0,\ 3.0) = 0.0850$$

일 것이다. 이로써 우리는 하나의 기간구조를 도출한 것이다.

이제 채권시장에서 앞서의 할인채들과 동일한 위험 등급에 속한 다음과 같은 이표채가 거래되고 있다고 하자. 만기가 3년이고, 매년 2회씩 연 8%의 이표를 지급한다고 하면, 이 채권으로부터의 현금흐름은 지금으로부터 6개월 후에 시작되어 6개월 간격으로 $(4, 4, 4, 4, 4, 104)$와 같이 발생할 것이다. 그러면

이 채권의 현재 가격은 이 현금흐름을 기간에 대응하는 할인율을 적용하여 할인한 값들의 합계가 되어야 할 것이다. 즉,

$$\begin{aligned}\text{이표채의 가격} &= 4e^{-(0.0750)(0.5)} + 4e^{-(0.0775)(1.0)} + 4e^{-(0.0790)(1.5)} \\ &\quad +4e^{-(0.0805)(2.0)} + 4e^{-(0.0835)(2.5)} + 104e^{-(0.0850)(3.0)} \\ &= 98.3503\end{aligned}$$

이 된다. 이 이표채는 여러 할인채들의 포트폴리오라고 생각할 수도 있다. 즉, 이 이표채는 0.5년 만기 액면 4의 할인채, 1년 만기 액면 4의 할인채, 1.5년 만기 액면 4의 할인채, 2.0년 만기 액면 4의 할인채, 2.5년 만기 액면 4의 할인채, 3.0년 만기 액면 104의 할인채를 함께 보유할 때와 동일한 현금흐름을 발생시킨다. 액면 4의 할인채는 액면 100의 할인채의 0.04배이고, 액면 104의 할인채는 액면 100의 할인채의 1.04배이므로, 이표채의 가격을 다음과 같이 계산할 수도 있다.

$$\begin{aligned}\text{이표채의 가격} &= (96.3194 + 92.5427 + 88.8252 + 85.1292 + 81.1598) \times 0.04 \\ &\quad +77.4916 \times 1.04 = 98.3503\end{aligned}$$

으로 앞에서와 동일한 값이 계산되었다.

한편, 채권의 가격과 관련하여 만기수익률(YTM; yield to maturity)이라는 중요한 개념이 있다. 채권수익률이라고 부르기도 하는데, 이는 지금 해당 채권을 매입하여 만기까지 보유하는 투자를 통해서 연 몇 %의 수익을 얻을 수 있는가를 말해 주는 할인율이다. 만기까지의 현금흐름을 몇 %의 할인율을 적용할 때, 할인된 현금흐름의 합계와 채권의 시장가격이 일치하는가를 계산하는 것이다. 바로 전의 이표채를 예로 들면, 채권의 만기수익률이란

$$4e^{-0.5y} + 4e^{-1.0y} + 4e^{-1.5y} + 4e^{-2.0y} + 4e^{-2.5y} + 104e^{-3.0y} = 98.3503$$

을 만족시키는 할인율 y를 의미한다. 위의 방정식은 컴퓨터를 이용한 수치적 방법에 의해서 풀게 된다. 여기에서 그 값은 8.4547%다.

지금까지의 논의를 일반화시켜 보자. 기간구조가 $(r(0,t_i), i = 1, 2, \cdots, n)$으

로 주어졌을 때, $(t_1, t_2, \cdots, t_n)$의 시점에서 각각 $(C_1, C_2, \cdots, C_n)$의 현금흐름을 발생시키는 이표채의 현재가치는

$$B = \sum_{i=1}^{n} C_i e^{-r(0,t_i)t_i}$$

로 표현할 수 있다. 한편 만기수익률은

$$B = \sum_{i=1}^{n} C_i e^{-yt_i}$$

를 만족시키는 y를 의미한다. 기간구조가 주어졌을 때, 그리고 해당 채권의 현금흐름이 주어졌을 때 우리는 만기수익률 y와 채권의 가격 B는 일대일로 대응된다는 것을 알 수 있다. 즉, 만기수익률을 알면 채권의 가격을 계산할 수 있고, 역으로 채권의 가격을 알면 만기수익률을 계산할 수 있다. 실제로 채권 거래에 있어 채권의 가격은 그 가격 자체보다 만기수익률로 호가(quote)될 때가 많다. 왜냐하면 채권의 종류가 굉장히 많기 때문에 채권 각각에 대해서 일일이 가격을 호가하는 것보다, 유사한 성격(예를 들어, 회사채인가 국공채인가 등), 유사한 만기, 같은 위험 등급의 채권들을 그룹으로 묶어 그 그룹에 대해서 하나의 만기수익률을 적용하는 것이 더 편리하기 때문이다.

채권에 투자하면 항상 만기수익률을 얻는 것이 아니다. 만기수익률은 말 그대로 해당 채권을 그 채권의 만기까지 보유하여 그 채권으로부터 발생하는 모든 현금을 수취할 경우의 수익률을 의미한다. 만일 채권을 만기 이전에 매도한다면 매도 시점의 채권의 가격에 따라 실현한 수익률은 만기수익률과는 다를 것이다. 예를 들어 보자.

앞서 언급한 만기 3년 이표율 연 8%의 이표채를 98.3503에 매입하였다가 반년이 흐른 후 첫 번째 이표를 받는 순간 이 채권을 매각하였다고 가정하자. 이표로 4의 현금이 발생하였을 것이고, 채권의 매도 가격은 그 시점에서의 기간구조에 따라 다른 값을 가질 것이다. 이 시점에서의 기간구조가, 향후 반년 간격의 만기에 적용되는 할인율로 표시했을 때 (4.0%, 4.2%, 4.4%, 4.6%, 4.8%)

로 나타났다고 가정하면 이 채권의 매도 가격은

$$\text{이표채의 가격} = 4e^{-(0.040)(0.5)} + 4e^{-(0.042)(1.0)} + 4e^{-(0.044)(1.5)} + 4e^{-(0.046)(2.0)} + 104e^{-(0.048)(2.5)} = 107.3889$$

가 될 것이다. 전반적으로 이자율이 큰 폭의 하락을 했고 이로 말미암아 채권의 가격은 큰 상승을 기록한 것이다. 이 반년 동안의 수익률을 계산하면 98.3503을 투자하여 $4 + 107.3889 = 111.3889$를 회수한 것이니 연 단위 연속복리로 $2\ln(111.3889/98.3503) = 24.90\%$에 달할 것이다. 한편 매도 시점에서의 이 채권의 만기수익률은

$$4e^{-0.5y} + 4e^{-1.0y} + 4e^{-1.5y} + 4e^{-2.0y} + 104e^{-2.5y} = 107.3889$$

를 만족시키는 y 값으로서 4.7697%로 계산된다.

다른 상황으로 만일 채권의 매도 시점에서 상승한 이자율을 반영한 기간구조가 (9.0%, 9.2%, 9.4%, 9.6%, 9.8%)로 나타났다면 채권의 가격은 95.6489가 되고 이 시점에서의 만기수익률은 9.7678%가 된다. (연습문제 2.4로 확인.) 우리가 채권을 고정수입증권(fixed income security)이라고 흔히 부르는데, 이는 향후 이자와 원금이 고정되어 있다는 의미이다. 그러나 채권의 매도 시기에 따라 채권 투자도 상당한 가격 위험에 노출될 수 있다.

여러 이표채들로부터 기간구조를 도출하는 예

금융시장에는 채권의 위험도를 평가하는 채권 평가기관이 여럿 존재하는데, 이들은 수시로 이자율의 기간구조를 계산하여 발표한다. 기간구조를 구하기 위해서는 시중에 거래되는 채권들의 거래 가격들을 종합하여 만기에 해당하는 이자율을 계산하게 된다. 앞서 우리는 반년 간격으로 만기가 증가하는 할인채들로부터 기간구조를 도출하였다. 그러나 실제로 시장에는 우리가 가격을 관찰하기를 원하는 만기의 할인채들이 이처럼 우리의 편의에 맞게 규칙적으로 존재하지는 않는다. 여기에서는 여러 만기의 할인채들과 이표채들이 존재할 때 이들로부터 각종 만기의 이자율을 계산하는 예를 들어 보도록 하겠다. 앞서 할인

채들로부터 계산한 것과 동일한 기간구조를 전제로, 같은 결과가 나오도록 문제를 고안하였다. 다음과 같은 6개 채권의 가격이 관찰되었다.

할인채 0.5년 만기: 96.3194

할인채 1.0년 만기: 92.5427

이표채 1.5년 만기, 이표율 연 6%: 97.1558

이표채 2.0년 만기, 이표율 연 7%: 97.8278

이표채 2.5년 만기, 이표율 연 7%: 96.6990

이표채 3.0년 만기, 이표율 연 6%: 93.1356

첫 2개의 할인채로부터는 앞서의 결과와 같이

$$r(0,\ 0.5) = 0.0750$$
$$r(0,\ 1.0) = 0.0775$$

가 계산될 것이다.

1.5년 만기 이표채의 현금흐름은 (3, 3, 103)이므로 이는 [액면 3, 만기 0.5년]의 할인채 A, [액면 3, 만기 1.0년]의 할인채 B, [액면 103, 만기 1.5년]의 할인채 C로 구성된 하나의 포트폴리오로 생각할 수 있다. 따라서 할인채 C의 현재가치는 해당 이표채의 가격에서 A와 B의 가치를 빼주면 계산될 것이다. 할인채 A와 B 각각의 현재가치는 $3 \times \frac{96.3194}{100} = 2.8896$과 $3 \times \frac{92.5427}{100} = 2.7763$이므로[3] 할인채 C의 현재가치는 $97.1558 - 2.8896 - 2.7763 = 91.4900$이 될 것이다. 따라서 1.5년 만기의 이자율은

$$r(0,\ 1.5) = \frac{1}{1.5}\ln\left(\frac{103}{91.4900}\right) = 0.0790$$

이 되어야 한다.

2.0년 만기 이표채도 같은 방식으로 액면 3.5의 할인채 3개의 가치를 차감

3 물론 이 계산은 각각 $3e^{-(0.0750)(0.5)}$와 $3e^{-(0.0775)(1.0)}$와 같이 해도 된다. 이하의 계산에서는 중간 계산 과정에서의 반올림에 따라 끝자리가 조금 다를 수 있다.

하고 남는 액면 103.5의 할인채의 가격을 이용하면 [액면 103.5, 만기 2년]의 할인채의 현재가치는

$$97.8278 - 3.5 \times 0.963194 - 3.5 \times 0.925427 - 3.5 \times \left(\frac{91.4900}{103}\right) = 88.1087$$

이 되어

$$r(0,\ 2.0) = \frac{1}{2.0} \ln\left(\frac{103.5}{88.1087}\right) = 0.0805$$

가 계산된다.

2.5년 만기와 3.0년 만기의 이표채로부터도 같은 방식으로 [액면 103.5, 만기 2.5년] 할인채의 현재가치는 84.0004이고 [액면 103, 만기 3.0년] 할인채의 현재가치는 79.8163이므로 이로부터

$$r(0,\ 2.5) = \frac{1}{2.5} \ln\left(\frac{103.5}{84.0004}\right) = 0.0835$$

$$r(0,\ 3.0) = \frac{1}{3.0} \ln\left(\frac{103}{79.8163}\right) = 0.0850$$

과 같이 계산된다. ♠

지금까지의 모든 예에서 반년 간격으로 만기가 증가하는 경우를 살펴보았다. 그러나 현실에서는 가격이 관찰되는 채권의 만기가 무작위로 존재하기 마련이다. 만일 우리가 1년 만기의 이자율을 원하는데 0.8년 만기의 채권과 1.3년 만기의 채권만이 이용 가능하다면 계산한 0.8년과 1.3년 만기의 이자율로부터 1년 만기의 이자율을 추측하는 방법을 고안하게 되는데, 이를 보간법(interpolation method)이라 한다. 가장 간단하게는 두 점을 이어서 그 선상에 놓인 이자율로 보간할 수 있지만, 그 밖에 여러 나름 합리적인 방법으로 중간의 값들을 채워 넣게 된다. 이와 같이 실제로 기간구조를 그리는 작업은 여기에서 우리가 서술한 것보다 좀 더 복잡하며, 주관적인 판단이 필요한 경우도 많다.

기간구조의 용도에 대해 생각해 보자. 주식으로 구성된 펀드의 경우 포함된

주식의 가격은 대부분 실시간으로 관찰되어, 전체 펀드의 현재가치를 수시로 파악할 수 있다. 한편 수많은 채권들로 구성된 펀드의 경우는 개별 채권이 일일이 호가되지도 않을 뿐 아니라, 많은 채권들은 일단 발행이 되어 인수되면 거래되지 않는 경우도 많기 때문에 펀드의 가치를 수시로 파악하는 것은 쉽지 않다. 그런데 기간구조를 알게 되면 내가 보유하고 있는 채권들로부터 발생되는 현금흐름들, 다시 말해 각종 이표의 수취와 원금의 회수 등으로 파악되는 일련의 현금흐름을 미래 발생 시점에 맞추어 할인하여 현재가치를 계산할 수 있다. 따라서 기간구조는 채권 포트폴리오의 현재가치를 파악하게 해 주는 도구가 된다고 하겠다. 특히 채권 거래를 전문으로 하는 트레이더의 경우 기간구조는 필수적인 정보이다. 한편 단기 이자율과 장기 이자율의 추이가 금융시장과 전체 경제에 미치는 영향이 크기 때문에 경제의 거시적 측면을 살피는 경제학자들도 기간구조에 주목한다. 하나의 예로 장기 이자율이 단기 이자율보다 낮게 관찰되는 금리역전 현상을 향후 경기침체의 신호로 해석하는 경제학자들이 많다.

제 3 절 듀레이션

주식시장의 투자자들은 자신들이 구성한 포트폴리오의 위험도를 측정하는 지표로서 베타(β)라는 수치를 사용한다. 이와 유사하게 채권시장에서 채권이나 채권 포트폴리오의 위험을 나타내는 개념으로서 듀레이션(duration)이 있다. 듀레이션은 채권 투자에 따르는 현금 수취의 평균 기간으로 정의되며, 따라서 듀레이션의 단위는 연(年)이다. 할인채의 경우에는 현금 수취가 만기에만 일어나므로 듀레이션이 그 만기와 일치한다. 이표채의 경우, 예를 들어 채권을 보유하면 1년 후에 5, 2년 후에 105를 수취하게 된다면 현금을 수취하는 1년과 2년을 가중평균하게 되는데, 그 가중치는 수취하는 현금 액수인 5와 105를 만기수익률로 기간에 맞추어 할인한 값의 비중이다. 정확하게 정의하자면, $(t_1, t_2, \cdots, t_n)$의 시점에서 각각 $(C_1, C_2, \cdots, C_n)$의 현금흐름을 발생시키는 이표채의 경우 그 듀레이션은

$$D = \sum_{i=1}^{n} \frac{C_i e^{-yt_i}}{B} \times t_i$$

로 정의된다. 여기에서 $\frac{C_i e^{-yt_i}}{B}$는 C_i라는 현금을 만기수익률로 할인한 값이 전체 채권 가격에서 차지하는 비중으로서, 이를 가중치로 이용하여 $t_1, t_2, \cdots, t_n$의 평균을 계산하는 것이다.[4] 우선 제 2 절에서 예로 든 이표채의 듀레이션을 구해 보자. 해당 이표채의 가격은 98.3503이었으며, 만기수익률은 8.4547%로 계산된 바 있다. 따라서

$$\begin{aligned} D = \frac{1}{98.3503} \big[& 4e^{-(0.084547)(0.5)}(0.5) + 4e^{-(0.084547)(1.0)}(1.0) \\ & + 4e^{-(0.084547)(1.5)}(1.5) + 4e^{-(0.084547)(2.0)}(2.0) \\ & + 4e^{-(0.084547)(2.5)}(2.5) + 104e^{-(0.084547)(3.0)}(3.0) \big] \\ = 2.7232(\text{年}) & \end{aligned}$$

이다.

그런데 이렇게 정의되는 듀레이션은, 이자율의 전체적인 변화에 대한 채권 가격의 % 변화를 예측해 주기 때문에 채권의 위험관리에 널리 사용되고 있다. 그 근거를 찾아보자. $z = f(x)$라는 함수 관계가 있을 때 z의 작은 변화 Δz는 f의 도함수를 이용하여 $\frac{dz}{dx}\Delta x$로 그 근사값을 삼을 수 있다. 여기에서는 B가 만기수익률 y의 함수이니, $\Delta B \approx \frac{dB}{dy}\Delta y$로 채권 가격의 변화를 알아볼 수 있을 것이다. 우선 B를 y로 미분하면

$$\frac{dB}{dy} = \sum_{i=1}^{n} C_i e^{-yt_i}(-t_i) = -DB$$

임을 알 수 있으므로,

---

4 여기에서 C_i를 t_i 만기에 해당하는 이자율 $r(0, t_i)$로 할인하지 않고 만기수익률 y로 할인했다는 것에 주목하라. 즉, $\frac{C_i e^{-yt_i}}{B}$는 엄밀하게 말해서 C_i라는 현금의 현재가치가 전체 채권 가격에서 차지하는 비중이 아니다. 현재가치가 되려면 y가 아니라 $r(0, t_i)$로 할인했어야 한다. 왜 그렇게 정의했느냐는 질문이 있다면, 그렇게 정의하는 것이 듀레이션을 채권의 위험을 가늠하는 측정치로서 사용하기에 더 적절하기 때문이다.

$$\Delta B \approx \frac{dB}{dy}\Delta y = -DB\Delta y \tag{2.5}$$

가 성립하고, 따라서

$$\frac{\Delta B}{B} \approx -D\Delta y$$

가 도출된다. 즉, 만기수익률의 변화에 대한 채권 가격의 % 변화는[5] $-D$에 비례하는 것으로 근사할 수 있다. 그러므로, 듀레이션이 큰 채권은 동일한 만기수익률의 상승(하락)에 대해서, 원래 가격 대비 더 많은 비율로 가격이 하락(상승)하게 되므로, 전체 시장에서의 이자율 변화에 대해서 더 큰 가격 변화의 가능성을 가진, 더 위험한 채권이라고 말할 수 있다.

듀레이션이 채권 가격의 변화를 짐작하게 해준다는 식 2.5를 앞의 이표채에 적용해 보자. 만기수익률이 0.5% 상승했을 때 식 2.5에 따르면

$$\Delta B \approx -DB\Delta y = -2.7232 \times 98.3503 \times 0.005 = -1.3391$$

로 계산된다. ΔB 의 실제값을 계산하기 위해서 만기수익률은 0.5%p 상승한 8.9547%를 적용하여 채권의 가격을 구하면

$$\begin{aligned} B' &= 4e^{-(0.089547)(0.5)} + 4e^{-(0.089547)(1.0)} + 4e^{-(0.089547)(1.5)} \\ &\quad +4e^{-(0.089547)(2.0)} + 4e^{-(0.089547)(2.5)} + 104e^{-(0.089547)(3.0)} \\ &= 97.0208 \end{aligned}$$

이므로 채권 가격의 실제 변화는 $\Delta B = 97.0208 - 98.3503 = -1.3295$로서 듀레이션을 이용한 근사값 -1.3391과 상당히 가깝다는 것을 확인할 수 있다.

---

5 채권 가격의 변화는 ΔB이고, 채권 가격의 % 변화는 $\frac{\Delta B}{B}$이다.

제 4 절 이산복리에 근거한 만기수익률과 듀레이션 [참고]

앞서 채권의 가격과 만기수익률의 관계, 듀레이션, 듀레이션과 채권 가격 변화의 관계 등을 살펴봄에 있어 연속복리의 형태로 표시된 할인율을 사용하였다. 한편 많은 교과서에서 연 m회의 이산복리를 가정하는 이자율 표현 방식을 기초로 설명을 하고 있고, 이에 따라 그 결과물들이 앞서 우리가 제시한 공식들과 조금 다르다. 여기 제 4 절에서는 이자율 표현 방식에 따른 상이한 결과들을 하나의 틀에서 파악하기 위해서, 만기수익률 대신 본 절에서 정의하는 'Q' 라는 중간 변수를 사용하여 앞서 살펴본 이와 관련된 주제들을 종합적으로 정리해 보겠다.

다음의 이표채를 생각해 보자. 즉,

액면: F
만기: T년
이표율: cr
연간 이표 지급 횟수: m

이 경우 해당 이표채는 $\left(\frac{1}{m}\right)$년을 간격으로 $\left(\frac{cr}{m}\right)F \equiv C$의 이표를 모두 $mT \equiv n$회 지급하게 된다. 다시 말해 $\left(\frac{1}{m},\frac{2}{m},\cdots,\frac{n}{m}\right)$ 시점에서 $(C,C,\cdots,C+F)$의 현금흐름을 발생시킬 것이다.

이제 이 이표채의 현재 가격 B를 연속복리로 표시한 만기수익률 y로 표현하면

$$B = Ce^{-y\frac{1}{m}} + Ce^{-y\frac{2}{m}} + \cdots + Ce^{-y\frac{n}{m}} + Fe^{-y\frac{n}{m}} \tag{2.6}$$

이고 이는 바로 우리가 앞 절에서 사용한 표시 방법이다. 한편 같은 이표채를 연 m회의 이산복리로 표시한 만기수익률 $y_{[m]}$으로 표현하면

$$B = \frac{C}{1+\frac{y_{[m]}}{m}} + \frac{C}{\left(1+\frac{y_{[m]}}{m}\right)^2} + \cdots + \frac{C}{\left(1+\frac{y_{[m]}}{m}\right)^n} + \frac{F}{\left(1+\frac{y_{[m]}}{m}\right)^n} \tag{2.7}$$

일 것이다. 식 2.6과 식 2.7은 같은 현금흐름을 다른 (표시 방법의) 할인율로 표현한 것이므로

$$e^{-y\frac{1}{m}} = \left(1 + \frac{y_{[m]}}{m}\right)^{-1}$$

이어야 하는데, 이는 앞서 살펴본 연속복리 할인율과 이산복리 할인율 사이의 관계인 식 2.4를 조금 변형한 것일 뿐이다. 이 동일한 두 수치를 'Q'로 정의하자. 즉,

$$Q \equiv e^{-y\frac{1}{m}} = \left(1 + \frac{y_{[m]}}{m}\right)^{-1}$$

로 정의한다. 말로 표현하자면 이러한 Q는 $\frac{1}{m}$ 시점의 1을 해당 만기수익률로 할인한 가치다. 이제 Q를 사용하면 식 2.6이나 식 2.7 모두

$$B = CQ + CQ^2 + \cdots + CQ^n + FQ^n \tag{2.8}$$

로 표현할 수 있고, 또는 이를 정리하여

$$B = CQ\left(\frac{1 - Q^n}{1 - Q}\right) + FQ^n \tag{2.9}$$

와 같이 나타낼 수도 있을 것이다.

이제 식 2.9에서 B에 채권의 가격을 대입하여 방정식을 만족시키는 Q 값을 찾은 후, 이를 이자율 표현 방식에 맞는 y 또는 $y_{[m]}$ 값에 연결시켜서 대응하는 y 또는 $y_{[m]}$을 찾으면 그것이 바로 만기수익률이 될 것이다.

[예시]

앞의 제 2 절에서 예로 든 이표채를 예로 들어 살펴보자. 만기가 3년이고 매년 2회씩 연 8%의 이표를 지급하는 채권이니, 앞의 식 2.9의 형식으로 $n = 6$, $C = 4$와 $F = 100$에 해당한다. 그리고 채권 가격은 $B = 98.3503$이었으니

$$98.3503 = CQ\left(\frac{1 - Q^n}{1 - Q}\right) + FQ^n \tag{2.10}$$

이 될 것인데 이 방정식을 Q에 대해서 풀면 $Q = 0.958608$이 계산된다.[6]

연속복리의 틀에서는

$$Q = e^{-y\cdot\left(\frac{1}{m}\right)}$$

로 Q와 y가 연결되니

$$Q = 0.958608 = e^{-y\cdot\left(\frac{1}{2}\right)}$$

를 풀면 $y = 0.084547$이 계산되어 앞의 결과와 일치함을 확인할 수 있다.

m회의 이산복리를 가정하는 경우에는

$$Q = \frac{1}{1 + y_{[m]}/m}$$

의 관계로부터

$$Q = 0.958608 = \frac{1}{1 + y_{[2]}/2}$$

를 풀어 $y_{[2]} = 0.086359$의 만기수익률을 얻을 수 있다. 사실 y를 이미 알고 있다면 $y_{[m]}$를 구하기 위해서는 Q를 구하지 않고도 연속복리와 이산복리의 관계식인 앞서의 식 2.4로부터 직접 구할 수도 있을 것이다.

다음으로 듀레이션을 생각해 보자. 듀레이션을 Q의 함수로 나타내면

$$D = \left[CQ\left(\frac{1}{m}\right) + CQ^2\left(\frac{2}{m}\right) + \cdots + CQ^n\left(\frac{n}{m}\right) + FQ^n\left(\frac{n}{m}\right)\right] \div B$$

$$= \frac{1}{mB}[C(Q + 2Q^2 + \cdots nQ^n) + FnQ^n]. \tag{2.11}$$

---

6 앞서 만기수익률 y를 컴퓨터를 이용해서 풀어야 했던 것과 마찬가지로 이 Q도 수치적으로 풀어야 한다.

위의 식 안에 있는

$$Q + 2Q^2 + \cdots + nQ^n = \frac{Q}{1-Q}\left(\frac{1-Q^n}{1-Q} - nQ^n\right) \tag{2.12}$$

으로 정리가 되므로[7] 이를 식 2.11에 대입하여

$$D = \frac{1}{mB}\left[\frac{CQ}{1-Q}\left(\frac{1-Q^n}{1-Q} - nQ^n\right) + FnQ^n\right] \tag{2.13}$$

와 같이 나타낼 수도 있다.

[예시]

앞서의 이표채의 예를 계속하여 $m = 2$, $C = 4$, $n = 6$, $F = 100$, 그리고 $B = 98.3503$을 식 2.13에 대입하면

$$D = \frac{1}{2(98.3503)}\left[\frac{4Q}{1-Q}\left(\frac{1-Q^6}{1-Q} - 6Q^6\right) + 600Q^6\right]$$

으로 나타낼 수 있다. 실제 듀레이션의 값은 식 2.10을 만족시켰던 $Q = 0.958608$을 대입하여 제 2 절의 예에서 계산된 것과 동일한 값인 2.7232를 얻을 수 있다.

한편 채권 가격의 변화와 듀레이션의 관계를 보여주는 식 2.5는

$$\Delta B \approx \frac{dB}{dy}\Delta y = -DB\Delta y$$

와 같았는데 이 식은 연속복리를 가정하는 상태에서의 Q와 y의 설정 방식에 근거한 것으로서 이산복리를 가정할 때에는 Q와 $y_{[m]}$의 관계가 달라질 것이므로 그 관계가 변할 수 있다. 이를 살펴보자.

---

7 이 도출 과정은 연습문제로 남겨 둔다.

식 2.8에서 B를 Q에 대해서 미분하면

$$\frac{dB}{dQ} = C(1 + 2Q + \cdots nQ^{n-1}) + FnQ^{n-1}.$$

그런데 식 2.11에 따라

$$D = \frac{1}{mB}[C(Q + 2Q^2 + \cdots nQ^n) + FnQ^n]$$

이므로

$$D = \frac{1}{mB}\left[\frac{dB}{dQ} \cdot Q\right]$$

가 성립하여

$$\frac{dB}{dQ} = \frac{mDB}{Q}$$

라고 쓸 수 있게 된다. 한편 $\frac{dQ}{dy}$는 당연히 Q와 y 사이의 관계 설정에 따라 달라진다. 우선 연속복리 y의 경우 $Q = e^{-y/m}$이니

$$\frac{dQ}{dy} = e^{-y/m}\left(-\frac{1}{m}\right) = Q\left(-\frac{1}{m}\right).$$

따라서

$$\frac{dB}{dy} = \frac{dB}{dQ}\frac{dQ}{dy} = \frac{mDB}{Q}Q\left(-\frac{1}{m}\right) = -DB$$

가 성립한다. 이는 앞서 제 3 절에서의 결과와 일치한다.

이제 연 m회 이산복리로 표시한 $y_{[m]}$의 경우를 생각해 보자. 이하의 미분에서 수식 표시가 너무 복잡해 보이기에 임시로 $y_{[m]}$을 y_*로 대체하도록 한다. 이제 $Q = \frac{1}{1+y_*/m}$이므로

$$\frac{dQ}{dy_*} = -\left(1 + \frac{y_*}{m}\right)^{-2}\left(\frac{1}{m}\right) = Q^2\left(-\frac{1}{m}\right)$$

이 되어

$$\frac{dB}{dy_*} = \frac{dB}{dQ}\frac{dQ}{dy_*} = \frac{mDB}{Q}Q^2\left(-\frac{1}{m}\right) = -DBQ$$

임을 알 수 있다. 따라서

$$\Delta B \approx \frac{dB}{dy_*}\Delta y_* = -DBQ\Delta y_* = \frac{-D}{1+\frac{y_*}{m}}B\Delta y_* \tag{2.14}$$

의 관계가 도출된다. 보통 D를 매컬리(Macaulay) 듀레이션, 그리고 $D_{[m]} \equiv \frac{D}{1+y_{[m]}/m}$를 수정(modified) 듀레이션이라 부른다. 따라서 우리가 이산복리로 논의를 할 때에는 채권 가격의 % 변화와 듀레이션의 관계를 식 2.14에 따라 파악해야 한다. 앞서 언급한 이표채를 계속 예로 들면 이 경우 ΔB와 연 2회 이산복리로 표현한 $\Delta y_{[2]}$ 사이에는

$$\Delta B \approx -D_{[2]}B\Delta y_{[2]}$$

의 관계로 파악이 되어야 하는데 여기에서 수정 듀레이션은

$$D_{[2]} = \frac{D}{1+\frac{y_{[2]}}{2}} = \frac{2.7232}{1+\frac{0.086359}{2}} = 2.6105$$

가 되어야 할 것이다.

제 5 절 선도이자율

일반적으로 언급되는 이자율은 현재부터 미래의 특정 시점까지 적용되는 이자율로서, 지금 설명할 선도이자율(forward rate)과 구분하여 현물이자율(spot rate)이라고 한다. 따라서 앞 절의 기간구조는 현물이자율로 표시된 기간구조라고 할 수 있다. 한편, 기간구조는 선도이자율로도 표현할 수 있다.

선도이자율은 두 만기의 현물이자율들로부터 특정한 방식으로 도출되는, '그 사이 기간의 이자율'이라고 생각할 수 있다. 우리가 '그 사이 기간의 이자율'이라고 할 때 이러한 표현은 매우 애매할 수 있다. 그래서 아래에 설명하는 '특정한 방식'으로 계산되는 이자율이라 한 것이다. 예를 들어, 1년 만기 현물이자율이 10%, 2년 만기 현물이자율이 10.5%라고 한다면, 이러한 이자율들과 (다음의 예에서 보여 주는 의미에서) 불일치됨이 없는 1년부터 2년 사이의 이자율은 얼마인가를 말해 주는 것이 선도이자율이다. 이 예의 경우 100을 2년간 투자하면 2년 후의 원리합계는 $100e^{0.105\times2}$가 될 것이다. 선도이자율이란 100을 1년간 투자한 후 다시 1년 만기로 투자를 갱신할 때, 2년 만기로 투자했을 때와 동일한 결과를 얻도록 하는 1년과 2년 사이의 이자율을 의미한다. 즉, 선도이자율을 f라 했을 때,

$$100e^{0.10\times1}e^{f\times1} = 100e^{0.105\times2}$$

가 성립해야 하고, 따라서 $f = 0.110$이 된다.

일반적으로 정의해서 t_i와 $t_j(t_i < t_j)$ 사이의 선도이자율 $f(0, t_i, t_j)$는 두 현물이자율 $r(0, t_i)$와 $r(0, t_j)$에 의해서 함의되는(implied) t_i와 t_j 사이 기간에 적용되는 이자율로서, 이들 사이에는

$$e^{r(0,t_i)t_i} \times e^{f(0,t_i,t_j)(t_j-t_i)} = e^{r(0,t_j)t_j}$$

의 관계가 성립한다. 즉, $f(0, t_i, t_j)$는

$$f(0, t_i, t_j) = \frac{r(0, t_j)t_j - r(0, t_i)t_i}{t_j - t_i}$$

로 정의된다. 주의할 점은, 선도이자율은 미래에 실현될 현물이자율이 아니라는 점이다. 즉, $f(0, t_i, t_j)$는 시간이 경과하여 t_i에 이르렀을 때 그 시점에서의 $(t_j - t_i)$ 만기의 현물이자율, 즉 $r(t_i, t_j)$와는 전혀 다른 개념이다. 미래의 이자율인 $r(t_i, t_j)$는 현재 시점에서는 알 수 없다. 지금 관찰할 수 있는 $f(0, t_i, t_j)$가 지금은 관찰할 수 없는 미래의 $r(t_i, t_j)$에 대해서 어떤 정보를 제공할 수는 있을 것이다. 그러나 $f(0, t_i, t_j)$가 미래의 현물이자율인 $r(t_i, t_j)$의 기대값이라

표 2.1 기간구조 표현의 여러 방법

방법 1		방법 2		방법 3	
$r(0.5)$	7.00	$r(0.5)$	7.00	$r(1.0)$	7.15
$r(1.0)$	7.15	$f(0.5, 1.0)$	7.30	$f(0.5, 1.5)$	7.33
$r(1.5)$	7.22	$f(1.0, 1.5)$	7.36	$f(1.0, 2.0)$	7.75
$r(2.0)$	7.45	$f(1.5, 2.0)$	8.14	$f(1.5, 2.5)$	7.92
$r(2.5)$	7.50	$f(2.0, 2.5)$	7.70	$f(2.0, 3.0)$	7.93
$r(3.0)$	7.61	$f(2.5, 3.0)$	8.16	$f(2.5, 3.0)$	8.16

는 소위 불편기대 가설의 주장도 실증적으로 뒷받침되지 않는다. 선도이자율이란 현재 시점에서 관찰할 수 있는 (미래에 대해 뭔가를 말해 줄지는 모르지만) 현재의 이자율로서, 기간구조를 표현하는 또 하나의 방식이다.[8] 같은 이자율의 기간구조를 나타내더라도 선도이자율로 표현하는 것이 현물이자율로 표현하는 것보다 논의의 전개가 편리한 경우가 있기 때문에 이론이나 실무에서 선도이자율은 중요한 개념이다.

표 2.1은 여러 만기의 현물이자율들로부터 선도이자율들을 계산한 결과를 보여주고 있다. (표기를 단순히 하기 위해서 r과 f의 변수 중 현재를 나타내는 0은 감추었다.) 기간구조는 '방법 1'과 같이 현물이자율들로만 표현할 수도 있고, '방법 2'나 '방법 3'처럼 선도이자율을 포함시켜 다르게 표현할 수도 있다. 즉, 표 2.1의 어느 방법도 기간구조에 대한 동일한 정보를 전달하고 있다.

선도이자율은 선도이자율 계약(FRA; forward rate agreement)이라고 불리는 대차(貸借) 계약의 균형 이자율을 말해 준다. FRA는 미래의 특정 기간에 대해서 적용할 이자율을 지금 정해놓는 계약이다. 예를 들어, 내가 1년 후에 1억원의 수입이 있을 것을 예상해서 그때부터 1년 동안 이 금액을 예치하려고 할 때, 지금부터 1년 후의 시점에서 1년 만기 이자율이 얼마일지 불확실하다. 이 이자율을 확정하고 싶을 때 FRA를 맺을 수 있는데 이때 이 기간의 선도이자

8 몇몇 교과서에서 선도이자율은 미래의 이자율이라고 말하기도 한다. 그러나 이때 거기에서 말하는 '미래의 이자율'이 무엇을 의미하는지 분명하지 않기 때문에 틀렸다고 말할 수는 없겠지만 애매한 표현이다.

율로 계약을 맺는 것이 균형이 된다. 앞의 1년 만기 이자율 10%와 2년 만기 이자율 10.5%의 예로 살펴보면 1년 후부터 2년 시점 사이에 11%의 이자율로 FRA를 맺는 것이 적정하다는 것이다. 왜 그런지 지금의 예를 계속하여 살펴보자.

지금 어떤 FRA가 10.7%로 이루어지고 있다고 가정해 보자.[9] 그러면 나는 우선 1년과 2년 사이에 $100e^{0.10\times1}$만큼을 10.7%로 차입하기로 하는 FRA를 약정하고, 또한 1년 만기로 지금 100을 차입한다. 그리고 그 100을 2년 만기로 예치하는 포지션을 구축한다. 현재 시점에서 1년 만기로 100을 차입하고 그 금액을 2년 만기로 예치했으니 현금흐름은 0이다. 1년 후에 상환할 $100e^{0.10\times1}$는 앞서 10.7%로 차입하기로 한 FRA의 차입금으로 상환한다. 역시 현금흐름은 0이다. 2년 시점에서는 $100e^{0.105\times2}$의 원리금을 수취하고 FRA에서 차입한 금액의 원리금 $100e^{0.10\times1}e^{0.107\times1}$을 상환한다. 그러면 수취금이 상환금보다 크기 때문에 2년 시점에서의 현금흐름은 플러스가 된다. 나는 아무 금액도 투자하지 않고 2년 시점에서 플러스의 현금흐름을 실현한 것인데 이런 결과를 차익거래(arbitrage)라고 한다. 차익거래는 파생상품과 관련하여 아주 핵심적인 개념으로 앞으로 자세히 다룰 것이다. 여기에서는 차익거래는 시장이 불균형 상태에 있다는 것을 의미한다는 점을 이해하면 된다. 따라서 FRA 이자율은 선도이자율 11%보다 작아서는 안 된다. 균형 이자율보다 낮은 이자율이라는 점을 이용하여 FRA 차입을 실행한 것이다. 반대로 선도이자율이 11%를 초과하게 되어도 역시 차익거래가 발생한다. (연습문제 2.8로 남겨 둔다.)

결론적으로 FRA는 선도이자율로 이루어지는 것이 균형이다. 물론 이 결론은 예금과 차입의 이자율이 동일하다는 가정에 근거한 이론적 관계이지만, 현실적으로 예대마진을 반영하더라도 유사한 논리로 FRA 이자율이 어떤 구간에 한정되어야 한다는 것을 보일 수 있다.

---

9 실제로는 금융기관과의 거래에서 예대마진(spread)이 있지만 여기에서는 예대마진이 없다고, 즉 예금이자율과 대출이자율이 같다고 가정한다.

제 6 절 현금흐름의 전환

현재, 1년, 2년, 그리고 3년 시점에서 각각 C_0, C_1, C_2, C_3의 현금을 발생시키는 현금흐름을 (C_0, C_1, C_2, C_3)로 나타내기로 한다. 한편 지금, 1년, 2년, 3년 만기 이자율은 각각 $r_1 = 0.1054,\ r_2 = 0.1116,\ r_3 = 0.1218$이라고 하자. 이런 가정하에서 현금흐름 $(0, 100, 100, 0)$의 현재가치는 $100e^{-0.1054\times1} + 100e^{-0.1116\times2} = 90 + 80 = 170$이며, 3년 시점에서의 미래가치는 $170e^{0.1218\times3} = 245$다. 이럴 때 현재가치가 동일한 세 현금흐름 (0, 100, 100, 0), (170, 0, 0, 0), (0, 0, 0, 245)는 본 절에서 보이는 바와 같이 서로 전환이 가능하다. 예금 이자율과 차입 이자율은 동일하다고 가정한다.

[1] (0, 100, 100, 0)을 (170, 0, 0, 0)으로 전환하기
1년 만기로 90을 차입하고, 2년 만기로 또한 80을 차입한다. 그러면 현재 170을 마련할 수 있다. 그리고 1년 후에는 그때 발생하는 100의 현금으로 1년 만기 차입금을 상환하고, 2년 후에는 그때 발생하는 100의 현금으로 2년 만기 차입금을 상환하면 된다.

[2] (170, 0, 0, 0)을 (0, 100, 100, 0)으로
90을 1년 만기로, 80을 2년 만기로 예치한다.

[3] (170, 0, 0, 0)을 (0, 0, 0, 245)로
170을 3년 만기로 예치한다.

[4] (0, 0, 0, 245)를 (170, 0, 0, 0)으로
170을 3년 만기로 차입한다.

[5] (0, 100, 100, 0)을 (0, 0, 0, 245)로
위의 [1]과 [3]을 한꺼번에 실행한다. 즉, 1년 만기와 2년 만기로 차입해서 조성한 170을 3년 만기로 예치한다. 다른 방법으로, 1년 시점에 100을 2년 만기로 예치하고, 2년 시점에서 다시 100을 1년 만기로 예치하는 것은 어떤가? 이럴 경우

3년 시점에서 확보되는 현금은 반드시 245가 되지는 않을 것이다. 1년 후와 2년 후에 이자율이 어떻게 바뀔지 현재로서는 알 수 없기 때문이다. 물론 1년과 3년 사이에 선도이자율 $f(0, 1, 3) = 13\%$로 FRA를 맺고, 또한 2년과 3년 사이에 선도이자율 $f(0, 2, 3) = 14.22\%$로 FRA를 맺을 수 있다면 그 방법으로도 가능하다.

[6] (0, 0, 0, 245)를 (0, 100, 100, 0)으로

앞에서 언급한 [4]와 [2]를 한꺼번에 실행한다.

다시 말해서, 현재와 미래 시점 사이에서 현금의 이동을 가능하게 하는 금융시장이 존재하며 그 거래에 있어 거래비용이 발생하지 않는다고 가정하면, 현재가치가 동일하지만 서로 발생 시점이 다른 현금흐름들을 우리는 추가적인 부담 없이 서로 전환할 수 있기 때문에, 가치평가의 측면에서 동일한 것으로 간주해도 무방할 것이다.

참고로 이와 관련되어 금융시장에 대한 근본적인 언급을 한다면, 만일 우리가 당연시하는 금융시장이 존재하지 않아서 서로 자금을 빌리거나 빌려주는 것이 가능하지 않다면 위와 같은 현금흐름의 교환은 불가능할 것이다. 만일 (0, 100, 100, 0)의 현금흐름이 개인에게 발생하게 된다면 발생한 시점에서 그 금액을 100% 소비해 버리거나, 아무 이자 없이 현금을 보관하여 현금이 발생한 시점 이후에 소비하는 방법밖에 없을 것이다. 우리가 일반적인 상품시장에서 교환을 통해서 효용을 증가시킬 수 있는 것처럼, 금융시장은 오늘의 소비와 미래의 소비를 교환할 수 있게 함으로써 시장 참여자들의 효용을 증가시킬 수 있게 하는 중요한 제도인 것이다.

연습문제

2.1 연간 2회의 복리를 취하는 방식으로 연 8%의 이자를 지급하는 예금에 1년을 맡겼다고 생각해 보자. 동일한 원리합계를 보장하면서 연간 4회의 복리를 취한다면 이는 연 몇 %의 이자율로 표시되어야 할 것인가? 또 이는 연속복리로 연 몇 %에 해당하는가? (%로 표시, 소수점 4자리까지)

2.2 우리나라의 수출은 70년대 초부터 50년간 약 200배의 성장을 이루었다. 연속복리 성장률로 계산했을 때 매년 몇 %씩 성장했다고 할 수 있는가?

2.3 시장에 다음과 같은 채권들이 거래되고 있다.

채권 액면	만기(단위: 연)	연간 이자	채권 가격
100	0.5	0	96.5
100	1.0	0	92.8
100	1.5	6	97.8
100	2.0	8	99.8

중간에 이자를 지급하는 채권은 연 2회 지급한다. 예를 들어, 위의 표에서 맨 아래 채권은 0.5, 1.0, 1.5, 2.0(년) 시점에서 각각 4, 4, 4, 104의 현금흐름을 발생시킨다. 위의 채권 가격들로부터 0.5, 1.0, 1.5, 2.0(년) 만기 연속복리 이자율을 각각 구하라. (%로 표시하며, 소수점 4자리까지 계산. 예를 들어, 8.4559%.)

2.4 본문 27페이지에서 이자율이 상승한 경우의 기간구조하에서 채권의 가격과 만기수익률이 각각 95.6489와 9.7678%가 된다는 것을 확인하라. 이 경우 반년 동안 실현한 수익률은 연속복리로 연 몇 %인가?

2.5 [순전히 수학적 도출 연습: 관심 있는 사람들만 풀어 볼 것.] 본문 36페이지의 식 2.12를 증명하라.

2.6 [참고] 만기가 무한대인 이표채, 즉 일정한 이표 C를 연 m회씩 영구히 지급하면서 원금의 상환은 없는 채권을 생각하라. (첫 이표는 지금부터 $\frac{1}{m}$년 시점에서 지급된다.) 이 채권의 가격과 듀레이션을 연 m회의 이산복리로 표시한 만기수익률 $y_{[m]}$의 함수로 각각 나타내라.

2.7 $r(t)$는 t년 만기 현물이자율을, $f(s,t)$는 s와 t 사이의 선도이자율을 표시한다고 하자. 다음과 같이 주어졌다.

$$r(1) = 7\%, \quad r(2) = 7.2\%, \quad r(3) = 7.4\%, \quad r(4) = 7.6\%$$

$f(1, 2), f(2, 3), f(1, 4)$를 각각 계산하라.

2.8 본문 41페이지의 FRA 계약의 예에서 만일 현재 1년과 2년 사이의 FRA가 11.5%의 이자율로 체결되고 있다고 할 때 어떻게 차익거래를 만들어 낼 수 있는지 기술하라.

2.9 향후 (0.5, 1.0, 1.5) 시점에서 (3, 3, 103)의 현금흐름을 발생시키는 이표채 A의 가격은 96.28, (5, 5, 105)의 현금흐름을 발생시키는 이표채 B의 가격은 101.80이라고 한다. 0.5년 만기 할인채의 가격은 96.00이다. (편의상 모든 채권의 액면은 100으로 설정한다.) 0.5, 1.0, 1.5(년) 만기의 연속복리 이자율을 각각 구하라. 또한 같은 이자율을 연 2회의 이산복리로 표시하면 어떻게 되겠는가?

03

적정 선도/선물가격

원래의 선도거래에서는 오늘은 약속만 하고 인도일에 약속을 이행한다. 따라서 거래가 일어난 오늘은 선도 매입자나 매도자에게 현금흐름이 발생하지 않으며, 인도일에 가서 그 시점의 현물가격에 근거해서 수입(payoff)이 발생한다. 여기에서는 이러한 단순한 현금흐름과 수입에 근거해서 적정 선도가격을 도출해 본다. 일반적으로 적정 선도가격은, 현물거래와 반대 방향의 선도거래를 통한 차익거래(arbitrage)가 불가능한 상태에서 성립되어야 하는, 현물가격과의 관계에서 파악된다. 본 장에서는 이러한 현물가격과 선도가격의 관계에 초점을 맞춘다. 적정 선도가격을 미래의 예상되는 현물가격과의 관계에서 파악하는 것도 가능한데 이는 뒷부분에서 보충적으로 언급될 것이다.

선물거래의 경우에는 증거금을 납부하게 되지만, 이는 일종의 담보의 역할을 하는 것으로서, 선물 거래소의 규정에 따라 다르기는 하지만 증거금 계좌의 잔액에 대해서 이자를 지급받기도 하고, 국채 등으로 증거금을 대신할 수도 있다. 즉, 증거금은 물건의 가격 자체와는 다른, 맡겨둔 보증금에 가깝다. 또한 인도일에 발생하는 선도거래로부터의 수입은, 선물거래에서 매일정산에 의해 계좌 잔액에 매일 더해지거나 빼지는 금액들을 합산한 것과 동일하기 때문에 선물거래로부터의 전체 수입과 (화폐의 시간가치로 인한 차이를 무시한다면) 같다고도 할 수 있다. 선도거래와 선물거래는 현금흐름의 생성 시기가 서로 다르기는 하지만 이러한 점에서 선도가격과 선물가격의 차이는 크지 않다고 할 수 있다. 또한 이자율에 관한 특정한 조건이 성립할 때에는 두 가격이 이론적으로 일치한다는 결과도 보일 수 있다.[1] 그러므로 본 장에서는 보다 단순한 현

1 예를 들어, 이자율이 고정되어 있다고 가정하거나, 고정되어 있지는 않더라도 시간의 변화에 따른 미래의 이자율을 지금 알 수 있다고 가정하는 경우이다.

금흐름을 보이는 선도거래를 전제로 적정 선도가격을 도출하고 이를 선물가격과 일치한다고 간주하여, 둘을 구분하지 않고 사용하기로 한다.

제 1 절 현물가격과 선도가격 사이의 기본적 관계

제 1 장에서 정의한 바와 같이 오늘의 현물가격을 S, 선도가격(또는 선물가격)을 F로 표시한다. 인도일은 미래 T 시점이다. 인도 시점에서의 선도가격은 현물가격과 같아진다. 즉, $F_T = S_T$가 성립한다. 인도일이 T 시점으로 고정되어 있는 상태에서 시간이 흐름에 따라 해당 선도계약의 인도일까지의 기간은 점점 짧아지게 되고, 인도일까지 0년이 남은 선도계약은 바로 정의상 현물계약이 되기 때문이다.

이제 어떤 사람이 선도거래의 대상물이 되는 자산을 T 시점에서 보유하고자 한다면 다음 두 가지 방법을 이용할 수 있다. 우선 T 시점에서 그 자산을 인도받기로 하는 선도 매입 포지션을 취할 수 있다. 이때 T에서 F의 현금이 유출될 것이다. 다른 방법은 오늘 S의 현금을 차입해서 현물 자산을 매입한 후 창고에 보관하는 것이다. 이때는 T에서 차입금에 대한 원리금과 보관 비용이 현금으로 유출된다. 즉, 발생한 이자를 I, (후불) 보관 비용을 C라고 한다면, $S + I + C$의 비용이 발생한다. 따라서 F와 $S + I + C$ 사이에 밀접한 관계가 있을 것임을 짐작할 수 있다.

$F > S + I + C$의 관계가 시장에서 관찰되었다고 가정해 보자. 이 경우 선도 매도 포지션을 취하면서 동시에 S에 해당하는 현금을 차입하여 현물을 매입, 보관한다고 하자. 이러한 포지션으로부터의 오늘의 현금흐름은 0일 것이다. 왜냐하면, 선도거래는 약속만 한 것이고, 현물 구입 비용도 차입했기 때문이다. 인도일이 되면 이 거래자는 보관 중인 기준자산을 선도 매입자에게 인도하고, 약속한 F를 지급받는다. 이 금액 가운데 차입 원리금 $S + I$와 보관 비용 C를 지급하고 나면 T 시점의 수입은 $F - (S + I + C)$가 될 텐데 이는 앞의 가정에 따라 플러스다. 결과적으로, 투자한 금액도 없으면서 아무런 위험도 없이 T 시

점에서 $F-(S+I+C)$ 의 수입을 얻었는데 이러한 기회를 차익거래 기회(arbitrage opportunity)라고 한다. 즉, 차익거래란 아무 위험이 없는 투자로부터 무위험 수익률을 초과하는 수익을 얻을 수 있는 거래이며, 이러한 차익거래의 기회가 존재한다는 것은 시장이 불균형 상태에 있다는 것을 의미한다. 위의 예에서는 선도가격이 상대적으로 시장에서 고평가되어 있기 때문에 차익거래의 기회가 발생했다고 할 수 있다. 즉, $F>S+I+C$의 관계가 성립했기 때문이다. 따라서 시장이 균형을 이루기 위해서는, 즉 차익거래의 기회가 존재하지 않으려면 적어도 $F\leq S+I+C$의 관계가 유지되어야 한다.

그렇다면 반대로 $F<S+I+C$의 관계가 시장에서 관찰되었을 때에는 어떻게 되겠는가? 우선 시장에 해당 자산에 대한 여분의 재고(excess inventory)가 존재한다고 가정한다. 여분의 재고란 적어도 T 시점까지는 생산이나 소비를 위해서 꼭 있지 않아도 되는 재고를 말한다. 즉, 여분의 재고를 보유하는 사람은 적어도 T 시점까지는 이 물건이 실제로 필요하지 않지만 그 이후를 대비하거나 가격 상승을 기대하고 보유하고 있는 것이다. 이러한 여분의 재고에 대해서는 다른 사람이 이를 빌렸다가 나중에 같은 물건으로 되갚는 것이 적어도 이론적으로 가능해진다. 왜냐하면 어차피 이 물건은 T 시점까지는 사용되지 않을 것이므로 T 시점까지 확실하게 회수만 된다면 재고 물품의 소유자 입장에서 이 물건을 빌려주는 것이 (이론적으로는) 문제되지 않을 것이기 때문이다. 이는 주식을 공매(short-sale)하는 것과 같은 개념이다. 아울러, 여분의 재고를 빌렸을 때에는 원래의 소유자가 지불했을 보관 비용도 재고를 빌리는 사람이 받을 수 있다고 가정한다.[2] 여분의 재고가 존재하지 않는 상황도 중요한데 이는 바로 뒤에 살펴볼 것이다.

앞 문단의 가정들하에서 어떤 거래자가 선도 매입 계약을 맺고, 누군가가 보관하고 있는 대상물을 빌린 후 이를 현물시장에서 매도한다고 생각해 보자. 그러면 S의 현금이 생길 텐데 이는 은행에 예치한다. 이러한 포지션으로부터 발생하는 현재의 현금흐름은 0이다. 인도일에는 은행에 예치한 금액의 원리합

---

2 보다 현실적으로 예를 구성하자면, 보관 비용으로 물품의 주인이 원래 지불해야 했던 C보다 조금 덜 받겠다고 제안하여, 빌려줄 인센티브를 만들 수 있을 것이다.

계 $S+I$를 회수하고, 이로부터 선도가격 F를 지급하여 대상물을 인도받는다. 인도받은 물건은 원래의 주인에게 돌려주면서 보관료로 C를 받는다. 그러면 인도 시점에서 총 $(S+I+C)-F$의 현금흐름을 얻게 되는데 이는 가정에 따라 플러스의 값을 갖는다. 즉, 차익거래가 발생하게 된다. T에서의 현금흐름이 플러스인 것은 $F<S+I+C$라는 상황에 기인하므로, 차익거래가 불가능하게 하기 위해서는 $F \geq S+I+C$의 관계가 성립되어야 한다.

앞에서는 차익거래가 일어나지 않을 조건으로 $F \leq S+I+C$가 제시되었다. 따라서 이 두 필요조건이 만족되기 위해서는 $F=S+I+C$가 성립되는 수밖에 없다. 그런데 이러한 결론을 위해서는 여분의 재고가 존재해서 대상물에 대한 일종의 공매가 가능하다는 가정이 필요했다. 만일 여분의 재고가 존재하지 않아서 내가 대상물을 빌려서 매각하는 것이 불가능하다면 어떻게 되겠는가? 이러한 경우는 $F<S+I+C$의 관계가 관찰되더라도, 대상물에 대한 공매가 불가능하므로 누군가 이로부터 차익거래를 만들어 내는 것이 불가능하다. 따라서 이러한 관계는 차익거래 기회를 가능하게 하는 불균형 상태라고 말할 수 없기 때문에 그대로 유지될 수 있다. 결론적으로 여분의 재고가 시장에 존재하지 않을 때에는 $F \leq S+I+C$라는 관계만을 주장할 수 있을 뿐이다.

여분의 재고 존재 여부는 선도(선물)의 기준물의 성격에 따라 다르다. 선도(선물)의 기준물을 투자 목적 자산(investment asset)과 생산/소비 목적 자산(consumption asset)으로 나누기도 한다. 투자 목적 자산은 보유자들 가운데 상당 부분이 말 그대로 투자를 목적으로 보유하는 것으로, 금융자산 전체와 금, 은과 같은 상품이 여기에 속한다. 즉, 금, 은 등의 귀금속은 생산이나 소비를 위해 보유되기도 하지만 가격 변화를 이용하고자 하는 투자의 대상이 되기도 하기 때문이다. 한편, 생산/소비 목적 자산은 대부분이 실제의 생산과 소비를 위해서 보유되는 자산이다. 원유나 커피 등 대부분의 원자재들이 여기에 해당한다고 할 수 있다.[3] 투자 목적 자산의 경우에는 항상 여분의 재고가 존재한다

3 원유 가격의 등락으로부터 수익을 얻으려고 원유 시장에 참여하는 사람들도 물론 존재하며 그런 사람들에게는 원유는 투자 대상이 된다. 그러나 일반인들이 마치 주식이나 금에 투자하듯이 원유에 투자하지는 않을 것이고 상당 부분이 투자를 목적으로 보유되지는 않을 것이므로 원유는 생산/소비 목적 자산으로 분류하는 것이 타당하다.

고 볼 수 있는 반면, 생산/소비 목적 자산은 시장의 재고 상황에 따라서 존재할 수도 있고 존재하지 않을 수도 있다. 투자 목적 자산의 경우 가격이 충분히 높으면 매도 물량이 시장에 나오겠지만, 생산/소비 목적 자산은 만일 그 자산이 T 시점 이전의 생산을 위해서 생산자가 보유하고 있던 물건이라면 매도 물량으로 나오기 힘들 것이다.

제 2 절 보다 구체적인 적정 선도가격 공식

앞에서 여분의 재고가 존재한다는 전제하에 $F = S + I + C$라는 일반적 관계를 살펴보았다. 여기에서는 이자율 등을 이용하는, 보다 구체적인 적정 선도가격의 공식을 도출해 보도록 한다. 우선 보관 비용 C를 확장해서 해석해 볼 필요가 있다. 앞에서 C는 현물을 보유하기 때문에 발생하는 비용이었다. 그런데 현물을 보유할 때 반대로 수입이 발생할 수도 있다. 보유하는 현물이 채권이나 주식일 때에는 이들로부터 이자나 배당을 기대할 수 있기 때문이다. 이 경우 그러한 수입의 T 시점에서의 가치는 마이너스 보관 비용으로 생각할 수도 있을 것이다. 따라서 $F = S + I + C$라는 관계는 현물 보유에 따르는 수입의 T 시점에서의 가치에 마이너스 부호를 붙여서 이를 C에 대입해도 성립하게 된다.

(1) $F = (S - A)e^{rT}$

이 공식은 현물 보유로 인해 수입이 발생하며, 그 수입이 어떤 금액으로 표시될 때 사용할 수 있다. 즉, 채권이나 개별 주식을 기준물로 하는 선도계약의 적정 가격을 계산할 때 사용하기 적당하다. 여기에서 A는 현물 보유에 따라 발생하는 수입들의 현재가치를 의미하며, r은 T 만기에 적용되는 무위험 이자율이다. 이 식을 전개하면 $F = Se^{rT} - Ae^{rT}$가 되는데 Se^{rT}는 바로 앞의 일반적인 공식에서 원리합계인 $S + I$에 해당하고, $-Ae^{rT}$는 C에 해당한다. 발생하는 수입의 T 시점에서의 가치는 Ae^{rT}이고 이를 마이너스 보관 비용으로 간주한 것이다. 할인채를 기준물로 하는 경우에는 물론 A는 0이 될 것이다.

보다 구체적인 차익거래불가(no-arbitrage) 논리를 적용하여 이 식을 증명해 본다. 즉, $F > (S-A)e^{rT}$가 성립하고 있을 때 어떤 차익거래가 가능할지 생각해 보자. 일반식에서와 마찬가지로 선도 매도와 함께, 차입을 통한 현물 매입의 포지션을 취하게 된다. 현재 시점의 현금흐름은 앞서 살펴본 바와 같이 0이다. 현물을 인도일까지 보유하는 동안 중간에 수입이 발생하게 되는데 이렇게 중간에 발생하는 현금흐름은 제 2 장 6 절에서 설명된 바와 같이 만기 시점에서 발생하는 현금흐름으로 전환할 수 있을 것이고 그 액수는 Ae^{rT}가 될 것이다.[4] 이럴 경우 인도일에서의 현금흐름은 기준물을 인도하고 받은 선도가격 F에, 상환할 차입 원리금 Se^{rT}를 빼고, 중간 수입의 합계 Ae^{rT}를 더하여 $F-(S-A)e^{rT}$가 되는데, 이는 플러스이고 따라서 차익거래가 발생하게 된다.

반대로 $F < (S-A)e^{rT}$가 성립할 때에는 선도 매입, 현물 공매의 포지션을 취하고, 현물 공매에 따라 취득한 현금은 은행에 예치한다. 한편 현물을 빌려준 사람은 이자나 배당 등의 지급 시점에서 이의 지급을 요구할 것인데 이에 대비해서 예치금의 일부는 이러한 중간에 지급할 이자나 배당의 시기에 맞추어 만기를 조절해 놓는다. 이 역시 적절한 현금흐름의 전환을 통해서 가능하다. 이렇게 준비해 놓으면 인도일에 은행으로부터 상환받게 되는 총금액은 $(S-A)e^{rT}$가 되므로 이 금액에서 T에서의 기준물 인수에 필요한 F를 빼면 $(S-A)e^{rT}-F$라는 플러스의 수입을 얻게 된다. 이 역시 차익거래다.

앞의 공식을 더 자세하게 이해하기 위해 구체적인 숫자를 넣어 살펴보자. 어떤 주식이 앞으로 3개월과 9개월 후에 각각 400의 배당을 할 것으로 알려져 있는데, 이 주식의 현재 가격은 20,000이다. 3개월, 9개월, 10개월 만기 이자율은 연속복리로 각각 6%, 6.5%, 6.7%다.

[1] 이 주식을 10개월 후에 인도하는 선도계약의 적정 가격은 얼마인가?

$S = 20{,}000,\ T = \frac{10}{12}$이다. 인도일 이전에 발생하는 수입(배당)의 현재가치는

$$A = 400e^{-0.06\times\frac{3}{12}} + 400e^{-0.065\times\frac{9}{12}} = 775.01.$$

4 중간에 발생하는 수입을 그 시점의 이자율로 인도일까지 예치하는 것은 올바른 방법이 아니다.

따라서 균형 가격은 $F^{[e]} = (20{,}000 - 775.01)e^{0.067\times\frac{10}{12}} = 20{,}328.92$로 계산된다.

[2] 이 선도계약이 지금 시장에서 20,400에 거래되고 있다면 어떻게 차익거래를 실현할 수 있는가?

시장가격 20,400이 [1]에서 계산한 균형 가격보다 높으므로 기본적으로 선도 매도, 현물 매입의 전략을 취한다. 그리고 현물 매입은 차입을 통해서 실행한다. 이럴 경우 해당 거래의 현금흐름을 각각 정리한 결과를 표 3.1이 보여준다. 따라서 위의 포지션만으로는 현금흐름이 $(0, 400, 400, -748.43)$과 같이 합계가 되므로, 추가적으로 현금흐름을 전환시키는 과정을 통해 차익거래를 완성해야 한다. 필요한 현금흐름의 전환은 $(0, 400, 400, 0)$을 $(0, 0, 0, 819.51)$로 만드는 것이다. 819.51은 물론 두 400의 미래가치다. 이를 위해서는 $400 \times e^{-0.06\times\frac{3}{12}} = 394.04$는 3개월 만기로, $400 \times e^{-0.065\times\frac{9}{12}} = 380.97$은 9개월 만기로 차입하여 오늘 775.01을 만들고 이 775.01을 10개월 만기로 예치하여 10개월 후 819.51을 상환받으면 된다. 그렇게 하면 [선도 매도 + 현물 매입 + 현물 매입을 위한 차입]으로부터의 현금흐름 $(0, 400, 400, -748.43)$에, 현금흐름 전환 전의 현금흐름 $(0, 400, 400, 0)$을 빼주고 전환 후의 $(0, 0, 0, 819.51)$을 합하여 최종 현금흐름을 $(0, 0, 0, 71.08)$이 되게 만들어 차익거래를 완성하게 된다.

같은 이야기를 배당금의 지급을 포함하고 차입/예치를 합계하여 기술하면 다음과 같다. 기본적으로 현물 매입, 선도 매도를 실행하면서 현물 매입의 대금은 차입을 통해 마련한다. 그래서 394.04는 3개월 만기로, 380.97은 9개월 만기로, 나머지 $20{,}000 - 775.01 = 19{,}224.99$는 10개월 만기로 차입하여 현물 주식을 매입한다. (현물 매입을 위해 10개월 만기로 20,000을 차입하고, 775.01

표 3.1 차익거래를 위한 현금흐름

포지션	현재	3개월 후	9개월 후	10개월 후
현물 매입	−20,000	400	400	0
선도 매도	0	0	0	20,400
현물 매입을 위한 차입	20,000	0	0	−21,148.43
합계	0	400	400	−748.43

을 10개월 만기로 예치하는 것은 결국 그 차액을 10개월 동안 차입하는 것이 된다.) 3개월과 9개월 시점에서 차입금의 만기가 도래하면, 주식 보유로부터의 배당금으로 원리합계를 상환한다. 선도계약의 만기가 도래하면 주식을 선도 매입자에게 인도하고 20,400을 받아 10개월 만기로 차입한 금액의 원리합계 20,328.92(19,224.99의 미래가치)를 상환한다. 결국 시장 선도가격과 균형 가격의 차액인 71.08의 차익거래 수익을 실현하게 된다.

[3] 선도가격이 20,100이라면 어떤 차익거래를 만들 수 있는가?
선도 시장가격이 균형 가격보다 낮으므로 현물 공매, 선도 매입의 포지션을 만든다. 공매로부터 수취한 현금은 예치한다. 구체적으로, 주식을 공매하고 수령한 20,000 가운데 $400 \times e^{-0.06 \times \frac{3}{12}} = 394.04$는 3개월 만기로, $400 \times e^{-0.065 \times \frac{9}{12}} = 380.97$은 9개월 만기로, 나머지 $20{,}000 - 775.01 = 19{,}224.99$는 10개월 만기로 각각 예치한다. 주식을 공매했으므로 3개월과 9개월 시점에서 배당금에 해당하는 현금을 주식의 원래의 소유자에게 전달해야 하니 만기가 도래한 예치금을 은행에서 회수하여 주식을 공매해 준 소유자에게 지급한다. 선도 인도 시점에서 10개월 만기로 예치한 금액의 원리합계인 20,328.92를 수령하고 그 가운데 20,100을 선도 매입금으로 지급하면 그 차액인 228.92를 차익거래 수익으로 실현하게 된다.

[예시]

만기 5개월, 액면 100의 무위험 할인채가 97에 거래되고 있다. 이 할인채를 2개월 후에 인도하기로 하는 선도계약, 다시 말해 인도 시점에서 만기 3개월의 할인채를 인도하는 선도계약의 적정 가격은 얼마가 되어야 하는가? 현재 2개월 만기 무위험 이자율은 7%라고 한다. 한편, 이 선도계약을 적정 가격에 매입한 거래자는 향후 2개월 시점에서의 만기 3개월 이자율이 어느 범위에 있을 때 인도일에서 플러스의 수입을 얻게 되겠는가?

현재 $S = 97$, $r = 0.07$, $T = \frac{2}{12}$이다. 중간에 이표가 발생하지 않으므로 $A = 0$이다. 따라서 적정 선도가격은

$$F^{[e]} = 97e^{0.07\times\frac{2}{12}} = 98.1383$$

으로 계산된다. 선도 매입자가 플러스의 수입을 얻으려면 2개월 후 기준자산인 할인채의 가격이 98.1383보다 커야 한다. 따라서 향후 2개월 시점에서의 3개월 만기 이자율을 r'로 표시할 때[5]

$$100e^{-r'\times\frac{3}{12}} > 98.1383$$

이 성립해야 하고, 이는 바로

$$r' < \frac{1}{3/12}\ln\frac{100}{98.1383} = 7.5170\%$$

이어야 한다는 것을 의미한다. 향후 이자율이 낮아서 할인채의 가격이 높을수록 수입이 커질 것이다. 따라서 선도 매입자가 투기자라면 이자율의 하락에 베팅하고 있다고 말할 수 있다.

중간에 이자나 배당이 없을 때, 즉 $A = 0$일 때 $F^{[e]} = Se^{rT}$의 공식을 사용하는 경우를 바로 앞의 예에서 살펴보았다. 이와 관련되어 다음과 같은 상황을 생각해 보자. T_1 만기의 (현물)이자율을 r_1, T_2 만기의 이자율을 r_2로 나타낸다. ($T_2 > T_1$를 가정.) 앞선 예시에서의 할인채 선도계약과 같이 T_2 만기 액면 100의 할인채를 기준자산으로 하는, 인도일이 T_1인 선도계약을 생각해 보자. 선도계약의 인도일인 T_1에서는 $T_2 - T_1$ 만기의 할인채가 인도될 것이다. 이런 경우 기준물의 현재가치가 $100e^{-r_2T_2}$이니 이를 S에 대입하면

$$\begin{aligned} F^{[e]} &= 100e^{-r_2T_2}e^{r_1T_1} \\ &= 100e^{-(r_2T_2 - r_1T_1)} \end{aligned}$$

이다. 이제 T_1과 T_2 사이의 선도이자율을 f로 표시하면 제 2 장 5 절의 결과에 따라

---

5 즉, 앞 장의 표기를 이용한다면 $r' = r\left(\frac{2}{12}, \frac{5}{12}\right)$를 의미한다.

$$f = \frac{r_2 T_2 - r_1 T_1}{T_2 - T_1}$$

이니

$$F^{[e]} = 100e^{-f(T_2 - T_1)}$$

로도 표현할 수 있다는 것을 알 수 있다. 즉, 균형 선도가격은 기준물인 할인채의 액면을, 해당되는 $T_2 - T_1$ 기간에 대해 선도이자율로 할인하여도 계산할 수 있다는 것이다. 앞의 예에 적용해 보면, 현재 만기 5개월의 할인채가 97에 거래되고 있으니 만기 5개월의 (현물)이자율은 $(12/5) \times \ln(100/97) = 7.3102\%$다. 이제 2개월과 5개월 사이의 선도이자율은

$$f\left(0, \frac{2}{12}, \frac{5}{12}\right) = \frac{(5/12)(7.3102) - (2/12)(7)}{(5/12) - (2/12)} = 7.5170\%$$

로 계산된다. 따라서

$$F^{[e]} = 100e^{-0.07517 \times \frac{3}{12}} = 98.1383$$

이 구해진다. 한편 앞의 예에서 선도 매입자가 플러스의 수입을 얻게 되는 이자율의 임계점이 7.5170%였는데 이는 바로 선도이자율과 동일함을 알 수 있다. 즉, 인도일에서의 (미래) 현물이자율이 (0 시점에서 결정된) 선도이자율보다 낮게 되면 선도 매입자는 플러스의 수입을 얻게 된다.

(2) $F = (S + B)e^{rT}$

이는 현물 보유에 따라 실제적인 보관 비용이 발생하는 경우다. 이자율을 적용했다는 것 외에 보유 비용을 현재가치로 표현했다는 점만이 일반식과 다르다. 여기에서 B는 현물을 보유하기 위해서 지불해야 하는 보관 비용의 현재가치를 나타낸다. 즉, 일반식의 C와는 $C = Be^{rT}$의 관계를 갖게 된다. 현물 보유에 보관 비용이 발생하는 상품 선물의 가격 계산에 적합하다. 앞에서 설명한 바와 같이, 여분의 재고가 존재하지 않는 상황에서는 $F \le (S + B)e^{rT}$의 관계만을 말할 수 있을 것이다.

(3) $F = Se^{(r-\alpha)T}$

이 식에서 α는 현물을 보유하고 있을 때 현물이 증가하는 (연속복리) 증가율이다. 예를 들어, 현물을 1단위 보유하고 있으면 인도일에 이 현물은 $e^{\alpha T}$단위로 불어나게 된다. 가장 쉽게 이해할 수 있는 예가 외환이다. 우리가 외환을 보유하면 외환에 대해서 외환 이자율로 이자가 발생하는데 바로 이때 외환 이자율을 α로 생각하면 된다. 따라서 내가 만일 인도일에 1달러를 인도하기로 달러 선도 매도 포지션을 취하였을 때, 이에 대비해서 오늘 내가 달러화 현물을 매입한다면 1달러가 아니라 이보다 작은 $\frac{1}{e^{\alpha T}}$달러만을 매입하면 된다. 그러면 일반식이 말하는 것처럼 (보관 비용이 없을 때) 선도가격은 현물 매입 비용에 발생 이자를 더하면 되므로 $F = \frac{1}{e^{\alpha T}} Se^{rT}$가 될 것이고 이를 다시 표현한 것이 $F = Se^{(r-\alpha)T}$이다.

지금 우리가 설정하는 모형에서는, 현물 보유에 따라 발생하는 수입의 현재가치를 특정 금액 A로 나타낼 수가 없다. 앞의 논의에서 $(e^{\alpha T} - 1)$이 달러 표시 이자 액수인데 이것이 원화 화폐 단위로 얼마가 될지는 현재 시점에서는 알 수 없기 때문에 (1)의 모형을 사용하기는 적절하지 않다. 여기서는 대신 외환 이자 수입을 현물 단위의 증가로 상상하여 모형화한 것이다.

이 식은 지금 살펴본 바와 같이 통화 선도(선물)에 적용하기 적합하다. 또한 주가지수 선물의 적정 가격을 계산하기 위해서 사용되기도 한다. 주가지수에 포함되어 있는 여러 주식들이 배당을 여러 시점에서 지급하기 때문에, 현물 보유에 따르는 수입을 특정 시점의 일정액으로 표시하기가 힘들다. 이 경우 현물 주식 포트폴리오를 보유하고 있으면 보유하는 자산이 일정 비율로 증가하는 것으로 모형화할 수 있다. 즉, 포트폴리오에 속한 주식들의 수가 모두 $e^{\alpha T}$의 비율로 증가했다고 현실을 근사화하는(approximate) 것이다. 그러면 통화 선도의 경우와 같은 논리를 적용해 $F = Se^{(r-\alpha)T}$의 공식을 얻을 수 있다. 주가지수 선물에 적용할 때 이 α를 배당수익률(dividend yield)이라고 표현한다.

[예시]

위의 달러화 선도계약의 세팅에서 오늘의 선도가격 F가 적정 가격인 $Se^{(r-\alpha)T}$보다 크면 어떻게 차익거래를 만들 수 있는가?

시장 선도가격이 고평가된 것이므로 선도 매도, 현물 매입의 포지션을 취한다. 현물 매입을 위한 원화는 차입을 통해서 마련한다. 선도 매도에 대비해서 오늘 외환을 매입하는데 앞에 설명한 것과 같이 $\frac{1}{e^{\alpha T}}$달러만을 매입하여 달러 예금으로 예치한다. 달러를 매입하기 위해 차입해야 하는 원화 금액은 $\frac{1}{e^{\alpha T}} \times S$원이다. 인도일에는 예치한 달러가 원리합계 1달러로 증가해 있을 것이다. 그러면 그 1달러를 인도하고 대금으로 원화 F원을 받을 텐데 이 금액은 차입한 원화의 원리합계인 $\frac{1}{e^{\alpha T}} \times S \times e^{rT} = Se^{(r-\alpha)T}$원보다 크므로 인도일에 플러스의 현금흐름을 만들 수 있고, 따라서 차익거래를 실현할 수 있다. 여기에서는 1달러의 예를 들었지만 선도거래의 금액이 커지면 이에 비례해서 금액을 늘리면 된다. 또한 여기서는 차익거래의 수익을 T 시점에서 원화로 실현했지만, 시점과 화폐를 달리해서 실현할 수도 있다. 이와 관련된 추가적인 논의는 제 5 장에서 다루도록 한다.

[예시]

오늘 KOSPI 200 지수는 350이다. 3개월 만기 무위험 이자율은 5%이고, 지수에 포함된 주식에 평균적으로 연 3%의 배당수익률이 추정되었다. 3개월물 KOSPI 200 지수 선물의 적정 가격은 얼마인가?

$S = 350,\ r = 0.05,\ \alpha = 0.03$을 대입한다. 따라서 적정 가격은

$$F^{[e]} = 350e^{(0.05-0.03)\times\frac{3}{12}} = 351.75$$

가 된다.

---

(4) $F = Se^{(r+\beta)T}$

이 식은 현물 보유에 따라 발생하는 보관 비용을, 보관을 통해서 현물의 양이 감소하는 것으로 모형화한 결과다. 즉, 여기에서 β는 현물 보유에 따라 현물의 단위가 줄어드는 감소율을 나타낸다. 즉, 오늘 1단위의 현물을 보유하면 인도일에 회수할 수 있는 현물은 $e^{-\beta T}$단위다. 즉, $(1-e^{-\beta T})$단위의 현물을 마치 보관 비용으로 지불한 것으로 생각할 수 있다. 그러나 이 보관 비용은 (2)의 경우와 달리 그 현재가치를 구체적 금액 B로 파악할 수 없는데 이는 $(1-e^{-\beta T})$단위의 현물이 T 시점에서 얼마의 가치가 될지 현재 시점에서 알 수가 없기 때문이다. 따라서 앞의 (3)에서와 유사한 논리로 그 결과를 도출하게 된다. 즉, 인도일에 1단위의 기준물을 인도하기 위해서 오늘 매입해야 하는 현물은 1단위가 아니라 $e^{\beta T}$단위이고, 선도가격은 현물 $e^{\beta T}$단위를 매입하기 위해 지급해야 하는 금액의 미래가치가 되어야 하므로 $F = e^{\beta T}Se^{rT}$가 되는데 이를 정리한 것이 $F = Se^{(r+\beta)T}$이다. 보관 비용이 기준물의 가격에 연동되는 경우의 상품 선물에 적용하기 적합하며, 현물에 대한 여분의 재고가 존재하지 않을 때에는 $F \le Se^{(r+\beta)T}$의 관계만이 성립할 것이다.

(5) 편의수익률

시장에서 $F < S + I + C$의 관계가 관찰되고 있더라도 차익거래가 발생하지 않고 유지되는 경우, 이는 현물 보유에 따르는 어떤 무형의 이익이 존재한다는 것을 의미한다. 왜냐하면 기준자산을 T에서 보유하고자 할 때 선도 매입과 현물 매입의 두 가지 방법 중에서 선도 매입의 비용보다 현물 매입의 비용이 더 큼에도 불구하고 현물 매입을 선택했다는 것은 어떤 이점이 있을 것이기 때문이다. 편의수익률(convenience yield)이란 이러한 무형의 이점을 수치화한 것이다. 다음의 예를 생각해 보자. 어떤 공장 책임자가 T 시점에서의 생산을 위해서 원료를 확보할 필요가 있었다. 이 책임자는 원료를 오늘 매입해서 창고에 보관하거나, 인도일이 T인 선물을 매입하는 두 가지 선택이 있었는데, 현물 확보 쪽을 택했다고 가정하자. 그런데 T 시점 이전에 예상하지 못했던 제품 수요의 증가로 생산량의 증가가 필요했고, 따라서 추가의 원료가 필요하여 T 시점

에서 사용하려고 보관하고 있던 원료를 즉시 사용하였다. 이는 선물의 매입을 통해서는 얻을 수 없었던 효용이다. 이와 같이 현물 보유에 따르는 보이지 않는 효용이 존재할 경우에는 현물 보유에 따른 비용 $(S+I+C)$가 선물 매입을 위한 비용 F보다 크게 형성될 것이다. 눈에 보이지 않은 효용을 위해서 더 높은 가격을 지불할 용의가 있기 때문이다. 편의수익은 앞에서 말한 여분의 재고가 존재하지 않을 때 발생할 것이다.

편의수익은 일부 상품 선물에서 발생하기 때문에, 위의 (2)와 (4)의 식에서 편의수익률을 정의하자면 $F < (S+B)e^{rT}$가 성립하고 있는 상황에서 $F = (S+B)e^{(r-y)T}$를 만족시키는 y 값으로, 또는 $F < Se^{(r+\beta)T}$가 성립하고 있는 상황에서 $F = Se^{(r+\beta-y)T}$를 만족시키는 y 값으로 수치화할 수 있다. 편의수익은 거래 대상 자산의 미래 수급 상황에 대한 시장의 기대를 반영한다고 한다. 선물의 인도일 이전에 품귀 현상이 일어날 가능성이 높을수록 편의수익률은 높아질 것이고, 현재 많은 재고가 있어 당분간 공급이 충분할 것이 예상되면 편의수익률은 0이 되거나 이에 가까워진다는 것이다.

(6) 선도/선물 포지션의 현재가치

시점 T를 인도일로 하는 선도거래의 선도가격은 시간의 경과에 따라 계속 변화할 것이다. 우리가 지금 여기에서 살펴보려는 것은, 현재 시점($t=0$)에서 이 선도거래의 선도가격이 F_0라고 할 때[6] 과거에 K의 선도가격으로 매입한 선도매입 포지션의 현재가치는 얼마가 되겠는가 하는 문제이다. 현재 시점에서 F_0에 체결된 선도계약의 현재가치는 0일 것이다. 만일 그렇지 않다면 매입/매도 포지션 가운데 하나는 플러스, 하나는 마이너스의 현재가치를 가질 텐데 그럴 경우 불리한 포지션은 아무도 취하려 하지 않을 것이기 때문이다.

이제 K의 가격에 기준자산을 인도받을 수 있는 선도계약은, F_0에 인도받을 수 있는 선도계약과 비교하여 T 시점에서 (F_0-K)만큼 수입(payoff)의 차이가 있을 것이다. 예를 들어, $K=100, F_0=105$라고 할 때 기준자산의 T에서의 가

6 $t=0$ 시점이라는 점을 강조하기 위해 F 대신 F_0로 표기했다.

격 S_T가 117이 되었다고 하면 두 선도계약의 T 시점에서의 수입은 각각 17과 12가 될 것이고 그 차이는 5이다. 이 차이는 현재가치로 $(F_0 - K)e^{-rT}$일 텐데, F_0로 맺는 선도거래의 현재가치는 0이라 하였으니 결국 과거에 K의 선도가격으로 체결한 선도계약의 현재가치 f는

$$f = (F_0 - K)e^{-rT}$$

라고 결론지을 수 있다. 마찬가지로 과거 K로 계약한 선도 매도 포지션의 현재가치는

$$f = -(F_0 - K)e^{-rT}$$

로 평가할 수 있다.

[예시]

어떤 은행이 과거에 선도가격 1,300원에 1억 달러를 매입하는 포지션을 취하였다. 이 선도계약의 인도일은 지금부터 1년 후인데 현재 현물환율은 1,340원이고 1년 만기 원화 이자율은 연 5%, 달러 이자율은 연 6%라고 한다. 이 포지션의 현재가치는 얼마로 평가할 수 있겠는가?

현재 시점에서의 적정 선도가격은

$$F^{[e]} = 1{,}340e^{(0.05-0.06)\times 1} = 1{,}326.67$$

이므로 1,300원에 체결한 선도 포지션의 현재가치는 달러당

$$f = (1{,}326.67 - 1{,}300)e^{-0.05\times 1} = 25.37$$

이고 결국 25.37억원의 플러스 가치를 가진다고 평가할 수 있다.

제 3 절 선도가격과 미래 현물가격의 기대값

(1) 미래 현물가격과의 관계

선도가격을 분석하는 또 다른 시각은 이를 미래 현물가격과의 관계에서 파악하는 것이다. 선도가격은 인도일의 현물가격에 대한 시장의 예상치라고 생각하기 쉽다. 예를 들어, 3개월물 선도환율이 달러당 1,400원이라면, 3개월 후에 현물환율이 1,400원이 될 것이라고 시장이 예측하기 때문이라는 생각이다. 이러한 생각을 수식으로 표현하면 $F = E(S_T)$로서, 여기에서 $E(\cdot)$는 수학적 기대값(mathematical expectation)을 의미하는 기호다.[7] 인도일의 기준물 가격 S_T는 현재 시점에서는 정확히 알 수 없는 확률변수다. 수학적 기대값 $E(S_T)$는 S_T의 확률분포(probability distribution)에 근거한 평균값이란 의미다.

선도가격은 미래 현물가격의 기대값이라는 주장이 타당한지 통화 선도계약을 예로 들어 생각해 보자. 선도환율과 관련해서는 외환에 적용되는 무위험 이자율을 α라고 했을 때 $F = Se^{(r-\alpha)T}$라는 관계가 성립한다고 하였다. 즉, 선도환율은 현물환율과 두 화폐에 적용되는 이자율에 의해서 완전히 설명되며, 향후 외환의 가치에 대한 예측과는 직접적으로 관련이 없다고 하겠다. 만일 향후 환율이 올라가리라는 예상을 가능하게 하는 정보가 시장에 도착하였다면 이는 오늘의 현물환율에 즉각적으로 반영될 것이다.[8] 만일 선도환율이 미래의 현물환율에 대해서 말해 주고 있는 것이 있다면, 이는 오늘의 현물환율이 미래의 현물환율에 대해서 말해 주는 것과 크게 다르지 않을 것이다.[9] 결론적으로 F가 $E(S_T)$와 일치해야 한다는 주장은 타당성을 찾기 힘들고, 실증적으로도 뒷받침되지 않는다.

선도가격과와 $E(S_T)$ 사이의 관계를 분석하기 위해서는, 앞에서 S와 F의 관계를 정립하기 위해서 사용했던 차익거래불가 조건(no-arbitrage condition)과는

---

7 기대값 연산자(expectation operator)라고 부르기도 한다.

8 어떤 자산의 오늘의 가격이 미래의 가격에 대한 정보를 잘 반영하고 있다면 그 자산 시장은 효율적(efficient)이라고 재무관리에서 정의하고 있다. 주요 통화간의 외환시장은 매우 효율적이다.

9 정보가 어느 시장에 시간적으로 먼저 반영되는가에 대해서는 여러 논의가 존재한다.

다른 균형의 개념을 사용해야 한다. 즉, 수요과 공급이 일치해야 한다는 전통적인 균형 개념을 적용해야 하는데, 특히 선물에 대한 수요를 말하기 위해서는 거래자의 효용함수(utility function)를 모형화해야 하는 등, 분석이 매우 복잡해진다.[10] 여기에서는 본격적인 균형 모형을 제시하기보다는 다음의 두 가지 예를 들어 F가 $E(S_T)$와 동일해야 할 경제적 필연성은 없다는 것을 보이고자 한다.

(2) F vs $E(S_T)$: 헤징 수요와 투기 수요의 상대적인 크기

예를 들어, 어떤 선물시장에서 매입자들은 주로 헤저이고 매도자들은 주로 투기자라고 가정해 보자. 이 경우 헤저의 시장 참여 동기는 쉽게 이해가 간다.[11] 즉, 자신이 노출되어 있는 현물가격 변화의 위험을 제거할 수 있기 때문이다. 그러나 투기자인 매도자는 현물 포지션이 없기 때문에, 선물시장에 참여하는 것은 오직 가격 변화에 따른 이익을 취하려는 이유에서다. 즉, 매도 포지션을 취한 투기자는 선물가격이 하락할 것을 예상하기 때문에 시장에 참여한다고 볼 수 있다. 물론 이 예상이 틀릴 수 있지만 미래의 현물가격의 기대값 $E(S_T)$가 현재의 선물가격 F보다 충분히 작다면 투기자는 위험을 감수하고 시장에 참여할 것이다. 여기에서 F와 $E(S_T)$의 차이를 위험에 대한 프리미엄으로 생각할 수 있다. 한편, 헤저는 미래의 현물가격이 평균적으로 현재의 선물가격보다 낮더라도 자신의 기존 포지션의 가격 변화의 위험을 줄일 수 있기 때문에 역시 기꺼이 프리미엄을 지불하고 시장에 매입자로서 참여할 것이므로, 이러한 경우 $F > E(S_T)$가 성립될 수 있다. 반대로 매입자들은 주로 투기자이고 매도자들은 주로 헤저라면 반대의 결과를 예상할 수 있다. 이와 같이 선물시장 참여 동기가 서로 다른 헤저와 투기자의 상대적인 포지션 수요에 따라 선물가격과 미래의 현물가격의 기대값의 상대적 크기는 달라질 수 있다.

---

10 경제 모형에서 구체적인 효용함수를 규정해야 하는 경우는 효용함수의 형태에 따라서 분석의 결과가 달라진다. 따라서 이러한 분석은 차익거래불가 조건의 적용에서 얻을 수 있는 정도의 보편성을 기대하기 어렵다.

11 헤징이나 헤저에 대해서는 바로 다음 장에서 자세히 다룬다.

(3) F vs $E(S_T)$: 자산의 베타와 선물가격

선물거래가 가능하며 현물 보유에 따른 수입이나 보유 비용이 발생하지 않는 어떤 자산에 대해서 생각해 보자. 이 자산의 기대수익률(expected return)을 k로 표시하면 k는 자산의 위험도를 적절히 반영한 할인율로서, 재무관리의 기본 원리에 따라 현재 가격 S와 $S = e^{-kT}E(S_T)$의 관계를 설정할 수 있다. 한편, 현물 보유에 따르는 수입이나 보유 비용이 발생하지 않을 경우 현물가격과 선물가격 사이에는 $F = Se^{rT}$의 관계가 존재한다는 것을 앞에서 밝힌 바 있다. 따라서 여기에서 S 대신 앞의 식을 대입하면 $F = e^{-kT}E(S_T)e^{rT}$가 성립하며 이를 정리하면 $F = e^{(r-k)T}E(S_T)$의 관계가 도출된다.

자본자산 가격결정 모형(CAPM; Capital Asset Pricing Model)이 성립될 때, 우리는 초과수익률(excess return) $k - r$이 소위 자산의 베타(β; beta)에 비례한다는 것을 알고 있다.[12] 따라서 기준자산의 베타에 따라 F와 $E(S_T)$의 상대적 크기가 결정되는 것으로 이론화할 수 있다. 예를 들어, 베타가 플러스인 자산의 경우에는 $k - r > 0$이므로 $F < E(S_T)$의 관계가 적절하다. 마찬가지로 베타가 0인 경우에는 $F = E(S_T)$가, 베타가 마이너스인 경우에는 $F > E(S_T)$일 것이라고 생각할 수 있다.

주가지수 선물의 경우를 예로 들면, 주가지수 선물의 기준물인 주가지수는 시장 포트폴리오를 반영하므로 베타가 1에 가깝다. 따라서 초과수익률은 플러스가 되고 $F < E(S_T)$의 관계가 일반적으로 성립될 것을 예상할 수 있다. 한편, 그 가격 변화가 시장 포트폴리오의 움직임과 무관한, 즉 베타가 0인 대상물의 경우에는 $F = E(S_T)$가 성립될 수도 있을 것이다.

(4) 콘탱고와 백워데이션

선물가격의 상대적 크기와 관련하여 콘탱고(contango)와 백워데이션(backwardation)이라는 용어가 사용된다. 그런데 이 용어는 사용자에 따라 조금 다르게 정

---

12 잘 알려진 바와 같이, 베타는 해당 자산의 가격 변화가 시장 포트폴리오(market portfolio)의 가치 변화에 얼마나 민감하게 반응하는가를 알려주는 수치로서, 소위 자산의 체계적 위험(systematic risk)과 연관되어 있다.

의된다. 우선, 주로 신문에서나 또는 실무에서는 콘탱고란 선물가격이 현물가격보다 높은, 즉 $F > S$인 상황(또는 그 차이)을 의미하는 것으로 사용된다. 백워데이션이란 $F < S$인 상황으로 정의된다. 상품 선물을 대상으로 해서 $F = Se^{(r+\beta-y)T}$의 공식을 이용하여 이 용어들의 의미를 살펴보자. 이 공식에서 r은 이자 비용, β는 보관 비용이며, y는 현물 보유에 따르는 무형의 효익(benefit)을 반영한다고 하였다. 만일 이자 비용과 보관 비용의 합계가 편의수익보다 크다면 $r + \beta - y$는 플러스의 값을 갖게 될 테고 F가 S보다 클 것이다. 또한 먼 인도일의 선물(원월물; 遠月物)이 가까운 인도일의 선물(근월물; 近月物)보다 T가 더 크므로 더 큰 선물가격을 가질 것이고, 그래서 콘탱고를 원월물이 근월물보다 더 높은 가격을 갖는 상황으로 정의하기도 한다.

시장에서 재고 상황이 아주 나쁘지 않은 한 y는 일반적으로 $r + \beta$보다 크지 않고, 따라서 콘탱고가 보다 일반적이라고 해서 이러한 선물시장을 정상시장이라고 부른다. 그러나 미래의 부족한 재고 상황 등이 반영되어 y 값이 상당히 클 때에는 이는 $r + \beta$보다 클 수 있고, 이러한 경우 $r + \beta - y$의 부호는 마이너스가 되어 $F < S$의 백워데이션 상태가 나타날 수도 있다. 이런 시장을 역조시장이라고 부르기도 한다.

한편 어떤 논의에서는 콘탱고와 백워데이션을 선물가격과 미래의 현물가격의 기대값과의 관계에서 이 용어들을 사용한다. 즉, $F > E(S_T)$인 상태를 콘탱고로, $F < E(S_T)$인 상황을 백워데이션이라 정의한다. 일반적으로 S와 $E(S_T)$는 일치하지 않으므로 두 정의는 서로 다른 것을 의미한다고 하겠다.[13] 이론적인 논의에서 이런 정의가 종종 사용되고 있다고 생각된다.

여기에서 한 가지 지적해야 할 사항은, 시장의 기대라고 하는 $E(S_T)$는 사실 우리가 관찰할 수 있는 수치가 아니라는 점이다. 시장의 기대값 $E(S_T)$는 S_T의 확률분포를 가정한 상태에서 구체적인 의미를 가질 수 있는 수치로서 이론적인 논의에서는 충분한 의미를 가질 수 있겠지만, 현재 시점에서 우리가 $E(S_T)$를 객관적으로 관찰할 수 없는 한, 시장 선물가격이 $E(S_T)$보다 큰지 작

---

13 콘탱고나 백워데이션에 대한 이러한 상이한 정의는 조금 혼란을 일으킬 여지가 있지만 앞뒤의 문맥으로 판단하면 논의자가 어떤 의미로 이 용어들을 사용하고 있는지 판단할 수 있다.

은지는 알 수 없다. 한편 F와 S를 비교하는 첫 번째 정의에 따르면 현재 상황이 콘탱고인지 백워데이션인지를 구별할 수 있다.

연습문제

3.1 어떤 이표채의 현재 가격은 77,000원이라고 한다. 이 이표채를 인도물로 하고 앞으로 12개월 후를 인도 시점으로 하는 선도계약을 생각해 보자. 이 이표채는 앞으로 1개월 후와 7개월 후에 각각 2,000원의 이자를 지급한다고 한다. 1개월 만기, 7개월 만기, 12개월 만기에 적용되는 이자율은 연속복리로 각각 연 5%, 5.5%, 6%다. 이 선도계약의 적정 이론 가격은 얼마인가?

3.2 어떤 주식을 기준자산으로 하고 9개월 후에 인도되는 선도계약을 생각해 보자. 현재 주가는 200이고 5개월 후 5의 배당이 예상된다. 이 배당의 무위험 수익률을 적용한 현재가치는 4.9, 9개월 후 시점의 미래가치는 5.1이라고 하자. 현재 이 선도계약은 205에 거래되고 있다. 이 경우 어떻게 하면 차익거래를 실현할 수 있을지 그 방법을 구체적으로 기술하라.

3.3 액면 100, 만기 1년의 할인채가 있다. 현재 9개월 만기 (현물)이자율은 연속복리 연 5%, 9개월부터 1년 사이의 선도이자율은 연 6%라고 한다. 이런 경우 해당 할인채의 현재 가격을 구하고, 이 할인채를 기준물로 하고 9개월 후 인도되는 선도거래의 선도가격을 구하라. (이런 경우의 선도가격을 구하는 두 가지 방법을 모두 기술하라.)

3.4 본문 58페이지에서 설명된 달러화 선도계약의 예시와 반대로 오늘의 시장 선도가격 F가 적정 가격인 $Se^{(r-\alpha)T}$보다 작으면 어떻게 차익거래를 만들 수 있는지 기술하라.

04

선물을 이용한 헤징

제 1 절 선물 헤징의 의의

선물을 이용한 헤징(hedging; 또는 헤지)이란 현재 현물 포지션을 가지고 있거나 미래에 현물 포지션을 취할 계획이 있는 사람이 현물의 가격 변동을 상쇄시키기 위해 현물 포지션과 반대되는 선물 포지션을 취하는 것을 의미한다. 여기에서 어떤 거래자가 현물 포지션을 가지고 있다는 말은 그 현물의 향후 가격 변화에 의해서 자신의 경제적 상황이 직접적으로 상당한 영향을 받는다는 것을 뜻한다. 예를 들어, 해외 상품을 수입하는 수입업체가 그 상품에 대한 대금을 외환으로 결제하기로 했다면, 향후 그 통화의 환율에 따라 지급해야 하는 국내 통화 표시 금액이 달라지게 되어 회사의 수익이 영향을 받게 된다. 이럴 때 이 수입업체는 그 외환에 대해서 포지션을 가지고 있다고 말한다. 또는 환위험(exchange risk)에 노출되어(exposed) 있다고 표현하기도 한다. 한편, 예를 들어 목재 가격의 변화에 대해서 대부분의 일반인들은 직접적인 영향을 받는 것은 아니므로 그들은 목재에 대해서 포지션이 없다고 하겠다. 그러나 목재를 원료로 하는 가구 공장의 경우는 목재에 대해 현물 포지션이 있다고 할 수 있다.

수입업체의 예를 계속하여, 이제 이 업체가 통화 선물시장에서 매입 포지션을 취한다고 생각해 보자. 이럴 때, 향후 환율이 상승하면 현물 포지션에서는 손실이 발생하지만, 선물 환율도 같이 상승할 것이므로 선물 매입 포지션에서는 이익을 실현할 수 있다. 반대로 환율이 하락하면 현물 포지션에서는 수입대금의 감소로 이익이 되지만, 선물 환율의 하락으로 선물 매입 포지션으로부터는 손실이 발생한다. 이와 같이 환율이 어떤 방향으로 움직이더라도 현물 포

표 4.1 매입 헤징

	현물 포지션	선물 매입 포지션	전체
가격 상승	−	+	0
가격 하락	+	−	0

표 4.2 매도 헤징

	현물 포지션	선물 매도 포지션	전체
가격 상승	+	−	0
가격 하락	−	+	0

지션에서의 손실과 이익이 선물 포지션에서의 이익과 손실로 각각 상쇄되기 때문에 전체적으로 이 수입업체는 환율의 변동에 따른 위험을 줄일 수 있게 된다.

반대로 물품 대금에 대해서 외환으로 결제를 받는 수출업체의 경우는 이와 반대의 상황에 놓이게 될 것이다. 즉, 현물 포지션에서는 향후 환율의 상승은 이익으로, 환율의 하락은 손실로 이어질 것이다. 이 경우에는 통화 선물시장에서 매도 포지션을 취하여 환율 변동의 위험을 상쇄할 수 있다.

앞의 예에서의 수입업체처럼 향후 현물의 가격 상승이 우려되어 선물 매입 포지션을 취하는 것을 매입 헤징(long hedging)이라고 하고, 수출업체처럼 현물의 가격 하락이 우려되어 선물 매도 포지션을 취하는 것을 매도 헤징(short hedging)이라고 부른다. 표 4.1과 표 4.2는 매입 헤징과 매도 헤징의 결과를 단순화시켜 나타내고 있다.

표에서 '+'는 해당 거래자에게 유리하다는 의미이고, '−'는 불리하다는 의미다. 전체 항목에 기입된 '0'은 가격 변화의 영향이 상쇄된다는 것을 의미하는 기호일 뿐이지, 실제로 가격 변화의 전체 영향이 완전히 없어진다는 의미는 아니다. 뒤에서 논의하겠지만 가격 변화의 영향을 완전히 없애는 것은 특별한 경우를 제외하고는 불가능하다. 생각해 보면, 선물시장을 통해서 헤징이 가능해지는 것은 현물가격의 변동과 선물가격의 변동이 플러스의 높은 상관관계를 갖기 때문이라는 것을 알 수 있다. 즉, 현물가격과 선물가격이 같은 방향으로 움직이기 때문에, 선물에 대해서 현물과 반대 포지션을 취해서 현물가격 변동을 상쇄시킬 수 있는 것이다. 두 가격 변화 사이에 플러스의 상관관계가 미약하다면, 이와 같은 가격 변동의 상쇄 효과는 미약할 것이므로, 헤징을 통해서 일관되게 위험을 줄이기는 어렵게 된다. 한편, 두 가격의 변화에 높은 플러스의 상관관계가 존재하는 한, 헤지하려는 현물과 선물의 기준물이 되는 상품이 일치할 필요는 없다. 선물의 기준물과 헤지하려는 자산이 일치할 때의 헤징을 직접 헤징(direct hedging), 일치하지 않을 때를 교차 헤징(cross hedging)이라고 한다. 예를 들어, 제트유(jet fuel)를 많이 소비하는 항공사에서 난방유 선물이나 원유 선물을 이용해 선물 매입 포지션을 취한다면 이는 교차 헤징이 된다. 헤지하려는 상품은 제트유이고 선물의 기준물은 난방유나 원유이기 때문이다. 중요한 것은 상품의 일치 여부가 아니라 가격 변동의 높은 상관관계인 것이다.

[예시] ....

각각의 경우에 어떤 헤징을 해야 할지 생각해 보라.

[1] 콩을 원료로 해서 제품을 만드는 식용유 생산업체가 콩 선물시장에서 취해야 하는 포지션

[2] 목재를 생산하는 업체가 목재 선물시장에서 취해야 하는 포지션

[3] 3개월 후 부채를 통해 자금을 조달할 계획이 있는 기업이 이자율의 상승을 우려해서 채권 선물시장에서 취해야 하는 포지션

다음과 같이 생각한다.

[1] 원료인 콩 가격이 상승하면 불리하므로 (가격 상승을 우려) 이를 상쇄하기 위해 선물을 매입한다.

[2] 제품의 판매 가격이 하락하면 일반적으로 매출액이 감소하므로 (가격 하락을 우려) 선물을 매도한다.

[3] 향후 이자율의 상승을 우려한다는 것은 채권 가격의 하락을 우려하는 것이므로 채권 선물을 매도한다. 이자율과 채권 가격의 방향이 서로 반대인 것을 염두에 두어야 한다.

이와 같이 헤징 포지션을 취하는 거래자들을 헤저(hedgers)라고 할 때, 선물시장의 또 다른 중요한 참여자는 투기자(speculators)다. 투기란 향후 선물가격 변화에 대한 예측에 근거해서 포지션을 정하고 이로부터 이익을 얻기 위해 위험을 감수하는 거래 행위다. 어떤 거래자의 거래가 헤징인지 투기인지는 그 거래자가 현물에 대해서 포지션을 가지고 있는가의 여부에 의해 쉽게 구분이 된다. 즉, 투기란 현물에 대한 포지션이 없는 사람이 선물 포지션을 취함으로써 스스로를 선물가격 변동의 위험에 노출시키는 것이다.

[예시]

"투기자는 위험이 없는 상태에서 벗어나 선물 포지션을 취함으로써 스스로 위험을 만들어 냈다. 따라서 모든 투기자는 위험선호자(risk lover)라고 할 수 있다." 이러한 주장은 타당한가?

재무관리에서는 위험회피, 위험중립, 그리고 위험선호에 대해서 분명한 정의를 내리고 있다. 다음의 예를 생각해 보자. 지금 투자금 100이 요구되는 두 투자안 A와 B가 있다고 하자. A는 1년 후에 확실하게 110을 회수할 수 있고, B는 1년 후에 회수할 수 있는 금액의 기대값이 110이라고 하자. 동일한 투자금에 대해서 그 결과가 불확실하므로 B가 더 위험하다고 할 수 있다. 이럴 때 A를 선택하면 그 투자자는 위험회피자이고 B를 선택하면 위험선호자이다. A, B 두 투자안에 대해서 중립적인 경우에는 위험중립자가 된다. 만일 투자 회수금은 위의 경우와 같지만, B의 투자금은 95라고 한다면 위험회피자라 하더라도 (위험한) B를 선택할 수 있다. 위험하지만 이를 상쇄할 충분한 기대수익이 있다고 판단하면 위험회피자라도 위험한 투자를 선택할 수 있는 것이다. 따라서 선물시장에서 투기자는 위험선호자여야 한다는 주장은 맞지 않는다.

헤징 거래에서는 손실의 가능성을 없애는 동시에 이익의 가능성도 포기한다. 손실의 가능성을 없애는 대가가 이익 가능성의 상실이라고 말할 수도 있을 것이다. 이와 관련하여, 헤지에 대한 경영자의 올바른 이해가 필요하다는 것을 앞의 수입업체를 예로 들어 설명해 보자. 이 수입업체의 재무 담당 실무자는 향후 환율 상승으로 인한 환차손을 방지하기 위해서 원칙대로 통화 선물을 매입하였다고 하자. 그런데 사후적(事後的)으로 환율이 상승하였다. 이런 경우 경영자는 재무 담당자가 현명하게 선물거래를 통해서 환차손을 방지했다고 그를 칭찬할 것이다. 그러나 반대로 사후적으로 환율이 하락한 경우를 생각해 보자. 만일 경영자가 헤지의 목적을, 즉 위험의 가능성을 사전적(事前的)으로 축소하는 것이 헤지의 목적이라는 것을 잘 이해하지 못하고 있다면, 헤징을 하지 않았더라면 환율 하락으로 환차익이 날 수 있었던 것을, '위험한' 선물시장에서의 '투기'를 통해 회사에 손실을 입혔다고 실무자를 문책할 수도 있을 것이다. 이는 마치 화재 보험에 들었는데 화재가 일어나지 않았다고 해서 보험에 가입했던 것을 나중에 후회하는 것에 비유할 수 있다. 이와 같이 경영자의 이해가 부족한 상태에서는 실무자가 자신의 개인적인 위험을 무릅쓰고 헤징에 나서기는 힘들 것이다. 따라서 회사가 위험관리 차원에서 헤징을 고려한다면,[1] 경영자가 헤징의 목표에 대해 올바로 이해하는 것이 중요하며, 나아가 헤징에 관한 명시된 가이드라인을 규정해 놓는 것이 바람직할 것이다.

제 2 절 헤징은 왜 하는가?

이론적으로 보았을 때 기업의 모든 재무 의사결정은 기업가치를 제고하는 것을 목표로 하며, 따라서 기업이 노출된 위험을 헤징하는 것도 그렇게 함으로써 기업가치를 높일 수 있기 때문일 것이다. 헤징을 통한 기업가치의 제고에 관하여 다음과 같은 논리가 있을 수 있다. 모든 것이 동일한 가상의 두 기업 NH(No-Hedge)와 H(Hedge)가 있다고 하자. 세금이나 거래비용은 존재하지 않는다고 가정한다. 두 기업 모두 100% 자기자본으로 구성되어 있으며, 순익은 모두 배당으로 지급한다. 두 기업 모두 콩을 원료로 제품을 생산하고 있는데,

1 뒤에 살펴보겠지만, 회사에 따라서 헤지를 하지 않겠다는 것도 적절한 결정일 수 있다.

원자재인 콩의 가격 변화에 따라 수익이 심각하게 영향을 받는다고 한다. 기업 NH는 헤징을 하지 않고 있는 반면, 기업 H는 콩의 가격 변화 위험을 선물시장을 통해 헤징을 실행하고 있다. 이러한 가정하에 다음과 같은 주장을 고려해 보자. "기업 NH와 기업 H를 비교하면 수익의 기대값은 동일할지라도 수익의 변동성은 H가 더 작을 것이므로, 위험회피적인 투자자들은 H의 주식을 NH의 주식보다 더 선호할 것이고, 따라서 H의 기업가치가 NH의 기업가치보다 더 높게 평가될 것이다." 이러한 주장은 일견 타당해 보인다. 그러나 재무 이론에 근거해서 자세히 살펴보면 오류가 발견된다. 다음 두 투자자 갑과 을의 투자 전략을 비교해 보자.

갑은 기업 NH의 지분을 1% 소유하면서 H가 취하는 선물 매입 계약 규모의 1%에 해당하는 선물계약을 매입한다. 한편 을은 단순히 기업 H의 지분 1%를 소유하기로 한다. 이 경우 갑이 매년 얻게 되는 수입은 기업 NH로부터의 배당과 (갑이 스스로 행한) 선물거래로부터의 손익의 합계가 된다. 한편 을이 매년 얻게 되는 수입은 기업 H로부터의 배당이다. NH와 H의 (동일한) 영업이익을 $EBIT$으로, H의 선물 손익을 FP라고 표시하면, NH의 배당은 이자 지급이나 법인세가 없고 모든 순익이 배당으로 지급되는 상황에서 $EBIT$이 될 것이다. H의 배당은 영업이익 $EBIT$에 영업외이익인 FP를 합한 금액이다. 따라서 갑의 수입은 배당인 $(0.01 \cdot EBIT)$과 선물 손익인 $(0.01 \cdot FP)$의 합계이고, 을의 수입은 $0.01 \cdot (EBIT + FP)$일 것이므로 갑의 수입과 을의 수입은 동일하다는 것을 알 수 있다.

한편, 갑의 투자의 가치는 NH의 기업가치 V_{NH}의 1%와 H의 선물 포지션의 전체 가치 V_F의 1%인데, 선물 포지션의 체결 당시 가치는 0으로 볼 수 있으니 $V_F = 0$이다.[2] 을의 투자의 가치는 H의 기업가치 V_H의 1%, 즉 $0.01 \cdot V_H$이다. 차익거래가 불가능한 상태에서 동일한 현금흐름을 발생시키는 두 투자 전략의 비용 또는 투자의 가치는 동일해야 하므로 $0.01 \cdot V_{NH} = 0.01 \cdot V_H$이고, 따라서 $V_{NH} = V_H$라는 결론에 도달하게 된다. 이는 바로 (적어도 우리가 설정한 모형의 틀 안에서는) 기업이 헤징을 통해서 기업가치를 높일 수 없다는 것을 의미

2 60페이지의 선물 포지션의 가치에 대한 논의를 참조.

표 4.3 갑, 을의 투자 비교

	갑의 투자	을의 투자
투자 전략	NH의 지분 1% 소유 H의 선물 포지션의 1% 복제	H의 지분 1% 소유
투자자 배당	$0.01 \cdot EBIT$	$0.01 \cdot (EBIT + FP)$
투자자 선물 손익	$0.01 \cdot FP$	
수입 합계	$0.01 \cdot EBIT + 0.01 \cdot FP$	$0.01 \cdot (EBIT + FP)$
투자금 가치	$0.01 \cdot V_{NH} + 0.01 \cdot V_F$	$0.01 \cdot V_H$

한다. 표 4.3에 이와 같은 논의를 정리하였다.

앞의 논리는 기업가치는 단순히 자본구조의 변화를 통해서 증가시킬 수 없다는 모딜리아니-밀러(Modigliani-Miller) 정리의 논리와 상통한다. 즉, 기업이 선물거래를 통해서 제거할 수 있는 위험은 투자자도 스스로 선물거래를 통해서 제거할 수 있기 때문에, 단순히 헤징을 실시한다고 해서 그 기업에 대해서 투자자들이 더 높은 가치를 부여하지는 않는다는 것이다.[3] 따라서 기업이 헤징을 하는 이유를 단순히 위험의 축소를 통해서 기업가치를 상승시킨다는 논리로 설명하는 것은 충분하지 못하다. 여기서 말하고자 하는 것은, 기업이 헤징을 통해서 기업가치를 상승시킬 수 없다는 것이 아니라, 그 이유가 적절하지 못하다는 것이다.

그러면 실제로 기업이 헤징을 하는 이유는 무엇일까? 더피(Darrell Duffie)는 가능한 설명들을 다음과 같이 정리하고 있다.[4]

[1] 노출되어 있는 위험에 대해서 기업은 투자자들보다 더 많은 정보를 가지고 있다. 또한 전략적인 이유로, 예를 들어 경쟁사들에게 불필요하게 정보가 유출되는 것을 우려하여, 기업은 자신의 위험을 공표하지 않는다.

[2] 선물거래는 투자자들이 스스로 행하기에 너무 규모가 클 수 있다.

[3] 기업이 큰 규모로 한꺼번에 헤징하는 것이 투자자들이 각자 헤징하는 것보

---

3 헤징의 위험은 CAPM에서의 소위 비체계적 위험(non-systematic risk)이라고 하겠다.

4 D. Duffie(1989). *Futures Markets*. Englewood Cliffs, NJ: Prentice-Hall, pp. 230-231.

다 단위당 거래비용이 작을 수 있다.

[4] 헤징을 하지 않는 상태에서 경영자들의 성과가 영업 실적에 의해서 평가될 때 대리인 문제가 일어날 수 있다. 예를 들어, 콩 가격의 변동성이 심할 때, 따라서 영업이익의 변동이 심할 가능성이 있을 경우에 경영자들은 전체 위험을 줄이기 위해서 최적 규모에 미치지 못하는 수준에서 생산량을 결정할 유인이 생길 수 있다.

[5] 모딜리아니-밀러의 논리는 파산비용을 고려하고 있지 않다. 예를 들어, 헤징을 하지 않은 상태에서 콩 가격의 급격한 상승으로 기업이 파산하였다면, 투자자들은 기업이 헤징을 통해서 파산을 막을 수 있었을 때에는 지불하지 않아도 되었을 파산비용을 지급하게 될 것이다.

[6] 세금과 관련된 문제가 있을 수 있다. 손실과 순익에 대한 세금의 처리가 대칭적이지 않을 때에는 세후(稅後) 기준으로 보아 헤징을 하는 것이 유리할 수 있다.

결국 정보의 비대칭성, 대리인 문제, 파산비용, 세금, 거래비용 등에서 기업의 헤징 동기를 찾을 수 있다고 설명하고 있다.

제 3 절 헤지 규모의 선택과 적정 헤지 비율

현재 가지고 있거나 미래 취할 것으로 예상되는 현물 포지션의 크기가 결정되면, 노출되는 위험 가운데 얼마를 헤징을 통해서 제거하고 어느 정도를 감수할 것인지를 결정해야 한다. 예를 들어, 대두를 원료로 식용유를 생산하는 업체가 있는데 대두의 가격 변화에 노출된 대두 원료의 양이 1,000톤이라 할 때 이 가운데 얼마를 헤지할 것인가는 경영자의 위험에 대한 태도에 따라 달라지게 된다. 같은 상황에서 1,000톤 전체에 대해 헤지하려는 보수적인 경영자가 있을 수도 있고, 예를 들어 60%에 대해서만 헤징을 하고 나머지 40%에 대해서는 향후 대두 가격의 하락을 기대하며 위험을 감수하려는 공격적인 경영자도 있을 수 있다.

재무 이론에서는 경제주체가 투자 자산을 구성함에 있어서 자신의 기대효용(expected utility)을 극대화할 수 있는 위험과 수익의 조합을 선택한다고 설정한다. 따라서 경제주체들은 위험이 있더라도 기대할 수 있는 이익이 충분할 때에는 위험을 감수하게 된다. 그리고 같은 위험에 대해서 어떤 경제주체로 하여금 해당 위험을 수용하도록 유인할 수 있는 '충분한' 기대 이익은 경제주체의 위험에 대한 선호(risk preference)에 따라 다르다. 헤징의 규모를 선택함에 있어서도 헤저의 위험선호도에 따라 서로 다른 선택을 하는 것은 자연스러운 일이다. 그런데 어떤 헤저가 선택하게 되는 헤지의 규모를 이론화하기 위해서는 해당 헤저의 위험선호도를 반영하는 효용함수를 규정하고, 헤지 포지션이 이 헤저의 전체 부(富; wealth)에 미치는 영향을 모형화한 뒤, 위험 요인에 대한 확률적 분포의 가정에 근거해서 기대효용을 극대화하는 헤지 규모를 찾는 과정이 필요하다.

그러한 이론화의 작업도 물론 의미 있지만, 우리가 여기에서 초점을 맞추는 것은 그러한 선택의 과정에 대한 이론화가 아니라,[5] 일단 헤저가 헤징의 규모를 선택했다고 했을 때, 그러한 규모의 헤징을 가장 효과적으로 실행하기 위해서는 어떤 비율로 선물 포지션을 취해야 하는가 하는 문제이다. 즉, 앞의 예를 계속하면 가격 위험에 노출되어 있는 1,000톤의 원료 가운데 60%만 헤지하기로 결정하였다면, 이 600톤에 대해서 어떤 적정 비율로 선물 포지션을 취해야 헤지하려는 물량 600톤의 (현/선물 합계) 전체 가격 변동 위험을 최소화할 것인가를 알아보려는 것이다.

이제 주어진 현물 포지션에 대해 현재부터 τ 시점까지의 가격 변화를 헤지하기 위해서, $T(T \geq \tau)$ 시점에서 인도되는 선물을 이용한다고 가정해 보자. 우선 시점 t에서의 변수들의 가치를 다음과 같이 정의한다.

S_t: 현물 1단위 가격

F_t: 선물 1단위 가격

5 앞서 언급된 더피(Duffie)의 교과서에서 매우 간단한 모형이 하나의 예로 제시되고 있다. (pp. 91-96 참조.) 당연히 그 결과는 모형의존적이다.

다음으로 현재 0 시점에서부터 τ 시점까지 헤지를 실행하려 하는데 이 기간의 변수들의 변화를

$$\Delta S = S_\tau - S_0$$
$$\Delta F = F_\tau - F_0$$

와 같이 나타낸다. 더불어 앞의 변수들의 통계치들을 다음과 같이 표시한다.

σ_S^2: ΔS의 분산
σ_F^2: ΔF의 분산
ρ: ΔS와 ΔF의 상관계수

이제 현물 1단위에 대해서 θ단위의 비율로 선물에 대해 반대 포지션을 취한다면 이 둘의 가격 변화의 합계는 $\Delta S - \theta\Delta F$로 나타낼 수 있다. 여기에서 선물은 현물에 대해 반대 포지션을 취하는 것이므로 θ 앞에 마이너스 부호를 붙였다. 즉, θ는 선물 반대 포지션의 비율만을 나타내므로 θ의 부호는 항상 플러스이며, 따라서 이 θ의 부호로 선물 매입/매도 여부를 나타내지는 않는다. 선물을 매입해야 하는지 매도해야 하는지는 별도로 분별한다.[6] 이 전체 변화의 분산은

$$var(\Delta S - \theta\Delta F) = \sigma_S^2 + \theta^2\sigma_F^2 - 2\theta cov(\Delta S, \Delta F)$$

로 표현할 수 있는데 우리는 이 값을 최소화하려는 것이다. 한편 두 확률변수 ΔS와 ΔF의 상관계수(correlation coefficient) ρ는

$$\rho = \frac{cov(\Delta S, \Delta F)}{\sigma_S \cdot \sigma_F}$$

의 관계가 있으므로

$$var(\Delta S - \theta\Delta F) = \sigma_S^2 + \theta^2\sigma_F^2 - 2\theta\rho\sigma_S\sigma_F \tag{4.1}$$

6 앞서 현물가격 상승이 우려되는 경우에는 매입 헤지를, 가격 하락이 우려되는 상황에서는 매도 헤지를 해야 한다고 하였다.

로 표현할 수도 있다. 이제 식 4.1의 오른쪽 항은 θ의 함수로 볼 수 있으니 $v(\theta)$로 표시하면, $v(\theta)$는 θ의 2차 함수이므로 최소값을 나오게 하는 θ 값을 쉽게 찾을 수 있다. 즉, $v(\theta)$를 θ에 대해서 미분하여 나온 도함수(derivative)를 0으로 놓은 방정식을 풀게 된다. 다시 말해

$$\frac{dv}{d\theta} = 2\theta\sigma_F^2 - 2\rho\sigma_S\sigma_F = 0$$

의 해를 찾으면 될 것이다. 이 방정식을 만족시키는 θ 값은

$$\theta^* = \rho\frac{\sigma_S}{\sigma_F} \tag{4.2}$$

로서 우리는 현물 1단위에 대해서 θ^*단위만큼의 선물 포지션을 취함으로써 전체 포지션의 위험을 최소화할 수 있다는 것을 알 수 있다. 이 θ^*를 최소 분산 헤지 비율(least variance hedge ratio), 또는 적정 헤지 비율(optimal hedge ratio)이라고 부른다.

식 4.2는 적정 헤지 비율이 현물가격 변화와 선물가격 변화 사이의 상관계수와, 각각의 표준편차에 의해서 결정된다는 것을 알려준다. 나아가 θ^*에 따라 헤지 포지션을 정하게 되었을 때 현/선물 전체 가격 변화의 분산은 식 4.1에 따라

$$\begin{aligned} v(\theta^*) &= \sigma_S^2 + \left(\rho\frac{\sigma_S}{\sigma_F}\right)^2\sigma_F^2 - 2\left(\rho\frac{\sigma_S}{\sigma_F}\right)\rho\sigma_S\sigma_F \\ &= \sigma_S^2(1-\rho^2) \end{aligned}$$

이 될 것이다. 이를 헤지를 하지 않았을 때의 현물 1단위의 가격 변화의 분산 $var(\Delta S) = \sigma_S^2$과 비교해 보면 두 가격 변화의 상관계수인 ρ가 1에 가까울수록 헤지한 전체 포지션의 위험이 감소하여 헤징이 더 효과적이라는 것을 알 수 있다.[7] 상관계수가 1일 때에는 $v(\theta^*)$가 0이 되므로 가격 변동의 위험을 완전히 제거하는 완전 헤지를 이룰 수 있다는 것을 의미하지만, 현/선물가격 변화의 상관관계가 완전히 1이 되는 것은 현실적으로 아주 예외적인 상황이라 하겠다.

---

7 ρ는 마이너스 값도 가질 수 있다는 점에 대해서는, 현/선물가격 변화가 마이너스의 상관계수를 갖는 경우는 현실적이지 않으니 논의에서 제외할 수 있다.

한편 상관관계가 0일 때에는 적정 헤지 비율도 0이 되므로, 선물 헤지 포지션을 구성하지 말아야 한다.

[예시]

노출되어 있는 현물가격 변화와 상관관계가 전혀 존재하지 않는 가격 변화를 보이는 선물로 헤지 포지션을 구성하면 어떤 결과가 발생하겠는가?

$\rho = 0$일 때는 $\theta^* = 0$이므로 선물을 포함시키지 말아야 한다. 그럼에도 어떤 포지션을 포함시키면, 이는 ($\rho = 0$이라는 사실과 함께) $\theta = c \neq 0$를 식 4.1에 대입하는 것이며, 그 결과

$$var(\Delta S - \theta \Delta F) = \sigma_S^2 + c^2 \sigma_F^2$$

을 얻게 된다. 이는 헤지하지 않을 때의 분산인 $var(\Delta S) = \sigma_S^2$보다 오히려 $c^2 \sigma_F^2$ 만큼 큰 값으로, 워낙의 현물 포지션의 위험에 선물가격 변화의 위험을 추가한 결과를 가져왔다.

[예시]

어느 금광 회사는 채굴하는 금광석의 가격 변동의 영향을 최소화하기 위해서 3개월 후 가격을 기준으로, 금 선물시장에서 매도 포지션을 취하기로 하였다. 3개월 동안의 금광석 가격 변화의 표준편차는 톤당 19달러, 금 선물가격 변화의 표준편차는 온스당 127달러, 그리고 두 가격 변화의 상관계수는 0.87로 추정되었다. 금광 회사가 헤지하려는 금광석이 모두 2만 톤이라고 할 때, 금 선물 몇 계약을 매도하는 것이 적정한가? 금 선물 1계약 기준물은 순금 100온스다. 또 그럴 경우 가격 변동을 (분산을 기준으로) 몇 %나 감소시킬 수 있는가?

문제에서 $\sigma_S = 19$, $\sigma_F = 127$, $\rho = 0.87$로 주어졌으므로, 최소 분산 헤지 비율은

$$\theta^* = \rho \frac{\sigma_S}{\sigma_F} = 0.87 \cdot \frac{19}{127} = 0.13016$$

으로 계산된다. 이는 현물 1단위인 1톤에 대한 선물 1단위의 비율이므로, 현물 20,000톤을 헤지하기 위해서는 선물 $0.13016 \times 20{,}000 = 2{,}603.2$ 온스를 매도하는 것이 필요하다. 그리고 금 선물 1계약의 기준물은 100온스이니 결국 약 26계약을 매도해야 한다. 이럴 경우 전체 가격 변화의 분산은 σ_S^2에서 $\sigma_S^2(1-\rho^2)$으로 감소하므로 $0.87^2 \times 100 = 75.69\%$만큼 분산이 감소하게 된다.

바로 앞의 예에서 살펴본 바와 같이 θ^*는 현물 1단위에 대해 취해야 하는 선물의 단위수만을 알려주므로, 헤지하려는 현물의 전체 규모에 대해 취해야 하는 선물의 계약수를 계산하기 위해서는 헤지하려는 현물의 전체 단위수를 곱한 후 이를 규정된 선물 1계약 기준물의 단위수로 나누어야 한다.

헤징의 효과가 현/선물가격 변화의 상관관계에 달려있다는 앞서의 논의를 생각할 때, 어떤 선물계약 종목을 선택할 것인가는 분명해진다. 즉, 여러 선물 종목 가운데 그 가격 변화가 현물가격 변화와 최대의 상관관계를 갖는 종목을 선택해야 한다. 상관관계는 축적된 가격 정보 데이터로부터 추정할 수 있을 것이다. 한편, 같은 종목의 선물도 여러 인도월을 가질 수 있으므로 어떤 인도월의 선물을 이용할 것인가도 결정해야 한다. 이에 대해서는, 헤지를 종료하려는 시기보다 뒤에 있으면서 가장 가까운 인도월의 선물을 선택하는 것이 일반적이다. 헤지 종료 시점보다 앞선 인도월의 선물을 사용할 경우 앞선 인도월의 선물을 정리하고, 다시 원월물에 대해서 포지션을 취해야 하는 번거로움이 있을 것이다. 또 되도록 더 가까운 인도월의 선물, 즉 근원물을 선택하는 것은 근월물이 미결제약정이나 거래량 측면에서 유동성이 높아 거래가 용이하며, 또 근원물이 원월물보다 현물과의 가격 상관성이 대체로 더 높기 때문이다.

연습문제

4.1 환율의 문제를 배제하기 위해서 미국의 식용유 회사를 예로 들어 보자. 대두를 원료로 식용유를 생산하고 있는 이 회사는 대두 가격의 변화에 큰 영향을 받기 때문에 대두 선물(soybean futures)을 이용하여 지속적인 헤징을 하고 있다. 현재 3,450톤의 대두 현물에 대해서 3개월 동안의 가격 변화를 헤징하기로 결정하였다. CME에서 활발하게 거래되고 있는 대두 선물의 1계약 기준물은 5,000부셀(bushel)로서 이는 약 136톤에 해당한다. 3개월의 기간 동안 원료로 사용하는 대두 현물가격 변화의 표준편차는 톤당 25달러로, 선물가격 변화의 표준편차는 톤당 30달러로, 그리고 두 가격 변화의 상관계수는 0.9로 추정된다. (참고로 원료로 사용하는 대두 품종과 선물의 적격 기준물인 대두 품종이 일치할 필요는 없다.) 적정 헤지 비율에 따라 헤지하려면 이 회사는 대두 선물 몇 계약에 대해서 어떤 포지션을 취해야 하는가?

4.2 헤지하려는 현물과 선물의 기준물이 동일하다고 가정하자. 헤지하려는 기간이 헤지의 수단이 되는 선물의 인도일과 일치하는 경우 완전한 헤지, 즉 현물 포지션의 위험을 0으로 만드는 헤지가 가능함을 보이라. 다음과 같은 틀에서 증명하라. 헤지하려는 기간이 현재부터 선물의 만기 시점인 T 까지이므로 $\Delta S = S_T - S_0$, $\Delta F = F_T - F_0$로 규정하는데, 선물의 인도일에서 $S_T = F_T$이므로 $\Delta F = S_T - F_0$로 쓸 수 있다.

05

주요 금융 선물/선도계약

여기 제 5 장에서는 이자율 선물, 주가지수 선물, 그리고 통화 선도계약에 대해서 좀 더 자세히 살펴보도록 한다.

제 1 절 이자율 선물

우리가 이자율 선물이라고 말할 때 많은 경우 그 선물의 기준물은 실제로 거래되는 채권으로서, 그런 이유로 채권 선물(bond futures)이라고 부르기도 한다. 따라서 이자율 채권을 채권 선물과 동일시할 수도 있다. 그러나 뒤에 살펴볼 SOFR 선물은 SOFR라는 이자율을 기준변수로 하되, 그 기준변수에 의거해서 하나의 가상의 채권을 상정하고 그 가상의 채권을 기준물로 삼아 선물거래가 이루어진다. 이럴 때는 이자율 자체가 기준변수이므로, 채권 선물보다는 이자율 선물이라고 부르는 것이 더 적절하지 않을까 한다. 전 세계적으로 채권시장의 규모는 주식시장의 규모를 능가한다. 따라서 이와 같이 중요한 금융자산에 대해서 많은 파생상품들이 개발되어 있으며 선도나 선물거래도 활발히 이루어지고 있다.

(1) 미재무성 발행 국채

이자율 선물의 논의에 앞서 대표적인 채권인 미재무성 발행 국채에 대해 간단히 알아보도록 한다. 미연방정부의 재무성(U.S. Treasury)은 여러 종류의 국채를 발행하고 있는데, 발행하는 채권의 만기에 따라 T(Treasury)-bond, T-note, T-bill로 구분된다. T-bond는 30년 만기로 발행되며 6개월마다 이자를 지급한다. T-note 역시 6개월마다 이자를 지급하는 이표채 형식으로 발행되며, 만기는 2, 3, 5, 7, 10년이다. 단기 채권인 T-bill은 할인채이며, 4, 13, 26, 52주 만기로 발행된다. 이러한 여러 만기의 국채들이 수시로 열리는 경매(auction)를 통해서 지속적으로 공급되어 미국뿐만 아니라 전 세계 투자자들에게 일종의 무위험 자산 역할을 하고 있으며, 또한 많은 국가들의 중앙은행에서 외환보유고의 일부로 보유되고 있다. 이미 발행된 국채들이 유통시장에서 거래되기 때문에 최장 30년까지의 각종 만기의 무위험 (또는 무위험에 가깝다고 볼 수 있는) 채권들이 시장에 존재하게 되고 이를 근거로 기간구조가 도출된다.

하나의 흥미로운 채권으로 TIPS(Treasury Inflation-Protected Securities)가 있는데, 5, 10, 20년 만기로 발행되는 이 채권은 소비자 물가지수(CPI; Consumer Price Index)에 따라 채권의 액면이 연동되어 있다. 즉, 물가지수가 높으면 채권의 액면이 증가하게 된다. 이자는 6개월마다 지급되는데, 이표율은 고정되어 있지만 액면이 변하기 때문에 물가 상승시에는 지급받는 이자도 많아지게 된다. 만기시에는 물가에 연동시켜 조정한 액면과 발행 당시의 액면 가운데 큰 금액을 상환받게 되는데, 따라서 디플레이션의 상황에서도 유리하다.

T-bond와 T-note의 호가(呼價; quoted price)는 액면이 100달러인 채권을 기준으로 1/32달러까지 나타낸다. 예를 들어, 92-07이라는 호가는 92와 7/32달러라는 뜻으로, 액면이 10만 달러인 채권은 $100{,}000 \times (92 + 7/32) \div 100 = 92{,}218.75$ 달러로 호가된 것이다. 한편, 이 호가는 이 채권을 실제로 거래할 때 결제되는 금액과는 다르다. 채권에 6개월마다 지급되는 이자 가운데 거래 시점까지 발생한 이자분을 더해서 결제가격(cash price)이 결정된다. 즉, [결제가격=호가+발생이자]로 계산한다.

[예시]

오늘이 2022년 4월 27일인데, 2040년 8월 12일 만기, 표면이자 4.5%인 T-bond가 103-08로 호가되었다고 하자. 가장 최근의 이자 지급일인 2022년 2월 12일부터 오늘까지는 74일, 다음 이자 지급일인 2022년 8월 12일까지는 181일이므로, 결제가격은 $103.25 + (74/181) \times 2.25 = 104.1699$로 계산된다. 이러한 계산의 근거는, 8월 12일에 지급되는 2.25 가운데 날짜에 비례한 발생이자 $(74/181) \times 2.25$는 그 채권의 매도자의 몫이므로, 8월 12일에 2.25를 모두 수령하는 채권의 매입자가 이를 미리 지급하고 채권을 인수한다는 것이다.

T-bill의 가격은 소위 할인율(discount rate)로 호가된다.[1] 예를 들어, 만기까지 47일 남은 T-bill이 3.54로 호가되었다면, $100 - 3.54 \times 47/360 = 99.5378$에 거래된다는 것을 의미한다. 1년을 360일로 간주하고 연 3.54%의 할인율을 47일 동안 적용했다고 생각할 수 있을 것이다. 이 가격으로 T-bill을 매입하여 만기일에 액면을 상환받았을 때 실제 수익률을 연속복리로 표시하면

$$\frac{365}{47} \ln \frac{100}{99.5378} = 3.5977\%$$

가 될 것이다. 만기까지 n일 남은 T-bill의 가격 B와 할인율 d의 관계를

$$B = 100 - d \times \frac{n}{360}$$

과 같이 일반적으로 나타낼 수 있을 것이다.

[예시]

만기까지 89일 남은 T-bill의 실제 거래가격이 98.8158이라면 얼마로 호가되겠는가?

액면 100과의 차이인 1.1842가 89일의 이자로 지급된다고 생각할 수 있다. 1년을 360일로 간주했을 때 이런 비율로 이자를 받는다면 1년이면 $1.1842 \times \frac{360}{89} = 4.79$의 이자를 받았을 것이라는 개념이다. 이 4.79가 호가되는 할인율이다. 깊은 논리적 의미가 있다기보다는 상식에 크게 벗어나지 않는, 역사적 관행의 결과인 하나의 제도로 생각하면 된다.

---

1 여기에서의 할인율은 지금 설명하는 T-bill의 결제가격을 호가하는 특별한 방식을 지칭하는 것으로 재무관리에서 일반적으로 말하는 할인율이라는 폭넓은 개념을 말하는 것이 아니다.

(2) T-bond 선물

시카고 상품거래소(CBOT; Chicago Board of Trade)에서 거래되고 있는 T-bond 선물(30-Year U.S. Treasury Bond Futures)의 기준물은 액면 10만 달러의 T-bond 다. 액면 100을 기준으로 1/32의 반까지 호가된다. 즉, 예를 들어 107-16은 107과 16/32을 나타내고 107-165는 107과 16.5/32를 의미한다. 선물 매도자가 채권 실물을 인도하려 할 때 인도할 수 있는 적격물은, 조기상환권이 없는 경우에는 인도월 첫 날을 기준으로 15년 이상의 만기를 가지고 있는 T-bond가 되며, 조기상환이 가능한(callable) 경우에는 15년 이내에는 조기상환되지 않는 T-bond가 된다. 따라서 인도 가능한 채권은 매우 다양한데 그 가운데 어느 것을 인도할 것인가는 매도자가 결정한다. 인도 적격한 채권들은 만기와 이표에 따라서 그 가치가 다르므로 매도자가 받게 되는 금액도 달라지게 규정되어 있는데, 전환계수(conversion factor)라는 수치를 적용하여 어떤 채권을 인도하더라도 큰 차이가 없도록 고안되어 있다.

CBOT는 인도 대상이 되는 채권들의 전환계수를 계산하여 미리 발표한다. 전환계수는 만기수익률이 (연 2회 이산복리로) 6%라고 가정했을 때 해당 채권 가격의 액면 대비 비율이 얼마가 되겠는가를 대략 계산한 것이다. 하나의 예로, 만기가 25년 7개월 남고 표면이자율이 6%인 채권은 25년 6개월의 만기로 간주되며, 이를 연 6%의 (연 2회 복리의) 수익률로 할인하면 전환계수가 정확히 1로 계산될 것이고, 다른 조건들은 동일한데 표면이자율이 6%보다 높다면 전환계수는 1을 초과할 것이다.[2]

매도자가 채권을 인도하고 받게 되는 현금은 [선물 호가×전환계수+발생이자]가 된다. 전환계수는 인도되는 채권의 가치를 반영하여 높은 전환계수의 채권을 인도하는 매도자에게 더 많은 현금이 지급되도록 조정하는 수치인 것이다. 한편 매도자가 인도하려는 채권을 매입하기 위해서는 [채권 호가+발생이자]를 지급해야 한다. 매도자가 채권을 구입하여 선물 매입자에게 인도하는 과정에서의 수입(payoff)은 이 둘의 차이가 될 것이므로, 결국 [선물 호가×전환계

2 채권의 표면이자율이 만기수익률과 일치할 때를 파(par) 상태라 하며, 이때 채권의 가격은 액면과 같아진다.

수-채권 호가]가 될 것이다. 전환계수가 채권의 현재가치를 정확히 반영할 수는 없기 때문에 이 수치는 채권에 따라 상이하게 되며, 선물 매도자로서는 이 금액을 가장 크게 만드는 채권을 인도하려 할 것인데, 그러한 채권을 최저가 인도 채권(CDB; cheapest to deliver bond)이라 부른다. 어느 채권이 최저가 인도 채권이 되는가는 그 당시의 이자율 기간구조 등에 의해 결정된다.

[예시]

다음 3개의 인도 가능한 T-bond 가운데 매도자가 인도할 때 가장 유리한 채권이 어느 것인지 찾아보자.[3] 각 채권의 이표율, 만기, 전환계수, 채권 가격이 표 5.1에서와 같이 주어졌다. 선물가격은 122-235로 호가되고 있다고 하자.

표 5.1 인도 적격물의 전환계수와 채권 가격

채권	이표율	만기일	전환계수	채권 가격
1	4 3/4	2037년 2월 15일	0.8327	101-12
2	6 1/2	2026년 11월 15일	1.0532	127-29
3	7 5/8	2025년 2월 15일	1.1625	142-07

122-235의 선물 호가는 122+23.5/32를 의미하니 122.7344일 것이다. 채권 호가도 이와 같이 전환한 후 다음 값들을 비교하게 된다.

채권 1: $122.7344 \times 0.8327 - 101.3750 = 0.8259$

채권 2: $122.7344 \times 1.0532 - 127.9063 = 1.3576$

채권 3: $122.7344 \times 1.1625 - 142.2188 = 0.4599$

따라서 채권 2가 최저가 인도채권이다.

채권의 인도는 인도월 한 달 동안 영업일 어느 날이라도 가능하며, 선물의 거래는 인도월 마지막 날로부터 7영업일 전까지 계속된다. 채권 인도는 3일에

3 실제로는 2024년 현재 인도 가능한 T-bond는 40개가 넘게 존재한다.

걸쳐 인도 절차가 진행되는네, 첫째 날 매도자는 채권을 인도하겠다는 의사를 청산소(clearing corporation)에 전달한다. 둘째 날, 청산소는 남아 있는 매입자 가운데 가장 먼저 매입한 사람에게 이러한 매도자의 의사를 전달하고, 매도자에게는 누구에게 인도할 것인가를 통보한다. 매도자는 청산소를 통해 매입자 앞으로 청구서(invoice)를 발송한다. 셋째 날, 매도자는 채권을 인도하고 매입자는 청구한 금액을 지불하여 인도가 완료된다. 이와 같이 번거로울 수 있는 채권의 실물 인도/인수를 원하지 않는 거래자는 인도월이 도래하기 전에 자신의 포지션에 대한 반대 포지션을 취하여 이러한 절차를 피할 수 있다.

(3) T-note 선물

시카고 상품거래소에서는 만기 2년, 3년, 5년, 10년 T-note를 기준물로 하는 선물도 거래되고 있다. 여기에서 2년, 3년, 5년, 10년은 인도되는 채권의 대략적인 만기를 의미한다. 1계약의 기준물은 2년과 3년 만기 T-note의 경우 액면 20만 달러의 채권이고, 나머지는 액면 10만 달러 채권이다. 다양한 채권이 인도 적격물이 될 수 있으므로, T-bond 선물의 경우와 같이 전환계수를 적용하여 매도자가 수취하게 되는 금액을 조정하고 있다.

(4) SOFR 선물(SOFR futures)

이자율 자체를 기준변수로 하는 대표적인 선물계약으로 CME에서 거래되고 있는 SOFR 선물이 있다. 우선 SOFR(Secured Overnight Financing Rate)라는 금리는, 과거 대표적 벤치마크였던 LIBOR(London Interbank Offered Rate)를 대체하여, 현재 많은 금융 거래의 기준금리(reference rate) 역할을 하고 있다. SOFR는 미국채를 담보로 하는 대형 금융기관들 사이의 차입에 적용된 매일의 이자율(overnight rate) 자료를 근거로 뉴욕 연방준비은행(Federal Reserve Bank of New York; FRBNY)이 종합하여 다음날 아침에 고시하는 이자율이다. 따라서 해당 날짜의 SOFR는 하루 만기의 이자율이며, 하루를 초과하는 어떤 기간에 적용되는 SOFR는 이 매일매일의 금리를 해당 기간에 복리로 적용하여 계산한 값이다. 예를 들어, 3개월, 6개월, 1년 SOFR는 해당 기간 시작에 1을 예치했을 때 매일 복리로 계산하여 기간 종료 시점에서 받을 수 있는 이자를 반영한다. 예를 들어, 10월 17일 계산된 3개월 SOFR가 6%라고 한다면, 지난 3개월 동안에 수집된 매일매일의 SOFR에 근거했을 때 지난 3개월 기간에 적용될 이자율이 (연 4회 복리) 연 6%에 해당한다는 의미이다. 10월 17일 기준으로 3개월 전에 100을 예치하면 $6 \div 4 = 1.5\%$의 이자를 더한 101.5가 원리합계가 될 것이다. 따라서 10월 17일이 되어서야 정확한 원리합계가 드러난다. 과거 LIBOR가 기준금리로 사용되었을 때에는 예치 시점의 LIBOR가 3개월 후의 원리합계를 결정하였다. 따라서 어느 날 고시된 LIBOR는 그때부터 미래의 기간에 적용되는 이자율이고, SOFR는 해당 기간의 시작부터 그날까지 실현된 이자율을 근거로 계산된 값이다. 참고로 여기서는 3개월이나 90일을 구분하지 않고 1년의 1/4로 간주하여 간략하게 설명하였으나 실제로는 휴일의 처리나 날짜 계산 등에 있어 세부적인 사항들로 말미암아 결과가 조금 달라질 수 있다. 유사하게 6개월 SOFR는 연 2회 복리로 표시한다.

3개월 SOFR 선물은 지금은 폐지된 (LIBOR를 기준변수로 하는) 유로달러 선물과 유사하게 설계되었다. 기준변수가 이자율이므로 현금결제만이 가능하며 인도일은 인도월의 3번째 수요일이다.[4] 인도일에 최종 결제가격은 $100 - R$로 지정되는데, 여기에서 R은 그 시점에서의 3개월 SOFR이다. 이 R값은 FRBNY에 의해 고시되며 앞서 언급되었듯이 이 SOFR는 인도일 기준으로 그 전 3개월 동안의 이자율을 반영한다. 예를 들어, 인도일의 3개월 SOFR가 4%면 96의 선물가격이 마지막 정산가격이 된다. 이와 같은 선물가격의 구성은 이자율과 채권 가격 사이에 존재하는 반대 방향의 움직임을 간단한 방법으로 모방하여, 외형적으로 일반 채권 선물의 모습을 갖추기 위함일 것이다. CME에서는 1개월 SOFR 선물도 거래되고 있다.

3개월 SOFR 선물거래를 통해서 거래자는 인도일 T 이전 3개월 동안의 이자율을 고정시킬(lock in) 수 있다. 예를 들어, 어떤 기업의 재무담당자가 미래 T 시점을 기준으로 그 이전 3개월 동안 백만 달러의 여유 자금을 운용할 계획

---

4 보통 CME에서 contract month는 인도월을 의미하는데, SOFR 선물의 경우 인도월로부터 3개월 이전의 달을 지칭한다. 예를 들어, contract month가 2024년 6월이면 인도일은 2024년 9월 3번째 수요일이다. 3개월 SOFR가 적용되는 시작일을 기준으로 언급된다.

인데, 향후 이사율의 하락을 헤지하기 위해 오늘 SOFR 선물 1계약을 F_0의 가격에 매입하였다고 하자. T 시점에서의 3개월 SOFR을 R이라고 가정하면 이 선물은 인도일에서 $100 - R$의 가격에 정산될 것이다. 물론 현재 시점에서 R은 알 수 없다. 3개월 SOFR 선물은 1계약이 이자율 1bp의 움직임이 25달러에 해당되도록 설계되어 있다.[5] 즉, 1계약의 매입 포지션을 취한 사람에게는 선물가격 1의 상승이 2,500달러의 수익으로 이어진다. 따라서 F_0의 가격에 1계약을 매입한 경우 이 선물거래의 수입은 T 시점에서

$$(F_T - F_0) \times 2{,}500 = (100 - R - F_0) \times 2{,}500$$

으로 결정된다. 한편 해당 기간 동안 백만 달러를 3개월 SOFR 이자율인 R로 90일 운용했을 때의 이자 수입은

$$1{,}000{,}000 \times \frac{R/100}{4} = 2{,}500R$$

로서 이 금액을 T 시점에서 수령하게 된다. 따라서 선물 손익과 이자 수입의 합계는

$$(100 - R - F_0) \times 2{,}500 + 2{,}500R = (100 - F_0) \times 2{,}500$$

이 될 텐데, 이는 T 시점에서 확정되는 R과는 상관없이 오늘의 선물가격 F_0에 의해 확정된 금액이다. 운용액의 비율로 보면

$$(100 - F_0) \times 2{,}500 \div 1{,}000{,}000 \times 4 = (100 - F_0)\%$$

의 연 수익률을 보장받는다는 의미가 된다.[6] 따라서 F_0의 가격으로 선물을 매입한 경우 백만 달러의 운용에 대한 수익을 오늘 확정할 수 있다. 1계약이 이자율 1bp의 움직임이 25달러에 해당되게 한 것은 백만 달러에 대해 1계약이 대응되도록 고안한 것이다. 즉, 300만 달러를 헤지하기 위해서는 3계약이 필요하다.

---

5 bp란 basis point의 약자로서 $\frac{1}{100}$%를 의미한다. 즉, 100bp는 1%다.

6 연 이자율로 표현하기 위해 4를 곱했다.

[예시]

어떤 사람이 2023년 2월 4일에 2024년 9월 18일 인도일의 3개월 SOFR 선물을 97.63에 5계약 매입하였다. 이제 인도일인 2024년 9월 18일에 SOFR가 2%가 되는 경우를 생각해 보자. 이 투자자는 이 매입 포지션으로부터

$$5 \times (98 - 97.63) \times \$2,500 = \$4,625$$

의 수익을 얻을 것이다. 만일 이 투자자가 2024년 9월 18일에 이르는 3개월 동안 500만 달러를 SOFR로 예치한다면 3개월 동안 받게 될 이자는

$$\$5,000,000 \times 0.02 \times 0.25 = \$25,000$$

가 된다. 선물거래에서의 수입과 자금 운용으로부터의 이자를 합하면

$$\$4,625 + \$25,000 = \$29,625$$

가 될 것이다. 한편, 2024년 9월 18일에 3개월 SOFR가 4%가 되는 경우를 살펴보면, 이 투자자는 선물 매입으로부터

$$5 \times (96 - 97.63) \times \$2,500 = -\$20,375$$

의 수입을 얻을 것이다. 한편 그 이전 3개월 동안의 기간에 대한 이자로서

$$\$5,000,000 \times 0.04 \times 0.25 = \$50,000$$

를 수령할 것이므로 선물 손익과 이자의 합계는

$$-\$20,375 + \$50,000 = \$29,625$$

로서 이는 앞에서 SOFR가 2%인 경우와 동일하다. $29,625라는 금액은 연 2.37%의 이자율로 3개월 동안 500만 달러의 자금을 운용하였을 때 얻는 이자율이므로, 이 투자자는 2023년 2월 4일에 97.63의 가격으로 매입한 선물거래를 통해 연 2.37($= 100 - 97.63$)%의 이자를 확정한 것이다.

제 2 절 주가지수와 주가지수 선물

주가지수(stock index)를 계산할 때 다음 두 가지 방법이 주로 사용된다. 우선 주가지수에 포함된 N개의 주식의 t 시점에서의 가격을 각각 $S_t^{[1]}, S_t^{[2]}, \cdots, S_t^{[N]}$으로 표기하여 보자. 첫째 방식은 가격들을 모두 더한 후, 이를 표준화를 위해 정해진 상수로 나누어 계산하는 것이다. 즉,

$$I_t = \frac{S_t^{[1]} + S_t^{[2]} + \cdots + S_t^{[N]}}{A}$$

과 같이 계산하는 것인데, 여기에서 상수 A는 포함되어 있는 주식이 주식 분할(stock split)을 하거나 또는 주가지수에 포함된 주식의 변경이 있을 경우, 이를 반영하기 위해서 조정된다. 예를 들어, 기존에 지수에 포함되어 있던 어떤 주식이 다른 주식으로 대체되는 경우 두 주가가 서로 다를 것이기 때문에, A를 그대로 둔다면 주가들의 변화가 없음에도 불구하고 순전히 포함되는 주식의 대체(代替)로 말미암아 지수 I_t가 변화할 것이다. 이때 A를 적절히 조정하면 이러한 현상을 방지할 수 있게 된다. 다우존스 산업지수(Dow Jones Industrial Average; DJIA)와 MMI(Major Market Index)가 이러한 방식에 의해 계산되는 대표적인 지수들이다. 이렇게 계산된 지수의 변화에는 주가가 높은 주식의 변화율이 더 많이 반영될 것이며, 해당 주식이 시장 전체에서 차지하는 시가(時價) 비중은 영향을 미치지 않을 것이다.

둘째 방식은 지수에 포함되는 주식들의 시가 총액(market capitalization) 합계의 변화를 살피는 방식이다. 즉, $Q_t^{[1]}, Q_t^{[2]}, \cdots, Q_t^{[N]}$을 포함된 주식들의 발행 주식수라고 할 때

$$I_t = \frac{Q_t^{[1]} S_t^{[1]} + Q_t^{[2]} S_t^{[2]} + \cdots + Q_t^{[N]} S_t^{[N]}}{A}$$

과 같이 지수를 계산한다. KOSPI 지수나 S&P 500 지수(Standard & Poor's 500 Index)가 이와 같은 방식으로 구해진다. 이 방식은 포트폴리오 전체의 가치 변

화를 살펴본다는 취지에 더 부합된다고 할 수 있다.

현금배당의 지급은 주가지수 계산에 포함되지 않는다. 따라서 주가지수의 변화율은, 주가지수에 포함되어 있는 주식에 실제로 투자했을 때 얻을 수 있는 자본이득(capital gain)만을 반영하므로 전체 수익률보다는 배당수익률만큼 작을 것이다.

주가지수와 관련하여 지수 추적 포트폴리오(index tracking portfolio)를 생각해 볼 수 있다. 주가지수는 주가의 평균적인 움직임을 보여주는 수치일 뿐이며, 그 자체가 실체가 있는 자산은 아니다. 지수 추적 포트폴리오는 주가지수의 변화와 동일하게 (현실적으로 말하면 유사하게) 그 가치가 변화하도록 구성된 포트폴리오를 의미한다. ETF(Exchange Traded Fund; 상장지수펀드)가 대표적인 지수 추적 포트폴리오라고 할 수 있다. 미국에서는 1993년에, 우리나라에서는 2002년에 처음 등장한 ETF는 운용사가 해당 지수의 움직임을 반영하도록 실제로 주식의 바스켓(basket)을 만들어 주식시장에 상장한 것으로, 주식시장의 중요한 혁신으로 받아들여졌고 현재 많은 종류가 활발히 거래되고 있다.[7]

주가지수 선물은 물론 현금결제로만 정산된다. KOSPI 200 지수 선물의 경우 1계약은 [지수×25만원]이며, 호가 단위는 0.05(따라서 12,500원)다. 대표적인 S&P 500 지수 관련 선물로는 시카고 상업거래소(CME)에서 거래되는 E-mini S&P 500 지수 선물이 있는데 1계약이 [지수×$50]이며 호가 단위는 0.25(따라서 $12.5)다.[8] 거래 마지막 날의 지수를 기준으로 한 마지막 일일정산을 끝으로 해당 인도일의 선물은 시장에서 퇴장한다.

주가지수 선물 이론 가격의 계산을 위해서는 제 3 장에서 살펴본 바와 같이 $F = Se^{(r-\alpha)T}$의 관계식을 이용하는 것이 적절하다. 여기에서 α는 배당수익률(dividend yield)이다. 이 α는 지수에 속한 주식들의 배당 수준을 고려하여 연 단위로 추정한다. 그러므로 α는 지수 선물의 인도일에 따라 다른 값을 지정할

7 우리나라에서는 현재 KOSPI 200 지수를 추적하는 KODEX 200 ETF의 규모가 가장 크며, 미국 시장의 경우 S&P 500 지수를 추적하는 SPY, Nasdaq 100 지수를 추적하는 QQQ가 유명하여 우리나라 투자자들도 많이 투자하는 것으로 알려져 있다.

8 1계약이 $250이었던 종전의 S&P 500 지수 선물은 2021년 9월에 상장 폐지되었다. 1계약이 $5인 Micro E-mini S&P 500 지수 선물도 상장되어 있다.

필요가 있다. 지금부터 인도일까지 배당을 하는 주식들이 많을 경우에는 α를 높이고, 인도일까지 배당이 별로 없으면 그 값을 낮추는 것이 적절할 것이다.

제 3 절 지수 차익거래와 지수 선물을 이용한 주식 포트폴리오의 위험관리

시장에서 $F > Se^{(r-\alpha)T}$의 관계가 관찰되었다고 하면, 선물가격이 상대적으로 고평가되어 있는 것이므로, 선물을 매도하고 현물을 매입하는 차익거래가 가능해진다. 반대로 시장에서 $F < Se^{(r-\alpha)T}$의 가격이 형성되면, 선물 매입과 현물 매도 포지션을 통해서 차익거래를 실행할 수 있는데, 주가지수 선물을 이용한 이러한 차익거래를 지수 차익거래(index arbitrage 또는 줄여서 index arb)라고 부른다.

현실적으로 지수 차익거래를 실행하는 것은 쉬운 일이 아니다. 이 경우 '현물'은 지수에 포함된 모든 주식들의 포트폴리오가 된다. 예를 들어, KOSPI 200 지수의 변화를 정확하게 반영하는 포트폴리오를 매입하려면, 지수에 포함된 200개의 주식을 그 주식이 지수에서 차지하는 비중에 맞추어 각각 모두 매입해야 한다. 차익거래 기회가 포착된 순간에 관찰되는 가격으로 200개의 주식을 실제로 매입하는 것은 현실적으로 불가능하다. 지수를 추적하는 ETF를 현물로 간주할 수도 있겠지만 ETF의 경우 지수를 실시간으로 반영한다고는 말하기 힘들기 때문에, 정교한 차익거래를 실행하기 위해서는 차익거래자 스스로 추적 포트폴리오를 구성하고 가격 변화에 신속하게 대응하는 것이 필요하다. 그래서 차익거래자는 실제로는 지수를 구성하는 주식 중에서 비중이 크고 유동성이 충분한 일부의 주식을 선택해 두었다가 차익거래의 기회가 발생했을 때 신속히 거래하게 된다. 어떤 주식으로 이러한 추적 포트폴리오를 구성할 것이며, 얼마나 신속하게 원하는 가격에 주식을 매입할 수 있는가 하는 것이 차익거래 성공의 관건이 될 것이다. 추적 포트폴리오의 가격 변화와 지수의 변화 사이에 오차가 발생할 것이고, 또한 목표 매입가와 실제 매입가 사이에 오차가 발생할 것이므로 이러한 오차들을 줄일 수 있는 노하우(know-how)가 차익거래자에게 요구된다. 현물의 매도가 요구되는 차익거래의 경우, 이미 현물을 보유하고 있지 않다면 현물에 대한 공매가 필요한데, 실제로 공매에 대해 어떤 형태로든 제약이 있다면 이 또한 차익거래를 어렵게 하는 요인이 된다.

[예시]

주식의 공매에 대한 제약은 주가지수와 지수 선물가격의 관계에 어떤 영향을 미치겠는가?

공매에 대한 제약이 있을 때에는 현/선물가격이 $F < Se^{(r-\alpha)T}$의 관계를 보이더라도 현물 공매가 힘들기 때문에 차익거래를 통한 균형 가격의 회복이 어렵게 되고, 이런 가격이 상당 기간 유지될 수 있을 것이다. 즉, 선물가격이 균형 가격이라 할 수 있는 $Se^{(r-\alpha)T}$보다 낮게 유지될 가능성이 있다.

일반적으로 지수 차익거래는 소위 프로그램 매매(program trading)에 의해 이루어진다. 넓은 의미에서 프로그램 매매란 거래자의 향후 가격 변화에 대한 판단을 배제하고 정해진 거래의 원칙을 기계적으로 적용하여 매매를 실행하는 것을 의미한다. 이와 대비하여, 가격 변화에 대한 (주관적) 판단에 근거해서 매매하는 일반적인 투기적 거래는 방향성 거래(directional trading)라고 부를 수 있을 것이다. 프로그램 매매는 주로 컴퓨터에 입력된 프로그램에 의해서 그 기회가 포착되고 거래가 지시된다. 지수 차익거래의 실행 외에도 주식 포트폴리오의 가치를 어느 수준 이상으로 보장하기 위한 포트폴리오 보험(portfolio insurance)의 구성을 위한 거래에서도 프로그램 매매가 이용된다.[9]

지금까지 설명한 지수 차익거래 외에도 지수 선물은 주식 포트폴리오의 위험을 제거하거나 그 위험도를 변화시키기 위해 사용되기도 한다. 이하에서는 주식 포트폴리오의 가격 변동 위험을 펀드 관리자가 원하는 수준으로 변화시키는 방법에 대해서 살펴보도록 한다.

---

9 포트폴리오 보험에 대해서는 풋옵션을 설명하면서 살펴보기로 한다.

포트폴리오의 수익률과 관련하여, 중요한 재무 이론 중의 하나인 자본자산 가격결정모형(CAPM; Capital Asset Pricing Model)은 다음과 같은 관계를 제시하고 있다. 즉,

$$r_P - r = \beta_p(r_m - r) + \varepsilon_P$$

의 관계가 성립된다고 한다. 여기에서

r_P: 포트폴리오의 수익률
r_m: 시장 포트폴리오의 수익률
β_P: 포트폴리오의 베타, 즉 $\beta_P = cov(r_P, r_m)/var(r_m)$
r: 무위험 수익률
ε_P: 오차항(error term). $E(\varepsilon_P) = 0$과 $cov(r_m, \varepsilon_P) = 0$이 성립해야 한다.

한편 어떤 포트폴리오에 충분히 많은 종류의 주식들이 포함되면, 포함된 개별 주식들의 소위 비체계적 위험(non-systematic risk)은 서로 상쇄되어 제거되고, 시장 전체의 움직임에 연동되는 체계적 위험(systematic risk)만이 남게 된다. 위의 관계식에서 오차항 ε_P의 분산을 포트폴리오의 비체계적 위험이라고 할 수 있는데, 포트폴리오에 충분히 많은 주식들이 포함되면 포트폴리오의 분산효과(diversification effect)에 의해 ε_P가 0에 가깝게 되므로 잘 분산화된 포트폴리오에 대해서는

$$r_P - r = \beta_P(r_m - r)$$

의 관계가 성립된다고 볼 수 있다. 지금 여기에서는 모든 수익률은 단순 수익률로 모형화한다. 연 단위도 아니다. 즉, 100을 투자해서 어떤 시간이 흐른 후 105를 회수하였다면 5%의 수익을 얻었다는 단순한 수익률 개념이다. 사실 CAPM 이론에서는 (또는 CAPM이 근거하고 있는 수익률의 평균-표준편차 분석에서는) 수익률을 특별히 어떻게 정의해야 한다는 제약은 없다고 하겠다.

지금 0 시점에서 τ 시점까지의 가격 변화를 다루고 있으므로 다음과 같이 표시해 본다. S_t, F_t, P_t를 각각 t 시점에서의 주가지수, 지수 선물가격, 어떤 포트폴리오의 가치라 하고, 0 시점에서 τ 시점까지의 각각의 변화를 $\Delta S, \Delta F, \Delta P$라

고 표시하자.[10] 그리고 주가지수에 포함된 주식들의 평균적인 배당수익률과 포트폴리오 P의 배당수익률이 동일하게 α라고 가정해 보자. 이제 변수의 변화폭을 각종 수익률로 표시하면

$$\Delta P = P_0(\beta_P(r_m - r) + r) \tag{5.1}$$

$$\Delta S = S_0(r_m - \alpha) \tag{5.2}$$

$$\Delta F = F_0(r_m - r) \tag{5.3}$$

이 될 것이다. 식 5.1은 바로 앞서 기술한 CAPM의 결과에 따른 것이며, 포트폴리오의 수익률에 배당수익률을 포함시켰을 때의 관계식이다. 지급된 배당은 제외한 자본이득만을 반영한 포트폴리오의 가치로 P를 생각할 때에는

$$\Delta P = P_0(\beta_P(r_m - r) + r - \alpha)$$

로 식 5.1을 조정하면 된다. 사실 이하의 결과는 ΔP에 α를 포함시키는 것과 무관하게 성립한다. 식 5.2에서는 주가지수는 배당으로부터의 수익은 제외하고 계산되는 것임을 반영하여 시장수익률에서 α를 뺀 값이 변화율로 지정되었다. 식 5.3은 선물의 변화율은 시장수익률과 무위험 수익률의 차이라는 것을 말하고 있다. 이 점을 증명하고 논의를 계속하도록 하자.

식 5.3의 (부분적) 증명

선물가격의 변화율이 시장수익률과 무위험 수익률의 차이일 것이라는 주장을 연속복리의 세팅에서, 그리고 (연속복리 연 수익률로 표시되는) r과 α가 향후에도 일정하다는 가정하에서 살펴보자. 앞서 살펴본 현/선물의 관계에 따라, 인도일이 T인 선물에 대해 두 시점 0와 τ 각각에 대해

$$F_0 = S_0 e^{(r-\alpha)T}$$
$$F_\tau = S_\tau e^{(r-\alpha)(T-\tau)}$$

---

10 우리는 여기에서 P라는 변수를 그 포트폴리오를 지칭하는 이름으로도, 또 그 포트폴리오의 가치를 표현하는 변수로도 이용하고 있으나 혼란은 없으리라 생각한다.

의 관계가 성립할 것이다. 한편 식 5.2의 관계를 연속복리로 표현하면

$$S_\tau = S_0 e^{(r_m-\alpha)\tau}$$

가 된다. 이로부터

$$\frac{S_\tau}{S_0} = e^{(r_m-\alpha)\tau}.$$

그러면

$$\begin{aligned}\frac{F_\tau}{F_0} &= \frac{S_\tau}{S_0} e^{(r-\alpha)(T-\tau)-(r-\alpha)T} \\ &= e^{(r_m-\alpha)\tau} e^{-(r-\alpha)\tau} \\ &= e^{(r_m-r)\tau}\end{aligned}$$

로 표현되고, 이는 곧

$$F_\tau = F_0 e^{(r_m-r)\tau}$$

의 관계를 말해 주는 것으로, 선물가격의 연속복리 변화율이 $r_m - r$이라는 것을 보여준다. 엄격히 말해서 이 식은 연속복리의 형태로서, 단순 수익률로 쓰여진 식 5.3과는 다르지만, 선물가격의 변화율이 시장수익률과 무위험 수익률의 차이일 것이라는 생각의 타당성을 충분히 전달하리라 생각한다. ♠

다시 원래의 논의로 돌아가 보자. 우선 포트폴리오 P의 가치 변화의 불확실성을 최소화하기 위해서는 어떤 규모의 선물 포지션을 취해야 하는지 생각해 보자. 즉, η개의 선물을 포함시켜 $var(\Delta P + \eta\Delta F)$의 값을 최소화해 보자. 여기에서

$$\begin{aligned}\Delta P + \eta\Delta F &= P_0(\beta_P(r_m - r) + r) + \eta F_0(r_m - r) \\ &= (P_0\beta_P + \eta F_0)(r_m - r) + P_0 r \qquad (5.4)\end{aligned}$$

이 되므로 $\eta = -\beta_P \frac{P_0}{F_0}$로 설정하면 $\Delta P + \eta \Delta F = P_0 r$이 되어 상수만 남게 되고[11] $var(\Delta P + \eta \Delta F)$를 0으로 만들 수 있다. 즉, 포트폴리오 가치 변화의 분산을 최소화시키는 최적의 선물 추가 규모는

$$\eta^* = -\beta_P \frac{P_0}{F_0} \tag{5.5}$$

가 되어야 한다. 적정값이라는 의미로 η^*라고 표시했다. 포트폴리오의 베타는 일반적으로 플러스이므로 η^*를 보면 이는 지수 선물을 매도해야 함을 의미한다.

이와 같이 헤지하는 경우 $\Delta P + \eta^* \Delta F = P_0 r$이 된다는 것은 헤지된 포트폴리오는 무위험 자산이 됨을 뜻한다. 즉, 위험을 완전히 제거하는 헤지를 이루게 된다는 것을 의미하는데, 현실적으로 이런 완전한 헤지는 불가능하다고 하겠다. 이는 식 5.1부터 식 5.3까지의 관계들이 현실에서 정확하게 성립된다고는 보기 힘들기 때문이다. 즉, 식 5.1은 CAPM 이론이 정확히 성립되고 더불어 분산화를 통해 비체계적 위험이 완전히 제거되는 것을 전제로 한다. 또한 식 5.3은 현/선물 간의 균형 관계인 $F = Se^{(r-\alpha)T}$가 오차 없이 성립된다는 것을 전제로 도출된 것이다. 이와 함께 우리가 이론적으로 구성한 배당수익률 α도 정확하게 관찰되는 수치가 아니라는 점도 앞의 관계들이 완벽히 성립한다고 보기 어려운 이유의 하나다. 그러므로 포트폴리오의 헤지와 관련된 지금의 논의는 어떤 오차 범위 내에서 이루어지는 관계라는 것을 기억할 필요가 있다. 그러나 완전하지는 않을지라도 선물 헤징을 통해 포트폴리오의 위험을 효과적으로 관리할 수 있다는 사실은 변함이 없다.

η^*와 적정 헤지 비율 θ^*

우리는 제 4 장 3 절에서 최소 분산 헤지 비율 또는 적정 헤지 비율을 식 4.2와 같이 도출한 바 있다. 즉, 현물 1단위에 대해서 $\theta^* = \rho \frac{\sigma_S}{\sigma_F}$단위의 선물을 추가하였을 때 가격 변화의 분산을 최소화할 수 있다고 하였다. 주가지수 자체를

---

11 P의 가치에서 수취하는 배당을 제외하면 $\Delta P + \eta \Delta F = P_0(r-\alpha)$로 조정된다.

현물로 보았을 때 이 식을 적용할 수 있을 텐데, 이러한 결과가 지금 우리가 도출한 η^*와 모순됨이 없는지 확인해 보자.

우선 식 5.2로부터 $r_m = \frac{\Delta S}{S_0} + \alpha$임을 알 수 있으니, 이를 매개로 식 5.1의 ΔP를

$$\begin{aligned}\Delta P &= P_0\left[\beta_P\left(\frac{\Delta S}{S_0} + \alpha - r\right) + r\right]\\ &= \frac{P_0}{S_0}\beta_P \Delta S + P_0(\beta_P\alpha - \beta_P r + r)\end{aligned}$$

과 같이 표현할 수 있을 텐데, 여기에서

$$\frac{P_0}{S_0}\beta_P \equiv a, \quad P_0(\beta_P\alpha - \beta_P r + r) \equiv b$$

로 정의하여 $\Delta P = a\Delta S + b$로 나타내 보자. a와 b는 상수다. 따라서

$$\begin{aligned}var(\Delta P + \eta\Delta F) &= var(a\Delta S + b + \eta\Delta F)\\ &= a^2 var(\Delta S + \frac{\eta}{a}\Delta F)\end{aligned}$$

를 얻을 수 있다. η^*는 위의 식을 최소화하는 η 값이므로 $var(\Delta S - \theta\Delta F)$를 최소화하여 구한 θ^*와는

$$\frac{\eta^*}{a} = -\theta^* \quad \text{또는} \quad \eta^* = -a\theta^* \tag{5.6}$$

의 관계가 있을 것이다. 한편 식 5.2와 식 5.3으로부터

$$\begin{aligned}cov(\Delta S, \Delta F) &= cov\big(S_0(r_m - \alpha), F_0(r_m - r)\big)\\ &= S_0 F_0 var(r_m)\end{aligned}$$

이고, 아울러

$$\begin{aligned}var(\Delta S) &= S_0^2 var(r_m)\\ var(\Delta F) &= F_0^2 var(r_m)\end{aligned}$$

이므로 ΔS와 ΔF의 상관계수 ρ는 1이 된다는 것을 알 수 있다. $\rho = 1$이라는

결과 역시 앞서 살펴본 바와 같이 식 5.1부터 식 5.3까지의 관계가 정확하게 성립한다는 가정하에서만 가능한 것이니 현실에서는 이런 점을 감안해야 한다. 이러한 결과들을 식 5.6에 대입하면

$$\begin{aligned}\eta^* &= -a\rho\frac{\sigma_S}{\sigma_F} \\ &= -\left(\frac{P_0}{S_0}\beta_P\right)\times 1\times\frac{S_0\sigma_m}{F_0\sigma_m} \\ &= -\beta_P\frac{P_0}{F_0}\end{aligned}$$

로 식 5.5와 동일함을 알 수 있다. ♠

무위험 수익률을 보장하는 자산으로 무위험 채권도 있으며, 우리가 주식 포트폴리오를 구성하는 것은 위험을 감수하더라도 더 높은 수익을 얻으려는 것인데, 왜 애써 주식 포트폴리오를 구성한 후 다시 이 위험을 제거하려는 것일까? 다음과 같은 경우를 생각해 보자.

첫째, 포트폴리오의 보유자는 향후 몇 달 동안의 주가 변화가 너무 불확실하여 이 기간 주식 투자를 회피하려고 한다고 가정해 보자. 이때 보유한 주식을 모두 매각하여 무위험 채권을 매입한 후, 몇 달 뒤에 채권을 매각하고 다시 주식을 매입하여 포트폴리오를 구성한다면 그 거래비용이 상당할 것이다. 이 경우 위험을 피하고 싶은 기간 동안만 지수 선물을 이용하여 헤징을 실행하면 더 간단하게 주가 변동의 위험을 회피할 수 있을 것이다.

둘째, 투자자가 자신이 보유한 주식들이 잘 선택되었기 때문에 베타에 의해서 설명되는 초과수익률을 웃도는 추가적인 수익을 얻을 수 있다고 자신하면서, 시장 전체의 체계적 위험(systematic risk)만을 선물을 이용하여 헤지하려는 경우다. 즉, 이 투자자는 자신이 보유한 포트폴리오의 비체계적 수익률(ε_p)이 대부분 0보다 크다고 확신하고 있는 것이다. 이럴 경우 이 투자자가 믿는 바가 사실이라면 시장 전체의 가격 변화의 위험은 제거되고 무위험 수익률을 초과하는 수익을 얻게 될 것이다. 그러나 주식시장의 효율성(efficiency)을 고려한다면, 이 투자자의 예측이 실현될 수 있을지는 회의적이다.

[예시]

현재 100억원의 가치를 갖는 포트폴리오의 베타가 1.2라고 한다. 이 포트폴리오는 잘 분산화되어 있기 때문에 비체계적 위험은 0에 가깝다고 가정하자. 향후 주식시장의 전망이 불투명하여 몇 달 동안만 주가 변화의 위험에서부터 벗어나려 하는데, 포트폴리오를 모두 처분하는 대신 KOSPI 200 지수 선물을 이용하여 위험을 제거하기로 하였다. 현재 지수 선물의 가격은 340이다. 선물 1계약은 340×25만원 $= 8{,}500$만원에 해당한다. 따라서 헤지를 위해 취해야 하는 선물의 계약수는

$$\eta^* = -\beta_P \frac{P_0}{F_0} = -1.2 \times 100\text{억원} \div 8{,}500\text{만원} = -141.18$$

로 계산되며, 이는 약 141계약의 선물 매도가 필요하다는 것을 의미한다.

지금까지는 해당 포트폴리오의 위험성을 최소화하는 헤지 규모를 살펴보았는데 이는 포트폴리오의 베타를 0으로 변화시킨 것이라고 생각할 수 있다. 이번에는 포트폴리오의 베타를 0이 아닌 다른 베타, 예를 들어 β_Q로 변화시키기 위해서는 지수 선물에 대해서 어떤 포지션을 취해야 할 것인지를 생각해 보자. 기존 포트폴리오 P에 지수 선물을 포함시켜 베타가 β_Q인 포트폴리오 Q로 변화시키려는 것인데, 그럴 경우 $\Delta Q = Q_0(\beta_Q(r_m - r) + r)$이 될 것이다. 한편 포트폴리오 Q는 포트폴리오 P에 선물을 더한 것인데 선물 포지션을 취하는 시점에서의 그 포지션의 가치는 0이므로 $Q_0 = P_0$이니, 다시 $\Delta Q = P_0(\beta_Q(r_m - r) + r)$로 쓸 수 있다.

지금 우리는 $\Delta P + \eta\Delta F = \Delta Q$를 만족시키는 η 값을 찾고 있는데, 식 왼편의 $\Delta P + \eta\Delta F$는 식 5.4의 결과를 대입하여

$$(P_0\beta_P + \eta F_0)(r_m - r) + P_0 r = P_0(\beta_Q(r_m - r) + r)$$

을 만족시키는 η를 구하면 된다. 이는 곧

$$P_0\beta_P + \eta F_0 = P_0\beta_Q$$

가 되고, 따라서

$$\eta^{**} = (\beta_Q - \beta_P)\frac{P_0}{F_0} \tag{5.7}$$

가 우리가 구하는 선물 규모다. 앞서 우리가 구한 식 5.5는 식 5.7에서 $\beta_Q = 0$인 특별한 경우이므로 식 5.7을 포괄적인 식으로 이용하면 편리할 것이다.

[예시]

앞의 예시에서 베타를 0으로 만들기 위해서는 141계약의 선물 매도가 필요하였다. 만일 우리가 포트폴리오의 베타를 1.2에서 1.0으로 변환시키기를 원한다면,

$$\eta^{**} = (1.0 - 1.2) \times 100\text{억원} \div 8{,}500\text{만원} = -23.53$$

으로 계산되니, 약 24계약의 매도가 필요하다. 한편 포트폴리오 베타를 1.2에서 2.0으로 변화시켜 위험도를 증가시키려면

$$\eta^{**} = (2.0 - 1.2) \times 100\text{억원} \div 8{,}500\text{만원} = 94.12$$

이며, 따라서 약 94계약의 선물 매입이 요구된다.

제 4 절 통화 선도계약

앞서 제 3 장에서, 현물을 보유함에 따른 수입의 발생을 현물이 α의 증가율로 증가하듯이 모형화할 수 있는 경우에는, 적정 선도가격의 계산을 위해 $F = Se^{(r-\alpha)T}$의 관계식을 이용하는 것이 적절하다고 하였다. 통화 선도계약의 경우 현물인 외환을 보유하고 있으면 원리합계가 실제로 외환 이자율 r_f의 비율로 증가하므로, α에 이 r_f를 대입하여 선도거래의 적정 가격 공식으로 이용할 수 있다. 즉,

$$F = Se^{(r-r_f)T}$$

의 공식을 이용한다. 이 관계식을 보통 IRP(interest rate parity), 즉 이자율 평가(平價)라고 부른다. 위 식에서 알 수 있듯이 현물환율과 선도환율의 관계는 해당되는 두 화폐에 적용되는 이자율에 의해서 완전히 설명된다.

외환이라는 자산은 일반적으로 유동성이 높고, 적절한 신용도를 갖춘 거래자의 경우 쉽게 차입할 수 있기 때문에,[12] 외환시장에는 차익거래에 대한 장애물이 거의 없다. 따라서 위의 관계식이 시장에서 성립되지 않을 때에는 차익거래가 쉽게 일어나게 되어, 위의 식은 다른 기준자산의 현물/선도가격 관계식에 비해 훨씬 더 정확하게 성립된다. 예를 들어 비교해 보면, 앞서 99페이지에서 지적하였듯이 지수 선물의 경우 현/선물가격의 관계인 $F = Se^{(r-\alpha)T}$의 공식은 수학적 형태는 동일할지라도 상당한 오차가 가능한 관계다.

(1) 현물 매입, 선도 매도 차익거래

현재 달러 외환시장에서 현물환율은 1,350원/$이고 6개월 선도환율은 1,370원/$이라고 하자. 원화에 대한 이자율은 연 5%, 달러에 대한 이자율은 연 3%다. 주어진 현물환율과 이자율에 의하면 적정 선도환율은 $1{,}350 \times e^{(0.05-0.03)\times 0.5} =$ $1{,}363.57$이다. 시장에서 관찰되는 선도환율 1,370원은 이보다 높으므로 우리는 현물에 비해서 선도물이 고평가되어 있다고 생각할 수 있고, 따라서 기본적으로 현물 매입, 선도 매도의 포지션을 취하는 차익거래를 구성할 수 있다. 현물 매입을 위해서 차입을 해야 하는데 100만원을 차입한다고 생각해 보자.[13] 100만원으로는

$$1{,}000{,}000 \div 1{,}350 = 740.74\text{달러}$$

를 매입할 수 있을 것이고 이를 외화 예금에 예치하면 6개월 후에 모두

---

12 외환을 차입하여 외환으로 상환하는 것은 외환이라는 현물의 공매에 해당한다.

13 선도거래를 위해서는 비현실적으로 작은 금액이지만 이하 설명에서 숫자들이 너무 복잡해지는 것을 방지하고자 그리하였다. 큰 금액으로 전환하려면 단순히 그 비율만큼 곱하면 된다.

$$740.74 \times e^{0.03 \times 0.5} = 751.94\text{달러}$$

를 수취할 수 있다. 이 금액에 대해 6개월 후에 인도하는 선도계약을 (오늘) 맺으면 6개월 후

$$751.94 \times 1{,}370 = 1{,}030{,}152\text{원}[1{,}030{,}158]$$

의 원화로 전환될 것이다.[14] 한편 차입한 100만원은 그 원리합계가

$$1{,}000{,}000 \times e^{0.05 \times 0.5} = 1{,}025{,}315\text{원}$$

이므로 이를 상환하면 모두

$$1{,}030{,}152 - 1{,}025{,}315 = 4{,}837\text{원}$$

의 차익을 얻게 된다. 그림 5.1은 이상의 차익거래를 도식화한 것이다.

그림 5.1 현물 매입, 선도 매도 차익거래

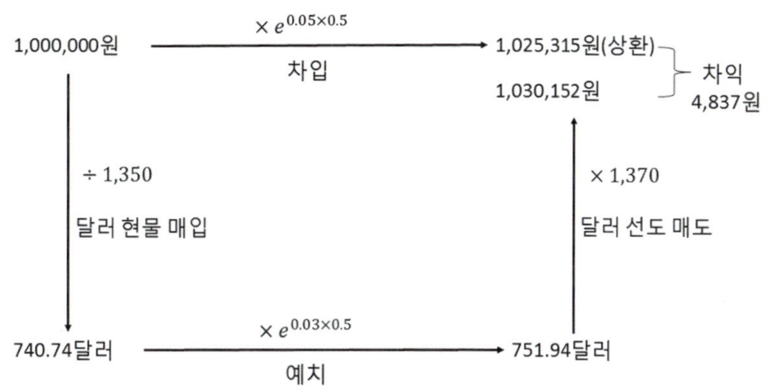

14 여기에서 나타낸 수치들은 MS 엑셀(Excel)로 계산한 결과물이다. 따라서 계산기로 위의 식들을 직접 계산했을 때 중간 단계에서의 반올림 오차(rounding-off error)로 다른 값이 나타날 수 있다. 직접 계산을 시도해 보는 독자들의 혼란을 피하기 위해, 현저한 차이가 있을 때 [ ] 괄호 안에 해당 식을 계산기로 계산한 결과를 보였다.

앞에서 차익은 인도일에 원화로 실현하는 것으로 구성하였다. 이 차익의 실현은 외환인 달러로도, 그리고 다른 시점에서도 실현할 수도 있다. 즉, 현재 시점이나 인도일에 원화나 달러화로 실현할 수도 있다. 우선 인도일에서 달러화로 실현하려면 달러 선도 매도의 금액을 줄여서 매도로 마련하는 원화가 차입상환금과 같아지도록 하면 될 것이다. 즉,

$$1{,}025{,}315 \div 1{,}370 = 748.41\text{달러}$$

만을 (현재 시점에서) 선도 매도하고, $751.94 - 748.41 = 3.53$달러를 인도일에 차익으로 남길 수 있다. 현재 시점에서 달러화로 차익을 실현하려면 인도 시점에서의 달러화 예금의 원리합계가 748.41달러가 되도록 현재의 예치액을 줄이면 된다. 즉,

$$748.41 \div e^{0.03\times0.5} = 737.26\text{달러}$$

만을 예치하여 달러 현물 매입과의 차이인 $740.74 - 737.26 = 3.48$달러를 현재 시점에서 수익으로 실현할 수 있다. 마지막으로 현재 시점에서 원화로 차익을 실현하기 위해서는 차입한 금액 가운데

$$737.26 \times 1{,}350 = 995{,}305\text{원}[995{,}301]$$

만을 달러화로 환전하여 예치하고 $1{,}000{,}000 - 995{,}305 = 4{,}695$원을 현재 시점에서 차익으로 실현한다.

(2) 현물 매도, 선도 매입 차익거래

이번에는 선도환율이 적정가보다 낮은 경우를 살펴보자. 앞의 예에서와 다른 조건들은 모두 동일한데 시장 선도환율이 1,360원/$인 경우 어떻게 차익거래를 만들어 낼 수 있을지 생각해 보자. 적정 선도환율 1,363.57원보다 시장가격이 낮으므로, 선도물이 상대적으로 저평가되었다고 판단하여 현물 매도, 선도 매입의 포지션을 취하도록 한다. 현물 매도를 위해서 모두 $1,000.00를 차입한다고 가정하자. (여기에서 달러화를 차입하는 것은 기준물을 공매하는 것에 해당

한다.) 이 달러 차입금으로 모두

$$1{,}000.00 \times 1{,}350 = 1{,}350{,}000\text{원}$$

의 원화를 확보하여 이를 6개월 동안 예치하면 원리합계가

$$1{,}350{,}000 \times e^{0.05\times 0.5} = 1{,}384{,}175\text{원}$$

이 될 것이다. 이 금액을 6개월 후에 달러화로 전환하는 달러 선도 매입 계약을 오늘 체결해야 한다. 그러면 6개월 후에는

$$1{,}384{,}175 \div 1{,}360 = 1{,}017.78\text{달러}$$

로 전환될 것이고 여기에서 차입한 달러화의 원리금

$$1{,}000.00 \times e^{0.03\times 0.5} = 1{,}015.11\text{달러}$$

를 상환하고 나면 모두

$$1{,}017.78 - 1{,}015.11 = 2.66\text{달러}[2.67]$$

의 차익을 실현할 수 있다. 그림 5.2는 이러한 차익거래를 도식화한 것이다.

그림 5.2 현물 매도, 선도 매입 차익거래

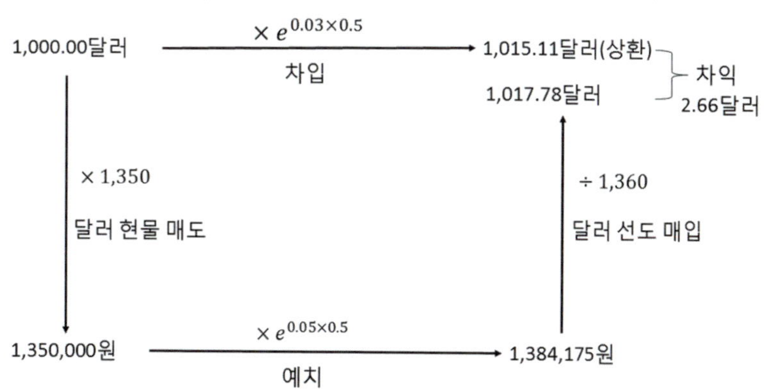

만일 차익을 달러 대신 원화로 확정하고 싶을 경우, 선도 매입 거래에서 달러화 상환 원리금인 1,015.11달러에 대해서만 매입을 하면 선도 매입을 위한 원화 금액은

$$1{,}015.11 \times 1{,}360 = 1{,}380{,}554\text{원}[1{,}380{,}550]$$

만이 필요할 것이므로 원화 예치에 따르는 수입에서 이를 뺀 3,622원[3,621]의 차익을 확정할 수 있게 된다. 또한 현재 시점에서 원화나 달러화로 차익을 실현하는 것도 가능할 것이다. (원화로는 3,532원, 달러화로는 2.62달러의 차익을 실현할 수 있다.)

외환과 관련된 적정 가격 공식을 적용할 경우에 주의할 점은, 어떤 통화를 거래의 기준물로 삼을 것이고 어떤 통화를 화폐로 간주할 것인가를 미리 결정하고 이에 맞추어 환율의 표시(quote)나 자국 이자율(r)과 외환 이자율(r_f)을 적용해야 한다는 점이다. 앞의 예에서는 우리의 입장에서 보았을 때 원화가 '화폐'이고 달러화가 '물건'이므로, 달러라는 '물건'의 가격이 우리나라 화폐로 얼마인가를 나타내는 1,350원/$이라는 환율 표기 방식이나, r은 원화 이자율이고 r_f는 달러 이자율이라는 것에 혼동의 여지가 없다. 그러나 우리의 관점에서 둘 다 외환인 경우에는 주의할 필요가 있다. 예를 들어, 달러화와 엔화 사이의 외환거래에 있어 ￥100/$과 같이 환율이 표시되는 경우에는, 이는 달러라는 물건이 일본 화폐로 얼마인가를 나타내는 것이므로, 앞의 공식의 사용에 있어서 r은 엔화 이자율을, r_f는 달러 이자율을 적용해야 한다. 반대로, 일반적인 방식은 아니지만 $0.01/￥와 같이 환율이 표시되고 있다면, 이는 엔화라는 물건이 달러화로 얼마인가를 보여주는 것이므로 r에는 달러 이자율을, r_f에는 엔화 이자율을 적용해야 한다. 어떤 방식으로 하든지 일관성 있게 공식을 적용하면 동일한 결과를 얻게 된다.

[예시]

달러 이자율은 8%, 파운드화 이자율은 4%라고 한다. 현물환율은 $1.2/£이다. 이 경우 6개월 인도 선도환율은 $1.2e^{(0.08-0.04)\times 0.5} = 1.2242$, 즉 $1.2242/£가 될 것이다. 한편 달러당 파운드화 가격으로 이 공식을 적용한다면 현물환율은 £$\frac{1}{1.2}$/$, 즉 £0.8333/$일 것이고, 적정 선도환율은 $0.8333e^{(0.04-0.08)\times 0.5} = 0.8168$로 계산되니, 선도환율은 £0.8168/$이다. 이 수치는 물론 파운드당 달러 표시 선도환율 $1.2242/£의 역수가 될 것이다.

연습문제

5.1 오늘이 2022년 7월 19일인데 만기 2042년 5월 15일, 표면이자율 3.0%인 T-bond가 98-08로 호가되었다고 하자. 현금가격(Cash Price)은 얼마인가? (참고로 5월 15일부터 6월 30일까지는 46일이고, 10월 31일까지는 169일이다.)

5.2 (1) 만기까지 159일 남은 T-bill이 4.57로 호가되었다면 실제 거래 가격은 얼마인가? (소수점 4자리까지 계산.)

(2) 만기까지 79일 남은 T-bill이 98.94로 거래되고 있다면 어떻게 호가되겠는가? (소수점 2자리까지 계산.)

5.3 2024년 9월 19일부터 12월 18일까지 3개월 동안 3백만 달러를 SOFR+3% 이자율로 차입할 계획이 있는 재무담당자가 있다. 이 사람은 적용되는 이자율의 불확실성을 제거하기 위해서 인도일이 2024년 12월 18일인 3개월 SOFR 선물을 매도하여 헤지하기로 하고 오늘 해당 선물의 가격이 97일 때 3계약을 매도하였다.

(1) 인도일인 12월 18일에 3개월 SOFR가 4%가 되었을 때, 선물 포지션으로부터의 손익과 3백만 달러 차입에 따른 이자는 각각 얼마인가? 이 둘을 현금흐름으로 합계하면 얼마이며, 결국 확정시킨 차입 이자율은 (연 4회 복리 표시했을 때) 연 몇 %라고 할 수 있는가?

(2) 인도일에 3개월 SOFR가 6%가 되었을 경우에 (1)과 동일한 질문에 답하라.

5.4 어떤 자산관리자가 현재 200억원의 가치를 가지며 베타가 2.0인 포트폴리오를 운용하고 있는데, 이를 KOSPI 200 지수 선물을 이용하여 헤징하려 한다. 현재 지수 선물이 320인데 선물 1계약은 1포인트가 25만원이 되도록 구성되어 있다. 위험을 완전히 제거하기 위해서는 몇 계약에 대해서 어떤 포지션을 취하여야 하는가? 또

베타를 1.2로 만들기 위해서는 선물 몇 계약에 대해서 어떤 포지션을 취하여야 하는가?

5.5 포트폴리오의 가치 변화를 헤징하기 위해서 지수 선물을 매도하려는데, 매도하는 선물의 규모를 적정 규모의 반으로 책정하였다고 하자. 이 경우 전체 포지션(즉, 포트폴리오 + 선물 매도 포지션)의 가치 변화의 분산을 계산하고, 이 분산을 원래의 포트폴리오 가치 변화의 분산과 비교하라.

5.6 현재 파운드의 현물환율과 선도환율($/£)이 다음과 같이 주어졌다.

현물환율 $1.20/£; 6개월 선도환율 $1.17/£

한편 달러와 파운드의 연속복리 연 이자율은 각각 다음과 같다.

파운드 이자율 연 6%; 달러 이자율 연 2%

이러한 경우 어떤 과정을 거치면 차익거래를 만들어 낼 수 있는가? 어떤 차익거래자가 $10,000 또는 £8,300를 차입할 수 있다고 가정하고 시작하라. 인도 시점에서 달러로 차익을 실현하도록 한다.

06

스왑

스왑(swap)이란 거래의 두 당사자들이 약속한 바에 따라 일련의 현금흐름을 교환하는 것으로 정의된다. 그런 면에서 스왑은 여러 시점을 인도일로 하는, 여러 선도거래들의 포트폴리오로도 볼 수 있다. 1981년 처음 등장한 이래 스왑은 급속도로 그 거래 건수가 증가해 왔다. 스왑은 거래자들 사이에 일대일로 이루어지는 장외상품(over-the-counter product)이므로 거래의 당사자들의 필요에 따른 다양한 형태가 가능하다. 여기에서는 그 가운데 이자율 스왑과 통화 스왑 중 가장 표준화된 형태의 스왑만을 살펴보기로 한다. 이런 표준화된 스왑들을, 평범하다 하여 플레인 바닐라 스왑(plain vanilla swap)이라 부르기도 한다.

제 1 절 이자율 스왑의 메커니즘

가장 일반적인 이자율 스왑(interest rate swap)은, 일정 기간 동안 A는 변동금리에 근거해서 명목원금(notional principal)의 이자를 B에게 지급하고, 대신 B는 고정금리 이자를 A에게 지급하는 형태다. 명목원금이란 이자를 계산하기 위한 명목상의 원금으로서 이자율 스왑에서는 실제로 A와 B가 명목원금을 교환할 필요는 없다. 우리는 앞서 제 5 장에서 SOFR 선물과 관련하여 대표적인 기준금리로 SOFR를 언급하였는데, 이자율 스왑에 적용되는 변동금리는 일반적으로 바로 이 SOFR다.

다음의 예를 가지고 이자율 스왑의 몇 가지 측면을 살펴보자. 기업 A는 2024년 4월 5일에 2년 기한의 다음과 같은 스왑을 거래 은행과 체결하였다. 1억

그림 6.1 이자율 스왑을 이용한 부채의 변환

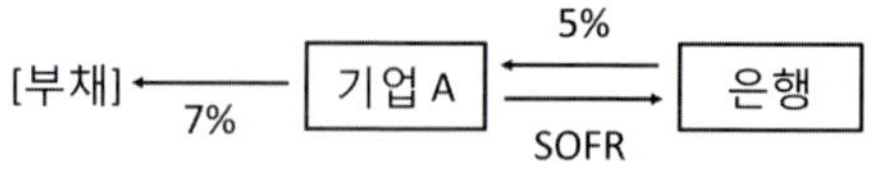

달러를 명목원금으로 하여 6개월마다 연 5%의 고정금리를 지급받고 6개월 SOFR를 지급하는 조건이다. 그림 6.1은 이를 보여준다.

이 경우 향후 모두 4번의 이자율 교환이 있을 것이다. 첫 교환이 이루어지는 2024년 10월 5일에 6개월 SOFR가 4.4%라고 한다면, A는 은행으로부터 1억 × (0.05/2) = 250만 달러를 지급받는 대신, 그 시점의 6개월 SOFR인 4.4%를 적용한 1억 × (0.044/2) = 220만 달러를 은행에 지급하게 된다. 10월 5일 지급하는 이자 계산을 위한 변동금리는 그날 결정된다.[1] 주고받을 현금을 상계(net)하고 A는 은행으로부터 30만 달러를 지급받으면 될 것이다. 2025년 4월 5일에 이루어지는 두 번째 교환에서는 동일하게 250만 달러를 지급받지만, (SOFR에 근거해서) 지급해야 되는 금액은 그날(2025년 4월 5일)에 결정된다.

이러한 스왑을 체결한 기업 A가, 별도로 연 7%의 이자를 반년마다 지급하는 고정금리 채권(bond)을 발행한다면, 은행으로부터 수취하는 5%에 2%를 더하여 채권자들에게 지급하는 한편, SOFR의 이자를 은행에 납부해야 하므로 모두 SOFR+2%의 이자를 실질적으로 납부하는 것이 된다. 이자율 스왑에서는 만기에 명목원금을 주고받을 필요가 없다. 그러나 실제로 주고받는다고 상상하면 은행과의 이자율 스왑을 통해서 기업 A는 연 7% 고정금리 채권을, SOFR+2%의 변동금리 채권으로 변환한 것이 된다. 즉, 은행에게 변동금리 채권을 주고 그 대가로 고정금리 채권을 받았다고 생각할 수 있다. 마찬가지로 변동금리 채권을 발행한 어떤 기업이, 고정금리와 변동금리 지급의 방향이 바로 위의 예와 반대인 스왑을 은행과 체결한 경우(즉, 고정금리 지급, 변동금리 수취의 경우)에는 변동금리 채권을 고정금리 채권으로 변환할 수 있을 것이다.

---

1 이 점이 과거에 기준금리로 LIBOR를 적용할 때와 중요한 차이점이다. 즉, LIBOR를 변동금리로 사용했을 때에는 10월 5일에 적용되는 금리는 6개월 전인 4월 5일에 결정된다.

그림 6.2 이자율 스왑을 이용한 자산의 변환

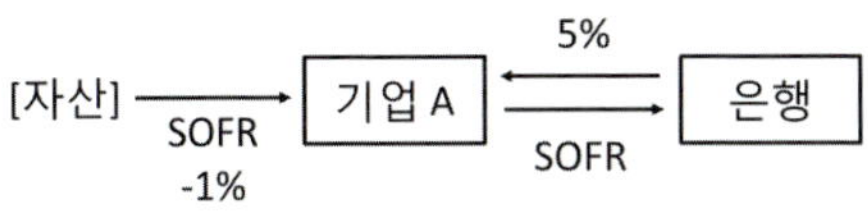

스왑을 이용하여 부채의 성격을 바꿀 수 있는 것과 마찬가지로, 보유한 자산의 성격을 변환시킬 수도 있다. 앞의 예를 수정하여 기업 A가 SOFR−1%의 이자를 수취하는 채권을 자산으로 보유하고 있다고 가정해 보자. 그림 6.2가 이런 상황을 요약하고 있다. 이 경우 A는 SOFR−1%를 수취하고 은행에 SOFR를 지급하면서, 5%의 고정금리 이자를 수취하므로 실질적으로 고정금리 4%의 이자를 수취하게 된다. 즉, SOFR−1%의 이자를 제공하는 자산을 고정금리 4%의 이자를 제공하는 자산으로 변환한 것이다.

스왑을 취급하는 은행들은 표준화된 스왑거래에 대해서 일종의 딜러(dealer) 역할을 한다. 즉, SOFR 금리를 수취하는 조건으로 지급하는 고정금리와, SOFR 금리를 지급하는 조건으로 수취하는 고정금리를 매 순간 각각 고시한다. 예를 들어, 3년 만기의 스왑거래에서 SOFR를 인수하는 조건으로 5.34%를 '사자'(매수; bid) 금리로, SOFR를 지급하는 조건으로 5.37%를 '팔자'(매도; ask 또는 offer) 금리로 고시하여 수시로 고객들이 은행과 표준화된 스왑거래를 할 수 있도록 준비하고 있다.

스왑을 통한 자금조달 비용 절감의 예

다음과 같은 예를 생각해 보자. 기업 A와 기업 B는 각각 1억 달러를 차입하려 하는데 시장에서는 표 6.1에 요약되어 있는 이자율을 요구한다고 가정하자.

표 6.1 기업 A와 B의 차입 조건

	고정금리	변동금리
기업 A	7.00%	6개월 SOFR+0.50%
기업 B	8.40%	6개월 SOFR+1.40%

표 6.1에 따르면 A는 고정금리가, B는 변동금리가 상대적으로 유리하다. 여기에서 상대적으로 유리하다는 것은 비교우위(comparative advantage)가 있다는 것을 의미하는데, A는 두 금리 모두에서 B보다 유리하지만 고정금리의 차이가 더 크기 때문에 고정금리가 더 유리하다는 뜻이다. 반면 B의 경우 두 금리 모두에서 A보다 불리하지만 변동금리의 차이가 더 작기 때문에 덜 불리하다는 의미다.

한편 A는 변동금리를, B는 고정금리를 선호한다고 가정한다. 신용이 상대적으로 우월한 기업이 항상 변동금리를 선호하는 것은 아니며, 단지 지금 상황이 그렇다는 것뿐이다. 일반인이 주택담보대출을 받을 때 어떤 사람은 고정금리를, 어떤 사람은 변동금리를 선호하는 것과 마찬가지다. 예를 들어, A는 금리 변화의 위험을 스스로 관리할 수 있다고 생각할 수도 있다. 이와 같이 자신이 유리한 차입 방식과 원하는 차입 방식이 다를 때, 우선 유리한 방식으로 채권을 발행한 후, 앞서 살펴본 바와 같이 스왑을 통해서 원하는 차입 방식의 채권으로 변환시킬 수 있다.

결과적으로 6개월마다 그림 6.3과 같은 이자의 교환을 만들어 내는 스왑거래를 A, B 그리고 은행이 체결하였다고 생각해 보자.

A는 6개월마다 연 7%에 해당하는 이자를 채권자에게 지급하면서, 은행과의 스왑에서 6.73%를 받고 SOFR를 지급한다. 모두 합하면 SOFR+0.27%에 해당하는 수치로, 이는 A가 직접 변동금리 채권을 발행했을 때 지급했을 SOFR+0.50%보다 0.23% 작다. 마찬가지로 B는 채권자에게 SOFR+1.4%를 지급하고, 은행과의 스왑에서는 6.77%를 지급하고 SOFR를 수취하여, 모두 8.17%의 이자를 실제로 지급하게 된다. 이는 B가 고정금리 채권을 발행했을 때보다 0.23% 유리한 결과다. 이 설명을 표 6.2에 요약하였다.

그림 6.3 이자율 스왑

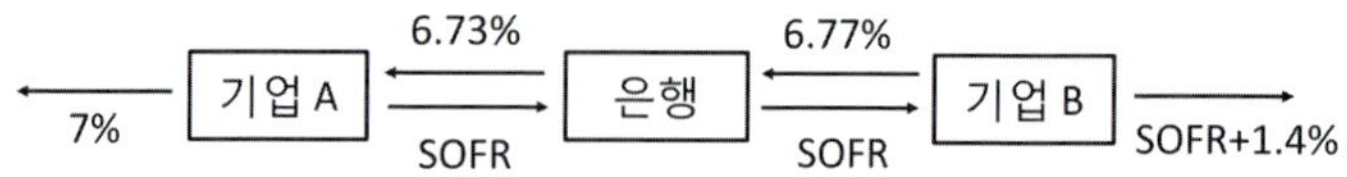

표 6.2 A, B의 실제 지급 이자율과 이점(advantage)

	채권자에게	은행에게	실제 지급 이자율	이점
기업 A	7.00%	−6.73%+SOFR	SOFR+0.27%	0.23%
기업 B	SOFR+1.40%	6.77%−SOFR	8.17%	0.23%

은행은 이 두 스왑을 통해서 6.77% − 6.73% = 0.04%의 수수료를 얻었다. A, B의 이익과 은행의 수수료의 합계는, 고정금리의 차이와 변동금리의 차이의 격차와 일치하게 된다. 여기에서 A와 B의 차입에 있어서 고정금리는 1.40%, 변동금리는 0.90%의 차이가 있었고 이 두 수치의 차이가 0.50%인데 이를 세 주체가 분할했다고 생각할 수 있다.

그런데 이러한 이점(advantage)의 원천에 대한 설명으로서, 고정금리의 차이와 변동금리의 차이는 동일해야 하며 그렇지 않을 때는 시장이 일종의 불균형 상태에 있는 것이므로 마치 차익거래에서처럼 그 불균형에 따른 차익을 세 주체가 나누어 가졌다는 생각은 사실 경제적인 논리가 취약하다. 고정금리의 차이와 변동금리의 차이가 같아야 할 이유를 찾기 힘들기 때문이다. 고정금리와 변동금리는 금리 조정의 주기가 다르기 때문에 채권자의 입장에서 수반되는 위험이 다르다고 볼 수 있다. 따라서 세 주체의 이점(advantage)의 합계인 0.5%를 차익거래 수익으로 보는 것은 무리라고 생각된다. 그럼에도 시장에서 이런 스왑거래를 통해서 조달금리를 낮추는 것이 가능하고 또한 실행되고 있기 때문에, 그 이점의 원천에 대한 경제적 논리가 무엇이든 스왑거래의 중요한 이점을 여기에서 발견할 수 있다.

위에 예로 든 스왑거래에서 세 주체의 이익과 수수료를 다른 비율로도 정할 수 있을 것이다. 예를 들어, A, B의 이익과 은행의 수수료가 각각 25bp, 22bp, 3bp가 되도록 나눈다고 할 때 스왑을 어떻게 구성해야 할지 생각해 보자. A에게 25bp의 이익이 돌아가게 하려면 실제 지급이자는 SOFR+0.25%가 되어야 한다. 채권자에게 7%가 지급되어야 하는 것을 고려할 때, 은행과의 스왑에서 −6.75%+SOFR의 이자 지급이 이루어져야 하므로 (SOFR를 지급하는 대가로) 은행으로부터 6.75%를 받는 것으로 구성한다. 은행은 3bp의 수수료를 얻기 위해서는 6.78%를 B에게 요구하게 될 것이다. 결과적으로 B의 실제 지급이자

그림 6.4 이자율 스왑: 다른 경우

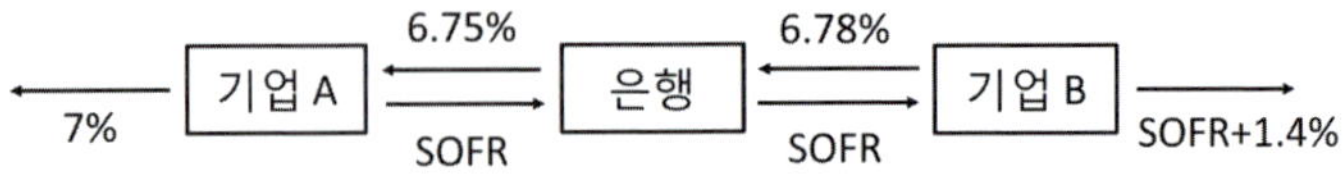

는 (SOFR+1.40%) + (6.78%−SOFR)=8.18%가 되어 22bp의 이익을 얻게 된다. 그림 6.4에 그 결과가 나타나 있다. ♠

은행 입장에서 본 스왑거래의 신용 위험

바로 앞의 그림 6.4에 나타낸 스왑을 예로 들어 살펴본다. 은행은 A로부터 SOFR를 받아 B에게 전달하고 또 B로부터 6.78%를 받아 6.75%를 A에게 지급함으로써 3bp의 수익을 얻을 수 있다. 이 경우 은행은 소위 신용 위험(credit risk)에 노출된다. 신용 위험이란 거래의 상대방이 약속한 대로 계약을 진행하지 못할 위험을 말한다. 은행이 중개한 두 스왑은 서로 분리된 것으로서 A와 B는 직접적으로 아무 관계가 없다. 은행으로서는 두 스왑 중 하나는 플러스의 가치를 갖는 자산이고 다른 하나는 마이너스의 가치를 갖는 부채다. 예를 들어, SOFR가 계약 당시보다 많이 낮아졌다고 가정해 보자. 그럴 경우 A와 맺은 스왑은 마이너스의 가치를 갖는다. 상대적으로 낮은 SOFR를 받으면서 고정된 6.75%를 지급해야 하기 때문이다. 반대로 B와 맺은 스왑은 플러스의 가치를 갖는다. 이어지는 제 2 절에서는 스왑의 이론적 가치를 계산하는 방법을 구체적으로 다룰 것이다.

플러스 가치의 스왑과 마이너스 가치의 스왑은 서로 상쇄되어 스왑이 정상적으로 진행되는 한 은행에게 불이익은 발생하지 않는다. 그러나 만일 B가 파산하여 스왑을 지속할 수 없게 되면, 은행은 플러스의 가치를 갖던 스왑을 상실하면서 마이너스의 가치를 갖는 A와의 스왑은 지속해야 하므로 전체적으로 가치 하락을 맞게 된다. 반대로 A가 파산하는 경우에는 마이너스의 가치를 갖는 부채가 없어지지는 않는다. A와 은행 사이의 스왑은 A의 입장에서 플러스의 가치를 갖는 자산이므로 파산을 하더라도 그 자산에 대해 누군가 소유권을 주장할 것이고 그 스왑 계약은 지속될 것이기 때문이다. 종합하자면 은행의 입장에서 플러스의 가치를 갖는 스왑은 상실될 수 있지만, 마이너스의 가치를 갖는 스왑은 사라지지 않는 비대칭적 위험에 놓이게 된다. 스왑거래에서의 계약 불이행이 흔한 것은 아니지만 이러한 위험의 존재는 인지할 필요가 있다.

이와 관련하여 은행이 스왑거래에 관심을 갖는 것은 수수료 수입도 있겠지만, 많은 경우 은행이 기업의 채권 발행 업무를 담당하면서 발행되는 채권이 보다 유리한 차입 조건을 가질 수 있도록 조정하는 하나의 도구로 스왑을 이용할 수 있기 때문이다. 앞서 살펴본 것과 같이 은행을 매개로 A, B는 차입 조건을 유리하게 할 수 있었다. 앞에서의 설명에서는 채권 발행과 스왑을 별개로 보았지만 사실 채권 발행이 주목적이고 스왑거래를 차입 이자율을 낮출 수 있는 보조 수단으로 이용했다고도 볼 수 있다. 은행은 채권 발행을 원하는 여러 고객 기업들 가운데 A와 B와 같이 서로 연결했을 때 모두에게 유리할 수 있는 조건을 갖춘 기업들을 찾아 서로 매치시키는 역할을 한 것이다. 그러나 은행의 A와의 거래는 은행의 B와의 거래와 별개이므로 A와 B는 서로에 대해 굳이 알 필요는 없을 것이다. ♠

제 2 절 이자율 스왑의 가치 계산

이자율 스왑의 가치는 시간이 경과함에 따라 계속 변화한다. 현금 수취나 지급까지 남은 시간이 바뀌고, 특히 이자율의 기간구조가 변하기 때문에 향후의 현금흐름의 현재가치는 계속 변화하기 마련이다. 여기에서는 특정 시점에서 자신이 가지고 있는 스왑 포지션의 현재가치가 얼마인지 계산하는 방법을 생각해 본다. 어떤 기업이 스왑 포지션을 가지고 있으면 그 가치에 따라서 스왑은 자산이 될 수도, 부채가 될 수도 있으며 그 수치에 따라 기업가치에 상당한 영향을 미칠 수 있다. 스왑 포지션은 종종 부외(簿外; off-the-balance sheet)거래로 회계 처리되는데, 이런 경우 스왑의 현재가치를 제외하고 대차대조표상의 수치만을 반영할 때는 실제 기업가치를 왜곡하게 된다.

이자율 스왑의 가치평가에는 두 가지 접근이 가능하다. 하나는 이자의 교환이 일어나는 여러 시점들을 선도거래의 인도일로 생각하여, 하나의 스왑을 여러 선도거래들로 구성된 포트폴리오로 간주하는 방법이다. 이 경우 앞서 논의된 선도거래의 가치평가 방법에 기초하여 가치를 각각 계산한 후 이를 합계하게 된다. 다른 하나는 스왑을 고정금리 채권과 변동금리 채권의 교환으로 간주하고 두 채권의 현재가치를 각각 계산한 후 그 차이를 보는 방식이다. 스왑의 가치평가에 앞서 이를 위한 기간구조의 도출에 대해 살펴보도록 한다.

(1) SOFR에 근거한 무위험 이자율의 기간구조 도출

스왑의 만기 시점에서 명목원금을 실제로 교환한다고 가정하면 이자율 스왑에서 고정금리를 수취하는 당사자는 고정금리 채권을 수취하는 조건으로 변동금리 채권을 넘겨주는 것이므로, 이 거래자의 입장에서 스왑의 가치는 고정금리 채권의 현재가치에서 변동금리 채권의 현재가치를 빼준 값이 된다. 그런데 스왑 거래가 시작되는 시점에서 그 스왑의 가치는 0이 되어야 한다. 그래야만 스왑의 쌍방이 서로 자발적으로 계약할 것이기 때문이다. 그후 시간이 흐름에 따라 스왑의 현재가치는 계속 변동하게 된다.

또 하나 주목할 점은, 스왑이 시작되는 시점과 이후 이자가 교환되는 각 시점에서 (이표 지급 후 남게 되는) 변동금리 채권의 가치는 명목원금과 같아진다는 것이다.[2] 예를 들어, 어떤 주체가 원금이 100이고 6개월마다 6개월 SOFR를 지급하는 변동금리 채권을 발행한 후, 액면에 해당하는 100의 현금을 SOFR 이자율로 매일 복리로 운용하면서 6개월마다 누적되는 이자를 가지고 변동금리 채권의 이표를 정확하게 상환하고 만기에서 원금 100을 상환한다면 채권 발행에 따르는 약속을 100% 완수할 수 있다. 그러므로 만일 그 채권의 가격이 100 이상이 되어 채권 매각으로부터 100 이상을 수령한다면 이는 차익거래의 기회일 것이다.

스왑이 시작될 때 변동금리 채권과 고정금리 채권의 현재가치가 동일하다

2 여기에서 스왑이 시작된다는 것은 그 계약이 발효된다는 의미로서, 이자의 교환은 시작 시점부터 6개월 시점에서 이루어지게 된다.

고 했는데, 또한 이때는 변동금리 채권의 가치가 명목원금과 같아지므로 이는 바로 고정금리 채권의 가치도 명목원금과 같아진다는 것을 의미한다. 따라서 변동금리와 교환되는 고정금리를 관찰함으로써 각종 만기의 이자율 기간구조를 도출할 수 있게 된다. 예를 들어, 향후 2년 동안 반년 주기로 이자 교환이 이루어지는 스왑에서 변동금리와 교환되는 고정금리가 연 4%라고 한다면 (2, 2, 2, 102)의 현금흐름을 발생시키는 채권의 현재가치가 100이라는 것을 말해주는 것이다. 이와 같이 시장에서 관찰되는 여러 스왑들의 거래 조건들로부터 여러 채권들의 가격을 알아낼 수 있는데, 이로부터 다시 각종 만기의 이자율을 제 2 장 2 절에서 설명한 방법을 적용하여 도출할 수 있을 것이다.

(2) 선도거래들의 포트폴리오라는 관점에 근거한 가치평가

어느 거래자가 6개월마다 고정금리 7%를 수취하고 SOFR를 지급하는 스왑을 체결하였는데, 상당한 시간이 흘러 이제 종료시까지 20개월이 남아 있다고 가정해 보자. 향후 2개월, 8개월, 14개월, 그리고 20개월 후에 이자의 교환이 이루어질 것이다. 표기를 간단히 하기 위해 명목원금을 100으로 가정한다. SOFR에 근거해서 도출된 무위험 이자율의 기간구조는 4시점의 만기까지 연속복리로 (7.0%, 7.2%, 7.4%, 7.5%)로 주어졌다. 또한 지난 4개월 동안의 무위험 이자율은 연속복리 연 6.6754%라고 하자.

이제 8개월 시점에서 이루어질 이자 교환을 생각해 보자. 여기에서는 고정금리에 근거한 3.5를 받으면서 SOFR에 근거한 변동금리 이자를 지급한다. 그런데 그 변동금리 이자는 현재 시점에서는 알 수 없는 값이므로 이 교환은 일종의 선도이자율 계약(FRA; forward rate agreement)이라고 생각할 수 있다. 제 2 장 5 절에서 언급된 것처럼 FRA는 미래의 특정 기간에 대해서 적용할 이자율을 지금 정해 놓는 계약이다. 그런데 앞서 FRA에 적용할 이자율은 그 기간에 적용되는 선도이자율(forward rate)이 되어야 차익거래 기회가 없는 균형 상태라고 하였다. 즉, FRA를 맺는 두 당사자는 적용할 이자율을 선도이자율로 정해야 어느 한쪽이 불리하지 않다는 것이다. 만일 그 기간의 선도이자율보다 큰 이자율을 받기로 한다면, 그 약속한 이자를 받기로 한 쪽은 유리하고 이자를 지급하기로 한 쪽은 불리하게

된다. 이 기간의 (적정) 선도이사율은 일마인지 계산헤 보자. 이는

$$f(t_1, t_2) = \frac{7.2 \times 8 - 7 \times 2}{8 - 2} = 7.2667\%$$

로 계산된다. 이를 수취하기로 한 고정금리 7%와 비교하기 전에 주의해야 할 점은, 이 고정금리 7%는 연 2회 이산복리이고, 앞서 계산된 7.2667%는 연속복리라는 점이다. 따라서 적절한 비교를 위해서는 이 선도이자율을 연 2회 이산복리로 조정해야 한다. 따라서 지금 우리가 원하는 이산복리 표시 선도이자율은

$$2 \times (e^{0.072667/2} - 1) = 7.4003\%$$

가 된다. 만일 SOFR를 이 7.4003%와 교환한다면 그 거래의 현재가치는 0이었을 것이다. 그러나 이보다 작은 7%를 수취하기로 했으므로 그 차이의 현재가치만큼 고정금리 수취하는 쪽의 가치는 감소한다. 따라서 이 이자 교환의 현재가치는

$$[100 \times (0.07 - 0.074003) \div 2] \times e^{-0.072 \times (8/12)} = -0.1908$$

이다.

14개월 시점에서 이루어지는 3번째 교환의 경우, 8개월과 14개월 사이의 연속복리 선도이자율은

$$f(t_2, t_3) = \frac{7.4 \times 14 - 7.2 \times 8}{14 - 8} = 7.6667\%$$

이고 이산복리 이자율은 $2 \times (e^{0.076667/2} - 1) = 7.8155\%$다. 따라서 이 교환의 현재가치는

$$[100 \times (0.07 - 0.078155) \div 2] \times e^{-0.074 \times (14/12)} = -0.3740$$

이다. 마찬가지 방법으로 20개월 시점에서의 교환의 가치는

$$[100 \times (0.07 - 0.078848) \div 2] \times e^{-0.075 \times (20/12)} = -0.3904$$

로 계산할 수 있다. (선도이자율은 연속복리로 7.7333%이고 이산복리로 7.8848%다.)

이제 2개월 시점에서 변동금리로 적용될 6개월 SOFR에 대해서 생각해 보자. 현재 시점에서 지난 4개월 동안의 무위험 이자율은 6.6754%였고 지금부터 향후 2개월 동안의 이자율은 7.0%이다. 이때 2개월 시점에서 적용하는 변동금리는 이 둘의 일종의 가중평균인 $0.6 \times 6.6754\% + 0.4 \times 7.0\% = 6.7836\%$로 간주한다.[3] 가중치는 이자율이 적용되는 기간의 비율이다. 이를 이산복리로 전환하면 6.9%로 계산된다. 즉, 2개월 시점에서의 이자 교환 시에 교환되는 고정금리가 6.9%였다면 그 교환의 현재가치는 0이 된다. 그런데 실제로 7%의 고정금리를 수취하는 것이니 2개월 시점에서의 첫 교환의 현재가치는

$$[100 \times (0.07 - 0.069) \div 2]e^{-0.07\times(2/12)} = 0.0494$$

로 계산할 수 있다.

결국 4회의 이자 교환의 현재가치의 합계는

$$0.0494 - 0.1908 - 0.3740 - 0.3904 = -0.9058$$

이 되는데 이것이 스왑의 이론적 현재가치라고 할 수 있다.

(3) 채권 교환의 관점에 근거한 스왑의 가치평가

명목원금을 만기에 서로 교환한다고 가정하면, 앞의 예의 거래자는 변동금리 채권을 발행하여 고정금리 채권과 바꿨다고 생각할 수 있다. 고정금리 채권은 4회의 이자 교환 시점에서 각각 (3.5, 3.5, 3.5, 103.5)의 현금흐름을 발생시킨다. 이 현금흐름을 이자율의 기간구조에 맞추어 할인하면 그 가치를 구할 수 있다. 그렇다면 고정금리 채권의 현재가치 V_{fb}는

$$\begin{aligned} V_{fb} &= 3.5e^{-0.07\times\left(\frac{2}{12}\right)} + 3.5e^{-0.072\times\left(\frac{8}{12}\right)} + 3.5e^{-0.074\times\left(\frac{14}{12}\right)} + 103.5e^{-0.075\times\left(\frac{20}{12}\right)} \\ &= 101.3443 \end{aligned}$$

---

3 이렇게 첫 번째 이자 교환 시점에서의 변동금리를 추정하는 방법의 근거에 대해 엄격한 이론적 논의가 있을 수 있지만 주어진 정보의 범위 안에서 가장 적절해 보인다. LIBOR가 기준금리였을 때에는 첫 번째 이자 교환 시점의 6개월 전의 변동금리를 적용하므로 이런 문제가 없었다.

그림 6.5 변동금리 채권의 이자 발생 구조

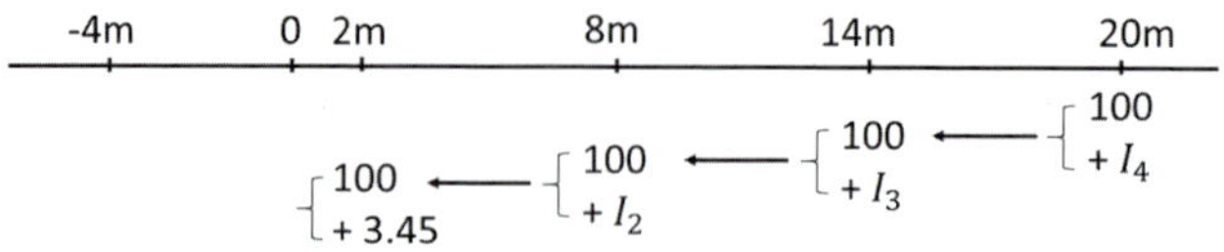

으로 계산할 수 있다.

변동금리 채권의 가치평가를 위해서는 스왑의 시작 시점과 향후 모든 이자 지급 시점에서 이자 지급 후 변동금리 채권의 현재가치는 액면과 동일해진다는 사실을 이용한다. 첫 이자 지급 시점인 2개월 시점에서 적용되는 6개월 SOFR는 현재 시점에서 알 수 없기 때문에 앞서 (2)에서의 경우와 같이 지난 4개월 동안의 무위험 이자율과 지금부터 향후 2개월 동안의 이자율의 가중치를 적용한다. 그 값은 연 2회 복리로 6.9%였으니 첫 번째 이표의 크기를 3.45로 간주한다. 그림 6.5는 이러한 설명을 그림으로 보여준다. 결국 2개월 시점에서의 변동금리 채권의 가치는 103.45가 되고, 이를 다시 현재 시점으로 할인하면 변동금리 채권의 현재가치 V_{vb}를 구할 수 있다. 이에

$$V_{vb} = (100 + 3.45)e^{-0.07\times(2/12)} = 102.2501$$

이 계산된다. 정리하자면 변동금리 채권의 가치는 [액면 + 첫 교환 시점에서의 SOFR(의 추정치)에 근거한 이자]를 현재 시점으로 할인하여 계산한다. 결국 스왑의 가치 V_{swap}은 두 채권 가치의 차이이므로

$$V_{swap} = V_{fb} - V_{vb} = 101.3443 - 102.2501 = -0.9058$$

이라는 것을 알 수 있다. 이 값은 스왑을 선도거래의 포트폴리오로 간주하여 그 가치를 평가했던 앞서의 결과와 일치한다. 이 가치는 시간이 흐르고 기간구조가 변화함에 따라 계속 변하게 된다. 추가로 연습문제 6.3과 6.4를 통해서 이 스왑이 7개월이 더 경과한 후 어떻게 가치가 변할 수 있는지 하나의 예를 살펴보도록 한다.

제 3 절 통화 스왑과 그 가치평가

(1) 통화 스왑의 메커니즘

가장 단순한 형태의 통화 스왑(currency swap)은 어떤 통화에 대한 고정금리 지급과 다른 통화에 대한 고정금리 지급을 서로 맞바꾸는 거래다.[4] 따라서 이자율 스왑과 유사하게 통화 스왑을 통해서 자산이나 부채를 다른 통화에 대한 자산이나 부채로 전환할 수 있다. 또한 적절히 고안된 통화 스왑은 기업의 이자 부담을 줄여 줄 수도 있다. 예를 들어 살펴보도록 하자. A, B 두 기업은 달러화와 파운드화에 대해서 표 6.3에 요약된 것과 같은 차입 조건을 제시받았다.

표 6.3 기업 A와 B의 달러와 파운드 차입 조건

	달러화	파운드화
기업 A	6.0%	7.0%
기업 B	7.5%	8.0%

기업 A는 상대적으로 달러화 차입이, 기업 B는 상대적으로 파운드화 차입이 더 유리하다. 상대적으로 유리하다는 것은, 이자율 스왑에서와 유사하게 비교우위적인 관점에서 보았을 때 그렇다는 의미다. 즉, A는 달러나 파운드 차입 모두에서 유리하지만 달러화 차입에서 B와의 이자율 차이가 파운드화 차입에서의 이자율 차이보다 더 크다는 것이다. 한편 A는 영업이익의 많은 부분이 파운드화로 발생하기 때문에 되도록 파운드화 차입을 원하고, B는 반대로 달러화 차입을 원한다고 가정해 보자. 이러한 조건하에서 A는 상대적으로 유리한 달러화로, B는 상대적으로 덜 불리한 파운드화로 차입한 후에 이자 지급의 현

4 종종 언론에서 국가 간 통화 스왑에 대한 기사가 나오곤 한다. 이때의 통화 스왑은 두 국가의 중앙은행 사이에 통화를 맞교환하고 향후에 다시 재교환한다는 면에서는 여기에서 우리가 다루는 통화 스왑과 동일한 측면이 있지만, 그 목적 등에서 성격을 달리한다. 예를 들어, 미국의 연방준비제도(Federal Reserve System)와 한국은행 사이에 통화 스왑이 체결되면 일정 기간 한국은행은 원화를 맡기고 달러를 연방준비제도로부터 빌릴 수 있게 된다. 우리나라가 외환 부족 등의 사태에 대비할 수 있도록 미국이 협조하는 것이라고 할 수 있다.

그림 6.6 통화 스왑

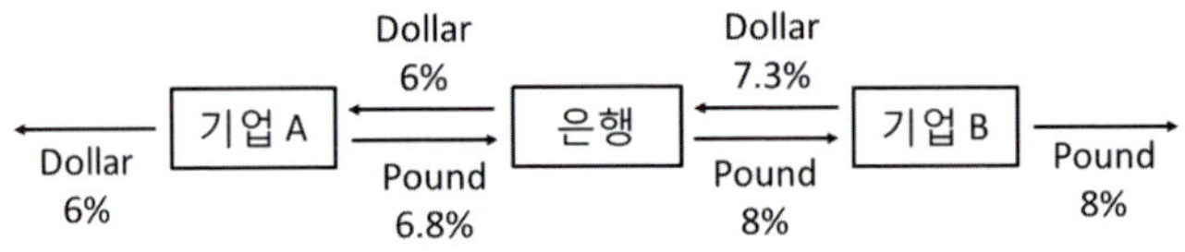

금흐름을 교환하여 자신들이 원하는 통화이면서, 더 낮은 이자율로 차입하는 결과를 얻을 수 있다.

중간에 은행이 개입하여 그림 6.6과 같은 통화 스왑을 체결하였다고 하자. 1년마다 이자의 교환이 이루어지는데 A는 달러화 채권에 대해서 연 6%의 달러 이자를 채권자에게 지급하면서, 은행으로부터 그 달러 이자를 수령하고 대신 은행에게 6.8%의 파운드화 이자를 지급한다.[5] 결과적으로 A는 파운드로 6.8%의 이자를 지급하게 되어, 직접 파운드화 채권을 발행했을 때보다 0.20%의 이자를 절감할 수 있다. 한편 B는 파운드화 채권에 대해서 채권자에게 8%의 파운드화 이자를 지급하고, 은행과의 스왑에서 8%의 파운드화 이자를 받고 대신 7.3%의 달러 이자율을 지급함으로써 실질적으로 7.3%의 달러화 이자를 지급하게 된다. 이로써 B는 직접 달러화로 채권을 발행했을 때보다 0.20%의 달러 이자를 절감할 수 있게 된다. 이러한 결과를 표 6.4에 요약하였다.

표 6.4 A, B 의 실제 이자 지급 방식과 이점(advantage)

	채권자에게	은행에게	실제 지급 이자율	이점
기업 A	달러 6%	달러 −6% + 파운드 6.8%	파운드 6.8%	파운드 0.20%
기업 B	파운드 8%	파운드 −8% + 달러 7.3%	달러 7.3%	달러 0.20%

은행에게는 달러화에서 1.3%의, 파운드화에서는 −1.2%의 이자율에 해당하는 현금흐름이 발생한다. 만일 파운드화가 강세가 된다면 전체적으로 손실을 입을 가능성이 있기 때문에 파운드화에 대해서 선도 매입 등의 방식으로 위험

5 달러화와 파운드화에 대한 각각의 명목원금은 스왑 계약의 조건으로 정해져 있다.

을 헤징할 필요가 있을 것이다.[6]

통화 스왑에서는 보통 스왑이 시작될 때 그 시점의 환율로 원금이 실제로 교환되고, 스왑이 종결될 때 다시 교환된다. 스왑 기간 동안 환율의 변화가 있을 것이므로 종결시의 원금의 상대적 가치는 시작 시점에서와 다를 것이다.

(2) 가치평가: 이종 화폐로 발행된 두 채권의 가치 차이로 계산하는 방법

앞서 예로 든 통화 스왑에서 A의 입장에서 은행과의 스왑의 가치를 생각해 보자. A는 달러화로 이자와 원금을 수취하고 파운드화로 이자와 원금을 지급하므로, 달러화 표시 채권을 매입하고 파운드화 표시 채권을 발행한 것과 실질적으로 같은 포지션을 취한 것이다. 두 채권 모두 고정금리 채권으로서 향후 발생할 현금흐름을 현재 시점에서 확정할 수 있으므로 기간구조에 맞게 각 채권의 현재가치를 계산하고 환율을 적용하여 스왑의 가치를 평가할 수 있다.

다음과 같이 예를 들어 보자. 어떤 한국 기업이 6개월마다 명목원금 180억 원에 대한 이자를 연 5.5%로 지급하면서, 미화 14백만 달러에 대해서 연 6%의 이자를 지급받는 통화 스왑을 수년 전 체결하였고 이제 만기까지 22개월이 남았다. 앞으로 4, 10, 16개월 시점에서 이자의 교환이, 22개월 시점에서 이자와 원금의 교환이 이루어질 것이다. 현재 환율이 달러당 1,310원이라고 할 때, 이 스왑의 현재가치는 얼마인가? 우리나라의 기간구조는 해당 시점 만기별로 (5%, 5.25%, 5.5%, 5.6%)이고 미국의 기간구조는 (5.5%, 5.75%, 6%, 6.1%)다.

우선 두 현금흐름의 가치를 각각 계산한다. 백만 단위로 표현하자. 우선 한국 기업이 수취하는 달러 채권의 현금흐름은 (0.42, 0.42, 0.42, 14.42)로서 이를 미국의 기간구조에 맞추어 할인하면 해당 채권의 달러 표시 현재가치 V_d가 계산된다.

---

6 파운드화가 달러 대비 강세가 되는 상황을 생각해 보자. 은행이 달러를 기반으로 회계 처리를 한다면 파운드화 표시 이자 지급은 불리하게 작용하므로 파운드 선도 매입을 하게 된다. 한편 은행이 파운드 기반의 회계 처리를 하는 경우에도 파운드화의 (달러 대비) 강세는 곧 달러화의 약세를 의미하는 것이고, 달러화로 발생되는 이자 수취는 불리한 상황이므로 달러화 선도 매도를 해야 한다. 달러 선도 매도는 바로 파운드 선도 매입이니 어느 경우나 헤징을 위해서는 같은 방향의 선도 포지션이 요구된다.

$$V_d = 0.42e^{-0.055\times(4/12)} + 0.42e^{-0.0575\times(10/12)} + 0.42e^{-0.06\times(16/12)} + 14.42e^{-0.061\times(22/12)} = 14.0947$$

로 계산된다. 해당 기업이 지급하는 원화 채권의 현금흐름은 (495, 495, 495, 18495)로서 이로부터 원화 표시 현재가치 V_w를 계산하면

$$V_w = 495e^{-0.05\times(4/12)} + 495e^{-0.0525\times(10/12)} + 495e^{-0.055\times(16/12)} + 18{,}495e^{-0.056\times(22/12)} = 18{,}111.029$$

가 된다. 달러 표시 현재가치에 오늘의 환율을 곱하고 둘의 차이를 계산하면, 통화 스왑의 가치는

$$14.0947 \times 1{,}310 - 18{,}111.029 = 353.022,$$

즉 353,022,000원이라 하겠다.

(3) 가치평가: 일련의 통화 선도거래의 포트폴리오로 보는 방법

바로 앞에서 든 예로 계속 살펴보자. 해당 한국 기업은 4, 10, 16, 22개월을 인도일로 하는 달러 선도 매입 계약을 체결한 것으로도 생각할 수 있다. 4개월 시점의 선도거래를 생각해 보자. 이때 0.42(백만)달러를 495(백만)원을 지급하여 인도받는 것이므로 적용 환율은 $495 \div 0.42 = 1{,}178.57$원이다. 4개월 후에 인도받는 선도거래의 균형 선도가격은 제 3 장에서 살펴본 바와 같이

$$F^{[e]}(4\text{개월}) = Se^{(r-r_f)\cdot T} = 1{,}310e^{(0.05-0.055)\times(4/12)} = 1{,}307.82$$

이어야 한다. 따라서 지금 우리가 고려하는 선도계약은 적정 선도가격 1,307.82원보다 낮은 가격인 1,178.57원에 매입하는 포지션이므로 그 차이를 할인한 값이 이 포지션의 현재가치가 될 것이다.[7] 즉, 4개월 시점 이자 교환의 원화 표시 현재가치는

$$(1{,}307.82 - 1{,}178.57) \times 0.42 \times e^{-0.05\times(4/12)} = 53.387$$

---

7 60페이지에 설명한 '선도/선물 포지션의 현재가치'를 참고.

이다. 할인 전의 금액 $(1{,}307.82 - 1{,}178.57) \times 0.42$를 계산하기 위해서 굳이 적용 환율(1,178.57)을 따로 구할 필요 없이

$$\text{적정 선도환율} \times \text{수취 달러} - \text{지급 원화}$$

인 $1{,}307.82 \times 0.42 - 495$로 계산하여도 된다. 이 수치만큼 유리하게 인도받는 것이기 때문이다.

이제 10개월 시점에서의 선도계약에 대한 적정 선도환율은

$$F^{[e]}(10\text{개월}) = 1{,}310e^{(0.0525-0.0575)\times(10/12)} = 1{,}304.55$$

이고, 이자 교환의 원화 표시 현재가치는

$$(1{,}304.55 \times 0.42 - 495)e^{-0.0525\times(10/12)} = 50.647$$

이다.

16개월 시점에서의 적정 선도환율은

$$F^{[e]}(16\text{개월}) = 1{,}310e^{(0.055-0.06)\times(16/12)} = 1{,}301.30$$

으로 계산되므로, 이자 교환의 원화 표시 현재가치는

$$(1{,}301.30 \times 0.42 - 495)e^{-0.055\times(16/12)} = 47.900$$

이 된다.

마지막으로 22개월 시점에서의 적정 선도환율은

$$F^{[e]}(22\text{개월}) = 1{,}310e^{(0.056-0.061)\times(22/12)} = 1{,}298.05$$

이고 이자와 원금 교환의 원화 표시 현재가치는

$$(1{,}298.05 \times 14.42 - 18{,}495)e^{-0.056\times(22/12)} = 201.089$$

가 된다. 결국 스왑의 가치는 이 현재가치들의 합계인 353.022백만원, 즉 353,022,000원이 될 것이다.

연습문제

6.1 두 회사의 채권 발행을 위한 금리가 다음과 같이 주어졌다.

	고정금리	변동금리
기업 A	7.00%	SOFR+0.30%
기업 B	7.95%	SOFR+0.85%

기업 A는 변동금리를, 기업 B는 고정금리를 선호하여, 은행의 중개하에 다음과 같은 이자율 스왑거래를 구성하였다.

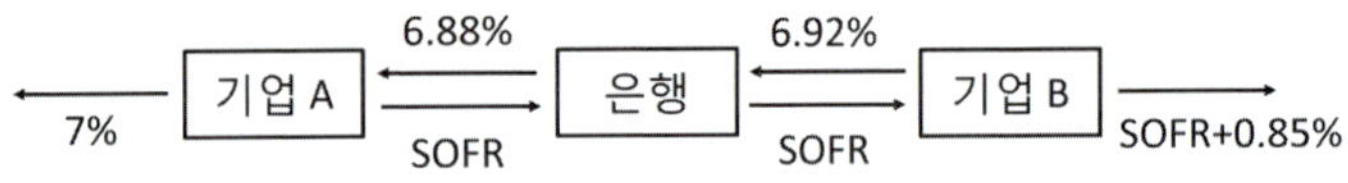

이러한 스왑거래를 통해서 기업 A와 기업 B가 실제로 지급하게 되는 연 이자율은 어떻게 되는가? A가 직접 변동금리로 차입하고 B는 직접 고정금리로 차입했을 때보다 각각 얼마의 이자율을 감소시킬 수 있는가? 또한 은행은 얼마의 수수료를 얻을 수 있는가?

6.2 두 회사의 채권 발행을 위한 금리가 다음과 같이 주어졌다.

	고정금리	변동금리
기업 A	7.5%	SOFR+0.3%
기업 B	8.2%	SOFR+0.6%

기업 A는 변동금리를, 기업 B는 고정금리를 선호한다. 은행이 0.1%의 마진을 얻

을 수 있으면서 두 당사자에게 동일한 이득이 될 수 있는 이자율 스왑을 만들려 한다. 아래의 스왑 계약에서 [1], [2]에 들어가야 할 이자율은 각각 얼마인가?

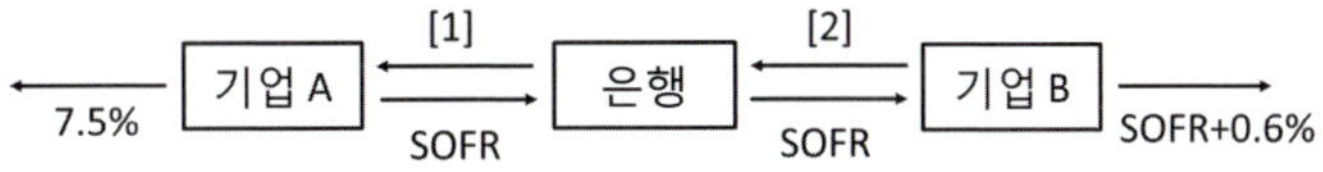

6.3 본문 124페이지의 예에서 만기가 20개월 남은 스왑의 가치를 −0.9058로 평가한 바 있다. 이제 그로부터 7개월이 더 경과한 후 동일한 스왑의 가치를 다시 평가하려 한다. 고정금리 7%를 지급받고 SOFR를 지급하는 스왑이었으며, 이제 만기까지 13개월 남았다. 직전 5개월에 적용되는 무위험 이자율은 연속복리 6.4359%라고 할 때 이 스왑의 가치를 고정금리 채권과 변동금리 채권의 가치의 차이로 평가해 보라. 앞으로 남은 3번의 이자 교환 시점까지의 연 할인율은 각각 6.2%, 6.3%, 6.4%다.

6.4 앞서 연습문제 6.3에 기술된 스왑의 가치를, 스왑이 여러 선도거래의 포트폴리오라는 관점에 근거한 방법으로 평가해 보라.

6.5 오늘부터 시작해서 3년 기한으로 SOFR와 고정금리를 6개월마다 교환하는 스왑을 고려하고 있다. 이때 고정금리를 연간 몇 %로 해야 거래 두 당사자 모두에게 이 스왑의 가치는 0이 되겠는가? 편의상 명목원금은 100이라고 하자. 현재 기간구조는 연속복리로 표시하여 다음과 같다.

6개월 만기 7.0%, 그 후로 6개월 간격으로 7.2%, 7.3%, 7.4%, 7.5%, 7.6%.

계산의 편의를 위해

$$A \equiv e^{-0.07\times0.5} + e^{-0.072\times1.0} + e^{-0.073\times1.5} + e^{-0.074\times2.0} + e^{-0.075\times2.5} + e^{-0.076\times3.0} = 5.2800$$

임을 알려준다. 금리를 %로 표현하여 소수점 4자리까지 계산해 보라.

6.6 어떤 은행이 6개월마다 연 6%의 파운드 이자를 지급받고 대신 연 4%의 달러 이자를 지급하는 통화 스왑을 과거에 체결하였고, 이제 만기까지 15개월 남았다고 한다. (연 6%는 연속복리가 아니며 연 2회 이자라는 것을 기억하라. 즉, 100에 대해서 6개월마다 3씩 받는다는 뜻.) 두 통화의 원금은 각각 10백만(즉, 천만) 파운드와 12백만 달러이다. 파운드화의 기간구조는 (연속복리 연 이자율로 표시하여) 만기 T의 이자율이 $0.05 + 0.01T$로 나타낼 수 있고, 달러화의 기간구조는 $0.045 + 0.01T$로 나타낼 수 있다. (예를 들어, 1년 만기 달러 이자율은 $0.045 + 0.01 \times 1 = 0.055$, 즉 5.5%다.) 현재의 환율이 1파운드=1.15달러일 때, 이 스왑은 은행에게 달러화 표시로 얼마의 가치가 있겠는가? (백만 단위로 계산할 것을 추천.)

6.7 앞서 연습문제 6.6에 기술된 스왑의 가치를, 스왑이 여러 선도거래의 포트폴리오라는 관점에 근거한 방법으로 평가해 보라.

PART II

옵션 가치평가

07

옵션의 기초

제 1 절 옵션의 정의

옵션(option)이라는 금융상품에는 여러 종류가 있으나, 그 가운데 가장 대표적인 것으로서 콜옵션(call option)과 풋옵션(put option)을 들 수 있다. 우선 콜옵션은 기준자산(underlying asset)을 만기일(maturity date/expiration date)에 행사가격(strike price/exercise price)을 주고 살 수 있는 권리다. 예를 들어, [기준자산, 만기일, 행사가격]이 [A 주식, 7월 12일, 50,000원]으로 정해진 콜옵션을 매입한 사람은 7월 12일에 A 주식을, 그날의 실제 주가가 얼마이든지 50,000원에 살 수 있는 권리를 가진다. 예를 들어, 7월 12일 A 주식의 가격이 65,000원이 된다면, 이 콜옵션을 보유한 투자자는 65,000원의 가치를 갖는 주식을 50,000원에 살 수 있으므로 65,000원과 50,000원의 차액인 15,000원의 수입(payoff)을 얻게 된다. 한편, 7월 12일에 A 주식의 가격이 45,000원이 된다면, 45,000원의 가치를 갖는 주식을 50,000원에 살 수 있는 권리는 아무런 가치도 갖지 못할 것이다. 다시 말해서 콜옵션의 보유자(또는 소유자)는 만기 기준자산의 가격이 행사가격보다 크면 그 차액을 수입으로 얻지만, 행사가격보다 작거나 같으면 아무런 수입도 얻지 못한다. 콜 보유자가 만기에 기준자산을 행사가격에 사겠다고 요구하는 것을 콜옵션을 행사한다고(exercise) 표현한다. 콜의 매입자는 만기의 기준자산 가격이 행사가격을 초과할 경우에만 그 옵션을 행사할 것이다.

옵션은 하나의 권리이기 때문에, 상응하는 의무를 지게 되는 거래의 상대방이 존재해야 한다. 콜옵션을 소유한 사람이 요구할 경우, 만기일에 기준자산을 행사가격에 매도하는 의무를 지겠다고 약속하는 것을 콜옵션을 발행한다고

(write/short) 표현한다. 콜옵션을 발행하려는 사람이 그러한 의무를 지겠다는 약속에 대해서, 콜옵션을 매입하려는 사람에게 요구하는 대가를 옵션 프리미엄(option premium)이라고 한다. 따라서 콜 매입자는 프리미엄을 지급하여 콜을 매입하고, 만기에 기준자산의 가격에 따라서 플러스 또는 0의 수입을 얻는 것이다.[1]

수식으로 표현하기 위해 행사가격을 K, 만기 시점을 T, 만기일의 기준자산 가격을 S_T라고 표시할 때, 콜옵션 소유자는 T 시점에서 $\max(S_T - K, 0)$의 수입을 얻게 된다. 여기에서 $\max(X, Y)$란 X와 Y의 두 값 가운데 큰 값을 의미한다. 유사하게 이하에서 $\min(X, Y)$는 둘 중 작은 값을 의미한다. 여기에서 수입(payoff)이란 현금흐름일 수도 있고, 현금흐름이 아닐 경우 이에 상응하는 경제적 가치를 의미한다. 앞의 예에서 50,000원을 지급하고 65,000원의 가치가 있는 주식을 실제로 매입하는 경우, 수입 15,000원은 발생한 현금흐름은 아닐지라도, 15,000원에 해당하는 경제적 가치를 의미한다. 한편 옵션의 현금결제(cash settlement)가 가능한 경우에는 콜의 소유자가 행사가격을 지불하고 주식을 인수하는 대신, 발행자로부터 현금 15,000원을 받고 거래를 종료할 수도 있는데, 이 경우의 수입은 그 현금흐름이 될 것이다. 거래비용을 무시할 때, 두 경우는 경제적으로 동일하게 취급된다.

정리하자면, 콜옵션의 프리미엄을 c로 표현할 때 콜의 소유자와 발행자 각각의, 거래일의 현금흐름과 만기에서의 수입은 다음과 같다.

콜옵션 소유자:

거래일의 현금흐름 $= -c$

만기의 수입 $= \max(S_T - K, 0)$

콜옵션 발행자:

거래일의 현금흐름 $= +c$

만기의 수입 $= -\max(S_T - K, 0)$ 또는 $\min(K - S_T, 0)$

1 용어를 정리하면, 옵션의 소유자(option buyer/holder)는 옵션에 대해서 사자(long) 포지션을, 옵션의 발행자(option writer/seller)는 팔자(short) 포지션을 취하였다고 표현한다.

그림 7.1 콜 소유자와 발행자 각각의 S_T 대비 만기에서의 수입

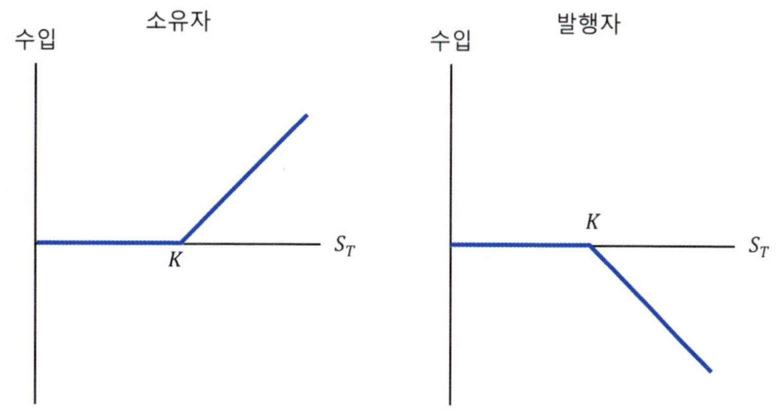

만기에서의 각각의 수입을 S_T에 대응하여 그래프로 나타내면 그림 7.1과 같다.

옵션으로부터의 수입과 구별하여 순익(profit)을 언급하는 경우가 많다. 순익이란 만기에서의 수입과 옵션 거래가 일어난 오늘의 현금흐름을 더한 것을 의미한다. 즉, 콜 소유자의 순익은 $-c+\max(S_T-K,0)$이 되고 콜 발행자의 순익은 $c-\max(S_T-K,0)$이 된다. 엄밀하게 말해서 순익의 개념은 오늘 발생한 현금흐름과 만기에서 발생하는 수입을, 화폐의 시간가치를 고려하지 않고 단순하게 더한 것이므로 이론적으로 문제가 있을 수 있으나, 실무적으로 자주 언급되는 개념이다. S_T 대비 순익을 그린 것이 그림 7.2이다. 그림 7.2에서 볼 수 있듯이 만기 시점에서의 기준자산의 가격 S_T가 행사가격과 프리미엄의 합계보다 클 경우에만 콜 소유자는 플러스의 순익을 실현하게 된다.

한편 풋옵션은 기준자산을 만기일에 행사가격을 받고 팔 수 있는 권리로 정의된다. 앞에서의 예와 유사하게 [기준자산, 만기일, 행사가격]이 [A 주식, 7월 12일, 50,000원]인 풋옵션을 소유한 사람은 7월 12일에 A 주식을, 그날의 실제 주가가 얼마이든지 그 주식을 50,000원에 팔 수 있는 권리를 가진다. 예를 들어, 7월 12일 A 주식의 가격이 45,000원이 된다면, 이 풋옵션을 소유한 투자자는 45,000원의 가치를 갖는 주식을 50,000원에 팔 수 있으므로 5,000원의 수입을 얻게 된다. 한편, 7월 12일에 A 주식의 가격이 60,000원이 된다면, 60,000원의 가

그림 7.2 콜 소유자와 발행자 각각의 S_T 대비 만기에서의 순익

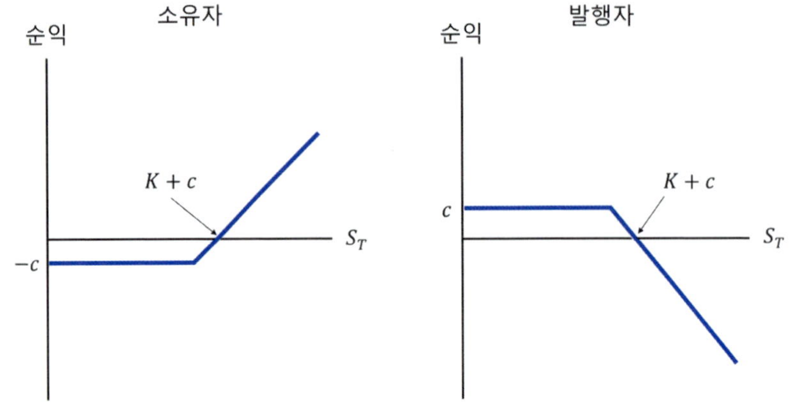

치를 갖는 주식을 50,000원에 팔 수 있는 권리는 아무런 가치도 없을 것이다. 풋옵션도 발행자가 존재해야 하며, 풋의 소유자와 발행자 각각에게 발생하는 오늘의 현금흐름과 만기의 수입, 그리고 순익은 다음과 같다. 아래에서 p는 풋의 프리미엄이다.

풋옵션 소유자:

거래일의 현금흐름 $= -p$

만기의 수입 $= \max(K - S_T, 0)$

순익 $= -p + \max(K - S_T, 0)$

풋옵션 발행자:

거래일의 현금흐름 $= +p$

만기의 수입 $= -\max(K - S_T, 0)$ 또는 $\min(S_T - K, 0)$

순익 $= p - \max(K - S_T, 0)$

그림 7.3은 풋 거래에 따르는 만기에서의 S_T 대비 수입을, 그림 7.4는 순익을 보여준다.

풋의 경우 만기 시점에서의 기준자산의 가격 S_T가 행사가격에서 프리미엄을 뺀 액수보다 작을 경우에만 풋 소유자는 플러스의 순익을 실현하게 된다.

그림 7.3 풋 소유자와 발행자 각각의 S_T 대비 만기에서의 수입

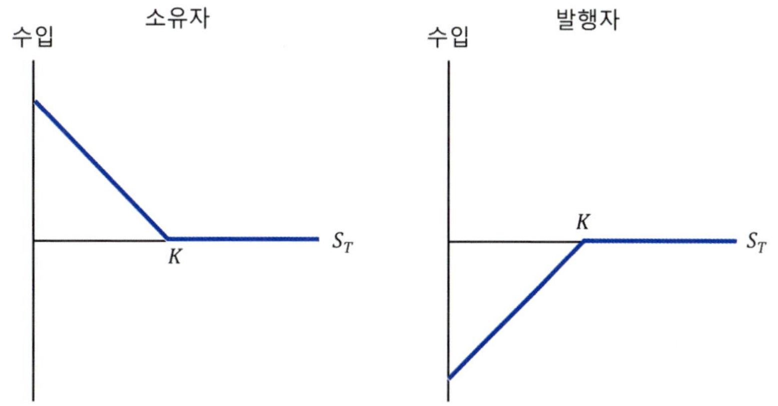

그림 7.4 풋 소유자와 발행자 각각의 S_T 대비 만기에서의 순익

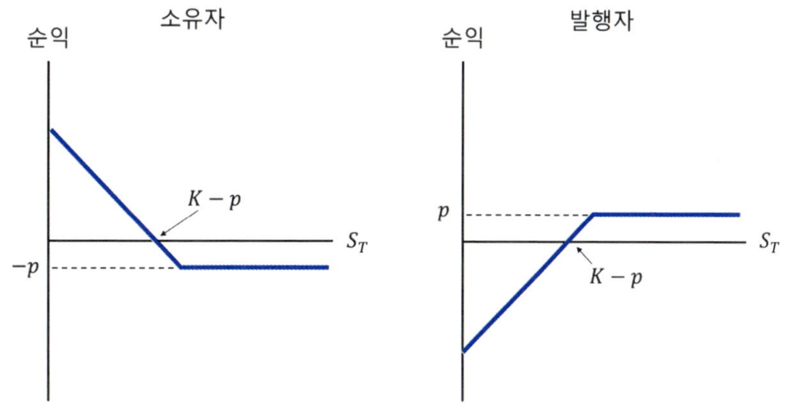

콜이나 풋 모두 소유자의 수입(순익)과 발행자의 수입(순익)을 더하면 0이 된다. 이는 한 편의 이득이 다른 편의 동일한 액수의 손실로 이어진다는 것을 의미하며, 따라서 옵션 거래는 제로 섬(zero-sum) 게임이다.[2]

2 예를 들어, 주식 거래에서는 매입자의 이득과 매도자의 손실이 서로 상쇄되지 않으므로, 주식 거래는 제로 섬 게임이 아니다.

옵션의 연구에 있어서 핵심이 되는 부분은 옵션의 가치를 의미하는 프리미엄을 평가하는 일이다. 예를 들어, 콜옵션의 프리미엄 c는, 만기에서 콜 소유자가 얻게 되는 수입 $\max(S_T - K, 0)$의 현재가치라고 할 수 있다. 그런데 현재 시점에서 보았을 때 S_T는 아직 그 값을 알 수 없는 확률변수(random variable)이며, 이 S_T라는 확률변수의 확률분포(probability distribution)를 우리가 어떻게 규정하느냐에 따라 도출되는 이론적 적정 프리미엄은 달라지게 된다.

제 2 절 옵션의 거래

옵션 거래는 발행자와 매입자가 장외시장에서 일대일로 성사시킬 수도 있고, 거래소가 규격화된 옵션을 상장하면 거래를 원하는 불특정 다수가 해당 옵션에 대해서 매입이나 매도의 포지션을 취하는 방식으로 이루어질 수도 있다. 장외 옵션은 두 당사자 사이의 거래이므로 신용 위험(credit risk)이 따른다. 즉, 거래의 한쪽이 약속을 이행하지 않을 위험이 있다. 또한 거래 조건을 서로의 합의하에 다양하게 만들 수 있으므로, 앞에서 언급한 표준적인 콜이나 풋 외에도 비표준적인 특이옵션들(exotic options)이 만들어져 거래되기도 한다. 장외 옵션들은 보통 금융기관이 발행하고 일반 기업이나 개인이 매입하는 경우가 많다. 전체 규모 면에서 장외 옵션의 거래가 거래소 거래보다 훨씬 더 많은 것으로 알려져 있다.

한편 거래소 옵션의 경우, 규격화되어 상장된 옵션에 대해서 불특정 다수의 거래자들이 기존의 포지션을 언제든지 정리할 수 있기 때문에, 매도/매입으로부터 차익을 얻을 수 있는 유동성 있는 금융상품으로서 활용될 수 있다. 예를 들어, 2,000원의 프리미엄으로 매입 포지션을 취한 투자자가 며칠 후 프리미엄이 3,000원이 되었을 때 반대 매도 포지션을 취하면 기존의 매입 포지션은 없어지면서 1,000원의 이익을 실현할 수 있다. 마찬가지로 2,000원의 프리미엄에 매도 포지션을 취한 투자자가 몇 시간 뒤 프리미엄이 1,600원이 되었을 때 매입 포지션을 취한다면 400원의 이익을 얻으면서 기존의 포지션을 지우게 된다.

거래소가 규정한 거래의 단위를 한 계약(one contract)이라고 하는데, 매입 포지션의 계약수와 매도 포지션의 계약수는 항상 일치해야 할 것이고 어느 한 시점에서의 계약수를 미결제약정(open interest)이라고 부르는 점은 선물의 경우와 같다. 거래소 옵션의 매입자는 권리를 매입한 것으로 향후 더 이상의 의무는 없으므로 신용 위험과 관련해서 매도자의 거래 불이행만이 문제가 된다. 따라서 거래 불이행의 위험을 제거하기 위한 증거금(margin)은 매도자만이 납부하게 된다.

옵션의 기준자산은 선물의 경우와 같이 매우 다양하다. 농산물이나 원자재 등의 상품들(commodities)과 함께 개별 주식, 주가지수, 채권, 통화 등이 기준자산으로서 지정되어 있다. 이 가운데 주가지수 옵션의 경우, 기준자산이 물리적 실체가 있는 자산이 아니라 주가지수라는 수치이므로, 주가지수 1포인트당 화폐금액을 지정하고 만기에서는 현금으로 결제하도록 하고 있다. 예를 들어, 1계약을 정의함에 있어 우리나라의 KOSPI 200 주가지수 옵션은 주가지수 1포인트에 25만원을 지정하고 있다. 예를 들어, 행사가격이 280인 KOSPI 200 콜옵션을 1계약 매입하여 만기까지 보유했을 때, 만기에서 지수가 285가 된다면 $(285-280)\times 25$만원 = 125만원의 수입을 얻게 된다. 또는 어떤 옵션을 프리미엄이 2.31일 때 매입하여 프리미엄이 3.43이 되었을 때 매도하게 되면 $(3.43-2.31)\times 25$만원 = 28만원의 차익을 얻게 된다. 옵션의 또 다른 기준자산으로서 중요한 것은 선물이다. 예를 들어, 주가지수 옵션과 더불어 주가지수 선물 옵션(options on futures)이 존재할 수 있다. 주가지수와 주가지수 선물이 유사하게 움직이므로 둘은 기능 면에서 큰 차이는 없으나 주가지수 선물이 이용하기 편한 측면이 있다.

옵션의 행사 가능 시점과 관련하여 유럽형(European)과 미국형(American)이 구분된다. 유럽형 옵션은 만기에서만 행사할 수 있으나, 미국형은 만기 시점과 그 이전 아무 때나 행사할 수 있다. 따라서 제 1 절의 정의는 유럽형에 대한 것이다. 미국형 옵션을 만기 이전에 행사하는 것을 조기행사(early exercise)한다고 표현하는데, 이러한 조기행사의 가능성 때문에 미국형 옵션은 적정 이론 가격을 산정하는 것이 더 어려워진다. 이하에서는 특별한 언급이 없는 한 유럽형 옵션을 대상으로 설명을 이어간다.

제 3 절 각종 포지션의 수입구조

이 절에서는 투자자들이 파생상품 거래와 연관되어 취할 수 있는 몇몇 포지션에 따르는 오늘의 현금흐름과, 미래의 만기 시점 T에서의 수입과 순익을 규정해 보도록 한다. 앞에서 옵션의 수입과 순익을 표현한 방식을 다른 포지션에 적용하여, 미래에 얻게 되는 수입이나 순익이 미래의 기준자산의 가격 S_T와 어떻게 연계되는가를 살펴보는 것이다. 이러한 방법은 이후 이어지는 여러 분석들을 보다 손쉽게 실행할 수 있는 기본적 틀을 마련해 준다.

우선 기준자산의 현재 가격을 S라고 했을 때, 기준자산을 매입하는 포지션을 오늘 취한다고 생각해 보자. 이 경우 오늘의 현금흐름은 $-S$가 된다. 그리고 T 시점에서의 수입은 그 시점의 기준자산의 가격 S_T가 될 것이다. 앞에서 수입에 대해서 언급했듯이, T에서 기준자산을 매도하면 S_T에 해당하는 현금흐름을 얻을 것이고, 매도하지 않고 그대로 보유하면 S_T에 해당하는 경제적 가치를 가지고 있는 것이므로 어떤 경우에도 수입은 S_T라고 표현할 수 있다. 한편, 순익은 수입에 오늘의 현금흐름을 더한 $S_T - S$가 될 것이다. 그림 7.5는 기준자산의 매입에 따르는 이러한 수입과 순익이 S_T와 어떤 관계가 있는지 그래프로 보여주고 있다.

그림 7.5 기준자산 매입 포지션의 수입과 순익

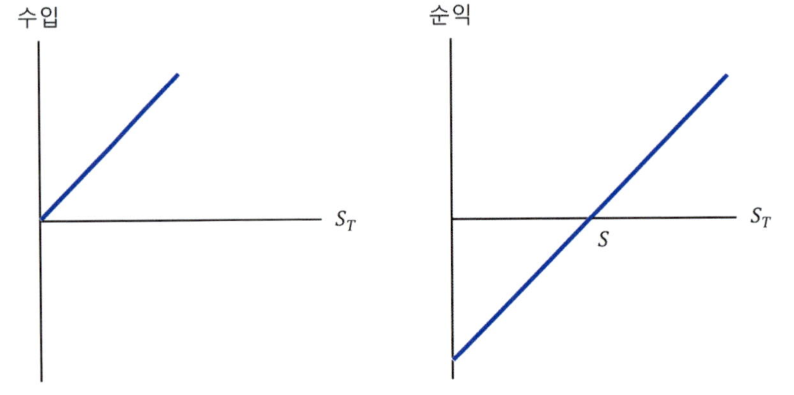

그림 7.6 기준자산 공매 포지션의 수입과 순익

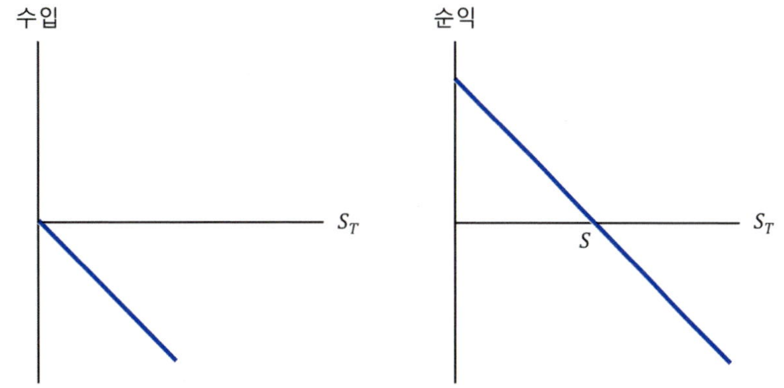

이번에는 기준자산을 오늘 공매하는 경우를 생각해 보자. 기준자산에 해당하는 현금을 수취하게 되므로 오늘의 현금흐름은 S가 되고, 나중에 T 시점에서 기준자산을 매입하여 되돌려 주어야 하므로 T에서의 수입은 $-S_T$가 된다. 순익은 따라서 $-S_T + S$이다. (그림 7.6)

무위험 자산에 투자하는 경우를 생각해 보자. (연속복리로 표시한) 무위험 이자율 r로 오늘 A원을 예치하면 T 시점에서는 원리합계가 Ae^{rT}가 되므로, 오늘의 현금흐름은 $-A$이고 T에서의 수입과 순익은 각각 Ae^{rT}와 $Ae^{rT} - A$가 된다. 한 가지 주목할 것은 이 수입과 순익은 S_T와 무관하다는 점이다. 따라서 수입과 순익의 S_T 대비 그래프는 수평선으로 나타난다. (그림 7.7)

무위험 자산을 매도하는 것은 매입과 반대로 생각하면 된다. 즉, 오늘의 현금흐름은 A이고 T에서의 수입과 순익은 각각 $-Ae^{rT}$와 $-Ae^{rT} + A$가 된다. (그림 7.8)

무위험 자산의 매입/매도와 관련하여 다음 사항들을 생각해 보자. 우선 무위험 자산을 매입하기 위해서는 무위험 채권을 매입하거나 무위험 이자율을 제공하는 예금에 현금을 예치하면 된다. 이하에서는 이 세 표현이 같은 것을 의미하는 것으로 이해하도록 한다. 또한 무위험 자산을 매도하기 위해서는 무위험 채권을 발행하거나 무위험 이자율을 지급해야 하는 대출을 실행하면 되므로,

그림 7.7 무위험 자산 매입 포지션의 수입과 순익

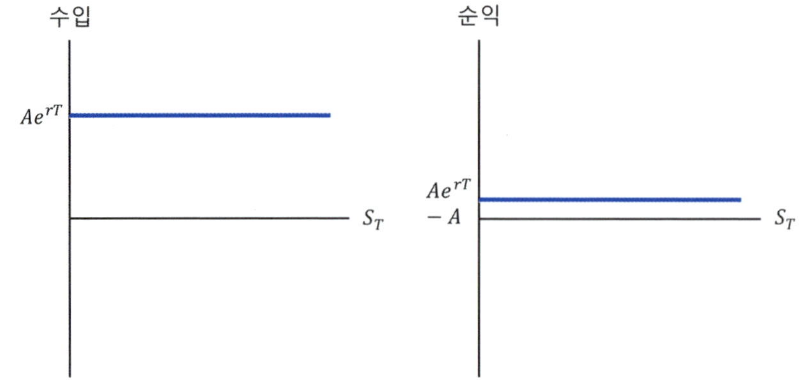

그림 7.8 무위험 자산 매도 포지션의 수입과 순익

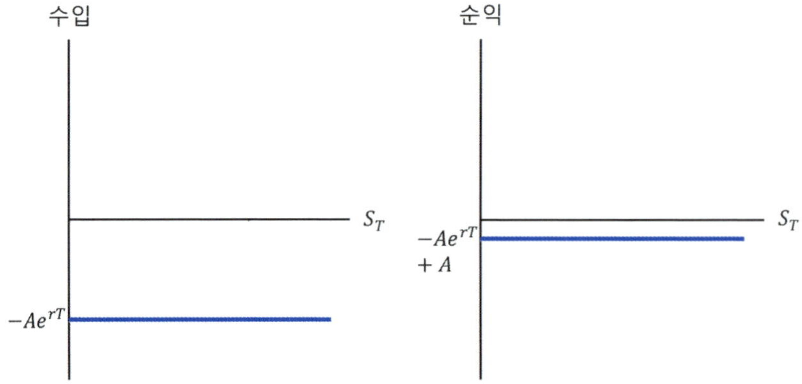

이 역시 동일한 것을 표현한다. 이와 관련하여, 모든 개인이나 기관이 무위험 채권을 발행하거나 무위험 이자율만을 지불하고 대출을 받을 수는 없을 것이다. 각 개인이나 기관은 서로 다른 채무불이행의 위험을 가지고 있기 때문이다. 한편 이후 무위험 자산을 매도하는 포지션은 차익거래의 실행과 관련하여 자주 논의가 되는데, 이때 모든 시장 참여자가 채무불이행의 위험이 없다는 비현실적인 가정은 필요하지 않다. 어느 한 주체라도 채무불이행의 위험이 (거의) 없어 무위험 이자율로 차입할 수 있다면 그 주체가 해당 차익거래를 실현할

그림 7.9 선도 매입 포지션의 수입과 순익

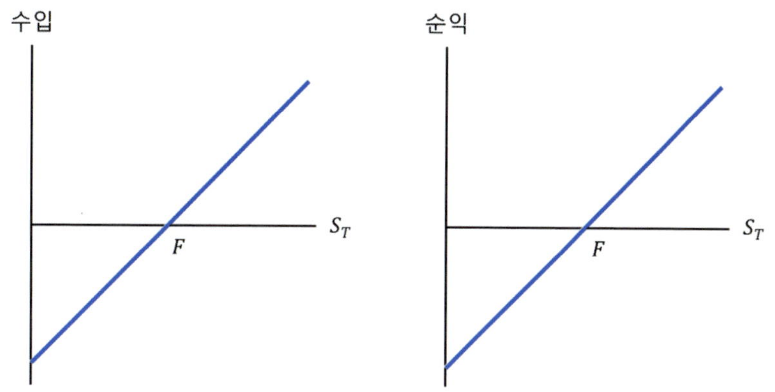

수 있기 때문에, 그러한 우수한 신용을 가진 거래자가 시장에 존재한다는 현실적인 가정만으로도 충분하다.

선도거래에서 매입 포지션을 취하면 오늘은 아무런 현금흐름도 발생하지 않는다. T 시점이 선도거래의 인도일이라고 할 때 T에서는 $S_T - F$의 수입이 발생한다. 여기에서 F는 거래가 이루어진 시점에서의 선도가격을 뜻한다. 오늘 현금흐름이 발생하지 않으므로 수입과 순익은 동일하다.(그림 7.9) 선도 매도 포지션은 반대로 생각할 수 있다.(그림 7.10)

그림 7.10 선도 매도 포지션의 수입과 순익

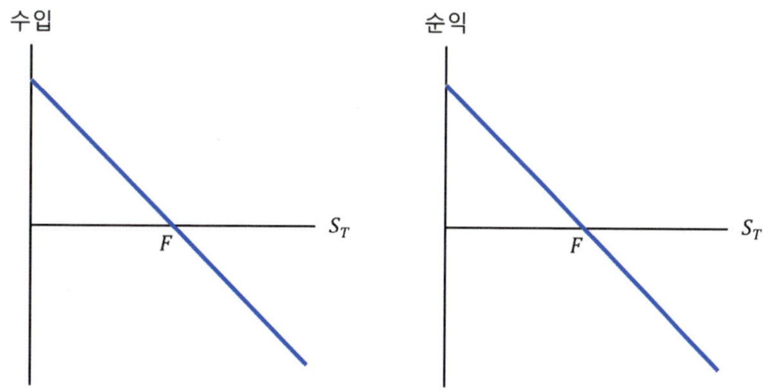

표 7.1 각종 포지션의 수입과 순익

포지션	오늘의 CF	T에서의 수입	순익
주식 매입	$-S$	S_T	$S_T - S$
주식 공매	S	$-S_T$	$-S_T + S$
무위험 자산의 매입	$-A$	Ae^{rT}	$Ae^{rT} - A$
무위험 자산의 매도	A	$-Ae^{rT}$	$-Ae^{rT} + A$
선도 매입	0	$S_T - F$	$S_T - F$
선도 매도	0	$-S_T + F$	$-S_T + F$

표 7.1은 지금까지 논의한 포지션들의 수입과 순익을 정리해 보여주고 있다. 표나 그림을 통해서 알 수 있듯이 매입과 매도는 역(逆; reverse)의 관계가 있기 때문에 수치적으로는 플러스와 마이너스의 관계로 나타나고, 그림에서는 x-축을 기준으로 대칭의 모습을 하고 있다는 점을 이해하면 유용할 것이다. 이 그래프들은 향후 옵션과 관련된 차익거래나 옵션 거래 전략 등을 논의할 때 유용하게 적용된다. 여러 포지션들을 동시에 취할 때에는 각 포지션의 현금흐름, 수입, 순익을 파악한 후 항목별로 더해 주면 된다.

제 4 절 옵션을 이용한 투기와 헤징

거래자는 옵션을 이용하여 기준자산에 직접 투자할 때보다 손익을 더 크게 확대시킬 수도 있고, 기존에 자신이 노출되어 있는 위험을 감소시키는 헤징 거래를 할 수도 있다. 헤징을 위해서는 기본적으로 기준자산의 가치 하락이 우려되는 상황에서는 풋옵션을, 기준자산의 가치 상승이 우려되는 상황에서는 콜옵션을 매입하는 전략을 택하게 된다.

(1) 옵션 투자의 손익확대 효과

오늘 B 주식의 주가가 20,000원이라고 한다. 한편, 이 B 주식을 기준자산으로 하는 3개월 만기 행사가격 21,000원의 콜옵션은 800원에 거래되고 있다고 하자. 이 경우 주식에 직접 투자할 때와 콜옵션에 투자할 때의 수익률은 어떻게 비교가 되겠는가를 생각해 보자. 예를 들어, 3개월 만기 시점에서 주가가 24,000원이 된다면 주식 투자로부터의 단순 수익률은

$$\frac{24{,}000-20{,}000}{20{,}000}\times 100\%=20\%$$

가 될 것이다. 한편 콜옵션을 매입한 경우 만기에서의 수입은 24,000원과 21,000원의 차이인 3,000원이므로 수익률은

$$\frac{3{,}000-800}{800}\times 100\%=275\%$$

로 훨씬 증가한 것을 알 수 있다.[3] 반면에 손실이 발생할 때에는 옵션 투자로부터 훨씬 더 큰 손실을 볼 수 있다.

표 7.2는 만기시 여러 주가 수준에서 주식 투자와 옵션 투자의 수익률을 비교해서 보여주고 있다. 이와 같이 옵션은 매우 위험도가 높은 투자에 이용될 수 있는데, 이와 같은 손익확대 현상을 레버리지(leverage) 효과라고 부른다.

---

3 예를 들어, 1,000만원을 투자한다고 가정했을 때 주식은 500주를 매입할 수 있지만, 콜옵션은 한 개에 800원이므로 12,500개를 매입할 수 있는데 이는 기준 주식을 12,500개를 살 수 있는 권리에 해당한다. 그러면 만기 시점에서 주가가 행사가격보다 높아서 콜옵션을 행사하려 하면 12,500주를 주당 21,000원에 구입해야 하고, 이를 위해 262.5백만원이 필요하지 않겠는가라고 생각할 수 있다. 하지만 현금결제를 하면 주가와 행사가격의 차액을 수취하고 포지션을 정리할 수 있으므로 직접 주식을 매입하기 위한 현금이 필요하지 않다.

표 7.2 주가 수익률과 옵션 투자 수익률 비교의 예

만기 주가	주가 수익률	만기 옵션 가치	옵션 수익률
16,000원	−20%	0원	−100%
17,000원	−15%	0원	−100%
18,000원	−10%	0원	−100%
19,000원	−5%	0원	−100%
20,000원	0%	0원	−100%
21,000원	5%	0원	−100%
22,000원	10%	1,000원	25%
23,000원	15%	2,000원	150%
24,000원	20%	3,000원	275%
25,000원	25%	4,000원	400%
26,000원	30%	5,000원	525%

(2) 콜옵션을 이용한 헤징의 예

어떤 수입업자는 물품 수입 대금으로 $1,000,000를 6개월 후에 결제하기로 했다. 앞으로 달러의 원화 표시 가격이 상승하여 환차손을 입을 것을 대비하여 달러 콜옵션을 이용하여 헤징을 하려고 한다.

지금 6개월 만기 행사가격 1,350원의 콜옵션이 달러당 53원에 거래되고 있다고 하자. 즉, 헤징하려는 금액 $1,000,000를 달러당 행사가격 1,350원에 살 수 있는 콜옵션을 매입하려면 오늘 5,300만원을 프리미엄으로 지급해야 한다. 6개월 후의 환율을 S_T로 표시했을 때, 6개월 후 물품 대금 지급에 따르는 현금흐름은 $-1{,}000{,}000 \times S_T$가 될 것이고, 콜옵션으로부터의 수입은 $1{,}000{,}000 \times \max(S_T - K, 0)$이므로 이 둘의 합계는 $1{,}000{,}000 \times \max(-K, -S_T)$가 된다. 이를 그래프로 나타낸 것이 그림 7.11이다. 즉, 행사가격 1,350원의 콜옵션을 매입하여 헤징을 하면, 환율이 1,350원에 미치지 못할 때에는 그 환율로 수입 대금을 지불하면 되고, 환율이 1,350원을 초과하더라도 지출되는 현금은 13.5억원을 초과하지 않게 된다. 따라서 수입업자는 환율이 아무리 상승하더라도 현

그림 7.11 콜옵션을 이용한 헤징: 수입 대금과 콜 수입

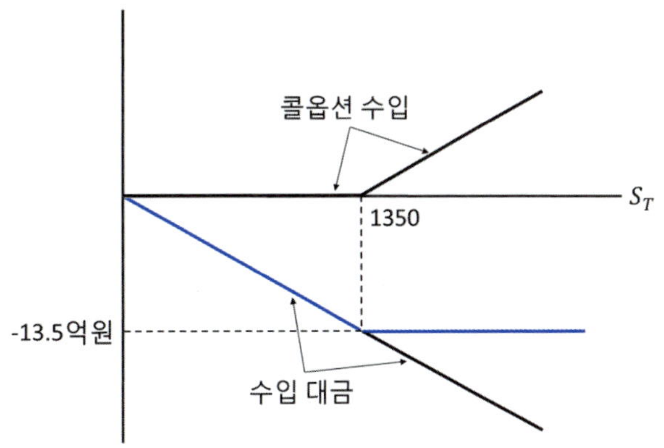

금 지출이 일정한 수준을 넘지 않는다는 보장을 받게 된다. 이러한 보장의 대가로 현재 5,300만원의 프리미엄을 지급하는 것이다. 이는 마치 보험(insurance)에 가입하여 불리한 상황에 대비하는 것과 유사하다. 그림 7.12는 6개월 시점에서의 수입에 오늘 발생하는 마이너스 현금흐름 −5,300만원을 더한 결과를 보여주고 있다. 즉, 우리가 사용하는 '순익'의 개념으로 헤징의 결과를 나타낸 것이다.

다른 행사가격의 콜옵션을 이용하여 현금 지출의 상한선을 달리할 수도 있을 것이다. 행사가격이 1,450원인 콜옵션이 달러당 20원에 거래되고 있다면, 이 콜옵션을 매입할 경우 오늘 2천만원을 프리미엄으로 지급하면서, 최대 지출 현금을 14억 5천만원으로 제한할 수 있게 된다. 그림 7.12에서는 1,350원 행사가격의 콜옵션과 1,450원 행사가격의 콜옵션을 이용했을 때의 헤징의 결과를 헤징을 하지 않았을 때와 비교하고 있다. 그림 7.12에서 볼 수 있듯이, 더 낮은 행사가격의 옵션을 이용하는 것은 더 넓은 범위에서 환율 상승에 따르는 손실을 제한할 수 있기에 더 안전한 조치라고 할 수 있다.

그림 7.12 콜옵션을 이용한 헤징: 콜 매입 비용 고려

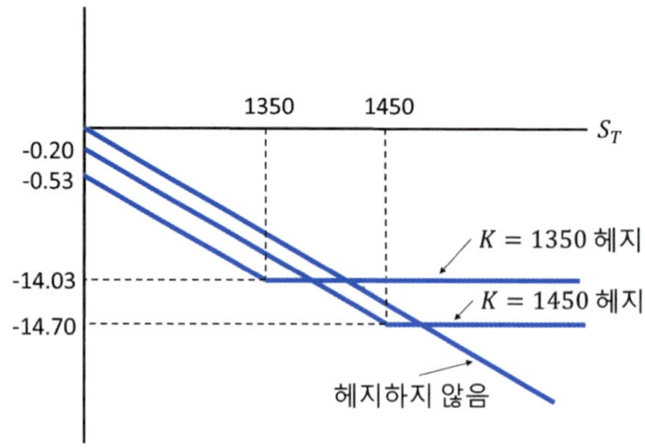

(3) 풋옵션을 이용한 헤징의 예

어떤 자산관리자(fund manager)가 100억원 상당의 주식 펀드를 운영하고 있다. 이 펀드는 분산투자(diversification)를 통해 비체계적 위험(non-systematic risk)을 제거하였고, 또한 CAPM의 틀에서 보자면 베타가 1이 되도록 구성하여 그 가치의 움직임이 KOSPI 200 지수의 움직임과 유사하다고 가정해 보자. 이 경우 지수 풋을 매입하면 펀드 가치의 하락을 풋옵션의 수입으로부터 상쇄하여 펀드의 가치를 일정 수준 이상으로 유지할 수 있게 된다. 다음의 예를 생각해 보자.

향후 1개월 동안의 주가 하락에 따른 펀드 가치의 감소를 방지하고자 KOSPI 200 풋옵션을 매입하기로 했다. 현재 KOSPI 200 지수는 250이라고 하고, 행사가격이 서로 다른 1개월 만기 두 풋옵션의 프리미엄은 다음과 같다고 하자.

행사가격 240 풋옵션의 프리미엄: 3.93
행사가격 225 풋옵션의 프리미엄: 0.96

포트폴리오 전체 가치에 해당하는 금액을 헤징하기 위해서는, 현재 주가지수 250과 현재 펀드의 가치 100억원을 대응시켜야 하므로

$$\frac{100\text{억원}}{250 \times 25\text{만원}} = 160$$

계약의 풋옵션을 매입하는 것이 필요하며, 따라서 필요한 풋옵션을 매입하려면

$$3.93 \times 25\text{만원} \times 160 = 1.572\text{억원}$$

을 프리미엄으로 지급해야 할 것이다. 마찬가지로 행사가격 225의 풋옵션을 160계약 매입하려면 3,840만원이 필요하다.

이와 같이 지수 풋옵션을 매입하면 주가의 하락으로 말미암은 펀드 가치의 하락을 풋옵션으로부터 발생하는 수입으로 상쇄할 수 있다. 그림 7.13은 행사가격 240의 풋옵션을 160계약 매입했을 때 1개월 후의 펀드의 가치와 풋옵션 수입의 합계를 나타내고 있다. 즉, 이 둘의 합계는 96($= \frac{240}{250} \times 100$)억원 미만으로 내려가지 않는다. 만일 행사가격 225의 풋옵션을 매입했을 때에는 펀드와 풋의 수입의 합계가 90($= \frac{225}{250} \times 100$)억원 아래로는 내려가지 않을 것이다.

그림 7.14는 헤징을 하지 않을 경우, 행사가격 240의 풋옵션을 이용할 경우, 그리고 행사가격 225의 풋옵션을 이용할 경우의 펀드의 순가치(펀드의 가치에서 풋 프리미엄 지급을 위한 현금 유출까지 고려한 가치)를 비교하고 있다. 행사가격 240의 풋을 이용할 경우 순가치의 하한선은 94.428($= 96 - 1.572$)억원

그림 7.13 풋옵션을 이용한 헤징: 펀드 가치와 풋 수입

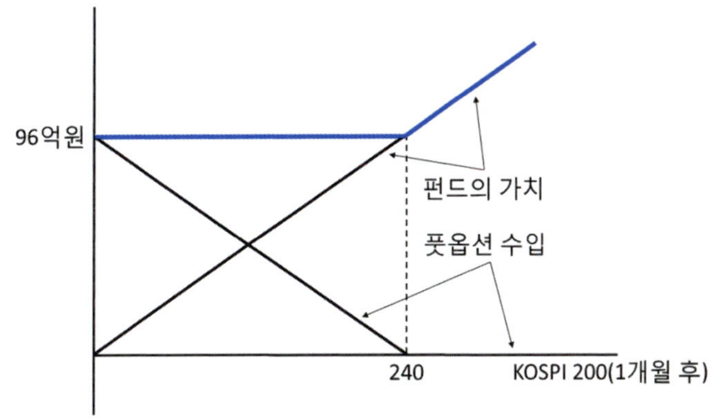

그림 7.14 풋옵션을 이용한 헤징: 풋 매입 비용 고려

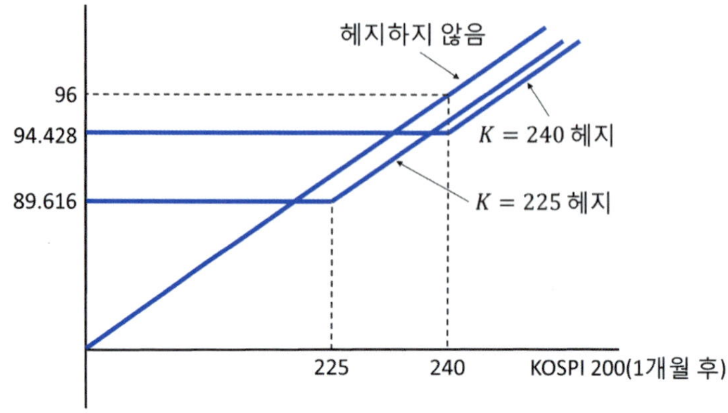

이, 행사가격 225의 풋을 이용하면 89.616(= 90 − 0.384)억원이 될 것이다. 높은 행사가격의 풋옵션을 이용하는 것이 가장 보수적인, 즉 더 안전한 전략이라는 것을 알 수 있다.

지금까지 주가지수 풋옵션을 매입하여 주식 펀드의 가치 하락을 방지하는 헤징 원리를 살펴보았는데, 이러한 전략을 포트폴리오 보험(portfolio insurance)이라고 부르며 많은 주식 펀드들이 이를 실행하고 있다. 한편 이러한 헤징을 실행하려고 할 때 원하는 행사가격의 지수 풋옵션이 충분한 거래량을 가지고 거래되지 않거나 풋옵션의 프리미엄이 너무 높다고 판단되는 경우가 많다. 따라서 많은 자산관리자들은 주식 펀드의 가치 하락을 방지하기 위해 주가지수 풋옵션을 직접 매입하기보다, 주가지수 선물(index futures)의 매도 포지션과 무위험 자산의 매입 포지션을 구성한 후, 향후 지수의 변화에 대응하여 두 포지션의 주기적인 조정(리밸런싱; rebalancing)을 통해 마치 풋옵션을 보유하는 것과 같은 효과를 가져오는 방법을 채택하고 있다.[4]

아울러 이러한 포트폴리오 보험 구성을 위한 작업은 앞서 제 5 장에서 언

4 옵션의 가치평가와 관련하여 뒤에 자세히 언급되겠지만 이론적으로 옵션은 기준자산과 무위험 채권 포지션의 계속적인 조정을 통해서 복제(replicate)할 수 있다. 이러한 과정을 동적 헤징(dynamic hedging)이라 하여 제 12 장에서 자세히 논의할 것이다.

급된, 가격을 예측하지 않고 그때그때의 가격 움직임에 대응하여 기계적으로 거래를 수행하는 소위 프로그램 거래(program trading)를 통하여 이루어지기 때문에 포트폴리오 보험은 프로그램 거래의 중요한 주제가 되고 있다.

(4) 베타가 1이 아닌 펀드에 대한 헤징 [참고]

운영하는 펀드의 베타가 1이 아닐 때에는 펀드의 가치가 주가지수와 1:1의 변화를 보이지 않을 것이므로, 이럴 경우 펀드 가치 하락에 대비한 헤징을 실행하기 위해서는 풋옵션의 매입 규모를 조정해야 한다. 이를 위해 펀드의 가치와 주가지수의 관계를 다음과 같이 모형화해 보자.

미래 τ 시점에서의 포트폴리오의 가치 P_τ는 CAPM에 근거하여

$$P_\tau = P_0[1 + \beta_P(r_m - r) + r - \alpha] \tag{7.1}$$

로 나타낼 수 있을 것이다. 이 펀드는 잘 분산화되어 비체계적 위험을 제거하였다고 가정하여 오차항 ε_P는 제외하였다. 여기에서 β_P는 고려하는 펀드의 베타를 나타낸다. r_m은 주가지수를 구성하는 주식들로부터의 전체 수익률인 시장수익률을, r은 무위험 수익률을, 그리고 α는 배당수익률을 표시하는데 모두 단순 수익률이다. 즉, 기간과 관계없이 예를 들어 100이 120이 되었다면 20%를 수익률로 계산한 것이다. 이 펀드의 가치는 배당에 따른 수익은 제외한 결과다.[5] 실제로 ETF에 투자하는 경우 투자자는 ETF를 구성하는 주식들로부터 발생하는 배당을 수령하게 된다. 그러면서 ETF의 가격 자체는 배당락 후의 주가들의 수준을 따라가는 것이다. 한편 τ 시점의 주가지수는

$$S_\tau = S_0(1 + r_m - \alpha) \tag{7.2}$$

로 표시할 수 있는데, 역시 주가지수도 배당의 지급은 제외하고 지수에 포함된 주식들의 수준을 추적하기 때문에 α를 빼주었다. 주가지수에 포함된 주식들의

---

5 즉, 우리는 이하에서 배당을 제외한 펀드의 가치가 일정 수준 이상이 되는 것을 목표로 하고 있다. 만일 펀드의 가치와 그 사이에 발생한 배당의 합계가 일정 수준 이상 되는 것을 목표로 한다면 여기에서 $P_\tau = P_0[1 + \beta_P(r_m - r) + r]$로 설정하면 된다.

평균적인 배당수익률과 해당 펀드의 배당수익률이 동일하게 α라고 가정한 결과다. 식 7.2로부터

$$r_m = \frac{S_\tau}{S_0} + \alpha - 1$$

을 구하여 식 7.1에 대입하면

$$\begin{aligned} P_\tau &= P_0\left[1 + \beta_P\left(\frac{S_\tau}{S_0} + \alpha - 1 - r\right) + r - \alpha\right] \\ &= \beta_P \frac{P_0}{S_0} S_\tau + P_0[1 + \beta_P(\alpha - 1 - r) + r - \alpha] \\ &= \beta_P \frac{P_0}{S_0} S_\tau + P_0(\alpha - 1 - r)(\beta_P - 1) \end{aligned}$$

과 같이 포트폴리오의 가치를 지수와 연결시킬 수 있다. 논의의 편의를 위해

$$\begin{aligned} A &\equiv \beta_P \frac{P_0}{S_0} \\ B &\equiv P_0(\alpha - 1 - r)(\beta_P - 1) \end{aligned}$$

이라고 정의하면

$$P_\tau = AS_\tau + B$$

와 같이 표현된다. A는 r_m, r, α와 무관하지만 B는 r과 α에 따라 달라진다.

주가지수 풋옵션 1계약은 지수 1포인트가 m원에 해당하도록 구성되었다고 가정하자. 예를 들어, KOSPI 200 지수 옵션의 경우 $m = 25$만원이다. 행사가격이 K이고 만기가 τ인 풋옵션 1계약의 만기시 수입은 $m \cdot \max(K - S_\tau, 0)$으로 나타낼 수 있다. 이제 해당 펀드에 이 풋옵션을 η계약 포함시키면 τ 시점에서의 전체 포지션의 가치 V_τ는

$$V_\tau = P_\tau + m\eta \cdot \max(K - S_\tau, 0)$$

으로 표현된다.

우선 $S_\tau < K$일 경우에는

$$\begin{aligned} V_\tau &= (AS_\tau + B) + m\eta \cdot (K - S_\tau) \\ &= (A - m\eta)S_\tau + B + m\eta K \end{aligned}$$

이다. 이제 $\eta = A/m$로 설정하면

$$V_\tau = B + AK$$

로 S_τ와 무관하게 일정해진다. 즉, 주가지수가 K보다 작아지더라도 전체 포지션의 가치는 일정하게 유지된다. 이 값은 포트폴리오 보험의 결과 보장되는 포트폴리오 가치의 지지선으로서 V_{min}이라고 표시해 보자. 즉,

$$V_{min} = AK + B$$

이며 이는 $\eta = A/m$로 설정할 때 확보된다. 포트폴리오 보험에서의 적정 계약수라는 의미에서 이 η 값 A/m를 η^*라고 표시하자.

한편 $S_\tau \geq K$일 경우에는 $\max(K - S_\tau, 0) = 0$이므로

$$V_\tau = AS_\tau + B$$

가 된다. 그림 7.15는 이러한 포트폴리오 보험의 결과를 보여주고 있다.[6]

이러한 도출 결과는 임의의 β_P에 대해서 성립하는 일반적인 결과이므로, $\beta_P = 1$이었던 앞서의 예에서는 당연히 성립할 것이다. 앞의 예에 지금의 결과를 대입하면, $A = 100$억$/250 = 0.4$억이고 $B = 0$이므로, 매입해야 하는 풋옵션의 계약수는 $\eta^* = A/m = 160$계약이다. 펀드 가치와 풋옵션 수입의 합계의 하

6 참고로 이 그림의 문제점에 대해 살펴보자면, 여기에서는 주가지수에 대비한 펀드의 가치가 마이너스가 되는 영역이 있다. 즉, B가 마이너스의 값을 가질 수 있다. 주가지수가 아무리 작아지더라도 레버리지를 이용하지 않고 주식들로만 구성된 펀드가 마이너스의 값을 갖는 것은 현실적으로 불가능하다. 이러한 결과는, 주가지수와 펀드의 가치를 연결하는 매개변수가 r_m이었는데 CAPM을 적용하는 과정에서 r_m을 단순 수익률로 구성했기 때문이다. (CAPM은 모형에서의 수익률의 계산 방식에 대해서 규정하고 있지 않다.) 즉, 임의의 두 시점 사이의 변수의 변화를 단순 변화율로 모형화했기 때문에 발생한 문제이다. 이 점은 이론적으로는 문제가 되겠으나 포트폴리오 보험의 구성을 살펴보는 데 큰 문제가 없다. 베타가 1일 경우에는 B가 0이 되어 펀드의 가치가 마이너스가 되는 문제는 보이지 않게 된다.

그림 7.15 펀드 가치와 풋 수입: $\beta_P \neq 1$

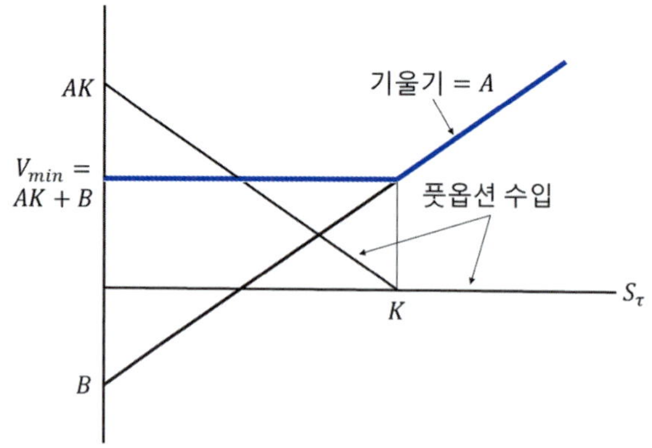

한선은 행사가격 240의 경우 $V_{min} = 0.4 \cdot 240 + 0 = 96$억원, 행사가격 225의 경우 $V_{min} = 0.4 \cdot 225 + 0 = 90$억원으로 앞의 결과와 일치한다.

[예시]

앞의 예에서와 다른 것들은 동일하나 펀드의 베타가 2인 경우를 고려해 보자. 즉, $P_0 = 100$억, $S_0 = 250$, $m = 25$만, $\beta_P = 2$이다. 따라서

$$A = 2 \cdot \frac{100억}{250} = 0.8억$$

이다. β_P가 1이 아닌 경우에는 B가 무위험 수익률 r과 배당수익률 α에 의존하므로 $r = 0.5\%$, $\alpha = 0.3\%$라고 가정하면

$$B = 100억 \cdot (0.003 - 1 - 0.005)(2 - 1) = -100.2억$$

이 계산된다. 매입해야 하는 풋옵션의 계약수는 $\eta^* = A/m = 320$(계약)이다.

행사가격이 240인 풋옵션을 매입하는 경우 전체 포지션의 하한선은

$$V_{min}(K = 240) = AK + B = 0.8 \cdot 240 - 100.2 = 91.8억$$

그림 7.16 풋 매입 비용 고려: $\beta_P \neq 1$

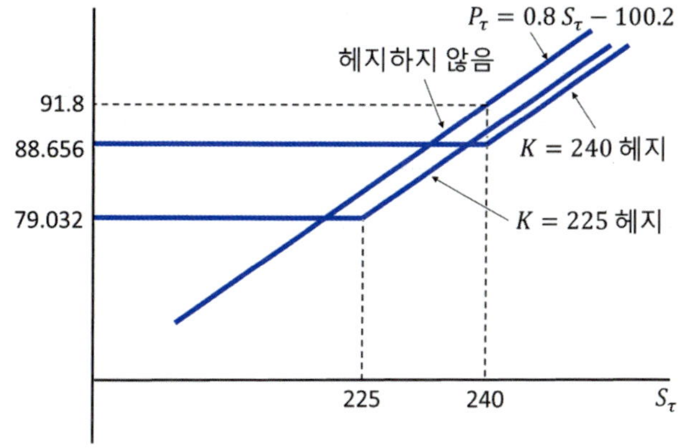

이 되고 지불해야 하는 전체 프리미엄은 3.93 × 25만 × 320 = 3.144억원이다. 행사가격이 225인 경우는

$$V_{min}(K = 225) = AK + B = 0.8 \cdot 225 - 100.2 = 79.8\text{억}$$

이고 전체 프리미엄은 7,680만원이 될 것이다. 행사가격을 달리하는 두 가지 경우에 대해, 펀드 가치에서 프리미엄을 제외한 결과(즉, '순익'의 개념)를 그림 7.16에 요약하였다.[7]

만일 전체 포지션의 하한선이 75.8억원이 되도록 만들고 싶다면 $V_{min} = AK + B = 75.8$억을 K에 대해서 풀면 $K = 220$이 계산되므로, 행사가격 220의 풋옵션을 320계약 매입하면 된다.

7 주 6에서 설명하였듯이 S_τ가 현재의 주가지수와 큰 차이가 있는 영역에서는 $P_\tau = AS_\tau + B$의 그래프는 펀드의 가치를 설명하기에 적절하지 않다. 따라서 그림 7.16은 주가지수의 변화가 극단적이지 않을 경우에 적용되는 결과로 이해되어야 할 것이다.

연습문제

7.1 오늘 어떤 주식의 가격이 30,000원이다. 한편 이 주식을 기준자산으로 하는 만기 6개월 행사가격 25,000원의 풋옵션은 500원에 거래되고 있다. 어떤 투자자가 이 주식의 가격이 향후 6개월 동안 하락할 것을 예상하여 현재 가격에 1,000주를 공매하는 방법과 3,000만원으로 풋옵션을 매입하는 방법을 고려 중이다.

(1) 6개월 후 주가가 27,000원이 되었을 때, 두 투자의 손익(즉, 투자 회수금−투자금)을 비교하라.

(2) 6개월 후 주가가 21,000원이 되었을 때, 두 투자의 손익을 비교하라.

(3) 6개월 후 주가가 32,000원이 되었을 때, 두 투자의 손익을 비교하라.

7.2 어떤 수입업자는 수입 대금으로 $200,000를 3개월 후에 결제해야 한다. 앞으로 달러 환율의 상승에 따른 환차손을 방지하기 위해 달러 콜옵션을 매입하여 헤징하기로 하였다. 환율이 1,200원을 초과하는 경우에 대비하여, 행사가격 1,200원의 콜옵션을 매입하려 하는데 그 프리미엄은 102원이라고 한다.

(1) $200,000 전체에 대해 헤징을 하는 경우 그 결과를 다음과 같이 도시하라. x-축을 3개월 후 달러당 원화 환율 S_T로 표시하고, y-축에 물품 대금 지급에 따른 CF와 콜옵션으로부터의 수입의 합계를 도시하라. ('수입' 개념.) 아울러 콜옵션 프리미엄을 고려했을 때의 최종 결과('순익'의 개념)도 함께 도시하라. 그림에 기울기나 절편 등을 정확히 기재하라.

(2) 프리미엄이 부담스러워 $100,000에 대해서만 헤징하기로 하였을 때 그 결과를 (1)에서의 방식으로 도시하라.

7.3 [참고] 단순 수익률로 표시한 이자율과 배당률이 각각 $r = 0.014$, $\alpha = 0.008$이라고 가정하자. 어떤 자산관리자가 1,000억원의 주식 펀드를 운영하고 있다. 이 펀드는 충분한 분산화를 통해 비체계적 위험을 제거하였고 베타가 2가 되도록 구성하였다. 현재 KOSPI 200 지수는 320인데, 3개월 후 지수가 300 이하로 내려가는 상황을 헤지하는 포트폴리오 보험을 구축하려고 한다. 행사가격은 300이며 만기가 3개월인 KOSPI 200 풋옵션을 이용해야 하는데, 이러한 옵션의 가격은 현재 8.5다. (1계약은 1point가 25만원으로 설계됨.) 이러한 포트폴리오 보험 전략을 실행하려 할 때

(1) 현재 지불해야 하는 프리미엄 총액은 얼마인가?

(2) 3개월 후 펀드 가치와 풋옵션 수입 합계의 최저 수준, 즉 V_{min}은 얼마인가?

(3) 펀드와 풋옵션의 수입의 합계가 744억 미만으로 내려가는 것을 방지하려면, 즉 $V_{min} = 744$억원이 되게 하려면, 어떤 행사가격의 풋옵션을 매입해야 하는가?

08

주식 옵션 가격과 가격 결정변수들 사이의 관계

주식 옵션(stock option)의 가격은 보통 5가지 변수들에 의해서 결정되는 것으로 모형화한다.[1] 이 5가지 변수들은 주가(S), 행사가격(K), 주가 변동성(volatility; σ), 무위험 이자율(r), 그리고 만기까지의 기간(T)이다. 다시 말해서 주식 옵션의 가치 v는 $v = f(S, K, \sigma, r, T)$로 나타낼 수 있다.[2] 예를 들어, 유럽형 콜옵션의 가치를 평가하는 대표적인 함수로서 블랙-쇼울즈(Black-Scholes) 공식이 있다. 본 장에서는 주식 옵션의 가격과 가격 결정변수들 사이의 관계를 두 가지 측면에서 살펴보기로 한다. 우선, 각각의 가격 결정변수들이 주식 옵션의 가격에 어떤 방향의 영향을 미치는가를 논의한다. 둘째로 주식 옵션의 프리미엄과 5가지 변수들 사이에 존재하는 부등식 관계를 살펴본다. 적정 옵션 가격의 구체적 함수 형태에 대해서는 제 11 장에서 논의할 것이다.

지금 여기에서 논의하는 주식 옵션 가격에 대한 논리는, 기준자산이 주식이 아닌 외환이나 원자재 등인 경우에도 큰 조정 없이 그대로 적용된다. 이자율 옵션 등에 있어서는 채권 가격이나 이자율의 변화의 특성이 주가와 많이 다르

---

1 여기에서 논의하는 '주식 옵션'은 경영자에게 인센티브로 제공하는 주식 옵션과는 의미하는 바가 조금 다르다. 인센티브로서의 주식 옵션은 회사가 경영자에게 자사의 주식을 정해진 가격에 살 수 있는 권리를 제공하여, 주가를 높이는 경우 경영자 개인에게 큰 이익이 돌아가도록 하는 장치로서, 그 옵션이 행사되면 회사가 추가로 주식을 발행하여 경영자에게 지급하게 된다. 지금 여기에서 논의하는 주식 옵션은 단순히 옵션의 기준자산이 주식이라는 의미이며 그 옵션의 발행과 거래 등은 기준 주식을 발행한 회사와 직접적인 관계가 없다.

2 옵션의 만기 이전에 배당이 있을 경우에는 이를 고려하여 확장하기도 한다. 그러나 기본적 모형에서는 보통 이 5가지 변수들만을 고려한다.

기 때문에 그러한 차이를 고려하여 다르게 모형화된다.

제 1 절 가격 결정변수들의 영향

각각의 결정변수의 영향을 하나씩 살펴보자. 여기 제 1 절에서의 논의는 엄밀한 증명이라기보다는 직관적인 이해를 돕기 위한 일차적인 설명이며, 보다 엄밀한 증명은 이어지는 차익거래 한계선의 논의에서, 또는 구체적인 가치평가 모형이 도출된 후에 공식의 편미분을 실행하는 과정에서 확인할 수 있다. 또한 여기에서 '크다'라고 할 때 절대적으로 큰 경우(>)와 크거나 같은 경우(≥)를 엄밀하게 구분하지 않고, 그저 어떤 변수의 영향의 방향에 대해 일반적인 언급을 하는 것이라고 이해하면 된다. '작다'라는 표현도 마찬가지로 이해한다. 보다 엄밀한 논의는 바로 다음에 이어지는 제 2 절 이하에서 이루어진다.

(1) 주가(S): 현재의 주가가 높을수록 콜옵션의 가치는 높아지고, 풋옵션의 가치는 낮아진다. 현재의 주가가 높아지는 것은 만기의 주가가 높아질 가능성이 그만큼 커진다는 것을 의미한다. 콜옵션의 만기에서의 수입은 주가와 행사가격의 차이이므로, 만기 주가가 높아질 가능성이 커지면 콜옵션의 현재가치는 높아지게 된다. 풋옵션은 이와 반대이다.

(2) 행사가격(K): 행사가격이 높을수록 콜옵션의 가치는 낮아지고, 풋옵션의 가치는 높아진다. 동일한 만기 주가에 대해서 행사가격이 높은 콜옵션으로부터의 수입은 행사가격이 낮은 콜옵션으로부터의 수입보다 작으므로, 높은 행사가격의 콜옵션이 더 작은 현재가치를 갖게 된다. 풋옵션은 이와 반대이다.

행사가격과 주가의 상대적 크기와 관련하여 '내가격'이나 '외가격'이라는 표현을 사용한다. 콜옵션의 경우 현재의 주가가 행사가격보다 큰 경우를 내가격(in-the-money)이라고 하고 주가가 행사가격보다 작은 경우는 외가격(out-of-the-money)이라고 부른다. 풋옵션의 경우에는 S가 K보다 작을 때 내가격이 되고,

S가 K보다 클 때 외가격이 된다. 한 가지 주의할 사항은 외가격 옵션도 아직 만기가 남아 있다면 플러스의 가치를 갖는다는 점이다. 콜옵션의 경우를 예로 들면 주가가 현재는 행사가격보다 낮지만 아직 만기까지 시간이 있다면, 그 사이에 주가가 상승해서 만기 시점에서는 내가격으로 종료될 수도 있으므로 그 가능성 때문에 플러스의 가치를 갖게 된다.

(3) 주가 변동성(volatility; σ): 주가 변동성이란 미래 주가의 불확실성의 정도를 측정한 것으로, 우선 대략적으로 '주가 수익률의 표준편차'로 이해하면 된다. 변동성의 엄밀한 정의는 후에 논의하도록 한다. 주가의 변동성이 클수록 콜옵션, 풋옵션 모두 가치가 상승한다. 변동성이 큰 주식은 변동성이 작은 주식보다 만기에서 양방향으로 더 극단적인 주가를 실현할 가능성이 크다. 콜옵션을 소유한 사람의 입장에서 볼 때, 만기 주가가 행사가격보다 높을 경우에는 만기 주가의 크기가 중요하지만, 만기 주가가 행사가격보다 낮을 경우에는 어차피 아무런 수입도 발생하지 않기 때문에 만기 주가의 크기는 더 이상 문제가 되지 않는다. 따라서 콜옵션의 경우 주가 하락에 따른 부정적인 결과는 수입이 0이라는 점에서 동일하지만, 주가 상승에 따른 긍정적인 상황에서는 더 큰 값으로 움직여 주는 주식을 기준물로 하는 콜옵션이 더 매력적이라고 할 수 있고 더 높게 평가된다. 풋옵션의 경우에도, 플러스의 수입을 발생시키는 주가의 방향만 다를 뿐 동일한 논리가 적용된다.

주가 변동성과 관련하여 한 가지 유의할 점은, 다른 옵션 가격 결정변수들과 달리 이 변수는 우리가 직접 관찰할 수 없다는 것이다. 따라서 변동성은 관찰할 수 있는 과거의 주가 자료로부터 그 값을 추정해야 하는 모수(母數; parameter)가 된다. 변동성을 어떻게 추정할 것인가는 중요한 주제로서, 과거 수익률 자료로부터 단순히 표준편차를 구하는 방법으로부터 보다 복잡한 계량경제학적 모형에 근거한 방법들까지 다양하게 제시되고 있다.

(4) 무위험 이자율(r): 이자율의 상승은 콜옵션의 가치를 크게 하고, 풋옵션의 가치를 작게 하는 효과를 가진다. 만기 시점에서 주가가 행사가격을 초과하는 경우 콜옵션의 소유자는 정해진 행사가격을 지불하고 주식을 인수하게 되는데,

이자율이 상승하면 행사가격의 현재가치가 하락하여 콜 소유자로서는 지불해야 할 금액의 현재가치가 줄어드는 효과를 얻게 된다. 즉, 콜의 가치를 크게 하는 힘이 작용하게 된다. 풋옵션의 경우에는 이자율의 상승이 만기 시점에서 풋 소유자가 받게 되는 행사가격의 현재가치를 감소시키므로, 풋옵션의 가치를 축소하는 힘으로 작용하게 된다.

(5) 만기까지의 기간(T): 두 가지 효과를 생각할 수 있다. 첫째, 만기가 긴 경우에는 만기 주가가 취할 수 있는 범위가 확대되어, 변동성의 확대와 같은 결과를 가져와서 옵션의 가치를 상승시키는 효과가 존재하게 된다. 둘째, 만기가 길수록 행사가격의 현재가치가 감소하므로, 행사가격을 지불해야 하는 콜옵션은 가치가 상승하는 효과를 갖게 되지만, 풋옵션의 경우에는 더 작은 현재가치의 행사가격을 받게 되므로 풋옵션의 가치를 감소시키는 효과를 갖게 된다. 따라서 유럽형 콜옵션의 경우 두 효과가 같은 방향으로 작용하여, 만기 이전에 배당이 존재하지 않는다고 가정하는 경우에는[3] 만기가 길수록 콜옵션의 가치는 증가한다고 할 수 있다. 그러나 유럽형 풋옵션의 경우, 앞에서 기술한 두 가지 효과가 서로 반대 방향으로 영향을 미치기 때문에 배당이 없더라도 만기와 풋옵션의 가치에 대해서 일반적인 관계를 말할 수 없다. 그러나 많은 경우 첫 번째 효과가 두 번째 효과를 능가하기 때문에 만기가 길면 유럽형 풋옵션의 가치도 (항상 그렇지는 않지만) 상승하는 것이 일반적이다.

참고로 만기까지의 기간이 길수록 미국형 옵션의 가치는 항상 상승한다. 만기가 긴 미국형 옵션은 만기가 짧은 옵션보다 더 많은 선택권을 가지고 있으므로 가치가 상승하게 되는데 그 정확한 논리는 뒤에 더 자세히 살펴보기로 한다.

---

3 두 만기의 중간에 배당이 지급되는 경우에는, 그 시점에서 주가가 하락할 것이기 때문에 만기가 긴 콜옵션의 가치를 감소시키는 효과가 추가적으로 존재하게 된다.

표 8.1 가격 결정변수들이 프리미엄에 미치는 영향

가격 결정변수	유럽형 콜옵션	유럽형 풋옵션	미국형 콜옵션	미국형 풋옵션
주가	+	−	+	−
행사가격	−	+	−	+
주가 변동성	+	+	+	+
무위험 이자율	+	−	+	−
만기까지의 기간	?*	?	+	+

* 배당이 없을 때는 항상 +

표 8.1은 가격 결정변수들의 영향을 정리해서 보여주고 있다. 이상의 논의들을 이해함에 있어서 주의할 점은, 어떤 한 변수의 영향은 다른 변수들이 일정하게 유지되는 것을 전제로 한다는 점이다. 즉, 경제학에서 흔히 언급되는 이른바 "다른 조건이 동일할 때(all other things being equal, *ceteris paribus*)"를 전제로 한다. 예를 들어, 앞에서 살펴본 무위험 이자율의 영향은 주가나 변동성 등이 변화하지 않는다고 가정할 때에만 성립하게 된다. 그러나 현실에서는 이자율의 상승은 주가의 하락을 동반하는 것이 일반적인 현상이라는 점을 생각할 때,[4] 이자율의 상승이 콜옵션의 가치를 상승시킨다는 결과는, 현실적으로 관찰되는 이자율의 주가를 통한 간접 영향을 배제한 상태에서만 성립하게 된다. 그러므로 우리가 여기에서 살펴본 것은 수학적으로 표현해서 편미분(partial differentiation)의 결과이며, 경제학에서의 정태분석(static analysis)에 해당하는 것으로서 그 결과를 해석함에 있어 주의할 필요가 있다.

4 이자율이 주가에 미치는 영향은 분명히 마이너스이지만, 그 영향의 정도를 확실하게는 알 수가 없다.

제 2 절 콜옵션과 관련된 부등식 관계

옵션 가격과 가격 결정변수들 사이에는 여러 가지 부등식 관계가 성립한다. 만일 시장에서 이러한 부등식 관계가 성립되지 않을 경우에는 이론적으로 차익거래의 기회가 발생하기 때문에, 이러한 관계들을 옵션 가격의 차익거래 한계선(arbitrage bounds)이라고 부른다. 제 2 절에서는 콜옵션과 관련된 부등식 관계들을, 제 3 절에서는 풋옵션과 관련된 부등식 관계들을 살펴본다.[5] 이하에서 유럽형 콜옵션의 가치는 $c_E(S,K,\sigma,r,T)$로, 미국형 콜옵션의 가치는 $c_A(S,K,\sigma,r,T)$로 표기하도록 한다. 유럽형과 미국형을 구분할 필요가 없을 때에는 아래 첨자 없이 $c(S,K,\sigma,r,T)$로 표시한다. 또한 함수의 결정변수들이 분명할 경우에는 표시하지 않기로 한다. 예를 들어, 행사가격이 K_1과 K_2인 두 유럽형 콜옵션을 비교함에 있어서 다른 변수들이 동일하다면, 그 가치를 각각 단순하게 $c_E(K_1)$과 $c_E(K_2)$와 같이 표시할 것이다.

(1) 콜옵션의 가치는 0보다 작을 수 없으며 기준 주식의 가격보다 클 수 없다. 즉,

$$0 \leq c \leq S.$$

옵션은 권리이므로 마이너스의 가치를 가질 수 없다. 아울러 콜옵션을 보유하는 것은 주식 자체를 보유한 것보다 더 큰 가치를 가질 수 없으므로 기준 주식의 가격보다 클 수 없다. 주식을, 그 주식을 기준자산으로 하며 행사가격이 0인 콜옵션으로 간주할 수도 있을 것이다.

(2) 다른 조건이 모두 동일할 때 미국형 콜옵션의 가치는 유럽형 콜옵션의 가치보다 작을 수 없다. (즉, 크거나 같다.) 식으로 표시하면

$$c_A(S,K,\sigma,r,T) \geq c_E(S,K,\sigma,r,T).$$

---

5 여기에서 살펴보게 되는 여러 부등식들과 그들에 대한 증명은 차익거래의 원리와 옵션의 가치평가를 이해하는 데 매우 좋은 연습이 된다. 따라서 제시되는 부등식 그 자체의 실용성도 중요하겠지만 설명되는 가치평가의 원리에 초점을 맞추어 학습하는 것이 효과적이라고 생각한다.

증명: 미국형 콜옵션의 소유자는 만기나 그 이전에 언제라도 옵션을 행사할 수 있는데, 이를 조기행사(early exercise)라고 부른다고 하였다. 반면, 유럽형 콜옵션은 만기에서만 행사가 가능하다. 미국형 콜옵션을 소유한 사람은, 조기행사 여부를 자신이 정할 수 있으므로 원한다면 (조기행사하는 것이 유리한 경우라 할지라도) 만기 이전에는 절대 행사하지 않겠다고 마음먹을 수 있다. 즉, 미국형 콜옵션을 가지고 있으면 유럽형 콜옵션을 가지고 할 수 있는 모든 것을 할 수 있다. 한편 그 역은 성립되지 않는다. 따라서 미국형 콜옵션은 유럽형 콜옵션보다 가치가 작을 수 없다.

이와 같이 A를 보유했을 때 B를 가지고 할 수 있는 모든 것을 할 수 있지만, B를 가지고는 A를 가졌을 때 할 수 있는 모든 것을 할 수는 없을 때, A를 보유하는 것은 B를 보유하는 것보다 더 불리할 수는 없기 때문에 A의 가치가 B의 가치보다 작을 수 없다고, 즉 크거나 적어도 같다고 결론지을 수 있는 것이다. 즉, 어떤 선택권은 마이너스의 가치를 가질 수 없다. 예를 들어, 현금 10만원과 특정한 물건만을 구입할 수 있는 액면 10만원 상품권의 가치를 비교할 때, 사람들은 상품권을 가지고 할 수 있는 모든 것을 포함해 추가적인 사용처가 있는 현금을 더 가치 있는 것으로 (적어도 동일한 가치가 있는 것으로) 평가할 것이기 때문이다. 이러한 논리는 옵션의 가치를 이해하는 데 중요한 직관을 제공한다. 한 가지 주의할 점은 A가 할 수 있는 일의 수가 B가 할 수 있는 일의 수보다 단순히 많다고 해서 이 논리를 적용할 수는 없다는 것이다. 즉, A로는 10가지의 일을 할 수 있지만 B로는 5가지만을 할 수 있다 할지라도 그 5가지 가운데 1가지는 A가 할 수 없는 일이라면 이 논리는 적용될 수 없다. B로 할 수 있는 일이 A로 할 수 있는 일의 부분집합(subset)일 경우에만 이 논리의 적용이 가능하다.

다른 증명: $c_A < c_E$가 관찰되었다고 가정해 보자. 이런 경우 미국형 콜옵션을 매입하고 유럽형 콜옵션을 발행하는 포지션을 취한다. 이 포지션의 구성으로 투자자는 현재 시점에서 $c_E - c_A > 0$의 현금흐름을 수취하게 된다. 그리고 이 포지션을 옵션의 만기까지 유지하면 만기에는 두 옵션 자체의 수입은 같아질 텐데 하나는 매입, 하나는 매도 포지션을 취하였으므로 현금흐름은 서로 상쇄

될 것이다. 즉, 이 투자자는 아무 위험 없이 오늘 $c_E - c_A > 0$의 차익(arbitrage profit)을 얻게 된다. 차익거래가 발생하였다는 것은 시장이 불균형 상태임을 의미하는 것으로 이러한 관계는 오래 지속될 수 없을 것이다. 즉, 균형 상태에서는 $c_A \geq c_E$가 성립된다. 그 반대의 경우도 가능하지 않을까 생각할지 모른다. $c_A > c_E$가 관찰되고 있을 때, 미국형 옵션을 매도하고 유럽형 옵션을 매입하면 오늘 그 차액인 $c_A - c_E > 0$을 얻을 수 있다. 그러나 만일 미국형 옵션을 매입한 상대방이 만기 이전에 행사를 하게 되면, 어떤 경우에나 현금흐름을 0 이상으로 보장할 수 있는 대응 방안이 없기 때문에 차익거래가 만들어지지 않는다. 미국형 옵션을 내가 가지고 있으면 조기행사 여부를 내가 결정하는 것이지만, 내가 발행하여 상대방이 미국형 옵션을 가지고 있는 것이라면 그것의 조기행사는 내가 결정할 수 있는 사안이 아니라는 점을 유의해야 한다.

(3) 행사가격을 제외한 다른 조건들이 모두 동일한 두 콜옵션이 있다. 높은 행사가격의 콜옵션은 낮은 행사가격의 콜옵션보다 더 큰 가치를 가질 수 없다. 즉, $K_2 > K_1$이면

$$c(K_1) \geq c(K_2)$$

의 관계가 성립한다.[6]

증명: 유럽형에 대해서만 증명해 보기로 한다. $K_2 > K_1$인데 $c_E(K_1) < c_E(K_2)$의 관계가 관찰되었다고 가정하자. 이런 경우 행사가격 K_1의 콜옵션은 매입하고 K_2의 콜옵션은 매도하는 포지션을 취한다. 오늘 발생하는 현금흐름은

$$c_E(K_2) - c_E(K_1) > 0$$

이 된다. 만기에서의 현금흐름은 만기에서의 주가 S_T에 따라 달라지는데 다음과 같이 세 가지 경우로 나누어 살펴보아야 한다. 즉, $S_T \leq K_1$, $K_1 < S_T \leq K_2$, $K_2 < S_T$ 각각의 경우의 수입을 파악한다. 예를 들어, 만기에서의 주가가 K_1과

6 이하의 논의에서 부등호 >와 ≥을 엄밀히 구분하여 살펴보아야 한다.

표 8.2 만기 주가 대비 각 포지션의 수입: (3) 증명 관련

포지션	$S_T \le K_1$	$K_1 < S_T \le K_2$	$K_2 < S_T$
행사가격 K_1의 콜옵션 매입	0	$S_T - K_1$	$S_T - K_1$
행사가격 K_2의 콜옵션 매도	0	0	$-(S_T - K_2)$
합계	0	$S_T - K_1 > 0$	$K_2 - K_1 > 0$

K_2 사이에 놓이게 되면, 행사가격 K_1의 콜옵션 매입 포지션으로부터는 $S_T - K_1$의 수입이, 행사가격 K_2의 콜옵션 매도 포지션으로부터는 0의 수입이 발생하므로, 이로부터 합계 $S_T - K_1$의 수입을 얻게 된다. 표 8.2는 각각의 경우의 수입을 요약하고 있는데, 여기에서 만기에서의 수입 또는 현금흐름은 항상 0보다 크거나 같다는 것을 알 수 있다. 현재 시점에서 플러스의 현금흐름을 얻을 수 있고, 만기 시점에서도 현금 유출은 발생하지 않기 때문에 차익거래의 기회가 존재하게 된다. 이러한 차익거래는 $c_E(K_1) < c_E(K_2)$라는 관계로부터 가능했기 때문에, 차익거래가 불가능한 시장균형 상태에서는 $c_E(K_1) \ge c_E(K_2)$의 관계가 성립되어야 한다. 만기 주가에 따라 달라지는 수입은 그림 8.1과 같이 xy-그래프로도 나타낼 수 있다. 즉, 만기의 주가 S_T를 x-축에 놓고, 각 포지션으로부터의 수입을 y-축에 그린 후에 이를 합계하면 표 8.2가 나타내는 결과를 보여줄 수 있다.

그림 8.1 만기 주가 대비 각 포지션의 수입: (3) 증명 관련

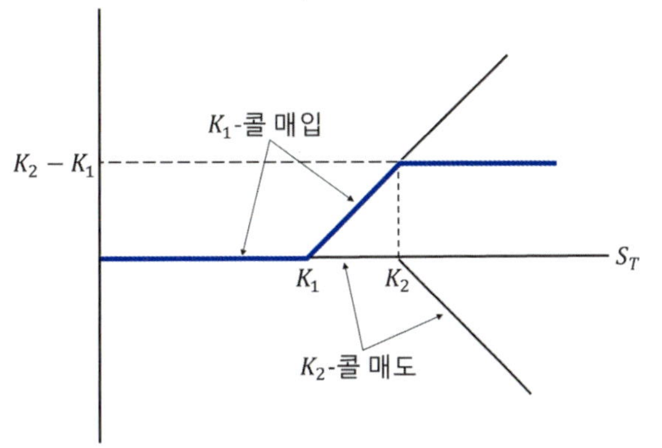

차익거래 한계선 증명의 일반적인 방법

이하에서 살펴보게 될 유럽형 옵션과 관련된 차익거래 한계선 부등식들은 앞에서와 동일한 방법으로 증명할 수 있다. 그 일반적인 과정을 기술해 보자. 지금 $A \geq B$의 관계를 증명하려 한다고 하자.

[1] 주장하려는 부등식과 역의 관계, 즉 $B > A$의 관계가 시장에서 관찰되고 있다고 가정한다.

[2] 균형 상태에서는 $A \geq B$가 유지되어야 하는데, $B > A$의 상태가 관찰되고 있다는 것은, A의 현금흐름을 발생시키는 포지션은 상대적으로 저평가되어 있고, B의 현금흐름을 발생시키는 포지션은 상대적으로 고평가되어 있음을 의미한다. 저평가되어 있는 포지션을 매입하고, 고평가되어 있는 포지션을 매도한다. 이는 $B - A$의 현금흐름을 만들어 낼 것이므로 [1]의 가정하에서 오늘의 현금흐름은 플러스가 된다. 여기에서 저평가되어 있는 포지션은 매입하고, 고평가되어 있는 포지션은 매도한다고 하였는데, 구체적으로 어떻게 해야 하는지 불분명할 때에는 다음과 같은 방법을 적용한다. 즉, 우선 오늘 플러스의 현금흐름을 만들어 내기 위해서는 [1]에서 관찰되고 있는 부등식의 큰 쪽에서 작은 쪽을 빼주어야 할 것이다. 그것이 $B - A$인데 이제 이런 현금흐름, 즉 $+B$의 현금흐름을 만들려면 어떤 포지션을 취해야 하는지, $-A$의 현금흐름을 만들려면 어떤 포지션을 취해야 하는지 하나씩 찾아낸다.

[3] 표나 그래프를 통해서 만기에 주가가 어떤 값을 갖게 되든 [2]에서 구성한 포트폴리오로부터 발생하는 만기의 수입은 항상 0 이상이 되는 것을 보여준다.

[4] 오늘의 현금흐름은 플러스이고, 만기에서의 수입도 0 이상이므로 차익거래가 발생했다는 점을 지적한다. 이는 $B > A$라고 하는 [1]의 가정 때문에 발생한 것으로서, 차익거래가 불가능하도록 하기 위해서는, 즉 시장균형이 유지되기 위해서는 $A \geq B$가 성립해야 한다고 결론짓는다.

미국형 옵션에 관한 부등식의 경우에는 현재부터 만기까지의 임의의 시점에서 발생할 수 있는 현금흐름까지 고려해야 한다는 점에서 추가적인 논리 전개 과정이 필요하다. 이는 미국형 옵션의 부등식 관계를 증명하면서 살펴보기로 한다. ♠

(4) 옵션의 만기 시점까지 기준자산이 되는 주식으로부터 배당이 없다는 전제 하에

$$c_E \geq S - Ke^{-rT}$$

의 관계가 성립한다. 즉, 유럽형 콜옵션의 가치는 현재 주가에서 행사가격의 현재가치를 뺀 값보다 작을 수 없다는 것이다.

증명: 앞에서 기술한 일반적 증명 방법을 단계적으로 적용해 보자.

[1] 증명하고자 하는 관계의 역인 $c_E < S - Ke^{-rT}$가 성립되고 있다고 가정한다.

[2] 균형 상태에서는 $c_E \geq S - Ke^{-rT}$의 관계가 유지되어야 함에도 불구하고 실제로 시장에서는 [1]의 조건이 관찰되고 있다면, c_E의 가치를 갖는 포지션은 상대적으로 저평가되었고, $S - Ke^{-rT}$의 가치를 갖는 포지션은 상대적으로 고평가되었다고 말할 수 있다. 고평가되어 있는 포지션은 매도하고 저평가되어 있는 포지션은 매입한다. 즉,

- $+S$의 현금흐름을 만들어 내는 주식의 공매
- $-Ke^{-rT}$의 현금흐름을 발생시키는 무위험 자산의 매입[7]
- $-c_E$의 현금흐름을 발생시키는 콜옵션 매입

의 포지션을 취한다. 이럴 경우 오늘의 현금흐름은 위 셋의 합계로서 $S - Ke^{-rT} - c_E$가 되고 이는 [1]의 가정으로부터 플러스의 값을 갖게 되어 오늘의 현금흐름이 플러스라는 것을 확인할 수 있다.

앞의 세 포지션이 쉽게 파악되지 않을 때에는, 취해야 하는 포지션들을 기술할 공간을 우선 비워 놓고 그 아래에 오늘의 현금흐름을 다음과 같이 우선 기록한다. 즉, [1]의 가정하에 큰 쪽에서 작은 쪽을 빼서 현재 시점에서의 현금흐름을 기록하고 이 현금흐름이 플러스임을 언급한다. 그리고 이러한 현금흐름을 만들어 낼 수 있는 포지션을 하나씩 확인하여 포지션 기록을 위해 비워 놓은 공간을 채운다.

---

7 앞서 언급한 바와 같이 무위험 자산의 매입은 무위험 수익률을 제공하는 예금에 예치하는 것과 동일하다.

그림 8.2 만기 주가 대비 각 포지션의 수입: (4) 증명 관련

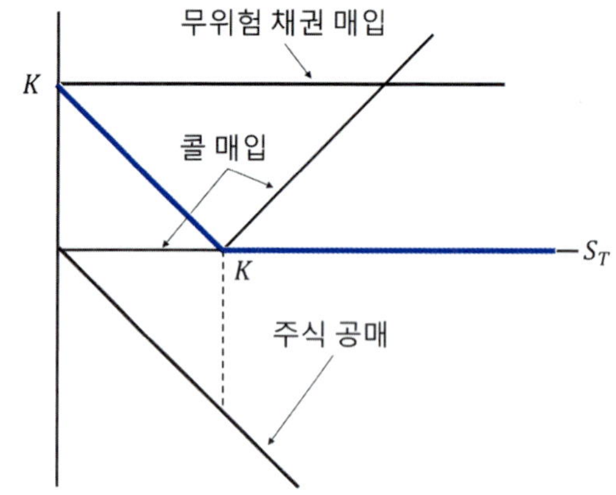

[3] 세 포지션의 만기에서의 수입을 그린 후 이를 합하면 그림 8.2에서와 같은 전체 수입이 발생할 것이다. 그림에서 만기에서의 수입은 주가 S_T와 관계없이 항상 0보다 크거나 같다는 것을 알 수 있다. 또는 표 8.3과 같은 표를 작성하여 만기에서의 수입이 마이너스가 될 수 없다는 것을 보여도 된다.

표 8.3 만기 주가 대비 각 포지션의 수입: (4) 증명 관련

포지션	$S_T \leq K$	$K < S_T$
주식 공매	$-S_T$	$-S_T$
무위험 자산 매입	K	K
콜 매입	0	$S_T - K$
합계	$-S_T + K \geq 0$	0

[4] 오늘의 현금흐름은 플러스였고, 만기에서의 수입도 0 이상이므로 차익거래가 발생하였다. 따라서 차익거래 기회가 존재해서는 안 되는 균형 상태에서는 $c_E \geq S - Ke^{-rT}$의 관계가 유지되어야 한다.

옵션 만기 이전에 배당이 있을 때에는 $c_E \geq S - Ke^{-rT}$가 성립하지 않을 수도 있다. 만일 만기 이전에 배당이 지급될 때에도 차익거래를 위해 [2]에서와

같이 주식을 공매하게 되면 배당 지급 시점에서 배당만큼의 현금을 주식의 소유자에게 지불해야 하는데, 이럴 경우 중간에 추가로 현금 유출이 발생하여 차익거래가 불가능할 수 있기 때문에 $c_E < S - Ke^{-rT}$가 유지될 수도 있다.

(5) $c_A(S, K, T) \geq \max(S - K, 0)$.
미국형 콜옵션은 그 즉시 행사할 수 있기 때문에, 지금 행사했을 때 얻을 수 있는 수입인 $\max(S - K, 0)$보다 그 가치가 크거나 적어도 같아야 한다.

(6) 옵션의 만기 이전에 배당이 존재하지 않는다고 가정하면, 미국형 콜옵션을 조기에 행사하는 것은 어떤 경우에도 적절하지 않다. 따라서 배당이 없다고 가정한 상태에서는 미국형 콜옵션의 가치는 유럽형 콜옵션의 가치와 일치한다. 즉, $c_A = c_E$가 성립한다.

증명: 앞서 (4)에서 배당이 없을 때 $c_E \geq S - Ke^{-rT}$가 성립한다고 하였다. 한편 $S > K$가 성립하는 상태에서 미국형 콜옵션을 지금 조기행사하면 $S - K$의 현금흐름을 얻게 되는데 이는 $S - Ke^{-rT}$보다 작다. 보유하고 있는 유럽형 콜옵션의 가치는 $S - Ke^{-rT}$보다 크거나 같은데, 이 수치는 미국형 콜옵션을 조기행사했을 때의 현금흐름 $S - K$보다 크므로 미국형 콜옵션을 지금 행사하는 것은 올바른 선택이 아니다. 미국형 콜옵션을 소유한 사람이 현금이 필요하다면 옵션을 행사하는 대신 옵션을 매도하는 것이 낫다. 따라서 배당이 없는 상태에서는, 미국형 콜옵션을 조기행사할 수 있는 권리는 아무런 가치도 갖지 못하게 되어 $c_A = c_E$가 성립하게 된다. 부연 설명하자면 미국형과 유럽형의 유일한 차이는 조기행사의 가능성 여부인데 이 조기행사의 선택권이 아무런 가치를 갖지 못한다면 둘의 가치는 같을 수밖에 없다는 것이다.

참고로 옵션의 만기 이전에 배당이 존재할 경우에는 배당 시점에서 주가가 하락하게 되므로 배당 직전에 미국형 콜옵션을 조기행사하여 $S - K$의 현금을 확보하는 것이 콜옵션을 계속 보유하는 것보다 더 나을 수 있다. 왜냐하면 배당 직전에 조기행사하지 않고 그 콜옵션을 보유하게 되었을 때는 배당 지급으로 인한 주가의 하락으로, 행사하지 않고 보유하고 있는 콜옵션의 가치가 현저히 작아질 수 있기 때문이다. 여기에서 말하고자 하는 것은 배당 직전에는 무조건 미국형 콜옵션을 행사해야 한다는 것이 아니라, 조기행사했을 때의 현금 흐름과 조기행사하지 않았을 때의 옵션의 가치를 비교해야 한다는 것이다. 이와 같이 (배당이 존재할 경우에는) 미국형 콜옵션의 조기행사 선택권은 그러한 선택권이 없을 때에 비해서 유용하게 사용될 가능성이 있기 때문에 이를 반영하여 미국형 콜옵션의 현재가치는 유럽형 콜옵션의 현재가치보다 절대적으로 크게 된다. (즉, $c_A > c_E$.)

(7) $T_2 > T_1$일 때, $c_A(T_2) \geq c_A(T_1)$.
즉, 다른 조건들이 같다면, 만기가 긴 미국형 콜옵션의 가치가 만기가 짧은 미국형 콜옵션의 가치보다 크거나 같다. 만기 시점이 T_2인 미국형 콜옵션을 소유한 투자자는 만기 시점이 T_1인 미국형 콜옵션을 가지고 할 수 있는 모든 일을 할 수 있는 반면, 그 역은 성립되지 않기 때문이다.

구체적인 예를 들어 보자. 여기 4개월 만기의 미국형 콜옵션 A와 7개월 만기의 미국형 콜옵션 B가 있다고 하자. 물론 A와 B의 기준 주식과 행사가격은 동일하다. 만일 B를 보유한 사람이, (A가 만기되는) 지금부터 4개월 시점에서 내가격이면 행사하고, 외가격이면 보유한 B를 파기하기로 마음먹는다면 이러한 '전략'의 결과는 A를 보유한 것과 완전히 동일해진다. 이러한 '전략'은 4개월 후 시점에서 외가격이라도, B 콜옵션은 아직 3개월의 만기가 남아 있기 때문에 플러스의 가치가 있음에도 이를 포기하는 것이기에 비합리적이다. 요점은 B를 보유한다면 적어도 A를 가지고 할 수 있는 모든 것을 할 수 있지만, A를 가지고는 B가 할 수 있는 일을 하지 못할 수 있다는 것이다. 따라서 B의 가치는 A의 가치보다 작을 수 없고, 결국 $T_2 > T_1$일 때, $c_A(T_2) \geq c_A(T_1)$가 성립하게 된다.

유럽형의 경우 T_2 만기의 콜옵션을 T_1 시점에서 행사할 수 없으므로 앞의 미국형에서 사용한 논리를 적용할 수 없다. 제 1 절의 (5)에서 살펴본 것처럼 만기와 관련하여 두 가지 효과가 같은 방향으로 작용하여, 배당을 가정하지 않는 상태에서는 만기가 길어지면 유럽형 콜옵션의 가치는 상승하게 된다. 그러나 만일 T_1과 T_2 사이 시점에서 큰 배당이 있다면, T_2 만기의 유럽형 콜옵션의 가치가 T_1 만기의 유럽형 콜옵션의 가치보다 작아질 수도 있다. T_1 시점 이후에 배당으로 말미암아 주가가 크게 하락한다면 T_2에서의 주가는 매우 낮을 수도 있기 때문이다. 미국형 콜옵션의 경우 배당이 있더라도 긴 만기의 콜옵션은 짧은 만기의 콜옵션이 할 수 있는 모든 것을 할 수 있다는 사실은 변하지 않기 때문에 앞서 적용한 논리에 변함이 없다.

(8) $K_2 > K_1$일 때, 유럽형 콜옵션에 대해서는

$$c_E(K_1) - c_E(K_2) \leq (K_2 - K_1)e^{-rT}$$

의 부등식이, 미국형 콜옵션에 대해서는

$$c_A(K_1) - c_A(K_2) \leq K_2 - K_1$$

의 부등식이 성립한다.

유럽형의 증명: $c_E(K_1) - c_E(K_2) > (K_2 - K_1)e^{-rT}$가 관찰되고 있다고 가정하자. 행사가격 K_1의 콜옵션을 발행하고, 행사가격 K_2의 콜옵션을 매입하며, $(K_2 - K_1)e^{-rT}$의 금액을 무위험 자산에 투자하는 포지션을 취한다. 현재의 현금흐름은 $c_E(K_1) - c_E(K_2) - (K_2 - K_1)e^{-rT}$로서 플러스가 된다. 한편 만기에서의 수입은 그림 8.3과 같게 되는데 항상 0보다 크거나 같다는 것을 알 수 있다. 따라서 차익거래가 발생하였고, 이러한 차익거래를 배제하기 위해서는 $c_E(K_1) - c_E(K_2) \leq (K_2 - K_1)e^{-rT}$의 관계가 유지되어야 한다.

미국형의 증명: $c_A(K_1) - c_A(K_2) > K_2 - K_1$의 관계가 시장에서 관찰되었다고 가정하자. 행사가격 K_1의 콜옵션을 매도하고, 행사가격 K_2의 콜옵션을 매입한다. 또한 $K_2 - K_1$에 해당하는 금액을 무위험 자산에 투자한다. 오늘의 현금흐름은 $c_A(K_1) - c_A(K_2) - (K_2 - K_1)$으로 플러스다. 향후 가능한 모든 상황은 다음에 고려하는 두 가지 경우로 구분된다.

그림 8.3 만기 주가 대비 각 포지션의 수입: (8) 증명 관련

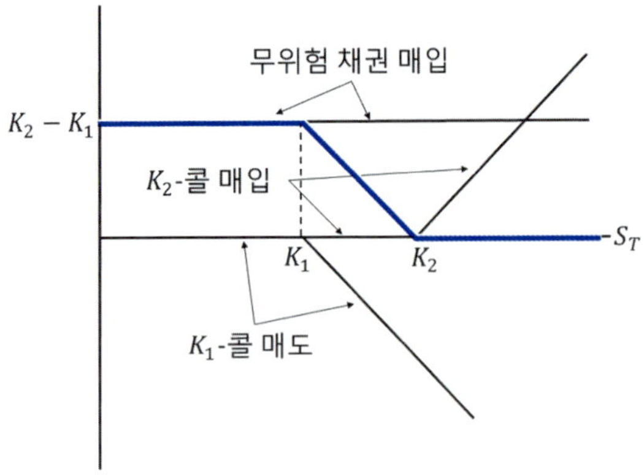

[1] 발행한 행사가격 K_1의 콜옵션이 임의의 시점 τ에서 $(0 < \tau \leq T)$ 상대방에 의해서 행사되는 경우다.[8] 그러면 τ 시점에서, 차익거래자는 우선 자신이 보유한 행사가격 K_2의 콜옵션을 처분한다. 여기에서 처분한다고 하는 것은 매도와 조기행사 가운데 어떤 것이든 유리하게 현금화하는 것을 말한다. 처분 가격은 앞서 (5)의 부등식에서 살펴본 것과 같이 그 시점에서의 주가와 행사가격의 차이인 $S_\tau - K_2$보다 크거나 같다. 또한 무위험 자산에 투자한 금액을 회수하면 τ의 시간이 흐르는 동안 이자가 붙었을 터이니 그 회수 금액은 원금인 $(K_2 - K_1)$보다 클 것이다. 이를 종합하면 결국 τ에서의 현금흐름은

$$
\begin{aligned}
CF_\tau = &\ \text{발행한 콜옵션 행사에 따른 마이너스 현금흐름}(= -(S_\tau - K_1)) \\
&+ \text{보유한 콜옵션 처분에 따른 현금흐름}(\geq S_\tau - K_2) \\
&+ \text{무위험 자산 투자 회수금}(> K_2 - K_1) \\
> &-(S_\tau - K_1) + (S_\tau - K_2) + (K_2 - K_1) = 0
\end{aligned}
$$

이 성립한다.

[2] T 시점에 도달했을 때에도 발행한 행사가격 K_1의 콜옵션이 행사되지 않는 경우다. 이는 $S_T \leq K_1$을 의미하는 것으로서 보유한 행사가격 K_2의 콜옵션도

8 τ가 T가 될 수도 있으니 만기 시점 T에서의 행사의 경우도 포함된다.

외가격으로 종료될 것이며, 이럴 때는 만기에서 차익거래자는 무위험 자산의 투자 회수금만큼의 현금을 확보하게 된다. [1], [2] 어느 경우든 0보다 큰 현금을 확보하게 되어 차익거래를 이루게 된다.

이와 같이 미국형 옵션과 관련된 부등식을 증명하고자 할 때에는 차익거래자가 발행한 옵션이 임의의 시점 τ에서 상대방에 의해 조기에 행사되는 경우를 추가로 살펴보아야 한다. 상대방의 조기행사 여부는 차익거래자가 통제할 수 있는 것이 아니며, 상대가 행사하면 수동적으로 이에 대응하여 자신이 가지고 있는 나머지 포지션들을 모두 정리하면 항상 0보다 크거나 같은 현금흐름을 확보할 수 있으며, 어떤 의미에서 매우 단순하다고 할 수 있다.

(9) $K_3 > K_1$이고, $0 \le \lambda \le 1$인 임의의 λ에 대해서 $K_2 = \lambda K_1 + (1-\lambda)K_3$라고 할 때

$$c(K_2) \le \lambda c(K_1) + (1-\lambda)c(K_3)$$

가 성립한다. 유럽형, 미국형 콜옵션 모두에 해당한다.

증명: 유럽형에 대해서만 증명해 본다. $c_E(K_2) > \lambda c_E(K_1) + (1-\lambda)c_E(K_3)$가 관찰되고 있다고 가정하자. 행사가격 K_2의 콜옵션을 매도하고, 행사가격 K_1 콜옵션은 λ개, 행사가격 K_3 콜옵션은 $(1-\lambda)$개 각각 매입한다. 오늘의 현금흐름은 $c_E(K_2) - \lambda c_E(K_1) - (1-\lambda)c_E(K_3)$로 플러스가 된다. 만기에서의 수입은 표 8.4에 요약되어 있다. 아울러 그림 8.4는 이 관계를 그림으로 보여주고 있다. 만기 주가가 어디에 있더라도 전체 수입의 합계는 0보다 크거나 같으며, 따라서 차익거래가 발생했다는 것을 알 수 있다. 그러므로 차익거래가 불가능한 시장균형 상태에서는 부등식 (9)의 관계가 유지되어야 한다는 것이 증명되었다.

$c(K_2) \le \lambda c(K_1) + (1-\lambda)c(K_3)$의 관계는 콜옵션의 가격이 행사가격에 대해서 볼록 함수(convex function)라는 것을 의미한다.[9] 앞서 (3)의 부등식은 콜옵션의 가치가 행사가격에 대해 감소 함수라는 것을 말해 주고 있다. 콜옵션 가격

9 볼록 함수에 대해서 부록 8.A에서 추가로 설명하였다.

이 행사가격에 대해서 감소 함수이며 볼록 함수라는 사실을 종합하면 그 관계를 그림 8.5와 같이 그릴 수 있다. 행사가격이 0인 콜옵션은 기준자산과 마찬가지이므로 그림에서 $K = 0$에 대응하는 콜옵션의 가치는 S가 될 것이다.

표 8.4 만기 주가 대비 각 포지션의 수입: (9) 증명 관련

포지션	$S_T \le K_1$	$K_1 < S_T \le K_2$	$K_2 < S_T \le K_3$	$K_3 < S_T$
K_1의 콜 λ개 매입	0	$\lambda(S_T - K_1)$	$\lambda(S_T - K_1)$	$\lambda(S_T - K_1)$
K_2의 콜 1개 매도	0	0	$-(S_T - K_2)$	$-(S_T - K_2)$
K_3의 콜 $(1-\lambda)$개 매입	0	0	0	$(1-\lambda)(S_T - K_3)$
합계	0	$\lambda(S_T - K_1)$ ≥ 0	$(1-\lambda)(K_3 - S_T)$ ≥ 0	0

그림 8.4 만기 주가 대비 각 포지션의 수입: (9) 증명 관련

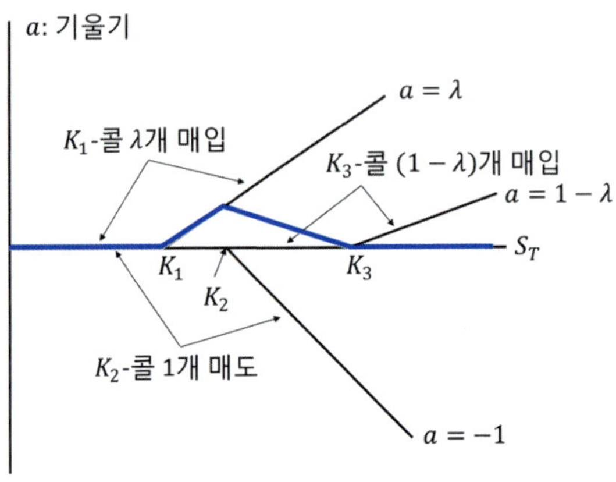

그림 8.5 행사가격과 콜옵션 가격의 관계

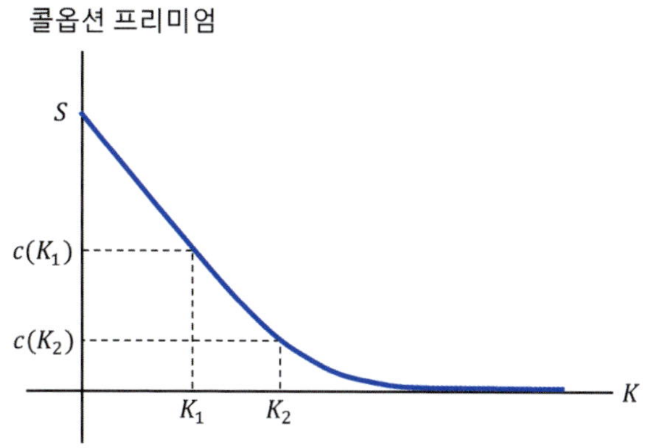

제 3 절 풋옵션과 관련된 부등식 관계

여기에서는 앞서 콜옵션의 경우와 마찬가지로, 풋옵션과 관련된 차익거래 한계선들을 살펴보도록 한다. 제 2 절에서와 유사하게 유럽형 풋옵션의 가치를 $p_E(S,K,\sigma,r,T)$로, 미국형 풋옵션의 가치를 $p_A(S,K,\sigma,r,T)$로 표시하고, 함수의 결정변수들이 분명할 경우에는 이들을 표시하지 않기로 한다. 아래에 나열하는 부등식 관계들에 대해서는 콜옵션에 대해 증명하는 것과 유사한 방법으로 증명할 수 있으므로, 그 증명은 대부분 연습문제로 남겨 둔다.

(1) 풋옵션의 가치는 0보다 작을 수 없으며 행사가격보다 클 수 없다. 즉,

$$0 \le p \le K.$$

옵션은 권리이므로 마이너스의 가치를 가질 수 없다. 또한 풋옵션을 보유했을 때 향후 주가가 아무리 떨어져도 그 가치가 행사가격보다 클 수 없으므로 풋의 현재가치는 K보다 클 수 없다.

(2) $p_A(S,K,\sigma,r,T) \geq p_E(S,K,\sigma,r,T)$.

콜옵션의 경우와 마찬가지 논리로 증명할 수 있을 것이다. 사실 $p_A > p_E$ 인데 이에 대해서는 뒤의 (7)에서 논의하기로 한다.

(3) $K_2 > K_1$이면 $p(K_2) \geq p(K_1)$.

증명: 미국형 풋옵션의 경우로 연습해 보자. $p_A(K_1) > p_A(K_2)$가 성립되고 있다고 가정하자. 행사가격 K_1 풋옵션을 매도하고 행사가격 K_2 풋옵션을 매입한다. 오늘의 현금흐름은 $p_A(K_1) - p_A(K_2)$로 플러스다. 임의의 시점 τ에서 $(0 < \tau \leq T)$ 행사가격 K_1의 풋옵션이 상대방에 의해 행사되었다고 하자. 차익거래자는 이에 대응하여 보유하고 있던 풋옵션을 (더 유리한 쪽으로) 매도하거나 또는 행사하여 처분한다. 적어도 행사할 수 있으므로 이는 $K_2 - S_\tau$보다 작지 않다. 따라서 시점 τ에서의 현금흐름은

$$
\begin{aligned}
CF_\tau &= \text{발행한 풋옵션 행사에 따른 마이너스 현금흐름}(= -(K_1 - S_\tau)) \\
&\quad + \text{보유한 풋옵션 처분에 따른 현금흐름}(\geq K_2 - S_\tau) \\
&\geq -(K_1 - S_\tau) + (K_2 - S_\tau) \\
&= K_2 - K_1 > 0.
\end{aligned}
$$

만일 T에 도달했을 때에도 발행했던 행사가격 K_1의 풋옵션이 행사되지 않는다면 이는 $S_T \geq K_1$임을 뜻한다. 풋 발행자로서의 의무는 사라진 것이고, $S_T < K_2$일 수도 있으니 보유한 행사가격 K_2의 풋옵션은 $\max(K_2 - S_T, 0) \geq 0$의 수입을 제공할 것이다. 이와 같이 발행한 풋옵션이 어느 시기에 행사되든 그렇지 않든 어느 경우에도 0 이상의 수입을 확보하게 되어 차익거래가 발생했고, 이를 배제하기 위해서는 $p_A(K_2) \geq p_A(K_1)$가 유지되어야 한다.

(4) $p_E \geq Ke^{-rT} - S$.

콜옵션의 경우 유사한 부등식 $c_E \geq S - Ke^{-rT}$는 배당이 없는 경우를 전제로 했지만, 여기 풋옵션의 경우는 그런 전제가 필요 없다. 만기 이전에 배당이 있으면 오히려 풋옵션의 현재가치에 플러스의 영향을 미칠 것이기 때문이다.

(5) $p_A \geq \max(K - S, 0)$.

미국형 풋옵션은 아무 때나 행사할 수 있기 때문에, 지금 행사했을 때 얻을 수 있는 수입인 $\max(K - S, 0)$보다 크거나 적어도 같아야 한다.

(6) $p_E \leq Ke^{-rT}$, $p_A \leq K$.

유럽형 풋옵션의 경우 만기에서 얻을 수 있는 최대의 수입은 K다. 따라서 유럽형 풋옵션의 현재가치는 K의 현재가치인 Ke^{-rT}를 초과할 수 없을 것이다.[10] 미국형의 경우 극단적으로 현재 주가가 0일 때 행사를 한다면 지금 K를 받을 수 있으므로 K가 그 가치의 최대값이 된다.

(7) ($T > 0$일 때) $p_A > p_E$.

즉, 미국형 풋옵션의 가치는 유럽형 풋옵션의 가치보다 높으며, 같지 않다. 앞의 (2)와 비교해 보라.[11] $T = 0$이라는 것은 지금이 풋옵션의 만기라는 것을 의미하며, 이때는 물론 미국형과 유럽형 풋옵션은 같은 수입으로 종결될 것이므로 $T > 0$이라는 전제를 달았다.

증명: 임의의 미래 시점 τ에서(즉, 만기까지 $T - \tau$ 남은 시점에서) 주가 S_τ가 매우 낮아 $K - Ke^{-r(T-\tau)}$보다도 작다고 생각해 보자. 이때 미국형 풋옵션의 가치 $p_A(T-\tau)$는 (5)에서 본 것처럼 $K - S_\tau$ 이상이 되어야 한다.[12] 한편 $K - Ke^{-r(T-\tau)} > S_\tau$라고 가정했으므로 $K - S_\tau > Ke^{-r(T-\tau)}$가 성립한다. 아울러 앞의 (6)에서 유럽형 풋옵션의 가치와 관련하여 $p_E(T-\tau) \leq Ke^{-r(T-\tau)}$가 성립함을 보였다. 이러한 관계들을 연결하면

$$p_A(T-\tau) \geq K - S_\tau > Ke^{-r(T-\tau)} \geq p_E(T-\tau)$$

10 어떤 증권의 T에서의 최대 가치가 K라면, 이 증권이 무위험이라고 하더라도 현재가치의 최대값은 Ke^{-rT}이다. 유럽형 풋옵션은 위험 자산이니 당연히 그 현재가치가 Ke^{-rT}를 초과할 수 없다.

11 여기 부등식 (7)은 부등식 (2)보다 더 강한 주장이다. 즉, (7)이 성립하면 (2)는 당연히 성립하는 것이지만, 반대로 (2)가 성립한다고 해서 (7)이 반드시 성립하는 것은 아니다.

12 τ 시점의 주가는 S_τ로 나타냈지만 풋옵션의 가치는 $p(T-\tau)$로 표기한 이유는, 앞서 옵션 가치의 결정요인으로 시간은 만기까지의 기간 $T - \tau$로 나타냈기에 여기서도 일관성을 유지하기 위함이다.

가 성립한다. 즉, $p_A(T-\tau) > p_E(T-\tau)$이다. 정리하자면, 미래의 어느 시점 τ에서도 $K - Ke^{-r(T-\tau)} > S_\tau$라는 조건이 성립될 정도로 주가가 낮을 확률은 플러스이고, 따라서 미래의 어느 시점에서도 $p_A(T-\tau) > p_E(T-\tau)$가 성립할 확률이 플러스가 된다는 것이다.

미국형 풋옵션은 유럽형 풋옵션의 가치보다 작을 수는 없다는 것이 증명되어 있는 상태에서, 미래의 어떤 시점에서도 미국형이 유럽형보다 그 가치가 (같지 않고) 클 확률이 0보다 크다고 한다면, 이를 반영하여 현재 시점에서의 미국형의 현재가치 p_A는 유럽형의 현재가치 p_E보다 (같지 않고) 클 것이라는 것을 알 수 있다.

추가 설명: 미국형과 유럽형의 유일한 차이는 조기행사 권리의 유무인데, 미국형이 유럽형보다 더 가치가 있다는 것은 그러한 조기행사의 권리가 플러스의 가치를 갖는다는 것을 의미한다. 앞의 제 2 절의 (6)에서 콜옵션의 경우 만기까지 배당이 존재하지 않을 때에는, 미국형 콜옵션을 조기에 행사하는 것은 어떤 경우에도 적절한 선택이 될 수 없다는 것을 보였고, 따라서 (배당이 없는 상황에서는) 미국형 콜옵션과 유럽형 콜옵션은 동일한 가치를 갖는다는 점을 지적한 바 있다. 그러나 풋옵션의 경우에는, 만기까지 배당이 존재하지 않더라도 미국형 풋옵션을 조기에 행사하는 것이 더 유리한 상황이 있을 수 있다는 것이다.

지금 여기에서 증명하지는 않겠지만 특정 시점 τ에 대해서, 그 이하에서는 조기행사하는 것이 유리한 주가의 임계점 $\bar{S}_\tau$가 존재하게 되는데 그 $\bar{S}_\tau$는 시간이 경과함에 따라 그 수준이 증가하며 만기시에는 K와 일치하게 된다.[13] (그림 8.6 참조.)

(8) $T_2 \geq T_1$일 때, $p_A(T_2) \geq p_A(T_1)$.

다른 조건들이 같다면, 만기가 긴 미국형 풋옵션의 가치가 만기가 짧은 미국형 풋옵션의 가치보다 크거나 같다. 미국형 콜옵션의 경우와 마찬가지로, 만기 시점

13 만기 이전에 배당이 존재하는 상황에서는 $\bar{S}_\tau$의 형태는 더 복잡해진다.

그림 8.6 미국형 풋옵션의 조기행사 영역

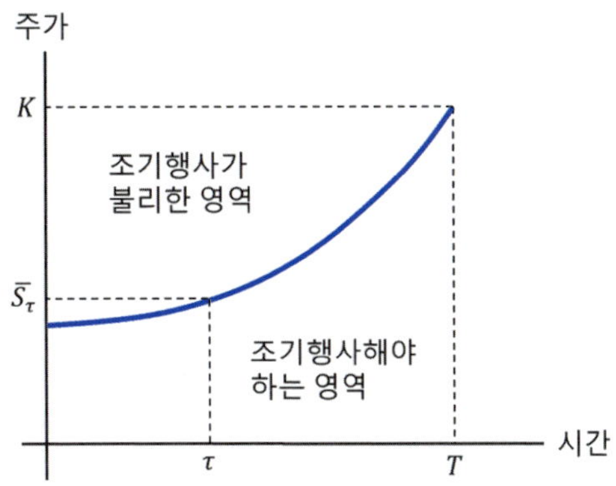

이 T_2인 미국형 풋옵션을 소유한 투자자는 만기 시점이 T_1인 미국형 풋옵션을 가지고 할 수 있는 모든 일을 할 수 있는 반면 그 역은 성립되지 않기 때문이다.

(9) $K_2 > K_1$일 때, 유럽형 풋옵션에 대해서는

$$p_E(K_2) - p_E(K_1) \le (K_2 - K_1)e^{-rT}$$

가 성립하고, 미국형 풋옵션에 대해서는

$$p_A(K_2) - p_A(K_1) \le K_2 - K_1$$

이 성립한다.

(10) $K_3 > K_1$이고, $0 \le \lambda \le 1$의 λ에 대해서 $K_2 = \lambda K_1 + (1-\lambda)K_3$라고 할 때

$$p(K_2) \le \lambda p(K_1) + (1-\lambda)p(K_3).$$

콜옵션의 경우와 같이 풋옵션도 행사가격에 대해서 볼록 함수라는 것을 의미한다. 유럽형과 미국형 풋옵션 모두에 대해 성립한다. 이와 더불어 앞서 (3)의 부등식으로부터 풋옵션이 행사가격에 대해서 증가 함수라는 것을 알 수 있으므로, 행사가격과 풋옵션 가격의 관계는 그림 8.7과 같을 것이다. 행사가격이

그림 8.7 행사가격과 풋옵션 가격의 관계

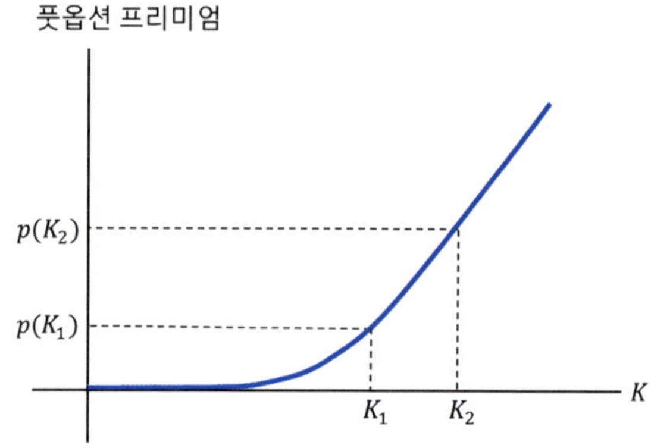

0인 풋옵션은 논리적으로 아무 가치도 가질 수 없으므로 그래프는 원점에서 시작한다.

제 4 절 풋-콜 등가식(等價式; put-call parity)

유럽형 콜옵션을 매입하고, Ke^{-rT}의 금액을 무위험 자산에 예치하며, 기준 주식을 공매하는 포지션을 생각해 보자. (배당은 없다고 가정한다.) 이에 따른 오늘의 현금흐름은 $-c_E - Ke^{-rT} + S$가 될 것이다. 만기에서의 수입은 S_T의 크기에 따라 달라지는데 표 8.5가 나타내는 바와 같이 된다.

표 8.5 만기 주가 대비 각 포지션 수입: 풋-콜 등가식 증명 관련

포지션	$S_T \leq K$	$K < S_T$
콜옵션 매입	0	$S_T - K$
Ke^{-rT}를 무위험 자산에 투자	K	K
주식 공매	$-S_T$	$-S_T$
합계	$K - S_T \geq 0$	0

표에서 보듯이 포지션 전체의 만기에서의 수입은 $S_T \leq K$일 때에는 $K - S_T \geq 0$이고 $K < S_T$일 때에는 0으로서, 이는 유럽형 풋옵션의 만기에서의 수입과 동일하다. 즉, 앞서의 포지션은 풋옵션을 보유할 때의 수입과 동일한 수입을 발생시킨다. 따라서 풋옵션을 매입하는 것과 앞의 포지션을 취하는 것은 동일한 투자이고, 차익거래 기회가 발생하지 않으려면 오늘의 현금흐름이 동일해야 한다. 풋옵션 매입의 현금흐름은 $-p_E$일 터이니, 결국

$$p_E = c_E + Ke^{-rT} - S$$

의 관계가 성립하게 되는데, 이를 풋-콜 등가식(put-call parity)이라고 부른다. 이러한 논의로부터 적어도 이론적으로는 풋옵션을 콜옵션으로부터, 또는 반대로 콜옵션을 풋옵션으로부터 만들어 낼 수 있다는 것을 알 수 있다.

미국형 옵션의 경우는 풋과 콜의 가격 사이에 부등식 관계만이 성립한다. 즉, (배당이 없는 상태에서)

$$c_A + Ke^{-rT} - S \leq p_A \leq c_A + K - S$$

가 성립한다. 이는 실제로 두 개의 부등식인데 여기에서는 앞부분의 부등식만 증명하고 뒷부분의 증명은 연습문제로 남겨 둔다.

앞부분 부등식의 증명: $c_A + Ke^{-rT} - S > p_A$가 관찰되고 있다고 하자. 콜 매도, Ke^{-rT}의 차입, 주식 매입, 풋 매입의 포지션을 취하면 이로부터의 현금흐름은 $c_A + Ke^{-rT} - S - p_A$로서 플러스가 된다. 이제 임의의 τ 시점에서 $(0 < \tau \leq T)$ 콜옵션이 행사된다면 이에 대응하여 앞의 포지션을 정리한다. 즉, 콜옵션의 행사에 응하고, 차입금을 상환하고,[14] 주식을 매도하며, 풋옵션을 정리한다. 여기에서 콜옵션이 행사된 것을 보니 풋옵션은 외가격일 테지만 $\tau < T$인 경우는

---

14 T 시점에 상환하면 상환해야 하는 원리합계 금액이 K일 것이지만 이보다 조기에 상환하게 되면 조기상환에 대한 어떠한 가정하에서도 K보다 크지는 않을 것이다. 즉, 임의의 τ 시점에서의 차입금 상환에 따른 현금흐름은 $-K$보다 크거나 같다. 한편 여기에서 Ke^{-rT}를 무위험 이자율로 차입한다고 했는데 모든 거래자들이 무위험 이자율로 차입할 수는 없을 것이다. 이러한 차익거래가 가능하기 위해서는 시장에 (거의) 무위험으로 차입할 수 있는 높은 신용도를 갖춘 거래자가 존재한다는 현실적인 가정이면 충분하다.

아식 반기가 남아 있으므로 풋옵션은 플러스의 값을 가질 것이다. ($\tau = T$인 경우는 물론 0이다.) 종합하면 콜옵션이 행사되는 τ 시점에서의 현금흐름은

$$\begin{aligned} CF_\tau &= \text{발행한 콜옵션 행사에 따른 마이너스 현금흐름}(= -(S_\tau - K)) \\ &\quad + \text{차입금 상환}(\geq -K) \\ &\quad + \text{주식 매도}(= S_\tau) \\ &\quad + \text{풋옵션 처분}(\geq 0) \\ &\geq -(S_\tau - K) - K + S_\tau = 0 \end{aligned}$$

으로서 항상 0보다 크거나 같다는 것을 알 수 있다. 또한 T에 도달할 때까지도 발행한 콜옵션이 행사되지 않았다면 이는 $S_T \leq K$임을 의미하게 되며 T 시점에서의 현금흐름은

$$\begin{aligned} CF_T &= \text{차입금 상환}(= -K) \\ &\quad + \text{주식 매도}(= S_T) \\ &\quad + \text{풋옵션 행사}(= K - S_T) \\ &= -K + S_T + (K - S_T) = 0 \end{aligned}$$

이 된다. 포지션을 취한 시점의 현금흐름은 플러스였고, 그 이후 어느 경우에도 이 거래자의 수입은 플러스 또는 0이므로 차익거래가 발생했다. 따라서 균형 상태가 유지되기 위해서는 증명하고자 하는 부등식이 성립해야 한다.

제 5 절 현재 주가와 옵션 가치의 관계

지금까지 살펴본 부등식들을 참고하며 기준 주식의 현재 가격과 옵션 프리미엄의 관계에 대해 생각해 보자. 옵션 가치와 (옵션 가치의 결정변수들 가운데) 주가의 관계는 이론적으로나 실무적으로 특히 중요하다. 예를 들어, 나중에 델타 헤징이나 감마 헤징 등을 논의할 때 이들의 관계에 대한 이해가 필요하게

된다. 주가와 옵션 가치의 정확한 함수 관계는 주가의 확률분포에 대한 구체적인 가정에 근거하여 이후에 자세히 논의될 것이며, 여기에서는 주가 확률분포에 대한 구체적인 가정을 하지 않고도 우리가 일반적으로 파악할 수 있는, 주가와 옵션 가격의 잘 알려진 관계들에 대해서 살펴보려는 것이다. 이하에서는 옵션의 만기 이전에 기준 주식이 배당을 지급하지 않는 경우에 국한하여 논의하도록 한다.

(1) 주가와 콜옵션 프리미엄

배당이 없으므로 우선 제 2 절의 (6)에서 논의한 바와 같이 $c_A = c_E$가 성립한다. 이런 상태에서 (1)에서의 부등식 관계 $0 \leq c \leq S$와 (4)에서의 부등식 관계 $c \geq S - Ke^{-rT}$를 반영하면, 콜옵션 프리미엄 c와 현재 주가 S의 관계는 그림 8.8에서 직선 A와 직선 B 사이의 (그리고 x-축 윗부분) 영역에서만 나타날 것이다.

더 구체적인 관계로서 첫째, 콜옵션 프리미엄은 주가의 증가 함수이다. 이는 제 1 절의 (1)에서 간단히 언급된 바 있으나 엄밀한 증명은 부록 8.B에서 다루었다.

둘째, 콜옵션 프리미엄은 주가에 대해서 볼록 함수이다. 어떤 함수가 볼록 함수일 때, 이 함수의 2차 도함수(derivative)가 존재한다면 그 2차 도함수는 0 이상이며 이는 함수 그래프의 기울기가 점점 커지는 것을 의미한다. 볼록 함수 자체에 대해서는 부록 8.A에서 설명하였고, 콜옵션 프리미엄이 주가에 대해서 볼록 함수라는 것은 부록 8.B에서 증명하였다.

셋째, 주가가 증가함에 따라 콜옵션 가치는 $S - Ke^{-rT}$에 가까워진다. 즉,

$$S \to \infty \text{일 때, } c \to S - Ke^{-rT}$$

가 성립한다. 이는 다음과 같이 설명할 수 있다. 주어진 행사가격에 대해서 지금 주가가 아주 높으면 이 콜옵션은 만기에서 거의 확실하게 내가격으로 종료될 것이다. 즉, 만기에서의 수입이 거의 확실하게 $S_T - K(> 0)$인데 이것의 현재가치는 $S - Ke^{-rT}$이며, 따라서 콜옵션의 현재가치는 $S - Ke^{-rT}$와 거의 같게

그림 8.8 주가와 콜옵션 프리미엄의 관계

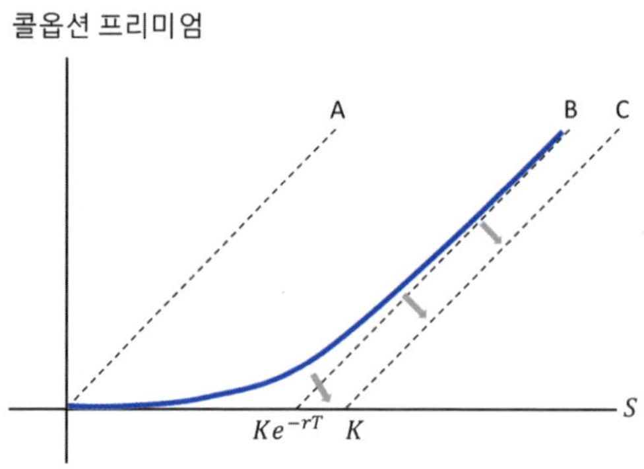

된다는 것을 알 수 있다.

마지막으로 $0 \le c \le S$라는 사실의 당연한 결과로서 $S = 0$일 때 $c = 0$이다.

이제 지금까지 살펴본 사실들을 종합하면 주가와 콜옵션 프리미엄의 관계는 그림 8.8에 그려진 곡선의 형태로 나타날 수밖에 없다. 즉, 콜옵션의 프리미엄은 주가가 0일 때 0에서 시작하여 S가 증가함에 따라 점점 커지는데 그 기울기 자체도 증가하면서 그림 8.8의 직선 B를 점근선(asymptote)으로 해서 접근하게 된다.

한편 시간이 경과하여 옵션의 만기가 줄어듦에 따라서($T \to 0$) 이 곡선의 점근선 B는 직선 C에 점점 더 가까워지면서 만기 시점에서는 결국 콜옵션의 가치는 0 또는 직선 C가 나타내는 값으로 귀결된다. 이는 바로 만기 시점에서의 콜옵션의 수입의 그래프와 일치한다. 이러한 현상을 그림에서 화살표로 나타내었다.

옵션의 가치와 관련하여 내재가치(intrinsic value)와 시간가치(time value)라는 개념이 언급된다. 내재가치는 옵션이 지금 행사된다고 했을 때 보유자가 받을 수 있는 가치이다. 즉, 콜옵션의 내재가치는 $\max(S - K, 0)$이다. 내재가치를 초과하는 옵션의 가치를 시간가치라고 한다. 따라서

$$\text{옵션의 가치} = \text{내재가치} + \text{시간가치}$$

그림 8.9 콜옵션의 내재가치와 시간가치

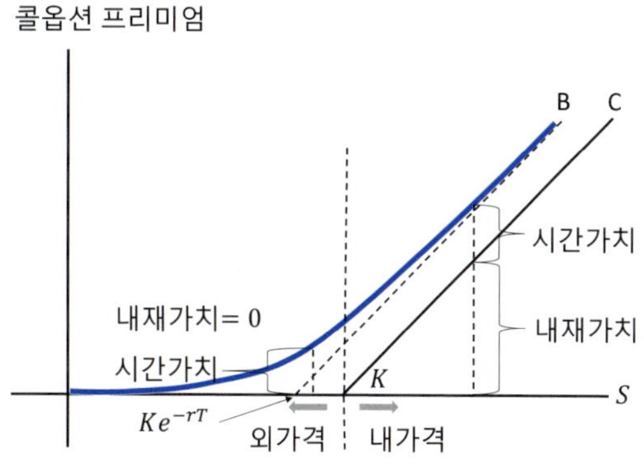

로 정리된다. 콜옵션의 경우 시간가치는 항상 플러스이며, 옵션의 만기가 줄어듦에 따라 0으로 수렴하게 된다. 그림 8.9는 내가격과 외가격을 구분하여 두 가치를 각각 나타내고 있다.

(2) 주가와 풋옵션 프리미엄

배당이 없을 때에는 유럽형과 미국형이 실제로 같아지는 콜옵션과는 달리, 제 3 절의 (7)에서 살펴본 것처럼 배당이 없더라도 풋옵션의 경우에는 $p_A > p_E$가 성립한다. 따라서 주가와의 관계에 대해서도 유럽형과 미국형을 각각 따로 살펴볼 필요가 있다.

유럽형의 경우 제 3 절의 (4)와 (6)의 결과를 종합하면

$$Ke^{-rT} - S \le p_E \le Ke^{-rT} \tag{8.1}$$

가 성립하므로 p_E와 S의 관계는 그림 8.10의 직선 A의 아랫부분, 직선 B의 윗부분, 그리고 x-축의 윗부분의 영역에서만 나타날 것이다. 한편 미국형의 경우에는 (5)와 (6)을 반영하면

$$K - S \le p_A \le K \tag{8.2}$$

그림 8.10 주가와 유럽형 풋옵션 프리미엄의 관계

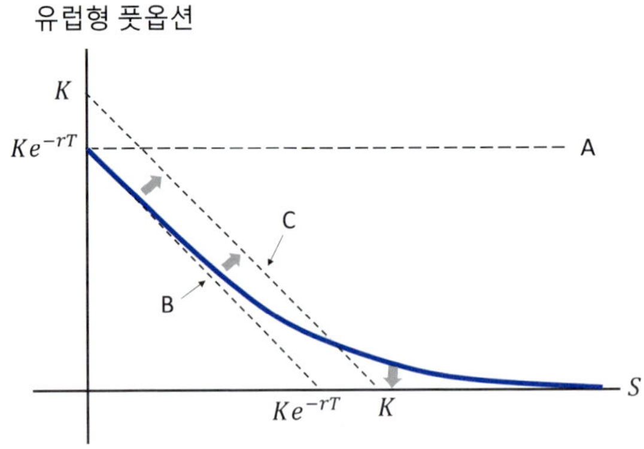

그림 8.11 주가와 미국형 풋옵션 프리미엄의 관계

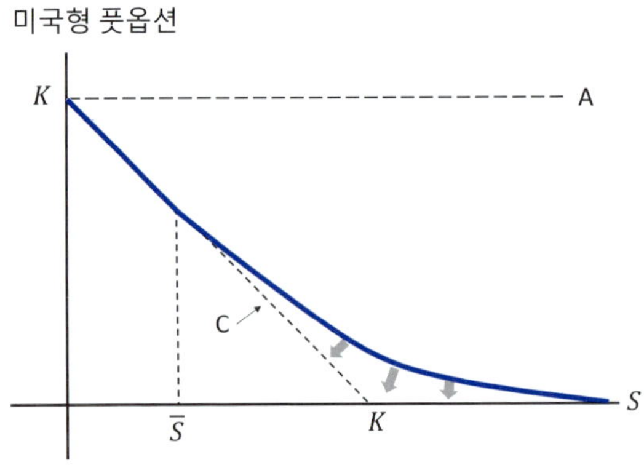

가 성립하므로 p_A와 S의 관계는 그림 8.11의 직선 A의 아랫부분, 직선 C의 윗부분, 그리고 x-축의 윗부분의 영역에서만 나타날 것이다.

좀 더 구체적인 관계에 대해서 살펴보자면, 제 1 절 (1)에서 살펴본 것처럼 풋옵션은 주가에 대해서 감소 함수다. 또한 주가에 대해서 볼록 함수로 나타난다.[15]

한편 $S = 0$일 때에는, 유럽형에 대해서는 식 8.1에 따라 $p_E = Ke^{-rT}$가, 미

15 풋옵션이 주가에 대해서 감소 함수이며 볼록 함수라는 주장의 의미와 증명은, 콜옵션의 경우에서와 유사하므로 생략한다.

국형에 대해서는 식 8.2에 따라 $p_A = K$가 성립하게 될 것이다. 마지막으로 S가 증가함에 따라 p_E, p_A 모두 0으로 수렴한다. 그 까닭을 우선 유럽형에 대해서 살펴보면 주어진 행사가격에 대해서 주가가 아주 커지게 되면 이 풋옵션은 만기 T 시점에서 거의 확실하게 외가격으로 종료가 되어 0의 수입을 제공할 것이고 이의 현재가치는 0일 것이기 때문이다. 미국형의 경우에도 현재 주가가 아주 높을 경우에는 조기행사의 의미가 없어지고 따라서 유럽형과 거의 같게 됨에 따라 그 프리미엄 p_A도 0으로 수렴한다.

이러한 주가와 풋옵션의 가격 관계를 종합하면 유럽형 풋옵션 및 미국형 풋옵션의 주가와의 관계는 각각 그림 8.10과 그림 8.11의 곡선과 같이 나타나게 된다. 두 그래프의 차이점을 살펴보자면, 유럽형의 경우 $S = 0$일 때를 제외하고 풋 프리미엄은 직선 B로 표시된 수준과 같지 않고 항상 크다. 즉, $p_E > Ke^{-rT} - S$가 성립한다.[16] 미국형의 경우 조기행사를 하는 것이 유리한 주가의 영역이 항상 존재하기 때문에 그러한 영역에서는 조기행사로부터의 수입이 바로 풋옵션의 가치가 된다. 그림 8.11은 $\bar{S}$로 표시된 주가 수준보다 작은 영역에서는 조기행사가 최적이라고 할 때 그 영역에서는 $p_A = K - S$라는 것을 보여준다.[17]

그림 8.12는 유럽형과 미국형 풋의 가치를 비교하고 있다. 주가가 낮을 때에는 조기행사의 가능성이 높기 때문에 그러한 조기행사의 선택권이 높게 평가되어 둘의 차이가 크지만, 주가가 높을 때에는 조기행사의 선택권은 거의 의미가 없어지므로 둘의 차이가 점점 줄어들게 된다고 설명할 수 있다.

풋옵션의 내재가치와 시간가치를 유럽형과 미국형을 구분하여 살펴보자. 유럽형에 대해서는 그림 8.13으로, 미국형에 대해서는 그림 8.14로 이를 설명하고 있다. 내재가치는 옵션이 지금 행사된다고 했을 때 보유자가 받을 수 있는 가치로 정의되므로, 풋옵션의 내재가치는 $\max(K - S, 0)$이다. 우선 S^*를 직선 C와 유럽형 풋의 가치가 만나는 주가 수준을 의미하는 것으로 표시하자. 시간가치는 옵션의 현재가치에서 내재가치를 뺀 것인데, 유럽형 풋옵션의 경우 주

---

16 $S \neq 0$임에도 $p_E = Ke^{-rT} - S$가 관찰될 경우에는 Ke^{-rT} 차입, 주식 매입, 풋옵션 매입, 그리고 (풋옵션과 만기 및 행사가격이 동일한) 콜옵션 발행의 포지션을 통해서 차익거래를 만들어 낼 수 있다.

17 미국형 풋옵션의 적정 조기행사 영역에 대해서는 제 3 절의 (7)에서 설명하였고 그림 8.6으로 요약한 바 있다.

가가 S^*보다 직으면 프리미엄이 내재가치인 $K-S$보다 작기 때문에 시간가치는 마이너스가 된다. 주가 수준에 따라 구간을 나누어 각 구간에서 내재가치와 시간가치가 어떻게 되는지 표시하였다.

미국형 풋옵션의 경우에는 주가가 (조기행사가 적정한 주가의 최대값인) $\bar{S}$ 보다 작을 때에는 프리미엄이 $K-S$이므로 시간가치는 0이 된다. 주가의 범위에 따른 내재가치와 시간가치에 대해서 구간별로 정리하였다. 미국형에서 시간가치가 마이너스인 구간이 없는 것은 시간가치가 마이너스라면 즉시 행사할 수 있는 선택권이 있기 때문이다.

그림 8.12 유럽형 풋과 미국형 풋의 비교

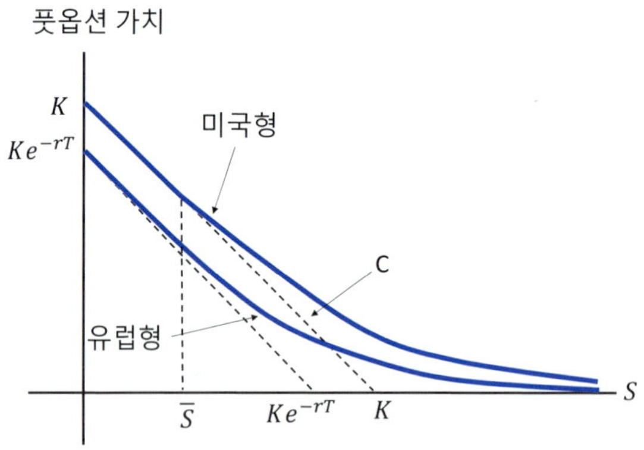

그림 8.13 유럽형 풋의 내재가치와 시간가치

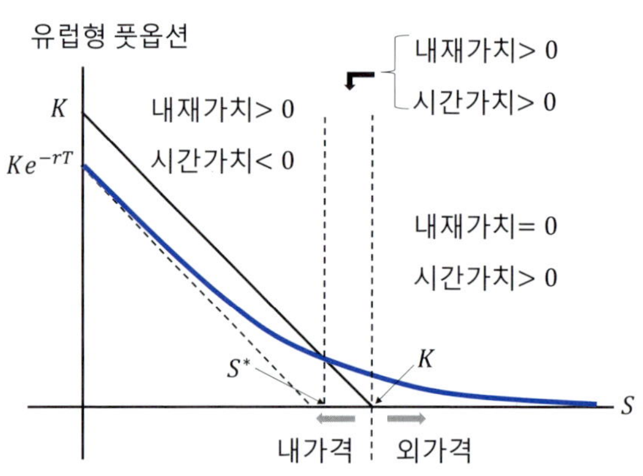

그림 8.14 미국형 풋의 내재가치와 시간가치

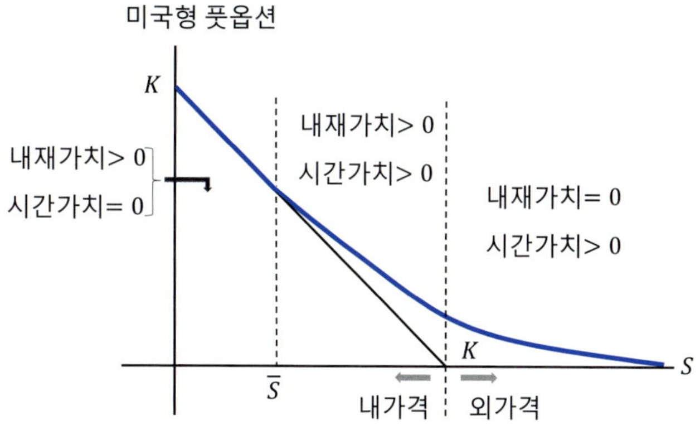

연습문제

8.1 제 3 절 (4)를 증명하라. 즉, $p_E \geq Ke^{-rT} - S$를 증명하라. 만기의 수입을 그래프와 표로 모두 나타내어 보라.

8.2 제 3 절 (9) 가운데 미국형 풋옵션과 관련된 부분을 증명하라. 즉, $K_2 > K_1$일 때,

$$p_A(K_2) - p_A(K_1) \leq K_2 - K_1$$

임을 증명하라.

8.3 제 4 절의 미국형에 대한 풋-콜 등가식에서 $p_A \leq c_A + K - S$의 부등식을 증명하라.

8.4 제 3 절의 (10)을 증명하되 유럽형에 대해서만, 그리고 $\lambda = 0.25$의 경우로 구체화하여 증명해 보라. 다시 말해서

$$p_E(K_2) \leq 0.25p_E(K_1) + 0.75p_E(K_3)$$

임을 증명하라. 만기에서의 수입을 그래프와 표로 모두 나타내어 보라. (표 8.4와 그림 8.4 참조.) 일반적인 λ에 대한 증명은 바로 풋옵션의 프리미엄은 행사가격에 대해서 볼록 함수라는 주장의 증명일 것이다.

부록 8.A: 볼록 함수

$K_1 < K_3$인 임의의 두 점 K_1과 K_3에 대해서, 그리고 $0 \leq \lambda \leq 1$인 임의의 λ에 대해서

$$f(\lambda K_1 + (1-\lambda)K_3) \leq \lambda f(K_1) + (1-\lambda)f(K_3) \tag{8.3}$$

의 관계가 항상 성립할 때 $f(\cdot)$를 볼록 함수라고 정의한다. 이러한 볼록 함수는 그림 8.15에서와 같은 모양을 하게 된다. 즉, 임의의 두 점 A와 B를 잇는 직선은 두 점 사이의 함수 f 값을 나타내는 곡선보다 항상 위에 있게 된다. 두 점을 C와 D로 설정하더라도 동일한 관계가 관찰된다.[18] 식 8.3의 정의에 따르는 함수가 어떻게 그림 8.15의 모양을 갖게 되는지 생각해 보자.

그림 8.15 볼록 함수

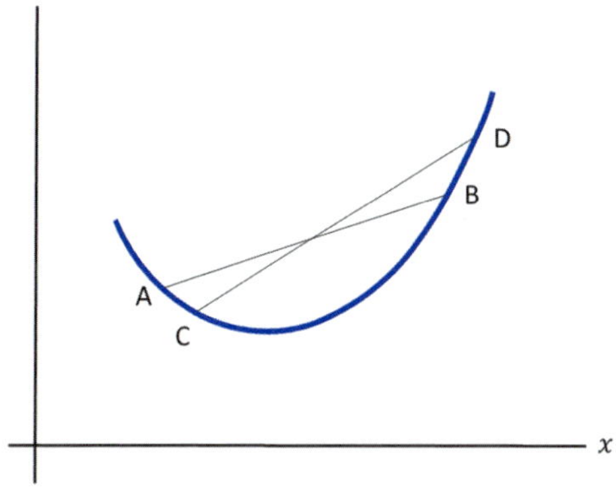

여기에서 $K_2 \equiv \lambda K_1 + (1-\lambda)K_3$라고 정의했을 때 K_2는 K_1에 λ의 가중치를, K_3에 $(1-\lambda)$의 가중치를 부여한 가중평균이 될 텐데, 이러한 조합을 볼록 조합(convex combination)이라고 부른다. 그림으로 살펴보면 직선상에서 K_2는 K_1

18 아래에서 보았을 때 볼록한 모양이다. 그 반대의 경우를 오목 함수(concave function)라고 한다.

그림 8.16 볼록 조합

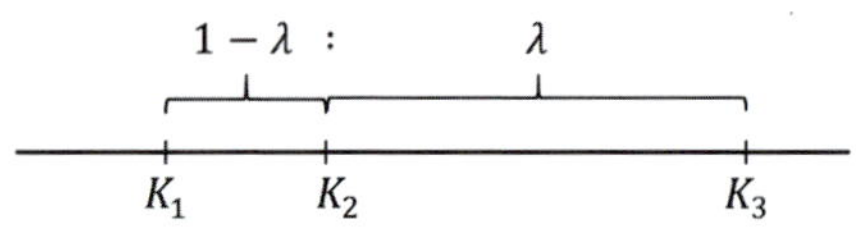

과 K_3 사이에 있게 되는데 그 두 점으로부터의 각각의 거리의 비중이 그림 8.16에서와 같이 $(1-\lambda):\lambda$가 되는 점에 놓이게 된다.

이제 그림 8.17에서 $f(K_2)$와 $\lambda f(K_1)+(1-\lambda)f(K_3)$를 표시해 보자. $f(K_2)$는 H의 높이에 해당할 것이다. 한편 $\lambda f(K_1)+(1-\lambda)f(K_3)$는 $f(K_1)$과 $f(K_3)$의 볼록 조합이니 그 크기가 G의 높이에 해당한다. 삼각형 ABE와 삼각형 AGF가 닮은꼴로서 선분 AG의 길이와 선분 GB의 길이 비율도 $(1-\lambda):\lambda$라는 사실을 생각하면 쉽게 이해할 수 있다. 임의의 K_1, K_3, λ에 대해서 H가 G보다 아래에 있으니 $f(K_2)\le\lambda f(K_1)+(1-\lambda)f(K_3)$가 성립하고 이는 바로 볼록 함수의 모양으로 나타나게 된다.

따라서 균형 상태에서 제 2 절의 부등식 (9)가 성립해야 한다는 것은 바로 콜옵션의 가치가 행사가격 K에 대해서 볼록 함수이어야 한다는 것과 같은 주장인 것이다. 마찬가지로 제 3 절의 부등식 (10)은 풋옵션의 가치도 행사가격 K에 대해서 볼록 함수라는 것을 말해 주고 있다.

그림 8.17 볼록 함수의 정의와 그 모양

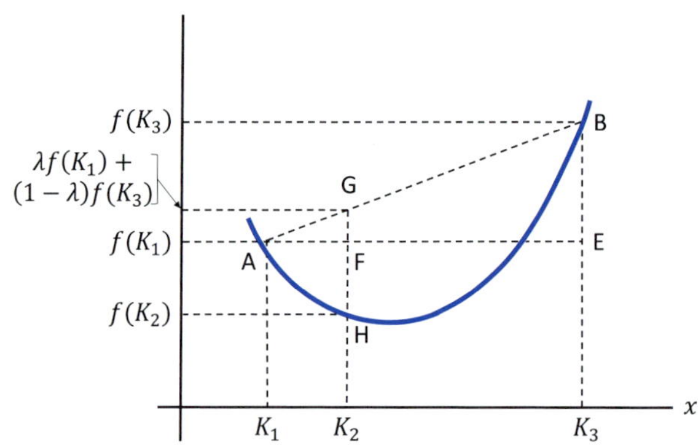

부록 8.B: 현재 주가와 옵션 프리미엄의 함수 관계

여기서는 콜옵션의 가치는 현재 주가에 대해서 증가 함수이며 볼록 함수라는 앞서의 주장을 증명하고자 한다. 풋옵션의 경우에는 그 가치가 현재 주가에 대해서 감소 함수이며 볼록 함수라고 했는데, 이는 콜옵션에 대한 증명과 거의 유사하므로 여기에서는 콜옵션에 대해서만 증명해 보겠다.

우리가 제 2 절에서 콜옵션의 가치는 행사가격에 대해서 감소 함수라는 것은 차익거래불가의 원리를 이용하여 정확하게 증명해 보였으나((3)번 참조), 콜옵션의 가치가 현재 주가에 대해서 증가 함수라는 주장에 대해서는 제 1 절의 (1)에서 상식적인 수준에서 언급했을 뿐 엄밀한 증명을 하지 않았는데 이는 이 주장을 차익거래불가의 원리로는 증명할 수 없기 때문이다. 행사가격에 대해서는 행사가격이 다른 두 옵션을 비교하면 되었지만, 주가에 대해서는 다른 수준의 두 주가에 대해서 차익거래 포지션을 취한다는 것 자체가 불가능하기 때문이다. (어떤 주식에 대해서 현재 서로 다른 두 가격이 존재할 수는 없다.) 따라서 콜 프리미엄이 주가에 대해 증가 함수라는 것을 증명하기 위해서, 콜 프리미엄이 행사가격에 대해서 감소 함수라는 사실을 이용하여 옵션 평가 함수의 성질을 파악하는 방법을 사용한다. 볼록 함수와 관련해서도 옵션의 가치가 행사가격에 대해서 볼록 함수라는 것은 차익거래불가의 원리로 앞에서 증명하였으나, 주가에 대해서 볼록 함수라는 것은 그와 같이 증명할 수는 없고 행사가격에 대해 볼록 함수라는 사실로부터 간접적으로 유도할 수밖에 없다.

우선 옵션 가격의 결정변수들을 앞서와 같이 S, K, σ, r, T라고 했을 때, 콜옵션의 프리미엄을 $f(S, K)$라고 표시하자. σ, r, T의 변수들은 감추었다. 이 프리미엄의 함수 $f(S, K)$는 임의의 α에 대해서

$$f(\alpha S, \alpha K) = \alpha f(S, K) \tag{8.4}$$

가 성립하게 된다. 이런 성질을 가진 함수를 소위 차수 1의 동차 함수(homogeneous function with degree of 1)라고 부른다. 다시 말해서 옵션의 프리미엄은

행사가격과 주가에 같은 배수를 곱해주면 그 값이 배수를 곱하기 전의 함수값에 그 배수를 곱한 것과 같아져야 한다. 간단히 생각해서 만일 옵션의 가치를 평가함에 있어서 주가와 행사가격을 달러로 사용했을 때와 센트(cent)로 사용했을 때 두 결과의 가치는 동일해져야 한다. 따라서 f라는 함수가 옵션의 가치평가 함수가 되기 위해서는 우선 1차 동차 함수의 성질을 가져야 한다.[19]

f는 S의 증가 함수라는 주장에 대한 증명

$K_1 < K_2$에 대해서

$$f(S, K_1) \geq f(S, K_2)$$

라는 것을 우리는 알고 있다. 우선 $\alpha = K_2/K_1$라고 규정하자. α는 1보다 큰 값이 될 것이다. 또한 $S_1 = S$, $S_2 = \alpha S$, $K = K_1$이라고 새로 규정하면

$$\begin{aligned} f(S_2, K) &= f(\alpha S_1, K) \\ &= \alpha f(S_1, K/\alpha) \qquad &(\text{식 8.4에 따라}) \\ &\geq \alpha f(S_1, K) \qquad &(K/\alpha < K\text{이므로}) \\ &> f(S_1, K). \qquad &(\alpha\text{가 1보다 크므로}) \end{aligned}$$

따라서 우리는 $S_2 > S_1$일 때

$$f(S_2, K) > f(S_1, K)$$

라는 것을, 즉 f 함수는 S에 대해서 (절대) 증가 함수라는 것을 보였다. ♠

f가 S에 대해 볼록 함수라는 주장의 증명

f가 K에 대해서 볼록 함수라는 사실로부터 시작한다. 즉, $K_1 < K_3$인 임의의 두 점 K_1과 K_3에 대해서, 그리고 임의의 $0 \leq \lambda \leq 1$에 대해서 $K_2 = \lambda K_1 + (1 -$

19 옵션에는 종류가 많으므로 여기에서는 우선 유럽형과 미국형의 콜/풋옵션에 한정해 논의한다. 아울러 기술적인 이유로 $S \neq 0$이라고 가정한다. $S = 0$인 경우에도 여기의 결론은 변함이 없으나 실익이 없이 증명이 길어지게 되므로 제외한다.

$\lambda)K_3$라고 규정할 때,

$$\lambda f(S, K_1) + (1-\lambda) f(S, K_3) \geq f(S, K_2) \tag{8.5}$$

가 성립한다. 다음과 같이 변수들을 정의한다.

$$\begin{aligned} \alpha &\equiv \frac{K_3}{K_1} > 1 \\ S_3 &\equiv S \\ S_1 &\equiv \frac{S_3}{\alpha} < S_3 \\ K &\equiv K_1. \end{aligned}$$

새로운 변수의 정의에 따라 식 8.5의 왼편 항은

$$\begin{aligned} &\lambda f(S, K_1) + (1-\lambda) f(S, K_3) \\ &\qquad = \lambda f(S_3, K) + (1-\lambda) f(S_3, \alpha K) \\ &\qquad = \lambda f(S_3, K) + (1-\lambda)\alpha f(S_1, K) \qquad (f\text{가 1차 동차 함수이므로}) \end{aligned}$$

이다. 한편 식 8.5의 오른편 항은

$$\begin{aligned} f(S, K_2) &= f(S_3, \lambda K_1 + (1-\lambda) K_3) \\ &= f(S_3, [\lambda + (1-\lambda)\alpha] K) \end{aligned}$$

로 쓸 수 있다. $A \equiv \lambda + (1-\lambda)\alpha$로 정의한 후 식 8.5의 양 항의 관계를 다시 정리하면

$$\lambda f(S_3, K) + (1-\lambda)\alpha f(S_1, K) \geq f(S_3, AK) = A f(S_3/A, K). \tag{8.6}$$

식 8.6의 양변을 A로 나누면

$$\frac{\lambda}{A} f(S_3, K) + \frac{(1-\lambda)\alpha}{A} f(S_1, K) \geq f(S_3/A, K)$$

이다. 이제 $\eta \equiv \frac{(1-\lambda)\alpha}{A}$로 정의하면, $1-\eta = \frac{\lambda}{A}$인데 이 둘을 위 식에 대입하면

$$\eta f(S_1, K) + (1-\eta) f(S_3, K) \geq f(S_3/A, K) \tag{8.7}$$

로 표현된다. 위와 같이 정의된 η는 λ와의 관계에서 $\alpha(>1)$의 값에 관계없이 [0,1] 사이의 값을 갖게 된다.[20]

한편

$$\frac{\eta}{\alpha} + (1-\eta) = \frac{1-\lambda}{A} + \frac{\lambda}{A} = \frac{1}{A}$$

관계가 성립하는데 이를 이용하여

$$\begin{aligned} \frac{S_3}{A} &= \left[\frac{\eta}{\alpha} + (1-\eta)\right] S_3 \\ &= \eta \frac{S_3}{\alpha} + (1-\eta) S_3 \\ &= \eta S_1 + (1-\eta) S_3 \end{aligned}$$

로 표현하고, 이 결과를 식 8.7에 대입하면

$$\eta f(S_1, K) + (1-\eta) f(S_3, K) \geq f(\eta S_1 + (1-\eta) S_3, K)$$

가 되어, f가 S에 대해 볼록 함수라는 것을 보일 수 있다. ♠

20 λ의 함수로서 η의 형태는 미분을 통해 확인할 수 있다.

09

옵션 거래 전략

투자자가 오늘 어떤 자산을 매입하고 시간이 흐른 후 T 시점에서 투자 성과를 평가할 때, 매입 가격과 T에서의 자산 가격의 차이만큼의 수익이나 손실을 생각할 수 있다. 즉, 가격 상승만큼의 수익이나 가격 하락만큼의 손실을 만들어 내기에, 자산 가격의 변화에 대해 선형적인 성과를 기대할 수 있다. 또는 그 반대로 공매 포지션을 취한다면 가격 하락만큼의 수익이나 가격 상승만큼의 손실을 실현할 수 있다. 한편 그 자산을 기준자산으로 하는 옵션의 거래가 가능한 상황에서는 기준자산과 옵션, 또는 옵션과 옵션을 여러 가지 방법으로 조합하여, 기준자산에만 투자하는 경우보다 훨씬 다양한 수입구조(payoff structure)를 만들어 낼 수 있다. 이와 같이 옵션의 다양한 조합을 통해서 투자자의 필요에 맞는 수입구조를 만들어 내는 것을 옵션 거래 전략(option trading strategy)이라 하는데 이러한 전략은 이론적 측면에서는 단순하지만,[1] 실무에서는 중요한 투자 방법으로 인식되고 있다. 이하의 논의를 위해 변수들을 다음과 같이 정의한다.

- S: 기준자산의 현재 가격
- S_T: 기준자산의 T 시점에서의 가격
- K: 옵션의 행사가격
- T: 옵션의 만기 시점
- c: 콜옵션의 프리미엄
- p: 풋옵션의 프리미엄

---

1 앞서 제 8 장의 내용을 이해하고 나면 옵션 거래 전략의 원리는 단순하며, 따라서 여기에서는 몇 가지 경우를 간단하게 소개하는 정도로 기술하였다.

여러 옵션이 사용될 때에는 c_i나 p_i 등으로 구분할 텐데, 아래 첨자 i는 그 옵션을 구분짓는 다른 변수들의 아래 첨자와 일치한다. 예를 들어, 행사가격 K_i의 콜옵션의 가치를 c_i와 같이 표시하도록 한다.

이하에서는 각각의 거래 전략을 설명하고, 그 거래 전략을 구성함에 따른 오늘의 CF(Cashflow; 현금흐름)와 만기에서의 전체 수입구조를 제 7 장에서와 같이 그래프로 파악한 후, 오늘의 CF와 만기의 수입(payoff)을 합계하여 결과적으로 어느 구간에서 이익이나 손실이 발생할 수 있는지를 말해 주는 순익(profit)의 그래프를 보여주는 순서로 간략한 논의를 진행한다. 사실 순익을 파악하기 위해 오늘의 CF와 만기의 수입을 단순히 더하는 것은, 화폐의 시간가치를 고려할 때 이론적인 문제가 있다고 할 수 있다. 그러나 옵션 거래 전략을 논의함에 있어서 그렇게 하는 것이 일반적으로 사용하는 방식이므로 본 교재에서도 이러한 방식을 유지하도록 한다.[2]

제 1 절 기준자산과 옵션의 조합

(1) 커버드 콜(covered call): 기준자산 매입, 콜옵션 발행

오늘의 $CF = -S + c$

T 시점에서의 수입과 순익: 그림 9.1

이는 풋옵션을 매도한 것과 유사한 결과를 가져온다.

(2) 프로텍티브 풋(protective put): 기준자산 매입, 풋옵션 매입

오늘의 $CF = -S - p$

T 시점에서의 수입과 순익: 그림 9.2

2 많은 교과서에서는 거래 전략을 구성하는 각 포지션의 순익을 개별적으로 먼저 파악하고 이를 직접 더해서 거래 전략의 결과를 살피는 방식을 채택하고 있다. 동일한 결과를 가져오지만 여기에서 설명하는 방식이 더 단순하고 용이하다고 생각한다.

그림 9.1 커버드 콜

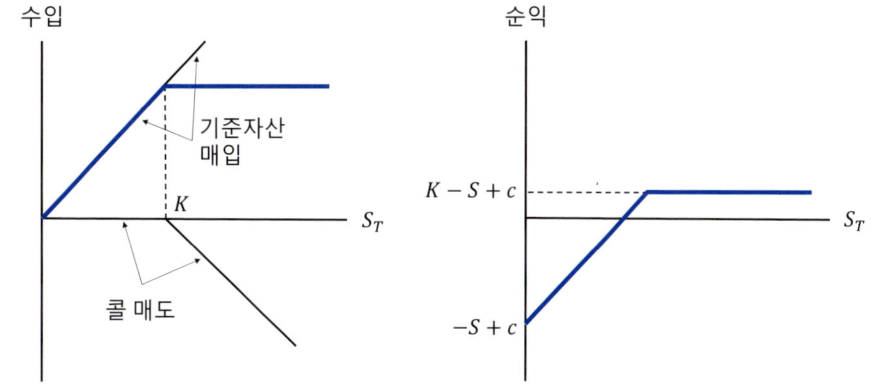

그림 9.2 프로텍티브 풋

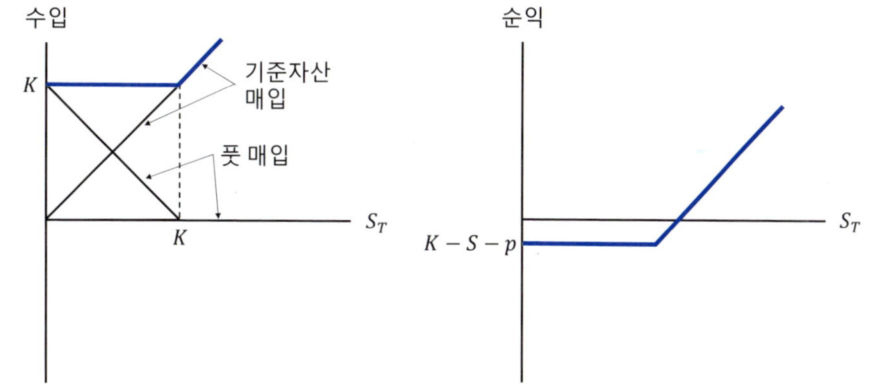

콜옵션을 매입한 것과 같은 결과를 갖는다. 제 7 장에서 살펴본 바와 같이, 펀드의 가치를 일정 수준 이상으로 유지하기 위한 포트폴리오 보험이 바로 이런 전략이다.

제 2 절 스프레드(spread)

두 개 이상의 동일한 종류 옵션을 이용하여 구성하는 포지션을 의미한다. 즉, 다른 행사가격의 두 콜옵션을 이용하여 포지션을 구축하였다면 이는 스프레드가 된다.

(1) 콜옵션을 이용한 강세 스프레드(bull spread): 낮은 행사가격 K_1의 콜옵션을 매입하면서 동시에 높은 행사가격 K_2의 콜옵션을 매도하는 전략이다.

오늘의 $CF = -c_1 + c_2 < 0$

T 시점에서의 수입과 순익: 그림 9.3

그림 9.3 콜을 이용한 강세 스프레드

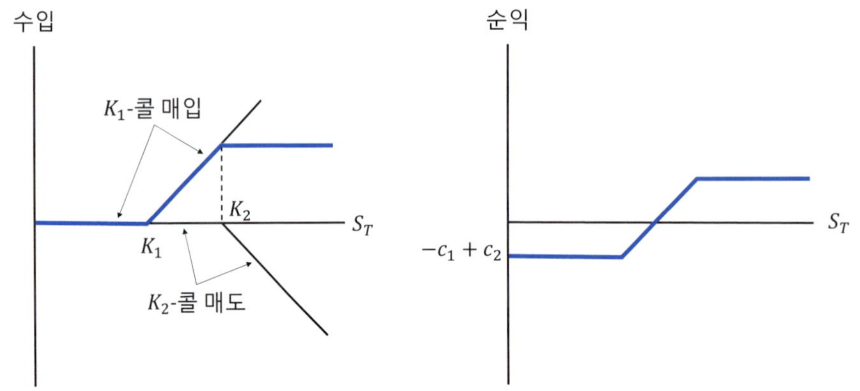

가격이 오를 것을 예상하고 취한 포지션이므로 강세 스프레드(bull spread)라고 부른다. 이 전략은 기준자산 가격의 상승에 배팅한 포지션이지만, 기준자산 자체를 매입하는 것에 비해서 수익과 손실을 일정 범위 내에서 제한하는 것이므로 훨씬 안전한 전략이다.

(2) 풋옵션을 이용한 강세 스프레드: 낮은 행사가격 K_1의 풋옵션을 매입하면서 동시에 높은 행사가격 K_2의 풋옵션을 매도한다.

오늘의 $CF = -p_1 + p_2 > 0$

T 시점에서 수입과 순익: 그림 9.4

그림 9.4 풋을 이용한 강세 스프레드

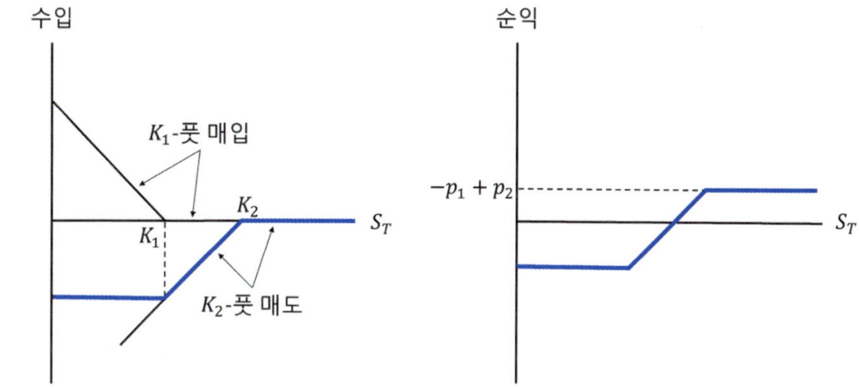

(3) 콜옵션을 이용한 약세 스프레드(bear spread): 낮은 행사가격 K_1의 콜옵션을 매도하면서 동시에 높은 행사가격 K_2의 콜옵션을 매입하는 전략이다.

오늘의 $CF = c_1 - c_2 > 0$

T 시점에서의 수입과 순익: 그림 9.5

그림 9.5 콜을 이용한 약세 스프레드

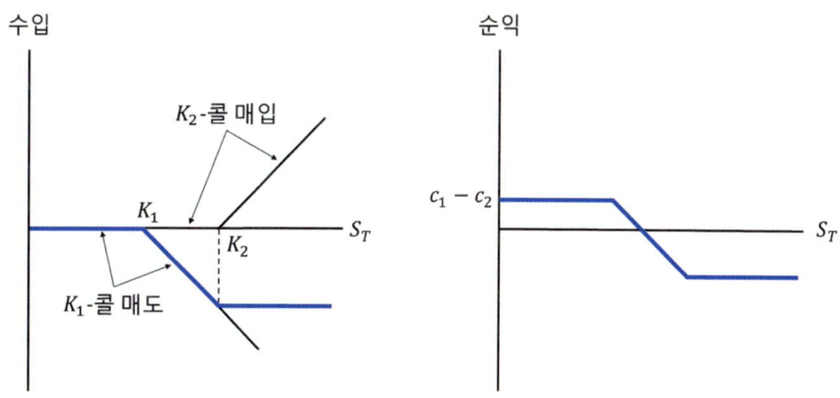

가격의 하락을 예상하고 취한 포지션이므로 약세 스프레드(bear spread)라고 부른다. 기준자산 가격의 하락에 배팅한 포지션이지만, 기준자산을 공매하는 것에 비해서 수익과 손실을 일정 범위 내에서 제한하는 것이므로 훨씬 안전한 전략이다.

역(reverse) 포지션, 그리고 순익 그래프와 오늘의 CF

콜옵션을 이용한 약세 스프레드 (3)을 앞의 강세 스프레드 (1)과 비교해 보자. 거래 전략 A와 B가 있는데, 전략 A에서의 매입 포지션은 매도 포지션으로, 매도 포지션은 매입 포지션으로 모두 바꾼 결과가 전략 B일 경우, 우리는 A와 B가 역(reverse)의 관계에 있다고 말한다. 즉, (1)과 (3)의 거래 전략은 서로 역의 관계에 있다. 이런 역의 관계에 있는 경우에는 당연하게도 B의 오늘의 CF와 수입, 순익은 A의 CF, 수입, 순익에 각각 -1을 곱한 값이 된다. 그래프로 나타낼 때에는 B의 수입과 순익의 그래프는 A의 수입과 순익 그래프를 각각 x-축을 기준으로 뒤집은 형태, 즉 대칭 이미지(mirror image)를 갖게 될 것이다. 그림 9.3과 그림 9.5를 비교하면 알 수 있다. 따라서 두 전략이 서로 역의 관계에 있다는 것을 알면, 하나의 전략의 결과를 그 역의 전략의 결과로부터 쉽게 파악할 수 있다. 풋옵션에 대한 (2)의 전략과 바로 다음의 (4)의 전략도 서로 역의 관계에 있고 이러한 결론을 적용할 수 있다.

거래 전략의 현금흐름, 수입, 순익을 파악함에 있어서 또 하나 유의할 점은 다음과 같다. (1)의 전략을 예로 들어 설명하자. 우리는 행사가격이 낮은 콜옵션이 더 큰 가치를 가지므로 $c_1 > c_2$이고 따라서 오늘의 CF가 마이너스라는 것을 알 수 있다. 이것을 다른 측면에서 살펴보면 만일 오늘의 CF가 플러스였다면 그림 9.3의 순익 그래프가 x-축에 걸치지 않고 x-축의 위에 존재하게 될 것이다. 이는 미래의 어떤 주가 수준에서도 플러스의 순익을 얻는다는 것으로 차익거래가 발생한다는 것을 의미한다. 따라서 정상적인 상태에서는 순익의 그래프가 x-축에 걸쳐서 그려짐으로써 이익과 손실의 구간이 각각 반드시 존재해야 하므로, 수입을 나타내는 그래프가 항상 적어도 0 이상일 때에는 오늘의 CF는 마이너스가 되어야 한다. 그렇지 않을 때에는 시장이 불균형이거나, 또는 오늘의 CF나 미래의 수입을 잘못 파악한 것이다. 순익의 그래프가 항상 x-축 아래에 있는 것으로 그려지는 경우에도 시장이 불균형이거나, 또는 CF나 수입을 잘못 파악했다고 하겠다. 이럴 경우에는 그러한 순익을 초래한 전략과 역의 관계에 있는 전략의 순익은 항상 x-축의 위에 있을 것이므로 바로 앞의 논리를 적용하면 된다. ♠

(4) 풋옵션을 이용한 약세 스프레드: 낮은 행사가격 K_1의 풋옵션을 매도하면서 동시에 높은 행사가격 K_2의 풋옵션을 매입한다.

오늘의 $CF = p_1 - p_2 < 0$
T 시점에서 수입과 순익: 그림 9.6

풋옵션을 이용한 강세 스프레드 (2)와 비교하여 앞서 설명한 역 포지션의 내용이 적용되고 있음을 확인해 보라.

그림 9.6 풋을 이용한 약세 스프레드

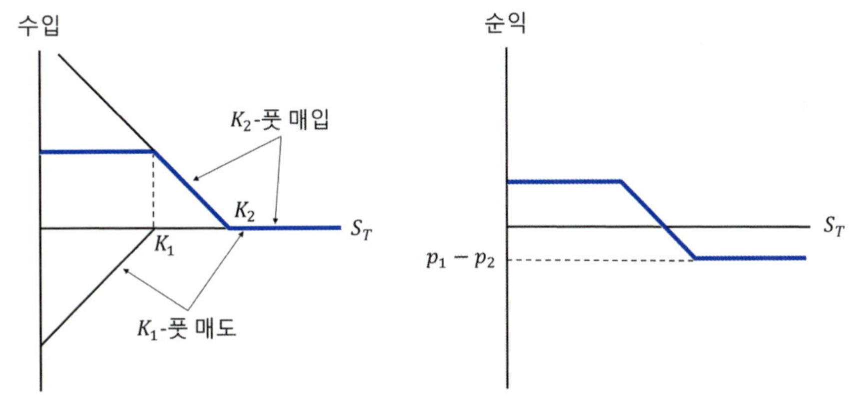

(5) 버터플라이(butterfly) 스프레드: $K_1 < K_3$이고 $K_2 = 0.5K_1 + 0.5K_3$일 때 행사가격 K_1 콜옵션과 행사가격 K_3 콜옵션을 각각 하나씩 매입하며, 행사가격 K_2의 콜옵션 2개를 매도한다.

오늘의 $CF = -c_1 + 2c_2 - c_3 < 0$

T 시점에서 수입과 순익: 그림 9.7

만기시 기준자산의 가격이 K_2 부근에 있을 것이라고 예상하는 경우에 취할 수 있는 전략이다. 여기에서 오늘의 CF는 $-c_1 + 2c_2 - c_3$인데, 콜옵션의 차익거래 한계선을 나타내는 부등식의 하나로서 0보다 크지 않다는 것을 제 8 장 2 절의 (9)에서 살펴본 바 있다. 한편 이 사실을 모르더라도 그림 9.7의 수입의 그래프가 모든 구간에서 0보다 크거나 같으므로, 앞서 설명한 바와 같이 차익거래가 불가능하려면 오늘의 CF는 마이너스가 되어야 한다는 것을 추론할 수 있다.

또한 버터플라이 스프레드를 구성하는 각각의 포지션을 역으로 만들면, 즉 K_1 콜옵션과 K_3 콜옵션을 매도하고 K_2 콜을 2개 매입하면 결과적으로 그려지는 수입과 순익의 그래프는 그림 9.7과 비교하여 x-축을 기준으로 대칭 이미지를 갖게 될 것이다. 이런 전략은 역(reverse) 버터플라이 스프레드라고 부를 수 있을 것이고, 만기의 기준자산 가격이 K_2 부근에는 있지 않을 것이라는 예상에 근거하여 실행될 것이다. 아울러 K_1 콜옵션과 K_3 콜옵션의 비율을 1:1이 아닌 임의의 $\lambda : (1-\lambda)$로 설정하면 그림 9.7에서 수입의 피라미드 모양을 한쪽으로 치우치는 비대칭의 모습으로 나타나게 할 수도 있다.

그림 9.7 버터플라이 스프레드

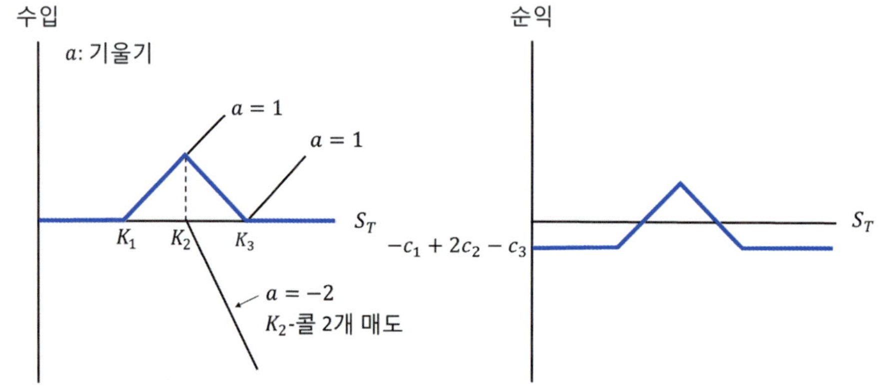

(6) 캘린더(calendar) 스프레드: 행사가격은 동일하지만 만기가 다른 동일한 종류의 두 옵션을 매입/매도한다. 예를 들어, $T_1 < T_2$라고 할 때 T_1 시점 만기 콜옵션(가격 c_1)을 매도하고, T_2 시점 만기 콜옵션(가격 c_2)을 매입한다고 생각해보자. 즉, 만기가 긴 콜을 매입하고, 만기가 짧은 콜을 매도한다. 이 경우

오늘의 $CF = c_1 - c_2 < 0$

T_1 시점(즉, 짧은 만기 시점)에서의 수입과 순익: 그림 9.8

그림 9.8 캘린더 스프레드

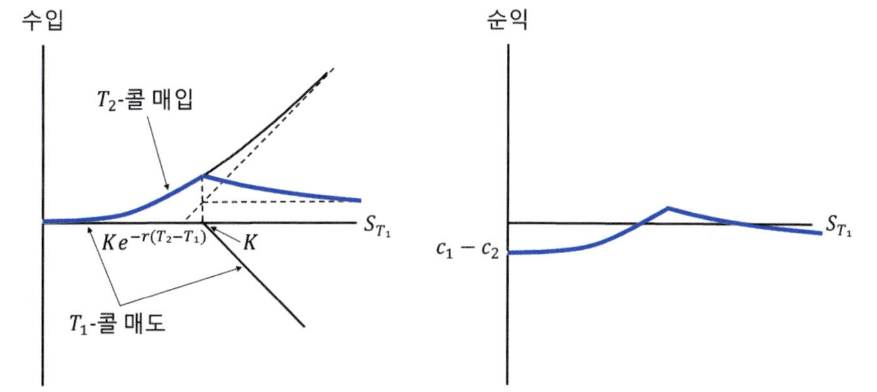

T_1 만기에서 기준자산의 가격이 행사가격과 크게 다르지 않을 것을 예상할 때 구성한다. 그림 9.8의 수입을 보여주는 그림에서 우상향하는 곡선은 아직 만기가 남은 콜의 그 당시 주가와 콜옵션의 가치의 관계를 그린 것으로서, 제 8 장에서 현재 주가와 (만기가 아직 남아 있는) 콜옵션의 가치의 관계에서 살펴본 바와 같이 증가 함수이며 볼록 함수다. 그림에서 매입한 콜의 수입이 곡선으로 그려지므로 정확한 형태를 나타내기가 어렵다. 그림 9.9는 $K = 40$, $\sigma = 0.3$, $r = 6\%$, $T_1 = 0.25$, $T_2 = 0.75$일 때 블랙-쇼울즈 공식에 따라 정확히 계산된 값으로 그려진 구체적인 캘린더 스프레드의 예를 보여주고 있다.

한편 만기와 행사가격이 모두 다른 두 콜옵션을 이용할 수도 있는데 그럴 경우 대각선 스프레드(diagonal spread)라고 부르며, 그 결과는 캘린더 스프레드와 유사하다.

그림 9.9 캘린더 스프레드: 구체적인 예

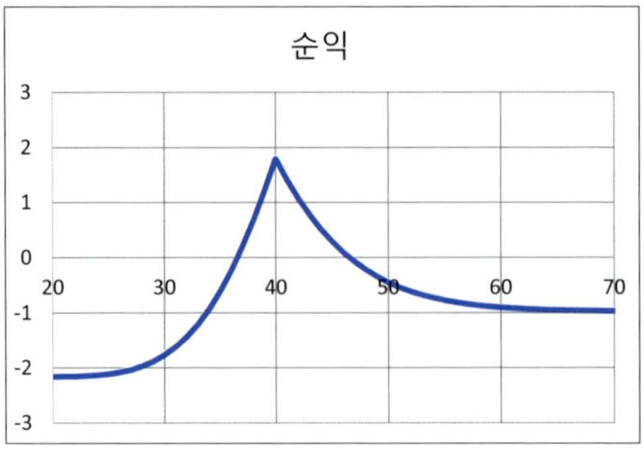

$K = 40,\ \sigma = 0.3,\ r = 6\%,\ T_1 = 0.25,\ T_2 = 0.75$

제 3 절 콤비네이션(combination)

콜옵션과 풋옵션을 동시에 사용하여 구축하는 포지션을 의미한다.

(1) 스트래들(straddle): 행사가격이 동일한 콜옵션과 풋옵션을 매입한다.[3]

오늘의 $CF = -c - p$

T 시점에서의 수입과 순익: 그림 9.10

향후 주가의 방향은 확신할 수 없지만 크게 상승하거나 하락할 것을 예상하는 경우에 취할 수 있는 전략이다. 예를 들어, 회사의 장래를 결정하는 어떤 중요한 판결 등을 앞두고, 판결에 따라 주가가 급격히 변동할 것이라 예상할 때와 같은 경우다.

어떤 전략의 역의 포지션을 취할 때, 오늘의 현금흐름이 플러스가 되는 경우 그 전략을 매도(short)했다고 말하기도 한다. 예를 들어, 같은 행사가격의 콜과

3 straddle은 '양쪽에 걸치다'라는 의미를 갖는다.

그림 9.10 스트래들

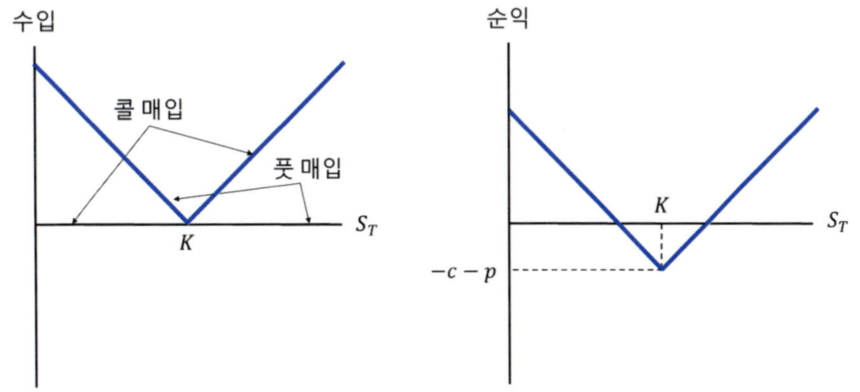

풋을 동시에 발행하여 오늘 콜과 풋의 프리미엄을 모두 수취하였다면, 스트래들을 매도했다고 할 수 있다. 이러한 스트래들 매도 또는 역 스트래들(reverse straddle) 포지션은 기준자산의 가격이 행사가격 근처에서 크게 움직이지 않을 것을 기대하며 이로부터 둘 모두의 프리미엄을 취하려는 의도로 행해진다. 그러나 양방향 모두의 위험에 노출되는 위험한 전략이 될 수 있다.

(2) 스트랭글(strangle): $K_1 < K_2$ 라고 할 때 낮은 행사가격(K_1)의 풋옵션을 매입하고 높은 행사가격(K_2)의 콜옵션을 매입한다.

오늘의 $CF = -c - p$

T 시점에서의 수입과 순익: 그림 9.11

앞서 스트래들을 구성할 때의 행사가격 K가 K_1과 K_2 사이에 있는 경우, 지금의 스트랭글이 구성비용은 더 작지만, 향후 주가가 더 많이 움직여야 이익을 낼 수 있을 것이다.

그림 9.11 스트랭글

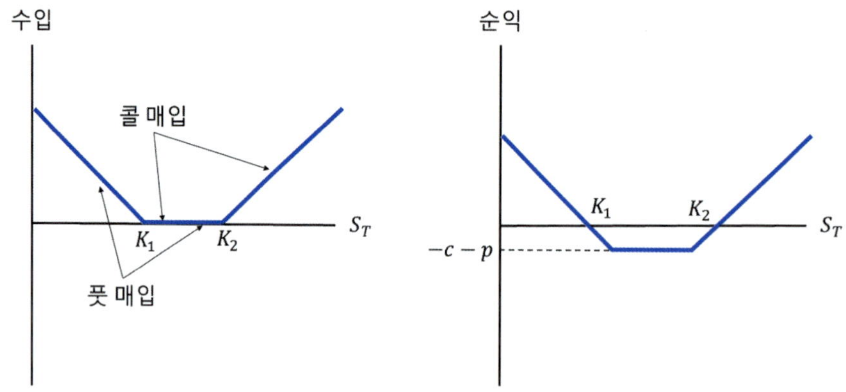

연습문제

9.1 행사가격이 80인 콜옵션이 현재 71.39에, 행사가격 160인 콜옵션은 6.02에 거래되고 있다. 두 콜옵션의 만기는 동일하다. 이럴 경우 행사가격 80의 콜옵션은 매도하고, 행사가격 160의 콜옵션은 매입하여 약세 스프레드를 구성하였을 때, S_T 대비 만기에서의 수입과 순익을 각각 그래프로 그려보라.

9.2 207페이지에서 설명된 버터플라이 스프레드와 역의 관계가 있는 전략을 구성한 후, 오늘의 현금흐름을 파악하고 만기의 수입과 순익을 그래프로 그려보라. 순익의 그래프가 그림 9.7의 x-축을 기준으로 한 대칭 이미지임을 확인하라.

9.3 207페이지에서 설명된 버터플라이 스프레드를, 풋옵션들을 이용해도 동일하게 구축할 수 있음을 보여라.

10

이항 옵션 평가기법

이항(二項) 옵션 평가기법(binomial option pricing)은 주어진 기간 동안 기준변수가 두 가지 값으로만 변화하는 것으로 가정한 상태에서, 그 기준변수에 기초한 파생상품의 가치를 계산하는 방법이다. 우선 이 단순한 기법은 파생상품 가치평가의 기본 원리를 잘 설명해 주는 훌륭한 교육적 수단(pedagogical tool)으로서 그 의의가 있다. 아울러, 또는 더 중요하게는, 닫힌 해(closed-form solution)[1] 형태의 가치평가 공식을 구하는 것이 불가능한 많은 경우에 효과적으로 이용할 수 있는 수치적(numerical) 대안으로서 중요한 위치를 차지하고 있다. 주어진 기간을 세밀하게 나누고 나뉜 구간마다 이항 움직임을 가정하여, 기준변수 값의 변화 과정을 보다 더 현실에 부합하도록 모형화하게 되면 정밀한 가치평가 기법이 될 수 있기 때문이다.

제 1 절 이항 옵션 평가의 예

주가가 다음과 같이 이항 움직임(binomial movement)을 보이는 것으로 모형화한다. 즉, 현재 100인 주가는 반년 후에 110 또는 90의 두 가지 값으로만 변화할 수 있다. 한편, 무위험 자산에 대한 수익률은 (연속복리) 연 7%이다. 이와 같은 상황에서 이 주식을 기준자산으로 하고 6개월 후에 만기가 되며 행사가

---

1 예를 들어, z라는 변수가 x와 y의 함수일 때 z 값이 그 형태가 알려져 있는 함수 f에 의해서 $z = f(x, y)$와 같이 표현할 수 있는 경우, z는 닫힌 해(解)를 가졌다고 말한다.

격이 104인 유럽형 콜옵션의 현재가치는 얼마가 되어야 하는지 생각해 보자.

만기 시점인 6개월 후에 주가가 110이 되면 콜옵션의 소유자는 주가 110과 행사가격 104의 차액인 6만큼의 수입(payoff)을 얻을 것이고, 주가가 90이 된다면 콜옵션으로부터 아무런 수입도 얻지 못할 것이다. 만기 시점의 주가에 연동되어, 6 또는 0의 가치를 갖게 되는 이러한 파생상품이 현재 시점에서 얼마의 가치를 갖는 것이 이론적으로 적절할 것인가를 우리는 알아보고자 한다. 그림 10.1, 그림 10.2, 그림 10.3은 각각 주가, 무위험 자산의 가치, 콜옵션 가치의 반년 동안의 변화를 이항 움직임으로 표시한 것이다.

이제 콜옵션과 주식을 이용하여 다음과 같이 포지션을 구성하고 이를 포트폴리오 A라고 부르기로 하자. 콜옵션을 1개 매도하고 주식을 Δ주 매입하는데, 만기 시점에서 주가가 110으로 상승하든 90으로 하락하든 포트폴리오 A의 가치는 차이가 없도록 Δ를 선택하기로 한다. 주가가 110으로 상승하면 포트폴리오 A의 가치는 $-6+110\times\Delta$가, 주가가 90으로 하락하면 $90\times\Delta$가 될 것이다. 그런데 우리는 여기서 이 둘의 가치를 동일하게 유지하는 Δ 값을 찾는 것이므로, $-6+110\times\Delta=90\times\Delta$라는 방정식을 만족시키는 Δ를 구하게 된다. $\Delta=0.3$으로 계산된다. 다시 말해서 콜옵션 1개를 매도하고 주식을 0.3주 매입하여 구성한 포트폴리오는 6개월 후의 주가의 상승이나 하락과 관계없이 항상 $-6+110\times0.3=90\times0.3=27$의 가치를 갖게 된다.

콜옵션의 현재가치를 f로 표시했을 때, 이러한 포지션을 구성하는 데 드는 투자 금액은 $-f+100\times0.3$이다.[2] 따라서 오늘 $-f+30$을 투자하여 포트폴리오 A를 구성하면 6개월 후에 항상 27을 회수하게 된다. 그렇다면 포트폴리오 A는 하나의 무위험 자산이 될 것이므로, 포트폴리오 A의 수익률은 무위험 수익률과 동일해야 한다. 따라서 주어진 무위험 수익률과 기간을 고려하여 우리는

$$(-f+30)e^{0.07\times0.5}=27$$

2 어떤 포트폴리오를 구성할 때 10의 투자 금액이 들었다는 것은 -10의 현금흐름을 발생시킨 것과 같은 말이다. 따라서 "투자 금액= $-$현금흐름"이라는 관계를 기억할 필요가 있다. 아울러 그 투자 금액은 바로 그 포트폴리오의 가치라고 생각할 수 있을 것이다. 여기에서 콜옵션 1개를 매도하면 f의 플러스 현금흐름이 발생할 텐데, 따라서 투자 금액으로 생각할 때는 그만큼 빼주어야 한다.

그림 10.1 주가의 이항 움직임

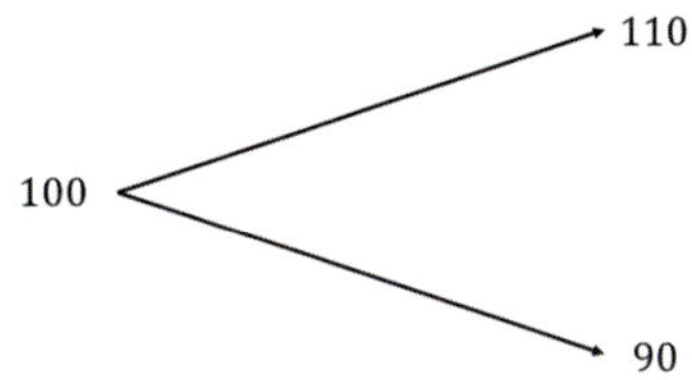

그림 10.2 무위험 자산 가치의 움직임

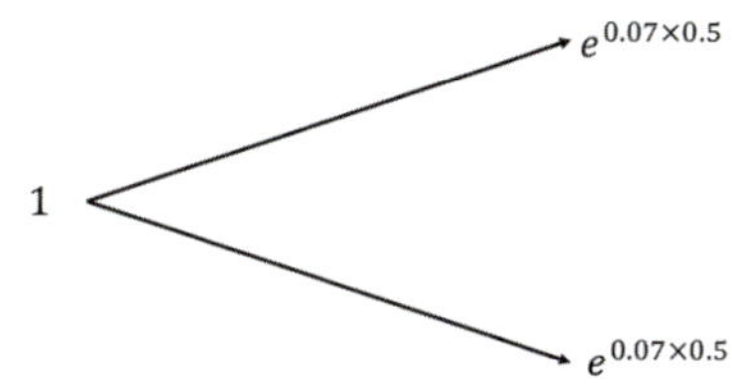

그림 10.3 콜옵션 가치의 변화

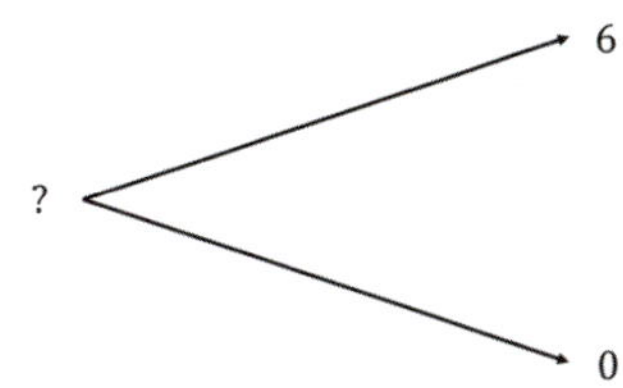

의 관계식을 얻을 수 있다. 이 식으로부터 $f = 3.9287$의 값이 계산되는데 우리는 이 값을 주어진 콜옵션의 이론적 적정 가격으로 생각할 수 있다.

콜옵션이 3.9287보다 높은 가격, 예를 들어 4.03에 거래되고 있다고 가정해 보자. 포트폴리오 A를 구성하는 비용은 $-4.03 + 100 \times 0.3 = 25.97$이 될 것이고, 반년 후에는 이 포트폴리오 A는 항상 27의 가치를 갖게 되므로, 이 기간 실현한 수익률은

$$\frac{1}{0.5}\ln\frac{27}{25.97} = 7.779\%$$

가 되는데 이는 무위험 수익률을 초과하는 수치이다. 아무런 위험도 없이 무위험 수익률을 초과하는 수익을 실현할 수 있으니 차익거래의 기회가 발생한 것이다. 반대로 콜옵션이 3.9287보다 더 낮은 가격인 3.85에 거래되고 있는 경우, 투자자가 포트폴리오 A의 역포지션(reverse position)을 구축하여 차익거래를 실현할 수 있다. 즉, 콜옵션을 매입하고 주식은 0.3주 공매(short sale)하면 이 포지션의 구성으로부터 $-3.85+100\times0.3=26.15$의 플러스 현금흐름을 만들어 낼 수 있는 한편, 반년 후에는 주가의 등락에 관계없이 27을 지불해야 할 것이다. 이는 26.15를

$$\frac{1}{0.5}\ln\frac{27}{26.15}=6.398\%$$

의 할인율로 차입하는 것과 동일한데, 무위험 수익률보다 낮은 수익률로 차입을 한다는 것 역시 차익거래의 기회를 만든 것이다. (무위험 수익률보다 낮은 수익률로 차입하여 무위험 자산에 투자하면 차익거래를 실현할 수 있음을 쉽게 알 수 있다.) 따라서 차익거래 기회가 존재하지 않는 균형 상태에서 콜옵션의 적정 가격은 앞에서 계산된 3.9287이 되어야 한다.

제 2 절 이항 옵션 평가공식

제 1 절의 예를 확장하여 이항 옵션 평가를 위한 일반적인 공식을 도출해 보자. 기준자산이 되는 주식의 현재 가격은 S다. 현재 시점을 0으로 표시할 때, 미래 시점 h에서의 주가는 $u\times S$ 또는 $d\times S$의 두 가지 값만을 취할 수 있는데 u는 d보다 크다고 가정한다. 한편 무위험 자산에 투자하여 얻을 수 있는 연속복리 연 수익률을 r로 나타낸다. 즉, 오늘 1을 무위험 자산에 투자하면 h년 후에 (주가의 등락에 관계없이) e^{rh}를 회수하게 될 것이다. u, d, r 사이에는 $d<e^{rh}<u$의 제약이 필요하다. 왜냐하면, 만일 $u\le e^{rh}$이면 무위험 자산에 투자했을 때의 투자 수익이, 주식에 투자했을 때 얻을 수 있는 최대 수익보다

그림 10.4 주가의 이항 움직임

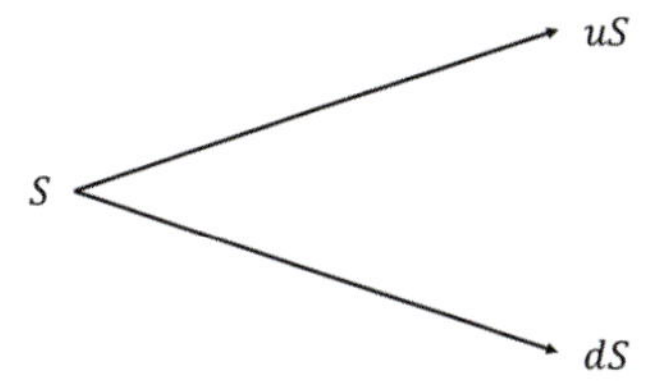

그림 10.5 무위험 자산 가치의 움직임

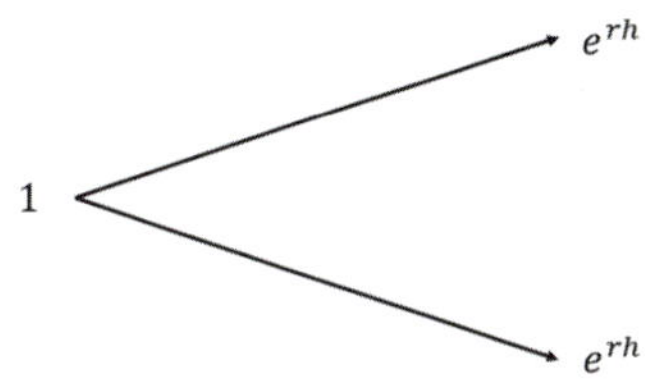

크거나 같기 때문에 아무도 주식을 사려하지 않을 것이고, 따라서 이러한 불균형 상태가 유지될 수는 없기 때문이다. 반대로 $e^{rh} \leq d$라고 하면 주식이 항상 유리할 것이므로 무위험 자산에 대한 수요는 존재하지 않게 된다.

우리가 가치를 평가하려고 하는 파생상품을 다음과 같이 규정한다. 이 파생상품은 h 시점에서 만기가 되는데, 만기 시점에서 주가가 uS로 상승하면 이 파생상품은 소유자에게 f^+의 수입을, 주가가 dS로 하락하면[3] f^-의 수입을 가져다 준다. 예를 들어, 해당 파생상품이 h에서 만기가 되는 행사가격 K의 콜옵션이라면

$$f^+ = \max(uS - K, 0)$$
$$f^- = \max(dS - K, 0)$$

으로, 동일한 만기와 행사가격의 풋옵션이라면

3 사실 d가 1보다 큰 경우를 배제하지 않으므로 엄밀하게 말해서 주가가 '하락'했다고 말하는 것은 항상 올바르지는 않을 수 있다. 그러나 여기에서는 표현의 편의상 주가가 uS가 되는 경우에는 주가가 '상승'했다고 하고 dS로 변화했을 경우에는 주가가 '하락'했다고 하자.

그림 10.6 옵션 가치의 변화

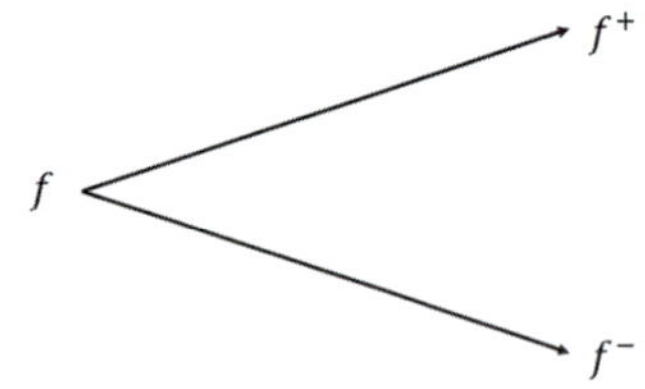

$$f^+ = \max(K - uS, 0)$$
$$f^- = \max(K - dS, 0)$$

으로 규정될 것이다. 이러한 가정하에서 파생상품의 현재가치 f는 얼마가 되어야 하는지 제 1 절에서의 예와 같은 논리를 적용하여 살펴본다.

앞의 예에서와 같이 파생상품 1개를 매도하고 주식 Δ주를 매입하여 무위험 포트폴리오를 구성하여 보자. 시점 h에서의 주가와 관계없이 이 포트폴리오의 가치를 동일하게 만드는 매입 주식수 Δ는 다음 식을 풀어 구할 수 있다.

$$-f^+ + uS\Delta = -f^- + dS\Delta. \tag{10.1}$$

위의 식 10.1에서 방정식의 왼편은 파생상품의 만기 시점에서 주가가 상승한 경우의 포트폴리오의 가치고, 오른편은 주가가 하락한 경우의 가치다. 우리는 무위험 포트폴리오를 구성하려는 것이므로 이 둘은 같아야 한다. 식 10.1로부터

$$\Delta = \frac{f^+ - f^-}{(u-d)S}$$

가 구해진다. 이 Δ를 식 10.1의 왼편에 대입하면

$$\begin{aligned} -f^+ + uS\Delta &= -f^+ + uS \times \frac{f^+ - f^-}{(u-d)S} \\ &= -f^+ + \frac{uf^+ - uf^-}{u-d} \\ &= \frac{df^+ - uf^-}{u-d} \end{aligned}$$

가 된다. 이는 h 시점에서의 무위험 포트폴리오의 가치를 나타낸다. 한편 무위험 포트폴리오를 구성하는 데 필요한 현재의 투자액은

$$-f + S\Delta = -f + S \times \frac{f^+ - f^-}{(u-d)S} = -f + \frac{f^+ - f^-}{u-d}$$

로 나타낼 수 있다. 이 포트폴리오는 무위험 자산이므로 이 투자 금액과 시점 h에서의 포트폴리오 가치 사이에는 다음과 같은 관계가 성립해야 한다. 즉,

$$\left(-f + \frac{f^+ - f^-}{u-d}\right)e^{rh} = \frac{df^+ - uf^-}{u-d}$$

이 식을 f에 대해서 풀면

$$\begin{aligned} f &= \frac{f^+ - f^-}{u-d} - e^{-rh}\left(\frac{df^+ - uf^-}{u-d}\right) \\ &= e^{-rh}\left[\frac{e^{rh} - d}{u-d}f^+ + \frac{u - e^{rh}}{u-d}f^-\right] \end{aligned}$$

가 될 것이고, 이를 다시 정리하면 결과적으로

$$f = e^{-rh}[\pi f^+ + (1-\pi)f^-] \tag{10.2}$$

로 표현할 수 있는데, 여기에서

$$\pi \equiv \frac{e^{rh} - d}{u-d}$$

로 정의되었다. 이 식 10.2가 이항 모형을 평가하는 일반적인 공식이다. 위 식을 도출하는 과정에서 e^{rh}나 e^{-rh}가 반복적으로 나오는데, $R \equiv e^{rh}$로 정의해 놓으면 표현을 조금 더 단순화할 수 있다. 즉, 식 10.2는

$$f = R^{-1}[\pi f^+ + (1-\pi)f^-]$$

$$\pi \equiv \frac{R-d}{u-d}$$

로 표현해도 좋을 것이다. 향후 문제 계산 등에서 필요하면 e^{rh}를 R로 표시하도록 하겠다.

제 1 절의 예를 식 10.2의 공식을 이용하여 계산해 보자. 앞의 예는 $u = 1.1,\ d = 0.9,\ r = 0.07,\ h = 0.5,\ f^+ = 6,\ f^- = 0$에 해당하는 경우이므로

$$\pi = \frac{e^{0.07\times0.5} - 0.9}{1.1 - 0.9} = 0.6781$$

로 계산되고, 따라서 콜옵션의 현재가치는

$$f = e^{-0.07\times0.5}[0.6781\times6 + (1 - 0.6781)\times0] = 3.9287$$

로 계산되어, 앞에서 계산된 값과 일치한다.

제 1 절에 기술된 주가의 움직임을 가정하되, 이번에는 행사가격이 104인 풋옵션의 가치를 계산해 보자. 이 경우 만기에서의 수입은 각각 $f^+ = 0,\ f^- = 14$가 된다. 따라서 이 풋옵션의 적정 가치는

$$f = e^{-0.07\times0.5}[0.6781\times0 + (1 - 0.6781)\times14] = 4.3516$$

이 될 것이다.

파생상품의 복제(replication)에 의한 동일한 공식의 도출

지금까지의 논의에서 세 가지 증권이 언급되었다. 기준자산이 되는 주식, 무위험 자산, 그리고 가치평가를 하고자 하는 파생상품이 그 세 가지였다. 우리는 이 세 증권의 가치가 서로 연계되어 있음을 알 수 있다. 즉, 어떤 두 증권의 가치가 주어졌을 때, 차익거래의 기회가 존재하지 않는다면 나머지 증권의 가치는 이 두 증권의 가치에 의해서 완전히 결정된다. 앞서 식 10.2를 도출함에 있어 주식과 파생상품으로부터 무위험 자산을 '복제(replicate)'하였고, 이 복제된 자산은 무위험 수익률을 실현할 것이라는 논리로 파생상품의 이론적 가치를 계산하였다. 다른 방법으로서, 주식과 무위험 자산으로부터 파생상품을 복제하는 방법으로도 파생상품의 이론적 가치를 구할 수 있을 것이다. 앞에서와

동일한 가정하에, 주식을 a주 매입하고 무위험 자산에 b의 금액을 투자하는 포트폴리오로써, h 시점에서의 파생상품으로부터의 수입을 복제해 보자. 주가가 상승했을 때는 이 포트폴리오의 가치는 $uSa + e^{rh}b$가 될 터이므로 이를 f^+와 일치시키고, 주가가 하락했을 때의 포트폴리오의 가치는 $dSa + e^{rh}b$가 될 것이므로 이를 f^-와 일치시킨다. 즉,

$$uSa + e^{rh}b = f^+$$
$$dSa + e^{rh}b = f^-$$

의 연립방정식을 구성한다. 이를 a와 b에 대해서 풀면

$$a = \frac{f^+ - f^-}{(u-d)S}$$
$$b = e^{-rh}\left(\frac{uf^- - df^+}{u-d}\right)$$

의 결과를 얻게 된다.[4] 오늘 이 복제 포트폴리오를 구성하는 데 드는 비용은 $aS + b$일 것이므로, 차익거래가 불가능한 상태에서는 이 비용이 바로 파생상품의 현재가치가 될 것이다. 즉,

$$f = aS + b$$

라고 할 수 있다. 이 식에 앞에서 계산한 a와 b를 대입하면

$$f = \frac{f^+ - f^-}{(u-d)S} \cdot S + e^{-rh}\left(\frac{uf^- - df^+}{u-d}\right)$$

가 될 것이고, 이를 정리하면 앞서 도출한 식 10.2와 동일해진다.

이항 모형의 틀 안에서 기준자산과 무위험 자산을 결합하여 파생상품을 복제할 수 있다는 논리는, 현실에서 해당 파생상품이 시장에서 거래되고 있지 않을 때에는 이를 기준자산과 무위험 자산을 결합하여 만들 수 있는 가능성을

---

4 제 1 절의 예에 이러한 방식을 적용할 경우, $\Delta = 0.3$, $b = -26.0713$으로 계산되는데, b가 마이너스의 값을 갖는 것은 26.0713을 차입한다는 의미로 해석하면 된다.

시사한다. 후에 상세히 살펴보겠지만 실제로 이러한 아이디어는 파생상품과 관련된 실무 영역에서 중요한 방법론의 기초가 된다. ♠

제 3 절 이항 옵션 평가공식의 해석

앞서 우리는 이항 옵션 평가공식을 다음과 같이 도출하였다.

$$f = e^{-rh}[\pi f^{+} + (1-\pi)f^{-}]$$
$$\pi \equiv \frac{e^{rh}-d}{u-d}.$$

이 간단한 공식은 파생상품 가치평가와 관련된 중요한 직관을 제공해 준다. 이 공식을 어떻게 해석할 것인가에 대해서 생각해 보기로 한다. 이를 위해 우선 위험중립이라는 개념을 정리해 보자.

(1) 위험중립(risk neutrality)

동전을 던져서 앞면이 나오면 100만원을 받지만, 뒷면이 나오면 아무것도 받지 못하는 게임을 생각해 보자. 게임의 결과는 즉시 알 수 있다고 가정한다. 앞면과 뒷면이 나올 확률이 동일하게 1/2이라고 하면, 상금의 기대값(expectation)은 50만원일 것이다. 이때 이러한 게임의 가치를 50만원보다 낮게 평가하는 사람은 위험회피적(risk averse)이라고 정의한다. 즉, 비록 기대값은 50만원이지만 결과는 불확실한데, 이러한 불확실성을 회피하려 하기 때문에 확실한 50만원을 선호하는 것이다. 한편, 이 게임을 50만원보다 높게 평가하는 사람은 위험선호적(risk loving)이라고 부른다. 또한 이 게임의 가치를 50만원으로 평가하는, 즉 확실한 50만원과, 불확실하지만 기대값이 50만원인 게임을 동일하게 평가하는 사람은 위험중립적(risk neutral)이라고 정의한다.

경제주체들은 위험에 대해 서로 다른 태도를 가질 수 있는데, 이와 같이 위험에 대해 서로 다를 수 있는 사람들마다의 성향을 위험선호도(risk preference)

라고 부른다. 재무 이론에서는 투자자들이 일반적으로 위험회피적이라는 가정하에 논의를 진행한다. 사실 사람들의 행동을 분석해 보면 항상 위험회피적이라고 할 수는 없다. 예를 들어, 복권의 구입은 위험선호적인 행위라고 볼 수 있다. 복권의 구입 비용이 1,000원이라고 하면, 복권 당첨금의 기대값은 1,000원보다 훨씬 작기 때문에, 복권을 구입하는 것은 확실한 1,000원을 포기하고 불확실하면서 상금의 기대값이 1,000원보다 훨씬 작은 게임에 참여하는 것이기 때문이다. 그러나 이러한 복권의 구입 행위는 예외적인 경우로 볼 수 있으며, 자신의 재산 가운데 중요한 부분을 투자하는 경우에 대부분의 사람들은 위험회피적이라고 가정하는 것이 타당할 것이다.

[예시]

앞에서 언급한 게임에 대해서 다음 사항들을 고려해 보자.

[1] 이 게임을 45만원을 주고 할 수 있다고 하면, 위험회피자는 참여할 것인가?

답: 알 수 없다. 어떤 사람이 위험회피자라는 사실은 이 사람이 50만원을 주고는 게임에 참여하지 않는다는 사실만 말해 줄 뿐이다. 45만원일 때 참여할지의 여부는 알 수 없다. 위험회피자들도 그들의 위험회피의 정도는 서로 다르다. 위험을 매우 싫어하는 사람은 45만원이라도 참여하지 않을 것이고, 위험회피자 가운데서도 45만원이면 충분히 낮은 가격이라고 생각하는 사람은 참여할 것이다.

[2] 이 게임을 55만원을 주어야 할 수 있을 때, 어떤 사람이 참여하였다. 이 사람의 위험성향은 무엇일까?

답: 위험선호자라고 말할 수 있다. 위험회피자는 50만원에도 참여하지 않으므로 55만원에는 당연히 참여하지 않는다. 위험중립적인 사람은 이 게임을 50만원으로 평가하므로 55만원에는 참여하지 않는다. 따라서 이 게임에 참여했다면 이 사람은 위험선호자다. (그러나 위험선호자라고 모두 다 참여하지는 않을 것이다.)

(2) 가상의 위험중립 세계에서의 가치평가

논의의 전개를 위해, 투자자들이 일반적으로 위험회피적인 현실 세계(real world)와 대비하여, 투자자들이 모두 위험중립적인 가상의 세계를 상정하고 이를 위험중립 세계(risk-neutral world)라 부르도록 하자. 위험중립 세계에서는 투자자들은 투자로부터의 기대수익에만 관심을 가질 뿐 위험의 크기에 대해서는 무관심하다. 즉, 1/2의 확률로 100만원을 지급하는 복권이나, 1/4의 확률로 200만원을 제공하는 복권이나, 1/100의 확률로 5,000만원을 지급하는 복권을, (상금의 분산은 각각 다르지만) 상금의 기대값은 동일하게 50만원이므로 모두 현금 50만원의 가치를 갖는 것으로 동일하게 간주한다는 것이다.

이제 미래 T 시점에 투자의 결과를 알 수 있는 투자 자산의 가치를 현재 시점에서 평가해 보자. 무위험 자산에 대한 (연속복리) 수익률을 r이라고 하면, T 시점에서 C를 확실하게 지급하는 무위험 자산의 현재가치는 $e^{-rT}C$가 될 것이다. 한편, T 시점에서 불확실한 현금 x_T를 지급하는 위험 자산의 현재가치는 얼마가 될 것인가? 여기서 x_T는 확률변수다. 이 경우 T 시점에서 평가하였을 때, 투자자들이 모두 위험중립적인 세계에서는 불확실한 현금 x_T는 $E(x_T)$에 해당하는 확실한 현금과 동일하게 평가되므로, 이를 현재 시점으로 할인할 때에는 무위험 수익률을 적용하여 계산한 $e^{-rT}E(x_T)$가 이 위험 자산의 현재가치가 된다. 다시 말해서 위험중립 세계에서는 모든 위험/무위험 자산의 현재 가격은 T 시점에서의 자산 가치의 기대값을 무위험 할인율로 할인한 값이 된다.

그러나, 투자자들이 위험회피적인 현실 세계에서는 불확실한 현금 x_T는 확실한 현금 $E(x_T)$보다 가치가 덜한 것으로 평가될 것이므로, 현재가치는 $e^{-rT}E(x_T)$보다 작게 된다. 즉, 수취하게 되는 기대 현금을 무위험 수익률보다 큰 할인율로 할인해야 한다. 그 할인율을 k라고 표시한다면 $k-r$은 위험에 대한 대가로서 투자자들이 평균적으로 요구하는 위험 프리미엄(risk premium)인 것이다. 다시 말해서 위험 자산의 현재가치는 $e^{-kT}E(x_T)$로 나타낼 수 있는데 $k>r$이므로 이는 $e^{-rT}E(x_T)$보다 작은 값을 갖게 된다. 위험을 반영한 할인율 k가 무엇이 되어야 하는가는 우리가 어떤 이론적 모형을 설정하는가에 따라 달라질 수

있다.[5]

따라서 위험중립이라는 가상 세계에서는 자산의 가치평가가 훨씬 단순해진다. 즉, 자산의 현재가치를 구함에 있어 미래 현금흐름의 기대값만이 이슈가 될 것이며, 현재가치 평가에 있어서 다른 하나의 중요한 요소인 할인율 또는 자본비용에 대해서는 더 이상 논의할 바가 없어진다. 왜냐하면 무위험 수익률 r을 항상 적용하면 되기 때문이다.

(3) 이항 옵션 평가공식 식 10.2의 해석

이제 위험중립 세계에서의 가치평가 원리에 대한 이러한 논의를 기초로 하여, 식 10.2를 해석하는 하나의 의미 있는 방식에 대해서 생각해 보자. 우선 식 10.2를 도출하는 과정에서 우리는 투자자들이 모두 위험중립인 위험중립 세계를 가정한 바가 없다는 점을 유의하자. 즉, 투자자들의 위험선호에 대한 어떤 가정도 없이, 실질적으로 동일한 두 증권의 가격은 동일해야 한다는, 다시 말해 시장이 균형을 이루기 위해서는 차익거래 기회가 존재해서는 안 된다는 원칙에 근거하여 도출한, 투자자들이 일반적으로 위험회피적인 현실 세계에서도 적용되는 공식인 것이다.

공식을 도출하는 과정을 되돌아 보면, 현재의 주가 S가 시점 h에서 uS가 되거나 dS가 되는 각각의 확률에 대해서는 규정하지 않았다. 이제 위험중립 세계를 가정하자. 그렇다면 투자자들이 모두 위험중립적이라는 가정과 논리적으로 모순되지 않을 주가 상승의 확률은 무엇이 되어야 할지 생각해 보자. 그 확률을 $p^{[rn]}$이라고 표시하자. 주가 하락의 확률은 물론 $1-p^{[rn]}$이 될 것이다. 그러면 가상의 위험중립 세계에서의 미래 주가의 기대값은

---

5 자본자산 가격결정모형(CAPM)에 따르면 소위 베타(β)가 마이너스인 자산은 상대적으로 높게 평가되고, 따라서 그 기대수익률이 무위험 수익률보다 낮다는 결과를 보인다. 이러한 결과는 CAPM이라는 모형은 균형 모형으로서, 개별 위험 자산의 할인율은 그 개별 자산 자체의 위험이 아니라 그 자산이 (이 모형의 특성상 모든 투자자들이 보유하게 되는) 시장 포트폴리오의 전체 위험에 어떤 영향을 주는가에 의해서 결정된다는 논리에 따른 것이다. 여기에서는 CAPM에서와 같이 개별 자산의 시장 전체와의 관계 등을 고려하지 않고, 주어진 하나의 투자 대상에 대해서 위험회피적인 투자자는 위험한 자산을 상대적으로 더 낮게 평가할 것이라는 원칙을 언급할 뿐이다.

$$p^{[rn]}uS + (1 - p^{[rn]})dS$$

인데, 위험중립을 가정한 상태에서 현재의 주가는 이 미래 주가의 기대값을 무위험 수익률로 할인한 것이어야 하므로 주가 S는

$$S = e^{-rh}[p^{[rn]}uS + (1 - p^{[rn]})dS]$$

와 같이 표현될 수 있을 것이다. 이 식을 $p^{[rn]}$에 대해서 풀어 보자. 위 식은

$$e^{rh}S = p^{[rn]}uS + (1 - p^{[rn]})dS$$

가 될 것이고, 양변에서 S를 지우고 정리하면

$$e^{rh} = (u - d)p^{[rn]} + d$$

가 되는데, 이는

$$p^{[rn]} = \frac{e^{rh} - d}{u - d}$$

를 의미한다. 우리는 이 $p^{[rn]}$이 평가공식 식 10.2의 π와 동일하다는 것을 알 수 있다. 앞서 π는 공식을 간단하게 표현하기 위해 정의했던 하나의 중간 변수일 뿐이었는데, 이제 여기에서 우리는 π가 위험중립 세계에서의 주가 상승 확률이라는 것을 증명한 것이다.

그렇다면

$$\pi f^{+} + (1 - \pi)f^{-}$$

는 위험중립 세계에서 h 시점에서의 파생상품 가치의 기대값이다. 위험중립 세계에서는 이 기대값을 무위험 수익률로 할인하면 파생상품의 현재가치를 구할 수 있다고 하였으니, 위험중립 세계에서의 파생상품의 현재가치는

$$e^{-rh}[\pi f^{+} + (1 - \pi)f^{-}]$$

로 표현할 수 있을 것이다. 그런데 이는 바로 식 10.2와 일치한다.

식 10.2는 균형 상태에서는 차익거래의 기회가 존재해서는 안 된다는 원칙에 따라 도출된, (투자자들이 일반적으로 위험회피적인) 실제 세계(real world)에서도 적절한 파생상품의 평가공식이다. 그런데 이 공식이 우리가 위험중립을 가정한 상태에서 도출한 파생상품의 평가공식과 일치한다는 것이다. 그렇다면 여기에서 우리는, 적어도 이항 모형의 틀 안에서는,[6] 위험중립의 세계를 가정한 상태에서 도출된 파생상품의 가치평가 공식이, 위험중립이 아닌 세계에서도 적절한 가치평가 공식이 된다는 사실을 증명한 것이다.

이와 대비하여 투자자들이 위험회피적이라는 현실적인 가정하에 파생상품의 현재가치를, 미래가치의 기대값을 위험을 반영한 적절한 할인율로 할인한다는 재무관리의 대원칙에 따라 직접 도출한다고 해보자. 그러기 위해서는 우선 위험회피적인 실제 세계에서의 주가 상승 확률 $p^{[ra]}$를 알아야 할 것이다. 위험중립 세계의 주가 상승 확률은

$$p^{[rn]} = \frac{e^{rh} - d}{u - d}$$

와 같이 도출할 수 있었지만, $p^{[ra]}$에 대해서는 이와 같은 논리적인 제약이 존재하지 않는다. 설사 $p^{[ra]}$를 어떻게든 규정하여 이를 이용해서 h 시점에서의 파생상품 가치의 기대값을 구했다 하더라도, 이 기대값을 할인해야 하는 문제가 남는데, 이때 위험을 적절하게 반영한 할인율이 무엇이 되어야 하는가는 복잡한 문제가 된다. 적절한 할인율을 k라고 표현하였을 때, 우리는

$$S = e^{-kh}\left[p^{[ra]}uS + (1 - p^{[ra]})dS\right]$$

의 관계를 말할 수는 있을 것이다. 그러나 여기에서 $p^{[ra]}$와 k를 적절하게 규정하기 위해서는 또 다른 이론이 필요하게 된다.

가상의 위험중립 세계를 가정한 상태에서 비교적 간단히 도출되는 옵션 평가공식이 투자자들이 위험회피적이라고 가정하는 실제 세계에서도 적절한 옵션 평가공식 식 10.2와 일치한다는 사실을 보다 직관적으로 설명하면 다음과

---

6 사실 이 원칙은 이항 모형을 포함해 파생상품의 모든 모형에 적용되는 원칙이다.

같다. 반복하건대 식 10.2 도출의 기본 원리는 차익거래불가의 원칙이었다. 이 과정에서 투자자들의 위험선호는 고려의 대상이 되지 않았다는 것을 기억할 필요가 있다.

일반적으로 경제학에서 경제주체의 효용함수(utility function)를 상정할 때, 이 효용함수가 만족해야 하는 조건으로서 보통 다음의 두 가지를 가정한다. 첫째, 불포화(non-satiability) 조건으로 효용의 대상이 되는 변수(소비 또는 부)가 클수록 효용은 증가한다는 것이다. 둘째, 한계효용체감(diminishing marginal utility) 조건으로 효용의 대상 변수가 증가할수록 효용의 상승폭은 감소한다는 것이다. 이 한계효용체감의 조건이 불확실한 소비나 부의 상황에 적용되었을 때 위험회피로 나타나게 된다.[7] 그런데 식 10.2의 도출 과정 어디에서도 투자자의 위험선호도는 고려의 대상이 되지 않았다. 평가공식이 투자자의 위험선호도와 관계가 없다는 것은, 우리가 투자자의 위험선호도에 대해서 어떤 가정을 하더라도 결과에는 영향을 주지 않는다는 것을 의미하기도 한다.[8] 그렇다면 앞서 살펴본 바와 같이 위험중립 세계에서 자산의 가치평가가 훨씬 단순해진다는 점을 이용하기 위해서 위험중립 세계를 가정하고 파생상품의 가치평가 공식을 도출한 후, 이를 실제 세계에서의 가치평가 공식으로 간주해도 무방할 것이다.

위험중립 세계를 가정한 상태에서 파생상품의 가치평가 공식을 도출하고자 하는 아이디어를 위험중립 가치평가(risk-neutral valuation) 기법이라고 부른다. 이항 모형의 틀 안에서는 위험중립 세계에서의 주가 상승 확률을 먼저 파악해야 하는데, 이 확률을 가성확률(pseudo-probability) 또는 대응 마팅게일 확률(equivalent martingale probability)이라고 부르기도 한다. 이항 모형에서의 위험중립 가치평가 기법을 정리하면 다음과 같다.

[1] 위험중립 세계에서의 주가 상승 확률인 가성확률 π를 계산한다.

---

7 첫째 조건은 효용함수가 증가 함수라는 제약으로, 둘째 조건은 효용함수가 오목 함수(concave function)라는 제약과 대응한다. 한계효용체감과 위험회피는 효용함수의 동일한 특성의 다른 두 현상이라고 볼 수 있다.

8 다시 말해서 차익거래불가의 원칙을 적용함에 있어 효용함수의 불포화 조건은 필요하지만, 한계효용체감의 조건은 불필요하다.

[2] 이 가성확률에 근거해서 미래 파생상품 가치의 기대값을 구한다.

[3] 이 기대값을 무위험 수익률로 할인한다.

이 아이디어는 파생상품의 가치평가에 있어서 대원칙이라고 할 수 있다. 비록 여기에서는 이항 모형이라는 단순한 틀에서 예를 들었지만, 주가 변화의 보다 현실적인 가정에 근거한 복잡한 모형에서도 동일한 직관이 적용된다.

제 4 절 두 번의 이항 움직임을 가정하는 경우

상당한 시간이 지나는 동안 주가가 두 개의 값으로만 변할 수 있다는 설정은 실제 주가의 움직임과 큰 차이가 있기 때문에 보통 이항 모형을 다음과 같이 확장한다. 만일 현재부터 파생상품 만기까지의 기간을 여러 작은 기간들로 나누고, 그 각각의 작은 기간 동안에 기준변수가 두 개의 값을 가질 수 있다고 모형화하게 되면 그러한 기준변수의 움직임은 보다 현실에 근접하게 된다. 그 다음에 앞에서 도출한 이항 평가공식을 각각의 작은 기간에 반복적으로 적용한다면, 보다 더 현실적인 가정하에서의 파생상품 이론적 가치의 도출을 기대해 볼 수 있을 것이다.

우선 간단하게 파생상품의 만기까지의 기간을 동일한 길이의 두 기간으로 나누었을 때 이항 옵션 평가공식을 어떻게 적용할 것인가를 살펴보도록 하자. 현재의 주가는 40이다. 6개월 동안 주가는 두 번 변화할 수 있다고 가정한다. 즉, 앞으로 3개월 후에 주가는 44($S_{[1,1]}$으로 표시) 또는 36($S_{[1,0]}$로 표시)으로 변화한다. 그 후 3개월 동안 주가는 또 한 번의 이항 움직임을 갖는다. 즉, 44의 주가는 48.4($S_{[2,2]}$) 또는 39.6($S_{[2,1]}$)으로, 36의 주가는 39.6($S_{[2,1]}$) 또는 32.4($S_{[2,0]}$)로 변화한다. 그림 10.7이 이러한 주가의 변화를 묘사하고 있다. 짐작할 수 있듯이 $S_{[i,j]}$로 표시한 주가는 i번째 이항 움직임의 시점까지 모두 j회의 상승 움직임이 있었을 때의 주가 수준을 나타낸다. 주가 $S_{[i,j]}$에 대응하는 파생상품의 가치는 $f_{[i,j]}$로 표시하도록 한다.

그림 10.7 두 번의 이항 움직임을 가정했을 때의 주가 움직임

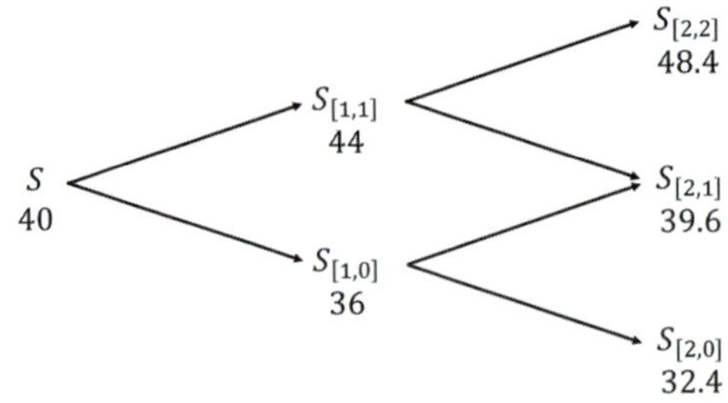

무위험 수익률은 연속복리 연 7%로 가정한다. 이러한 상황에서 행사가격이 41이고 만기까지 6개월 남은 유럽형 풋옵션의 이론적 가치를 계산해 보자. 만기 시점의 풋옵션 가치는 그 시점의 주가에 연동되어

$$
\begin{aligned}
f_{[2,2]} &= \max(41 - 48.4, 0) = 0 \\
f_{[2,1]} &= \max(41 - 39.6, 0) = 1.4 \\
f_{[2,0]} &= \max(41 - 32.4, 0) = 8.6
\end{aligned}
$$

의 값을 갖게 된다. 지금부터 3개월 후에 주가가 $S_{[1,1]} = 44$가 되었을 때, 이에 대응하는 옵션의 가치 $f_{[1,1]}$을 이항 옵션 평가공식을 적용하여 구해 보자. 주가는 44로부터 48.4 또는 39.6으로 변할 것이며, 이로부터 만기에서 각각의 주가에 대응하는 풋옵션의 가치도 알 수 있다. 따라서 우리는 이항 옵션 평가공식 식 10.2를 적용하여 3개월 후에 주가가 44가 되었을 때의 풋옵션의 가치를 구할 수 있다. 먼저 u, d, π의 값을 계산한다.

$$
\begin{aligned}
u &= \frac{48.4}{44} = 1.1 \\
d &= \frac{39.6}{44} = 0.9 \\
\pi &= \frac{e^{0.07\times 0.25} - 0.9}{1.1 - 0.9} = 0.5883.
\end{aligned}
$$

이제 이항 모형 평가공식을 적용하면 $S_{[1,1]} = 44$에 대응하는 풋옵션의 가치는

$$\begin{aligned} f_{[1,1]} &= e^{-0.07\times0.25}[0.5883 \times f_{[2,2]} + (1-0.5883) \times f_{[2,1]}] \\ &= e^{-0.07\times0.25}[0.5883 \times 0 + 0.4117 \times 1.4] = 0.5664 \end{aligned}$$

로 계산된다. 여기에서 π나 $f_{[1,1]}$을 계산하는 과정에서 h를 0.25로 설정한 것에 주의할 필요가 있다. 만기까지가 6개월인데 이 기간 중에 두 번의 이항 움직임이 있었으므로 한 번의 이항 움직임에는 0.25년의 시간이 소요되기 때문이다. 즉, h는 만기÷[이항 움직임의 횟수]로 정의된다.

마찬가지 방법으로 주가 $S_{[1,0]}$에 대응하는 옵션의 가치 $f_{[1,0]}$도 계산할 수 있다. u, d, π의 값은 앞의 경우와 동일하다.[9]

$$\begin{aligned} f_{[1,0]} &= e^{-0.07\times0.25}[0.5883 \times f_{[2,1]} + 0.4117 \times f_{[2,0]}] \\ &= e^{-0.07\times0.25}[0.5883 \times 1.4 + 0.4117 \times 8.6] = 4.2887. \end{aligned}$$

위에서 계산한 $f_{[1,1]}$과 $f_{[1,0]}$에 근거하여 다시 한번 이항 옵션공식을 적용하면 파생상품의 현재가치 $f_{[0,0]}$(간단히 f로 표기)를 구할 수 있다. S에서 $S_{[1,1]}$이나 $S_{[1,0]}$로의 이항 움직임에 대해서도 u, d, π의 값이 앞에서와 동일하므로

$$f = e^{-0.07\times0.25}[0.5883 \times 0.5664 + 0.4117 \times 4.2887] = 2.0626.$$

그림 10.8은 시간의 변화에 따른 각 주가 수준에서의 풋옵션의 가치 변화를 보여주고 있다.[10]

---

9 여기에서는 u, d, π가 모든 이항 움직임에서 동일하게 설정되었지만 서로 다르게 설정하여 다른 주가 움직임을 기술할 수도 있다.

10 그림 10.8의 수치들은 마이크로소프트 엑셀을 이용한 결과이다. 계산기를 이용해서 위의 계산을 확인할 때 그 숫자가 정확히 일치하지 않을 수 있는데, 이는 중간에 나오는 변수들의 계산에 있어 소수점 몇 자리까지 계산했는가에 따라 최종 수치들이 달라질 수 있기 때문이니 여기에서 크게 우려할 사항은 아니다.

그림 10.8 유럽형 풋옵션의 가치 변화

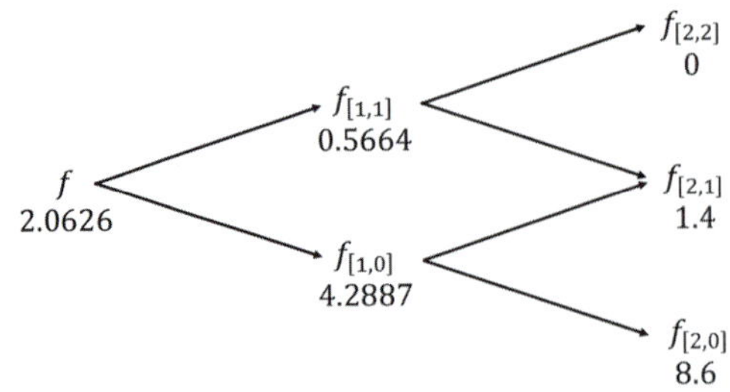

미국형 풋옵션의 가치평가

이항 모형은 미국형 옵션의 평가에도 적용할 수 있다. 미국형 옵션은 만기 이전 임의의 시점에서 소유자가 조기에 행사할 수 있는 선택권이 있으므로, 이러한 점을 고려해야 하기 때문에 그 가치평가가 유럽형보다 복잡해진다. 그런 면에서 미국형 옵션의 평가까지도 포괄할 수 있다는 사실은 이항 모형의 중요한 장점으로 여겨진다. 이하에서는 바로 앞의 예에서 기술되었던 유럽형 풋옵션과 다른 조건들이 모두 동일한 미국형 풋옵션의 가치를 계산해 본다.

미국형 풋옵션을 평가하기 위해서는 각 시점에서 조기행사의 적절성을 검토해 보아야 한다. 행사하지 않았을 때 주가 $S_{[1,1]}$에 대응하는 풋옵션의 가치는 0.5664였다. 이 시점에서 주가(44)가 행사가격(41)보다 높으므로 조기행사는 부적절하다. 한편 행사하지 않았을 때 $S_{[1,0]}$에 대응하는 풋옵션의 가치는 4.2887이었으나, 만일 풋옵션의 소유자가 여기에서 조기행사를 한다면 $41-36=5$의 현금을 수취할 수 있으므로 이 사람은 조기행사를 할 것이다. 결과적으로 $S_{[1,0]}$에 대응하는 미국형 풋옵션의 가치 $f_{[1,0]}$는 5가 된다.

그렇다면 현재 시점에서 행사하지 않았을 때의 미국형 풋옵션의 가치는

$$f \equiv f_{[0,0]} = e^{-0.07\times 0.25}[0.5883 \times 0.5664 + 0.4117 \times 5] = 2.3504$$

로 계산된다. 다시 한번 조기행사의 적절성을 검토하자면, 행사시 소유자는 $41-40=1$을 회수하게 되는데 이는 2.3504보다 작으므로 행사하지 않는 것

그림 10.9 미국형 풋옵션의 가치 변화

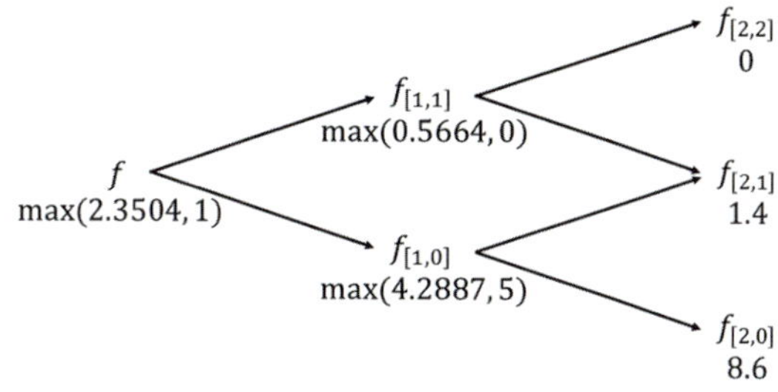

이 유리하다. 따라서 미국형 풋옵션의 현재가치는 2.3504가 된다.

앞에서 계산한 유럽형 풋옵션의 가치 2.0626과 비교했을 때, 미국형 풋옵션의 가치는 2.3504로서 더 큰 값을 가지게 된 것을 알 수 있다. 이 차이가 조기 행사라는 선택권의 가치라고 하겠다. ♠

제 5 절 다기간(多期間)으로의 확장

우리는 전체 기간을 세밀하게 나누어 많은 이항 움직임을 만들어 낼 수 있다. 제 4 절에서는 만기까지의 기간을 둘로 나눈 예를 들었는데, 전체 기간을 n개로 나누는 경우로 쉽게 확장할 수 있다. 우선 모든 이항 움직임에 있어서 주가의 변화 비율 u와 d가 각각 동일하게 유지된다고 가정하자. 그림 10.10은 (u와 d가 각각 일정할 때) 전체 기간 동안 주가가 지나갈 수 있는 모든 점들을 보여주고 있다. 이와 같이 각 시점에서의 여러 주가 수준을 보여주는 도식을 트리(tree)라고 하며 주가가 지나갈 수 있는 각 점들을 노드(node)라고 부른다. 노드$[i, j]$를 주가가 i번의 이항 움직임을 보이는 동안 모두 j번의 상승을 기록했을 때 도달하는 점을 나타내는 것으로 지칭하고, 그 점에서의 주가는 $S_{[i,j]}$, 파생상품의 가치는 $f_{[i,j]}$로 표시하도록 하자. $S_{[i,j]} = u^j d^{(i-j)} S$일 것이다. (여기에서 $i \geq j \geq 0$.)

그림 10.10 n회의 이항 움직임을 가정했을 때의 주가 움직임

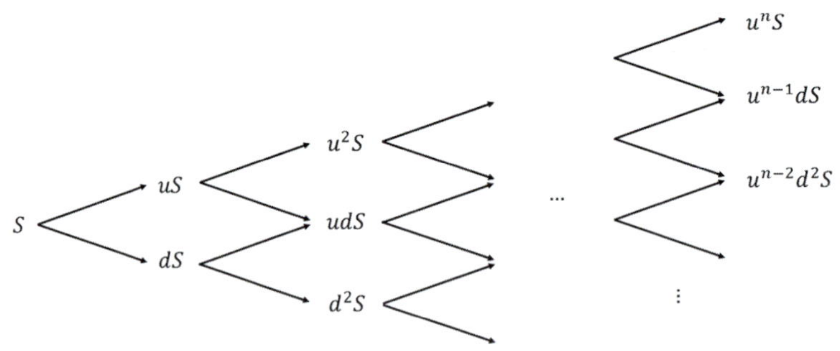

만기 시점에서 도달 가능한 주가 수준은 $S_{[n,j]}$로 표시될 것이며, 이런 주가 수준에 대응하는 파생상품의 가치 $f_{[n,j]}$는 그 파생상품의 특성에 따라 지정될 것이다. 예를 들어, 행사가격이 K인 콜옵션에 대해서는 $f_{[n,j]} = \max(u^j d^{n-j} S - K, 0)$으로 지정된다. 이제 이 값들에 근거해서 $(n-1)$번째 이항 움직임을 끝낸 시점에서의 옵션의 가치를 이항 평가공식에 의해서 계산하게 된다. 즉, 노드$[n-1, j]$에서의 유럽형 콜옵션의 가치는

$$f_{[n-1,j]} = e^{-rh}[\pi \times f_{[n,j+1]} + (1-\pi) \times f_{[n,j]}]$$

로 계산할 수 있을 것이다.

미국형 옵션의 경우와 같이 조기행사의 적절성을 고려하기 위해서는 노드 $[n-1, j]$에서 조기행사했을 때의 현금흐름과 비교하는 과정이 추가로 필요하다. 다시 말해서 미국형 콜옵션의 경우에는

$$f_{[n-1,j]} = \max\left(e^{-rh}[\pi \times f_{[n,j+1]} + (1-\pi) \times f_{[n,j]}], S_{[n-1,j]} - K\right)$$

로 계산된다.

이와 같이 노드$[i,j]$ $(i = n-1, n-2, \cdots, 1, 0)$에서의 옵션의 가치 $f_{[i,j]}$를 이미 계산된 $f_{[i+1,j+1]}$과 $f_{[i+1,j]}$에 근거해서 반복적으로 계산해 나가면 결국 파생상품의 현재가치인 $f_{[0,0]}$에 도달하게 된다. 이와 같은 계산을 하기 위해서는 모두 $(n + (n-1) + \cdots + 2 + 1)$, 즉 $\frac{n(n+1)}{2}$번의 이항 평가공식의 적용이 필요할

그림 10.11 재결합 트리와 비(非)재결합 트리

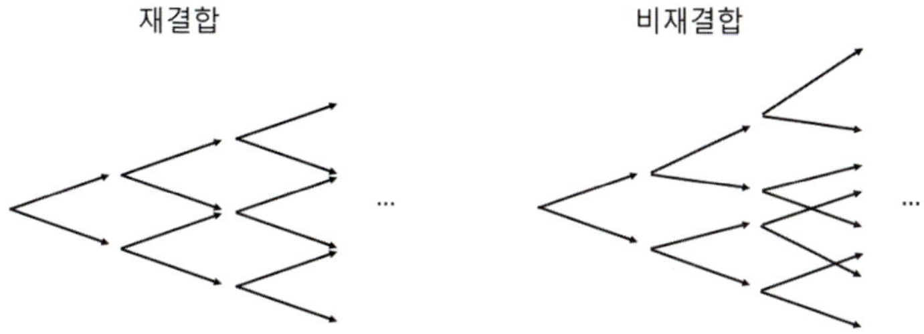

것이다.

앞의 예에서 작은 기간에 발생하는 주가의 이항 움직임을 묘사하는 과정에서 주가의 상승률과 하락률을 일정하게 유지하였다. 즉, 같은 값의 u와 d가 모든 이항 움직임에 동일하게 적용되었다. 그 결과 어느 주가 수준에서 처음에 상승했다가 다시 하락했을 때 도달하는 주가 수준은, 처음에 하락했다가 다음에 상승했을 때 도달하는 주가 수준과 일치하게 된다. 이와 같은 형태의 트리를 재결합 트리(recombining tree)라고 부른다. 이럴 경우 n번의 이항 움직임이 종료되는 만기에서는 모두 $(n+1)$개의 다른 주가 수준이 있을 수 있다. 보통 이항 모형에서 주가 변화의 트리를 이와 같이 구성하는 것은, 가능한 주가의 종류가 너무 많아지는 것을 방지하기 위해서다. 만일 각각의 이항 움직임에서 u와 d가 일정하지 않다면, 트리가 재결합되지 않을 것이므로 경우에 따라서는 다른 주가의 수준을 나타내는 노드의 개수가 2배씩 증가할 수도 있을 것이다.[11] 예를 들어, n번의 이항 움직임 후 최대 2^n개의 다른 주가 수준이 만들어질 수도 있게 되어 너무나 많은 계산을 필요로 하게 된다. 기준변수의 움직임의 특성상 재결합 트리의 이항 모형으로 구성할 수 없는 특별한 경우를 제외하고는 우리는 보통 재결합하는 이항 모형을 구성하게 된다.

이항 모형을 이와 같이 확장시킬 때 중요한 점은, 이렇게 구성된 주가 움직임의 트리가 현실에서 우리가 관찰하는 주가 분포를 잘 반영해야 한다는 것이다. 다음 장(제 11 장)에서 우리는 재무관리에서 보편적으로 가정하는, 로그정

11 이런 경우의 트리를 비재결합(non-recombining) 트리라 부른다.

규분포라는 주가의 연속분포를 살펴보게 된다. 그런데 n구간의 이항 모형에서 n이 증가함에 따라 u, d, h를 적절히 조정해 가면, 이항 모형이 만들어 내는 만기 시점에서의 주가 분포가 이러한 로그정규분포에 수렴한다는 것이 증명되어 있다.[12] 이러한 사실은 수치적 방법론으로서 이항 모형이 옵션 가치평가에 있어서 현실적이며 유용한 도구가 될 수 있음을 말해 준다. 이 점에 대해서는 후에 더 자세히 살펴볼 것이다.

12 이항 움직임의 횟수 n이 증가함에 따라 u, d, h를 조정하는 방법을 달리하여 주가가 로그정규분포가 아닌 다른 분포로 수렴하게 할 수도 있다.

연습문제

10.1 향후 반년 동안 주가의 움직임을 다음과 같이 가정하였다.

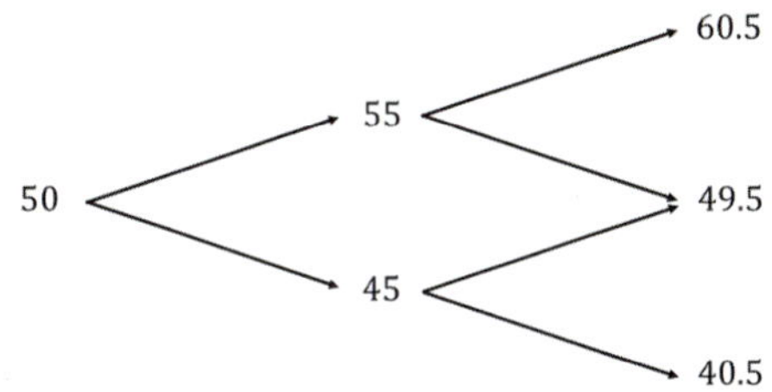

(한 번의 이항 움직임의 간격은 0.25년이다.) 무위험 수익률은 연속복리로 연 4%다. 이 주식을 기준자산으로 하며 만기가 0.5년이고 행사가격이 51인 유럽형 풋옵션과 미국형 풋옵션의 이론적 가치는 각각 얼마인가?

10.2 주가가 현재 100에서 1년 후에 120 또는 80으로 움직인다고 가정한다. 이때 주식을 기준자산으로 하고 만기가 1년 남았으며 행사가격이 110인 콜옵션의 현재 프리미엄이 7.5라고 한다. 행사사격이 100인 풋옵션의 현재가치는 얼마인가? (풋-콜 등가식 문제 아님. $e^{rh} = R$로 표시하고, 중간 계산을 분수로 표시하면 더 간단히 계산할 수 있다.)

10.3 현재 주가가 40인데 반년 후에 49.6 또는 32.4로 한 번의 이항 움직임을 가정한다. 본문 222페이지의 '파생상품의 복제에 의한 동일한 공식의 도출'에 기술된 방법을 이용하여 행사가격 38의 콜옵션의 현재가치를 계산하라. 무위험 수익률은 연속복리 연 7%다. 이항 모형공식을 그대로 대입하지 말고 본문의 도출 방식을 구체적 숫자를 대입하여 적용해 보라. 예를 들어, 주식을 몇 주 매입하고 무위험 자산에 얼마를 투자한다는 식으로 그 과정을 기술한다.

10.4 향후 1년 동안 주가의 움직임을 그림과 같이 가정하였다.

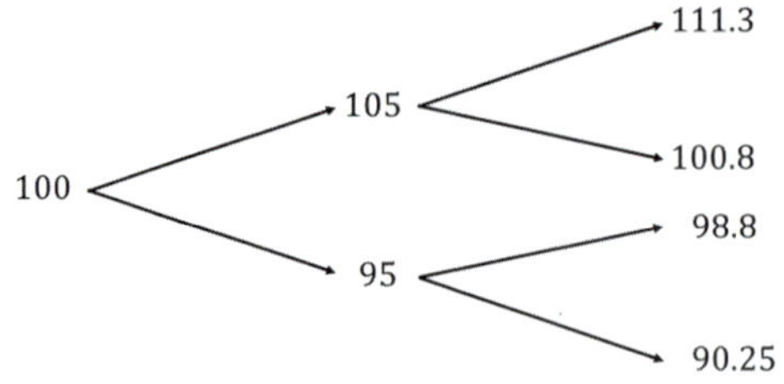

한 번의 이항 움직임의 기간 h는 0.5이며, 무위험 수익률은 연속복리로 연 6%다. 이 주식을 기준자산으로 하고 만기가 1년인 다음과 같은 옵션이 오늘 발행되었다. (아시안 옵션(Asian option)의 이항 버전.) 만기에서의 수입이 중간에 어떤 주가를 거쳐왔는가에 따라 다른데, 거쳐온 주가의 평균에서 행사가격 95를 뺀 값과 0 가운데 큰 값이며 만기에서만 행사할 수 있다. 예를 들어, 주가가 105, 111.3으로 움직인다면 만기에서의 수입 $= \max\left(\frac{105+111.3}{2} - 95,\ 0\right) = 13.15$와 같게 된다. 이 옵션의 현재가치를 이항 모형으로 계산하라. 주가 움직임이 비재결합 트리로 구성되었음을 주의하라. (만기 주가의 평균을 오늘의 가격 100까지 포함시켜 계산할 수도 있겠으나 단순화를 위해 앞의 예에서와 같이 규정한다.)

10.5 주가가 현재 40에서 1년 후에 48 또는 32로 움직인다. 이때 이 주식을 기준자산으로 하고 만기가 1년 남았으며 행사가격이 39인 콜옵션 A의 프리미엄은 6.5라고 한다.

(1) 주식을 Δ주 매입하고, 콜옵션 A를 1개 매도하여 무위험 자산을 만들라. 무위험 자산에 1을 예치하면 1년 후의 원리합계는 얼마가 되겠는가? 또 주가 상승의 가성확률 π는 얼마이어야 하는가?

(2) 위의 주식과 콜옵션 A가 적절하게 평가되고 있다는 가정하에 다음을 생각해 보자. 위의 주식을 기준자산으로 하여 1년 후에 주가가 48이 되면 0, 주가가 32가 되면 18을 지급하는 파생상품 B가 시중에서 3.4에 거래되고 있다고 하자. 이는 불균형이며 차익거래가 가능하다. 주식과 A를 이용하여 B를 복제하는 방법을 기술하고, 이 복제된 파생상품을 이용하여 차익거래를 구현해 보라.

11

블랙-숄즈 모형

블랙-쇼울즈 모형(Black-Scholes Model; 이하 BS 모형)은 유럽형 콜옵션의 이론적 가치를 계산하는 대표적인 공식이다. 1973년의 논문에서 발표된 이 공식은 유럽형 콜옵션 평가의 이론적, 실무적 도구로서도 중요하지만, 그 방법론이 다양한 파생상품의 가치평가를 위한 기본 아이디어를 제공하였다는 점에서 파생상품 연구에 있어 획기적 전기(轉機)를 마련한 것으로 인정받고 있다.[1]

제 1 절 주가 분포에 대한 가정

옵션의 가치를 평가하기 위해서는 먼저 기준자산 가치의 움직임에 대한 가정이 필요하다. 앞서 살펴본 이항 옵션 평가모형도 하나의 단순화된 주가 변동에 관한 가정에 근거하였다. BS 모형이 근거하고 있는 미래 주가 S_T의 확률분포(probability distribution)는 다음과 같이 나타낼 수 있다.

$$\ln S_T \sim \upsilon(\ln S + (\mu - 0.5\sigma^2)T, \sigma^2 T). \tag{11.1}$$

여기에서 $\tilde{X} \sim \upsilon(a, b)$라는 표현은 $\tilde{X}$라는 확률변수가 평균 a, 분산 b의 정규분포(normal distribution)를 따른다는 것을 의미한다.[2] 정규분포는 a와 b라는 두

---

1 쇼울즈(Myron Scholes)는 이 업적으로 머튼(Robert Merton)과 함께 1997년도 노벨 경제학상을 수상하였다. 블랙(Fischer Black)은 이미 작고하여 수상하지 못하였다.

2 통계학에서 보통 $N(a, b)$와 같이 표기하지만, 뒤에 블랙-쇼울즈 공식을 표현할 때 일반적으로 N을 정규분포의 누적분포함수를 의미하는 기호로 사용하기 때문에 이와 구별하기 위해 $\upsilon(a, b)$로 나타내었다.

모수(parameter)만으로 정확하게 규정된다. 식 11.1은 S_T에 로그를 취한 값이 정규분포를 따른다는 것을 말하고 있는데, 여기에서 S_T 자체의 분포 대신 S_T에 로그를 취한 값의 분포를 나타내는 까닭은 다른 분포에 비해 정규분포가 단순하고, 그것의 통계적 특성이 잘 알려져 있기 때문이다. 이럴 때 주가 S_T는 로그정규분포(lognormal distribution)를 따른다고 말한다.

식 11.1을 약간 변형하면

$$\ln S_T - \ln S \sim v((\mu - 0.5\sigma^2)T, \sigma^2 T)$$

인데, $\ln S_T - \ln S = \ln\frac{S_T}{S}$라는 관계와, 상수 k에 대해서 $E(k\tilde{X}) = kE(\tilde{X})$와 $var(k\tilde{X}) = k^2 var(\tilde{X})$라는 관계를 적용하여

$$\frac{1}{T}\ln\frac{S_T}{S} \sim v\left((\mu - 0.5\sigma^2), \frac{\sigma^2}{T}\right) \tag{11.2}$$

이라는 식을 도출할 수 있다. 위 식에서 $\frac{1}{T}\ln\frac{S_T}{S}$는 지금부터 T까지의 기간 동안 해당 주식에 투자했을 때 얻는 (연속복리로 표현한) 연 수익률이다. 따라서 식 11.1이나 식 11.2는 주가 수익률이 정규분포를 따른다는 것을 의미하며,[3] 아울러 그 주가 수익률의 평균은

$$E\left(\frac{1}{T}\ln\frac{S_T}{S}\right) = \mu - 0.5\sigma^2 \tag{11.3}$$

이고, 분산은

$$var\left(\frac{1}{T}\ln\frac{S_T}{S}\right) = \frac{\sigma^2}{T} \tag{11.4}$$

이라는 것을 규정하고 있는 셈이다. 식 11.4에 따르면 주가 수익률의 분산은 T가 커질수록, 즉 긴 기간에 걸쳐 계산한 수익률일수록 작아진다는 것을 알 수

---

3 실제로 주식의 수익률이 정규분포를 따르는가에 대해서는 논란이 있을 수 있다. 몇몇 실증 연구에서는 정규분포보다 밀도함수의 양 꼬리 부분이 더 두터운 분포, 즉 소위 t-분포로 주식 수익률을 규정하는 것이 더 적절하다는 결과를 보이기도 한다.

있다.[4] 또한 $T = 1$일 때 식 11.4는

$$var\left(\ln\frac{S_1}{S}\right) = \sigma^2$$

이 되는데, 이것이 소위 주가 변동성(stock price volatility)을 정의해 주고 있다. 흔히 변동성을 '주가 수익률의 표준편차'라고 표현하는데 더 정확히 말하자면 1년 동안의 주가 변화에 근거한 (연속복리) 연 수익률의 표준편차다.[5]

한편 여기에서 식 11.3을 보면 주가 수익률의 평균을, 일반적으로 평균을 표시할 때 사용하는 기호인 μ 대신 굳이 $\mu - 0.5\sigma^2$으로 규정되게끔 모형화했는가에 대한 의문이 들 수 있다. 이는 주가 움직임에 관한 이론의 전개에 있어 사실 미래 주가 S_T의 분포는, 시간의 흐름에 따른 주가의 순간순간의 변화를 규정하는 하나의 확률과정(stochastic process)의 결과물이기 때문이다. 그러한 주가 움직임의 확률과정에서 주가는 순간적으로 μ의 비율(rate)로 상승하는 추세를 기본으로 하고 거기에 불확실한 요소가 더해지는 것으로 규정된다. 이러한 주가 확률과정의 정확한 규정이나, 결과적으로 나타나는 미래 주가 S_T의 확률분포와 관련된 논의는 여기에서는 피하고 제 III 편에서 확률과정을 살펴보면서 다루도록 한다.

---

4 참고로 식 11.3과 식 11.4를 이해하기 위해 다음과 같이 주가 수익률을 자동차의 속도에 비유해 보자. 현재 시속이 60km라는 것은 지금 정도의 속도로 한 시간을 주행하면 60km를 갈 수 있다는 말이다. 예를 들어, 10분 동안 8km를 주행했다면 시속 48km로 달렸다고 말할 수 있다. 마찬가지로 '연' 수익률이 10%라는 말은 지금 어떤 주식이 이러한 비율로 가격이 변하면 1년 동안에 10%의 수익을 낼 것이라는 말이다. 만일 3개월 동안 3%의 수익률을 얻었다면 연 수익률은 12%라고 한다. 이제 특정 시간대에 특정한 구간을 자동차들이 시속 몇 km로 주파하는가를 알아보기 위해서 100대의 차가 출발했다고 해보자. 이 가운데 50대는 10분 동안 주파한 거리로 시속을 추정하고, 나머지 50대는 30분 동안 주파한 거리로 시속을 추정하기로 했다고 가정해 보자. 그럼 10분 동안 주행으로 추정한 시속과 30분 동안 주행으로 추정한 시속의 평균은 같다고 생각할 수 있다. 그러나 10분 동안 주행하여 추정한 시속의 정확도보다는 30분 동안 주행하고 추정한 시속의 정확도가 더 높을 것이라는 것을 짐작할 수 있다. 마찬가지로 우리가 짧은 T로 측정한 연 수익률과 긴 T로 측정한 연 수익률의 평균은 동일하다고 할 수 있지만, 그 추정치의 정확도는 측정 기간이 길수록 더 높아진다고 할 수 있다. 식 11.3과 식 11.4는 이러한 연 수익률의 평균과 분산의 성격을 보여주고 있는 것이다.

5 변동성 σ를 통계적으로 추정하기 위해서 연간 자료만을 이용해야 하는 것은 아니다. 일간(daily) 자료나 주간(weekly) 자료 등으로도 추정할 수 있다.

μ와 $\mu - 0.5\sigma^2$ 차이에 대한 직관적 이해

다음과 같은 예를 생각해 보자. 어떤 주식이 5년 동안 각각 10%, 12%, 5%, −4%, 7%의 수익률을 기록했다. 간단히 살펴보기 위해 여기에서 수익률은 (1년 단위의) 단순 수익률이다. 즉, 첫해의 10%의 수익률은 연초 100을 투자해서 연말에 110을 회수했다는 의미로 해석하면 된다. 이 경우 이 주식의 수익률의 5년간 '평균'은 $(10\% + 12\% + 5\% - 4\% + 7\%) \div 5 = 6\%$로 계산된다. 한편 100을 5년간 투자했을 때 회수금은

$$100(1 + 0.1)(1 + 0.12)(1 + 0.05)(1 - 0.04)(1 + 0.07) = 132.8786$$

이 될 텐데, 이러한 투자 성과는 5년간 연평균 몇 %의 수익률을 기록한 것에 해당하는가를 $\left(\frac{132.8786}{100}\right)^{\frac{1}{5}} - 1 = 5.85\%$로 계산할 수도 있을 것이다. 즉, 매년 수익률의 평균값은 6%이지만, 5년간 평균적으로 5.85%를 기록했다고도 말할 수 있다. 앞의 6%는 μ의 개념에, 뒤의 5.85%는 $\mu - 0.5\sigma^2$의 개념에 비슷하게 대응이 된다고 말할 수 있다.[6] 그러므로 우리가 '평균수익률'이라는 용어를 쓸 때 이러한 불분명함이 있을 수 있음을 인식할 필요가 있다. 주가와 관련하여 우리는 보통 μ라는 모수를 평균수익률(또는 기대수익률; expected return)이라고 부르지만, 때로는 평균수익률이라는 표현이 이와 같이 문맥에 따라 조금 다른 것을 의미할 수도 있다. ♠

한편 미래 주가가 식 11.1처럼 분포되어 있을 때, 주가 자체의 평균과 분산은 다음과 같이 계산된다.[7]

$$E(S_T) = Se^{\mu T}, \tag{11.5}$$

$$var(S_T) = S^2 e^{2\mu T}\left(e^{\sigma^2 T} - 1\right). \tag{11.6}$$

---

6 μ는 순간 변화율이기에 정확한 비유는 아니다.

7 식 11.5와 식 11.6을 여기에서 도출한 것은 아니고 결과만을 보여준 것이다.

로그정규분포의 모습

어떤 주식에 대해서 기대수익률 $\mu = 0.15$와 변동성 $\sigma = 0.30$을 가정할 때, 이 주식의 6개월 후의 주가 분포를 생각해 보자. 현재 주가는 100이다. 식 11.1에 따라 6개월 후의 주가 $S_{0.5}$는

$$\begin{aligned}\ln S_{0.5} &\sim \upsilon(\ln 100 + (0.15 - 0.5 \times 0.3^2) \times 0.5,\ 0.30^2 \times 0.5)\\ &= \upsilon(4.6577,\ 0.2121^2)\end{aligned}$$

의 분포를 따른다. 확률변수 $\tilde{X}$가 $\upsilon(a, b)$의 분포를 따를 때, 우리는

$$Prob\left[a - 1.96\sqrt{b} \le \tilde{X} \le a + 1.96\sqrt{b}\right] = 0.95$$

라는 사실을 알고 있다. 여기에서 물론 $Prob[A]$는 A라는 사건(event)이 일어날 확률을 표시한다. 따라서

$$Prob[4.6577 - 1.96 \times 0.2121 \le \ln S_{0.5} \le 4.6577 + 1.96 \times 0.2121] = 0.95$$

즉,

$$Prob[4.2419 \le \ln S_{0.5} \le 5.0734] = 0.95$$

가 되며, 이로부터

$$Prob[e^{4.2419} \le S_{0.5} \le e^{5.0734}] = 0.95$$

또는

$$Prob[69.54 \le S_{0.5} \le 159.72] = 0.95$$

가 도출된다. 즉, 이 주식의 6개월 후의 가격이 (69.54, 159.72)의 구간에 놓이게 될 확률이 95%라는 것을 알 수 있다.[8] 한편 6개월 후 주가의 기대값은 식 11.5에 따라 $E(S_{0.5}) = 100e^{0.15 \times 0.5} = 107.79$로 계산된다. 그림 11.1은 시간이

---

8 유사해 보이지만 지금의 논의는 통계학에서 말하는, 모수(parameter)에 대한 신뢰구간(confidence interval)의 계산과는 맥락이 다르기 때문에 신뢰구간이라는 표현을 여기서는 쓰지 않기로 한다.

지남에 따라 확장하는 주가의 95% 확률 구간의 변화를 평균값의 변화와 함께 보여주고 있다.

$S_{0.5}$의 확률분포를 말해 주는 확률밀도함수(probability density function; pdf)는 그림 11.2처럼 나타난다. 로그정규분포의 확률밀도함수는 0보다 큰 값에서 정의되며, 왼쪽으로 치우친 비대칭의 모습을 하고 있다는 것을 알 수 있다. ♠

그림 11.1 주가 분포의 95% 확률 구간

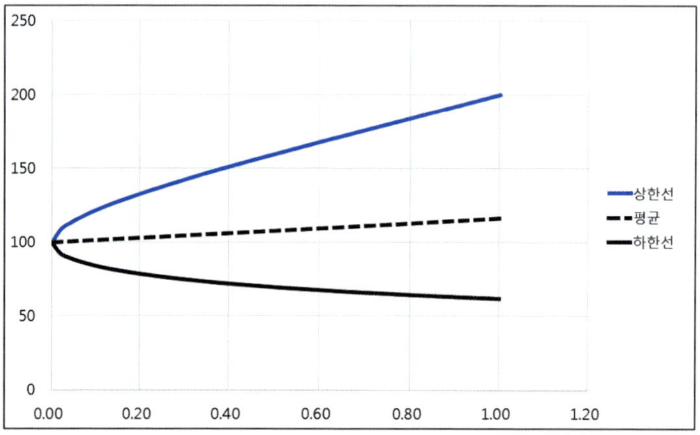

그림 11.2 로그정규분포의 확률밀도함수

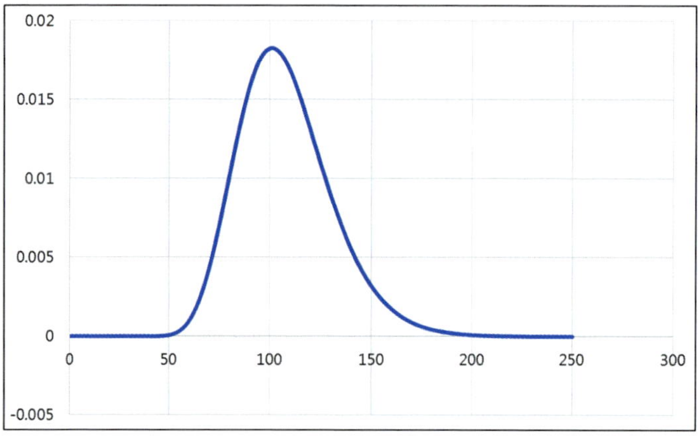

제 2 절 블랙-쇼울즈 공식 도출의 기본 아이디어

BS 모형은 제 1 절에서 기술한 주가 움직임의 가정에 근거하고 있다. 즉, 미래 특정 시점에서의 주가는 식 11.1과 같은 로그정규분포를 따른다고 가정한다. 주가 변화에 관한 다른 가정에 근거한 보다 복잡한 모형들도 있지만, 이론적으로나 실무적으로 BS 공식만큼 널리 사용되고 있지는 않다.

BS 공식은 여러 가지 방법으로 도출할 수 있으나 어느 방법이든 수학적으로 엄밀하게 증명하는 것은 쉬운 일은 아니다. 여기에서는 공식 도출에 사용된 기본 아이디어를 스케치하여 독자들의 직관적 이해를 돕는 것을 목적으로 한다. 주가의 확률과정의 설정에서부터 시작하는 보다 엄밀한 공식의 도출 과정은 제 III 편에서 다루도록 한다.

여기에서 적용한 BS 공식 도출의 기본 아이디어는 제 10 장에서 언급된 위험중립 가치평가(risk-neutral valuation) 기법이다. 즉, 투자자들이 모두 위험중립이라고 가정한 세계에서 도출되는 옵션의 가치는, 투자자들이 위험회피적인 실제 세계에서의 가치와 일치한다는 결과를 이용한다. 이항 모형에서 위험중립 가치평가 기법은 다음과 같이 정리되었다.

[1] 위험중립 세계에서의 주가 상승 확률인 가성확률 π를 계산한다.
[2] 이 가성확률에 근거해서 미래 파생상품 가치의 기대값을 구한다.
[3] 이 기대값을 무위험 수익률로 할인한다.

이 원칙은 주가가 이항 분포를 따른다고 가정할 때만이 아니라, (일정한 조건을 만족하는) 다른 임의의 분포를 가정하는 상황에서도 적용된다는 것이 수학적으로 증명되어 있다. 여기에서 기본적으로 가정하는 주가 분포가 로그정규분포이니 이를 기반으로 설명해 보자.

위험중립 가치평가를 위해서는 이항 모형에서 '가성확률'에 해당하는 주가의 '가성확률분포'를 찾아야 하는데, 결론적으로 말하자면 그 가성확률분포는 다음과 같다.

$$\ln S_T \sim \upsilon(\ln S + (r - 0.5\sigma^2)T, \sigma^2 T). \tag{11.7}$$

이를 앞의 제 1 절에서 제시한 주가의 실제 확률분포를 나타내는 식 11.1과 비교해 보자. 두 경우 모두 $\ln S_T$가 로그정규분포를 따르며 분산도 동일한데, 단지 평균을 나타내는 부분에서 식 11.1에서의 μ가 식 11.7에서는 r로 바뀐다는 점만 다르다. 위험중립 세계에서 투자자들은 위험을 전혀 고려하지 않기 때문에, 위험한 투자나 안전한 투자나 기대수익률이 같으면 동일하게 취급하므로 모든 투자대상으로부터 기대하는 수익률은 무위험 수익률과 동일하게 된다. 따라서 식 11.7에서 기대수익률이 r이 되는 것은 위험중립 세계를 가정함에 따른 당연한 귀결이라고 볼 수 있다.[9] 결과적으로 유럽형 콜옵션의 이론 가격은 다음과 같은 과정을 통해 구할 수 있다.

[1] 주가가 식 11.7과 같이 분포되어 있다고 가정한다.
[2] 이에 근거해서 만기에서의 옵션의 수입인 $\max(S_T - K, 0)$의 기대값을 계산한다.
[3] 이 기대값을 무위험 수익률로 할인한다.

다시 말하면 유럽형 콜옵션의 가치는

$$c_E = e^{-rT} E^*[\max(S_T - K, 0)] \tag{11.8}$$

으로 표현할 수 있다. 여기에서 기대값을 일반적인 기호 $E(\cdot)$ 대신 $E^*(\cdot)$로 표현한 것은 우리가 구하는 기대값이 S_T의 실제 확률분포에 근거하지 않고 식 11.7의 가성확률분포에 근거한다는 것을 분명히 하기 위함이다.

9 물론 여기에서 식 11.7이 우리가 찾는 가성확률분포라는 것을 증명한 것은 아니다. 그 증명은 역시 제 III 편에서 논의한다. 여기에서는 단지 이 식이 우리가 아는 사실들과 논리적으로 모순되지 않는다는 정도까지만 보인 것이다.

제 3 절 블랙-쇼울즈 공식

미래 주가에 대한 앞서의 가정하에서 유럽형 콜옵션의 이론적 가치를 계산하기 위해서는 이제 식 11.8을 최종적으로 평가하는 문제만 남았다. 기대값을 구하는 것은 수학적으로 적분의 실행을 의미한다. 식 11.8의 기대값을 적분을 통해서 평가하고, 그 결과를 무위험 수익률 r로 할인하여 정리한 것이 바로 BS 공식이다.

기대값의 수학적 정의에 따라

$$
\begin{aligned}
E^*[\max(S_T - K, 0)] &= \int_0^{\infty} \max(S_T - K, 0) h(S_T) dS_T \\
&= \int_0^{K} 0 \cdot h(S_T) dS_T + \int_K^{\infty} (S_T - K) h(S_T) dS_T \\
&= \int_K^{\infty} S_T h(S_T) dS_T - K \int_K^{\infty} h(S_T) dS_T.
\end{aligned}
$$

여기에서 $h(S_T)$는 S_T의 확률밀도함수를 의미하는데 주의할 점은 $E^*(\cdot)$가 위험중립 세계에서의 기대값이니 $h(S_T)$도 역시 위험중립 세계에서의 S_T의 분포를 반영해야 한다는 것이다. 즉, S_T가 식 11.1이 아니라 식 11.7이 나타내는 확률분포를 따르는 경우의 기대값을 계산해야 한다.

위의 적분들은 통계학의 변수 변환(transformation of variables)이라는 방법을 적용하면, 잘 알려진 정규분포의 확률밀도함수로 변환시켜 복잡하기는 하지만 그리 어렵지 않게 평가할 수 있다. 그러나 여기에서는 직접 적분을 실행하는 대신, 헐(John C. Hull)이 정리한 결과에 따라 식 11.8의 기대값을 평가하도록 한다.[10] 이 방법론은 이후 다른 문제들의 논의에서도 반복적으로 적용될 것이며 편의상 헐(Hull)의 공식이라고 부르도록 한다.

10 John C. Hull(2012). *Options, Futures, and Other Derivatives*, 8th ed. Pearson, p. 329.

헐(Hull)의 공식

확률변수 V가 로그정규분포를 따르는데 $\ln V$의 표준편차는 w라고 할 때, 다음과 같은 관계가 성립한다.

$$E[\max(V-K,0)] = E(V)N(d_1) - KN(d_2). \tag{11.9}$$

여기에서

$$d_1 \equiv \frac{\ln[E(V)/K] + 0.5w^2}{w}$$
$$d_2 \equiv \frac{\ln[E(V)/K] - 0.5w^2}{w}$$

이며 $N(\cdot)$은 표준정규분포의 누적분포함수(cumulative distribution function; cdf)다. 즉, $Z \sim v(0,1)$일 때

$$N(x) = Prob[Z \leq x]$$

로 정의된다. 표준정규분포의 확률밀도함수(probability density function; pdf)는

$$f(x) = \frac{1}{\sqrt{2\pi}} \exp\left(-\frac{x^2}{2}\right)$$

으로 알려져 있다. 따라서

$$N(x) = \int_{-\infty}^{x} \frac{1}{\sqrt{2\pi}} \exp\left(-\frac{z^2}{2}\right) dz$$

로 나타낼 수 있고, $N(x)$의 1차 도함수 $N'(x)$는 바로 확률밀도함수가 된다. 이후의 논의에 있어서 $N'(\cdot)$도 자주 언급될 것이다. 그림 11.3은 표준정규분포의 확률밀도함수와 $N(\cdot)$의 관계를, 그림 11.4는 $N(\cdot)$ 함수 자체의 모양을 보여주고 있다.

$N(x)$의 값을 실제로 계산하기 위해서는 MS 엑셀 프로그램에서 =norm.s.dist(x, TRUE)라는 함수를 이용하면 된다.[11] 또한 $N'(x)$는 =norm.s.dist(x, FALSE)로 계산할 수 있다. ♠

11 이전 버전의 함수 =normsdist(x)로도 계산할 수 있다.

그림 11.3 표준정규분포의 확률밀도함수와 $N(\cdot)$의 관계

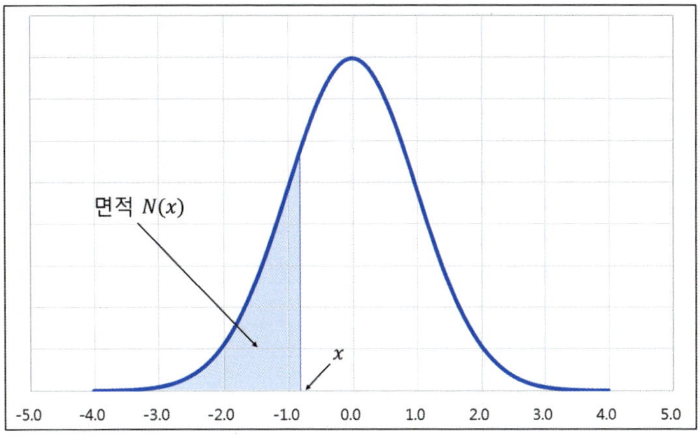

그림 11.4 표준정규분포의 누적분포함수 $N(\cdot)$

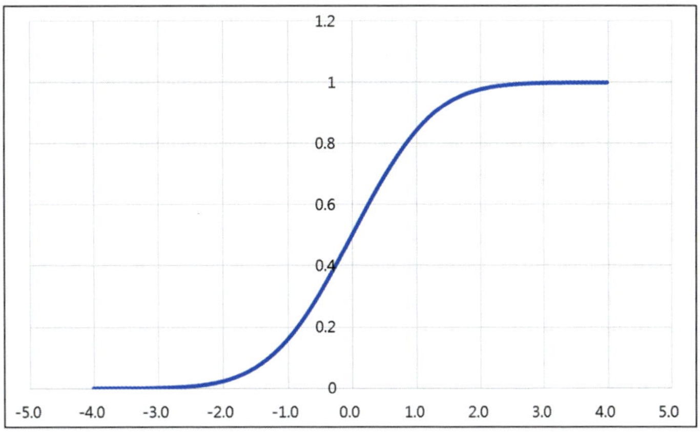

[예시] ……………………………………………………………………………………

$N(0), N(-1.96), N(1.96), N(1)$을 각각 평가해 보자. 우선 $N(0)$의 경우 표준정규분포의 확률밀도함수가 0을 기준으로 좌우 대칭이니 $N(0) = 0.5$라는 것을 알 수 있다. $N(-1.96)$과 $N(1.96)$을 평가하기 위해서는 표준정규분포를 따르는 확률변수 Z에 대해서

$$Prob[-1.96 \leq Z \leq 1.96] = 0.95$$

라는 통계학의 잘 알려진 사실을 이용하면 된다. 아울러 확률밀도함수가 $x = 0$을 기준으로 대칭이라는 사실로부터 $N(-x) = 1 - N(x)$의 관계도 파악된다. 따라서

$$N(-1.96) = Prob[Z \leq -1.96] = 0.025$$
$$N(1.96) = Prob[Z \leq 1.96] = 1 - 0.025 = 0.975$$

라는 것을 알 수 있다. 한편 $N(1)$은 특별히 알려진 관계를 이용할 수 없으니 엑셀을 이용해서 그 값을 계산하면 $N(1) = \text{norm.s.dist}(1, \text{TRUE}) = 0.8413$으로 평가된다.

유럽형 콜옵션의 가치를 계산하기 위한 식 11.8을 평가하기 위해서는 S_T가 로그정규분포를 따를 때 $\max(S_T - K, 0)$ 형태를 가진 함수의 기대값을 계산해야 하므로, 우리는 식 11.9의 관계를 그대로 적용할 수 있다. 우선 $\ln S_T$의 표준편차는 $\sigma\sqrt{T}$이므로 이 값을 w에 대입한다. $E(V)$에 대응하는 것이 $E^*(S_T)$인데 이는 앞서의 식 11.5를 이용하여 $E^*(S_T) = Se^{rT}$를 대입한다.[12]

이제 식 11.9의 헐(Hull)의 공식에 따라

$$\begin{aligned} E^*[\max(S_T - K, 0)] &= E^*(S_T)N(d_1) - KN(d_2) \\ &= Se^{rT}N(d_1) - KN(d_2) \end{aligned}$$

인데, 여기에서

$$\begin{aligned} d_1 &= \frac{\ln[E^*(S_T)/K] + 0.5\sigma^2 T}{\sigma\sqrt{T}} \\ &= \frac{\ln[Se^{rT}/K] + 0.5\sigma^2 T}{\sigma\sqrt{T}} \\ &= \frac{\ln[S/K] + (r + 0.5\sigma^2)T}{\sigma\sqrt{T}} \end{aligned}$$

---

12 S_T의 실제 분포에 따르면 $E(S_T) = Se^{\mu T}$가 되겠지만, 위험중립 세계에서는 주가의 기대수익률이 r이 되어야 하므로 $E^*(S_T) = Se^{rT}$라는 결과를 이용한다.

이며, 유사하게

$$d_2 = \frac{\ln[S/K] + (r - 0.5\sigma^2)T}{\sigma\sqrt{T}}$$

로 정리된다. d_1과 d_2 사이에는 $d_2 = d_1 - \sigma\sqrt{T}$의 관계가 있다. 이제 식 11.8의 기대값에 위의 결과를 대입하면

$$\begin{aligned} c_E &= e^{-rT}[Se^{rT}N(d_1) - KN(d_2)] \\ &= SN(d_1) - Ke^{-rT}N(d_2) \end{aligned} \tag{11.10}$$

를 얻게 되는데 이것이 바로 블랙-쇼울즈 공식이다.

[예시]

만기가 3개월 남아 있고 행사가격이 40인 유럽형 콜옵션의 이론적 가치를 BS 공식을 적용하여 계산해 본다. 현재 주가는 39, 주가 변동성은 30%, 무위험 이자율은 7%라고 하자. 이 경우

$$S = 39,\ K = 40,\ \sigma = 0.3,\ r = 0.07,\ T = 0.25$$

를 식 11.10에 대입하면 될 것이다.

$$\begin{aligned} d_1 &= \frac{\ln(39/40) + (0.07 + 0.5 \cdot 0.3^2)(0.25)}{0.3\sqrt{0.25}} = 0.02288 \\ d_2 &= d_1 - 0.3\sqrt{0.25} = -0.12712 \end{aligned}$$

이고

$$c_E = 39 \cdot N(0.02288) - 40e^{-0.07 \cdot 0.25}N(-0.12712) = 2.1909$$

로 계산된다.

[예시]

제 8 장에서 우리는 여러 가지 차익거래 부등식을 살펴본 바 있다. 차익거래 부등식은 주가에 대한 구체적인 확률분포를 가정하지 않을 때에도 성립되는 일반적인 관계이기 때문에, 특정 확률분포를 가정하여 도출한 옵션 가격에 대해서 당연히 성립되어야 한다. 하나의 연습으로 제 8 장 2 절의 (9)번 부등식을 확인해 보자. 즉, $0 \le \lambda \le 1$의 λ에 대해서 $K_2 = \lambda K_1 + (1-\lambda)K_3$라고 할 때

$$c(K_2) \le \lambda c(K_1) + (1-\lambda)c(K_3)$$

의 관계가 성립하는지 확인한다. $\lambda = 0.5$에 대해서 $K_1 = 35, K_3 = 45$인 경우를 살펴보자. σ, r, T의 값은 바로 앞의 예에서와 동일하게 가정한다. BS 공식을 적용하여 $c(35), c(40), c(45)$의 값을 각각 계산하면,

$$c(35) = 5.2233,\ c(40) = 2.1909,\ c(45) = 0.6996$$

이므로

$$\begin{aligned} 0.5c(35) + 0.5c(45) &= (0.5)(5.2233) + (0.5)(0.6996) \\ &= 2.96145 \ge 2.1909 = c(40) \end{aligned}$$

과 같이 계산되어 해당 부등식이 성립함을 확인할 수 있다.

유럽형 풋옵션의 가치평가 공식은 BS 공식을 간단히 변형하여 구할 수 있다. 제 8 장에서 언급한 풋-콜 등가식으로부터 우리는

$$p_E = c_E + Ke^{-rT} - S$$

라는 것을 알고 있다. 또한 $1 - N(x) = N(-x)$라는 관계를 적용하면 유럽형 풋옵션의 가치를 다음과 같이 구할 수 있다.

$$\begin{aligned} p_E &= SN(d_1) - Ke^{-rT}N(d_2) + Ke^{-rT} - S \\ &= Ke^{-rT}(1 - N(d_2)) - S(1 - N(d_1)) \\ &= Ke^{-rT}N(-d_2) - SN(-d_1). \end{aligned}$$

제 4 절 이항 모형과 BS 공식

제 10 장의 이항 모형에서 만기까지의 기간을 세밀하게 나누고, 나뉜 각 구간마다 이항 움직임을 가정하는 방식으로 트리를 확장하여, 만기 시점에서 주가가 취할 수 있는 값들을 상당히 많아지게 할 수 있었다. 나뉜 각 구간의 수, 즉 이항 움직임의 수인 n이 증가함에 따라 u와 d 값을 어떻게 규정하는가에 따라 만기 주가의 확률분포가 달라지게 된다. 그 가운데 예를 들어

$$u = e^{\sigma\sqrt{h}}$$
$$d = e^{-\sigma\sqrt{h}}$$

로 규정하면, n이 증가함에 따라 만기의 주가는 변동성이 σ인 로그정규분포로 수렴한다는 것이 증명되어 있다. 여기에서 h는 T/n, 즉 각 구간의 시간의 길이를 나타내는 변수였다. 이항 공식을 적용할 때, 입력 변수는 S, r, T, u, d였는데 여기에서 u와 d가 주가의 변동성과 관계가 있다. 예를 들어, 이 두 변수의 차이가 클수록 변동성이 더 큰 것을 의미할 것이다. u와 d가 설정되면 위험중립 세계에서의 가성확률은

$$\pi = \frac{e^{rh} - d}{u - d}$$

의 관계로부터 규정될 것이고, 이러한 변수에 근거하여 이항 트리를 구축하면 만기 주가가 위험중립 세계에서의 주가 S_T의 분포인 식 11.7의 로그정규분포에 수렴하게 된다. 이와 같이 구축된 이항 트리에 콜옵션의 평가를 위하여 이항 공식을 반복적으로 적용하면 하나의 값이 구해질 텐데, 이 값은 BS 공식에 의한 이론적 가격과 유사할 것이다.[13]

---

13 이항 모형에 의한 주가의 분포가 로그정규분포로 수렴할(converge) 때, 이항 모형에 의한 옵션의 가치가 BS 공식에 의한 값으로 수렴할 것인가 하는 문제는 상식적으로 당연해 보이지만 사실 수학적으로 간단하지 않은 증명을 요구한다. 이와 관련하여서는 J. Cox and M. Rubinstein(1985). *Options Markets*. Englewood Cliffs, New Jersey: Prentice-Hall, pp. 196-212 참조.

실제로 $n = 100$의 경우에 이항 모형을 적용하면 앞에서 예로 든 콜옵션의 이론 가격은 2.19101로 계산되어, BS 공식을 적용하여 계산된 2.1909와 거의 유사함을 알 수 있다. 유럽형 콜옵션의 평가를 위해서는 BS 공식이 있으므로 이항 모형을 사용하는 것은 그 자체로는 의미가 없다. 여기에서는 이항 모형의 적정성을 확인하기 위한 하나의 예로서 유럽형 콜옵션의 평가에 적용하였다. 그러나 만일 만기시 옵션의 수입구조가 복잡하여 현재가치를 (유럽형 콜옵션과 같이 그 현재가치를 하나의 식으로 도출할 수 있는 경우와 달리) 하나의 식으로 도출할 수 없을 때에는 이러한 이항 모형이 매우 중요한 가치평가 기법이 될 수 있다. 또한 이항 모형은 앞서 살펴본 바와 같이, 조기행사의 선택권이 있는 미국형 옵션의 가치를 평가할 수 있다는 장점이 있다.

옵션의 현재가치를 하나의 닫힌 해의 형태로 표현할 수 없는 경우, 이항 모형과 같이 반복적인 계산을 통해서 그 답을 찾는 방법을 수치적 방법(numerical method)이라고 한다. 옵션의 가치평가와 관련하여 또 다른 하나의 중요한 수치적 방법으로 몬테칼로 시뮬레이션이 있다.

제 5 절 몬테칼로 시뮬레이션을 이용한 옵션의 평가

위험중립 가치평가 기법을 적용할 때 일단 기준자산의 가성확률분포를 알아낼 수 있다면, 이 확률분포에 근거한 만기 시점에서의 파생상품 수입의 기대값을 구하는 문제만 남게 된다. 우리는 주가가 로그정규분포를 따를 경우에 이 가성확률분포를 알고 있다. 이제 주어진 파생상품의 T 시점에서의 수입의 기대값을 구해야 하는데, 이 기대값은 하나의 식으로 표현되지 못하는 경우가 일반적이다. BS 공식은 이 기대값이 하나의 식으로 표현될 수 있는 예외적인 경우라고 할 수 있다. 기대값을 하나의 닫힌 해의 형태로 표현할 수 없을 경우에는, 앞에서 살펴본 이항 모형 외에도 몬테칼로 시뮬레이션(Monte Carlo simulation; 이하 MC 시뮬레이션)이라는 수치적인 방법을 적용할 수 있다.

간단한 설명을 위해 $w = f(x, y)$의 함수 관계를 가정해 보자. 여기에서 x와

y가 확률변수라면 이들의 함수인 w 역시 확률변수일 것이다. 독립변수인 x와 y에 대해서는 각각의 구체적 확률분포를 가정하고 있다. 이때 w에 관한 통계적 분석을 하기 위해서는 그 확률분포를 알아낼 필요가 있는데, 그것의 확률밀도함수(pdf)를 하나의 식으로 파악할 수 없는 경우가 많다. 이런 경우 컴퓨터의 난수발생기(random number generator)라는 프로그램을 이용해서 x와 y의 값들을 가정된 확률분포에 따라 다수 만들어 내고, 그에 대응이 되는 w 값을 함수 관계를 이용해 계산한 후 이 w의 빈도로부터 확률분포를 근사적으로 파악할 수 있다. 통계학에서 중요한 방법론으로 자리잡고 있는 이러한 방법론을 MC 시뮬레이션이라고 부른다.

우선 난수발생기에 대해서 알아보자. 예를 들어, 통계적 실험을 위해서 주사위를 던진다고 생각해 보자. 난수발생기를 이용하면 사람이 직접 주사위를 던질 때 나올 수 있는 사후적 값들을 컴퓨터가 순식간에 만들어 내게 할 수 있다. 즉, 주사위를 던졌을 때 나올 수 있는 1부터 6까지의 숫자를 그 확률(1/6)에 맞게 자연스럽게 나오도록 프로그램할 수 있다. 난수발생기를 이용하여 우리가 원하는 어떠한 확률분포에 근거해서도 난수를 만들어 낼 수 있고, 또한 만일 x와 y가 상관관계를 갖고 있다면 이를 반영하여 x와 y의 쌍들(pairs)도 발생시킬 수 있다.[14]

MC 시뮬레이션을 파생상품 가치평가에 적용한다면 다음의 과정이 필요할 것이다.

[1] 난수발생기를 이용해서, 위험중립 세계에서의 가성확률분포에 따르는 기준변수의 만기에서의 값을 다수 만들어 낸다. 많이 만들수록 정확해지겠지만 계산 시간도 고려할 필요가 있다.

[2] 발생된 각각의 기준변수의 값에 대응하는, 만기에서의 파생상품의 수입을 계산하여 수집한다. 수집된 수입들의 평균값을 구한다.

[3] 이 평균값을 무위험 수익률로 할인한다.

---

14 얼마나 자연스러운 난수의 시리즈를 만들어 낼 수 있는가에 따라 난수발생 프로그램의 질적 수준이 결정된다.

제 3 절에서 예로 든 유럽형 콜옵션의 가치를 MC 시뮬레이션을 통해서 계산해 보자. 결정변수들이

$$S = 39,\ K = 40,\ \sigma = 0.3,\ r = 0.07,\ T = 0.25$$

와 같았다. 따라서 위험중립 세계에서 $\ln S_T$가

$$\begin{aligned}\ln S_T &\sim \upsilon(\ln 39 + (0.07 - 0.5 \times 0.3^2) \times 0.25,\ 0.3^2 \times 0.25) \\ &= \upsilon(3.669812,\ 0.15^2) \qquad (11.11)\end{aligned}$$

의 분포를 따르게 되므로 $\varepsilon \sim \upsilon(0,1)$ 이라고 규정하면 $0.15\varepsilon + 3.669812$ 도 식 11.11의 분포를 따르게 될 것이다. 이제 표준정규분포를 따르는 난수를 엑셀 프로그램을 이용해서 100,000개 만들어 낸다. 엑셀에서 =norm.s.inv(rand( ))라는 함수는 표준정규분포의 난수를 만들어 낸다.[15] 첫 번째 난수 ε을 이용하여 $0.15\varepsilon + 3.669812$를 계산하고 이를 하나의 $\ln S_T$ 값으로 생각한다. 다시 e 함수를 적용하면, 즉 $e^{\ln S_T} = S_T$로 변형하면 하나의 사후적인 S_T 값을 생성할 수 있다. 이러한 과정을 100,000개의 ε 값 각각에 대해서 반복하면, 우리가 원하는 로그정규분포를 따르는 S_T 값들의 시리즈를 만들어 낼 수 있을 것이다.

이렇게 만들어진 S_T 값 각각에 대해 콜옵션의 만기에서의 수입을 계산하고, 이 수입들의 평균을 구한 후 무위험 수익률을 이용해서 현재 시점으로 할인한 결과 2.201779라는 값을 얻을 수 있었다. 이를 BS 공식으로 계산한 값 2.1909와 비교하면 약 0.5%의 오차가 발견된다. 행사가격과 만기가 같은 풋옵션의 가치는 2.495107로서 BS 공식에 의한 가치 2.4970과 약 0.08%의 오차를 보여준다. 표 11.1은 난수 발생으로부터 현재가치 계산까지의 MC 시뮬레이션 과정을 보여주고 있다.

---

15 로그정규분포의 난수를 만드는 방법은 여러 가지가 있을 수 있으나 여기에서는 표준정규분포를 따르는 난수들을 생성하고, 이로부터 로그정규분포의 난수로 변형하는 방법을 예로 들었다.

표 11.1 MC 시뮬레이션 과정 및 결과

일련번호	ε	$\ln S_T$	S_T	콜옵션	풋옵션	제곱근 콜
1	0.594042	3.758918	42.901979	2.901979	0.000000	1.703520
2	0.715480	3.777134	43.690631	3.690631	0.000000	1.921101
3	0.079518	3.681739	39.715414	0.000000	0.284586	0.000000
4	0.241961	3.706106	40.695021	0.695021	0.000000	0.833679
5	−0.902058	3.534503	34.277973	0.000000	5.722027	0.000000
⋮						
⋮						
99,999	−0.456578	3.601325	36.646758	0.000000	3.353242	0.000000
100,000	0.105476	3.685633	39.870353	0.000000	0.129647	0.000000
수입 평균				2.240649	2.539155	0.916298
현재가치				2.201779	2.495107	0.900402

MC 시뮬레이션은 넓은 범위의 문제에 대해서 매우 유용하지만, 계산 시간이 많이 소요된다는 단점이 있다. 유럽형 콜옵션의 경우 BS 공식이라는 정확한 공식이 존재하기 때문에 MC 시뮬레이션을 적용할 이유가 없다. 여기에서는 시뮬레이션의 결과가 BS 공식을 이용했을 때와 거의 동일하다는 것을 보여줌으로써 MC 시뮬레이션이 또 하나의 타당한 옵션 평가 방법론이라는 것을 예시하기 위해서 실행하였다.

만기 시점에서의 옵션 수입의 기대값을 하나의 공식으로 표현할 수 없는 경우의 예를 들어 보자. 어떤 옵션의 만기 수입이 일반적인 콜옵션의 수입에 제곱근을 취한 값이라고 생각해 보자. 즉, 만기 수입이 $\sqrt{\max(S_T - K, 0)}$과 같이 표현되는 옵션이다.[16] 이러한 옵션의 현재가치는 하나의 식으로 표현되지 않기 때문에 가치평가를 위해서는 MC 시뮬레이션을 실행하는 것이 하나의 방법이 된다. 표 11.1이 보여주는 것처럼 생성된 주가에 대응하는 옵션의 수입을 계산해서 이 값들을 평균하고, 현재 시점으로 할인하여 0.900402라는 값을 구

16 이런 옵션이 실제로 존재하지는 않는다. 하나의 간단한 예를 들기 위해 만들어 보았다.

할 수 있었다.

여기에서는 MC 시뮬레이션의 특징을 보여주기 위한 간단한 예를 들었지만, 이 방법론은 다양하게 확장될 수 있다. 첫째, 기준변수가 여러 개일 경우에 각각의 기준변수를 생성하여 그 값들에 기초한 옵션의 가치를 구할 수 있을 것이다. 둘째, 기준변수가 만기까지 어떠한 과정을 거쳐왔는가에 따라 옵션의 수입이 달라지는 경우에 적용할 수 있다. 위에서 든 예에서는 옵션의 수입은 기준변수의 만기 가격에만 의존하였기 때문에 만기 가격만 생성하면 되었다. 그러나 옵션의 수입이 소위 과정의존적(path-dependent)인 경우에는, 즉 시간의 흐름에 따라 주가가 어떤 과정을 거쳐왔는가에 따라 옵션의 수입이 결정되는 경우에는, 주가의 움직임 자체를 시뮬레이션해야 하는데, 이러한 경우로도 MC 시뮬레이션을 확장할 수 있기 때문에 다양한 종류의 과정의존적인 옵션들도 평가할 수 있게 된다.

제 6 절 BS 공식의 도함수들

우리는 앞서 제 8 장 1 절에서 옵션의 가격 결정변수들이 어떤 방향으로 옵션의 가격에 영향을 미치는지 살펴본 바 있다. 그 관계들은 기준자산 가격의 확률분포를 가정하지 않은 상태에서도 성립하는 관계이므로, 기준자산의 미래 가격이 로그정규분포를 따른다는 구체적인 가정하에서 도출된 BS 모형의 함수관계에서 당연히 성립할 것이다. 여기에서는 가격 결정변수들이 변할 때, BS 공식에 따른 옵션의 이론적 가치의 변화가 앞서 살펴본 바와 일치한다는 것을 구체적인 예를 들어 확인해 볼 것이다. 또한 BS 공식이라는 구체적인 함수를 갖게 되었으니, 이 함수를 가격 결정변수 각각으로 직접 편미분하는 정태분석(static analysis)을 실행하기로 한다. 편미분의 결과 계산되는 도함수들(derivatives)은 파생상품의 동태적 행태(dynamic behavior)를 파악하는 데 중요하며, 이는 제 12 장의 주제인 동적 헤징을 실행할 때 핵심적인 정보가 된다.

이하의 정태분석의 예에서는 기본적으로 변수들의 값이

$$S = 39,\ K = 40,\ \sigma = 0.3,\ r = 0.07,\ T = 1$$

인 콜옵션과 풋옵션을 기본으로 하여 각각의 결정변수들의 변화의 영향을 살펴본다.[17] 예를 들어, 기준자산 가격 변화의 영향을 살펴보기 위해서는, 다른 변수들은 위의 값들을 유지하면서 S의 값만 0부터 80까지 변화할 때 BS 공식에 의한 값을 각각 계산하여 S 값과 대응되는 옵션 가치를 도시하게 된다.

(1) 기준자산의 가격 S의 영향(델타와 감마)

BS 공식을 적용하는 경우 기준자산 가격의 변화에 따른 콜옵션과 풋옵션의 가치 변화의 형태를 그림 11.5가 보여주고 있다. 예상한 대로 기준자산의 가격이 증가함에 따라 콜옵션의 가치는 상승하고, 풋옵션의 가치는 하락하고 있다. 또한 둘 모두 볼록 함수의 형태를 보인다.

BS 콜옵션 함수를 S로 편미분해 보자. 유럽형에 대해서 살펴보는 것이지만 콜과 풋의 프리미엄을 c_E, p_E 대신 간략히 c, p로 대신한다. 콜옵션 공식은

$$c = SN(d_1) - Ke^{-rT}N(d_2)$$

이므로

$$\frac{\partial c}{\partial S} = N(d_1) + SN'(d_1)\frac{\partial d_1}{\partial S} - Ke^{-rT}N'(d_2)\frac{\partial d_2}{\partial S} \qquad (11.12)$$

와 같이 미분된다.[18] 한편

$$\frac{\partial d_1}{\partial S} = \frac{\partial d_2}{\partial S} = \frac{1}{\sigma\sqrt{T}} \cdot \frac{1}{S}$$

이므로 식 11.12는 다음과 같이 정리된다.

---

17 여기에서는 옵션의 만기 이전에 배당이 존재하지 않는다는 전제하에 가격 결정변수들의 영향을 살펴본다.

18 미분에 익숙하지 않은 독자들을 위해 식 11.12 도출의 중간 과정을 부록 11.A에 기술하였다.

그림 11.5 기준자산 가격 변화의 영향

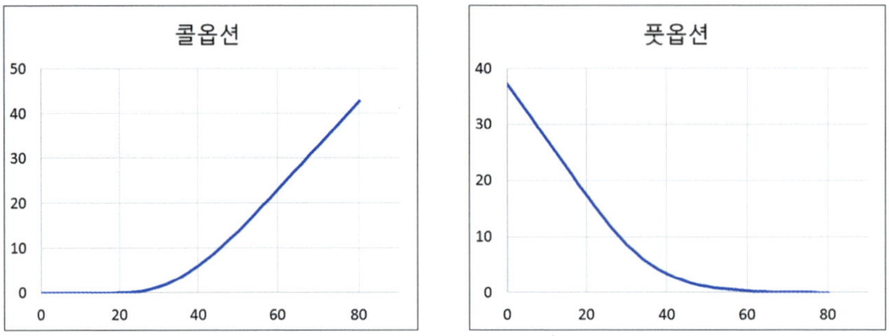

$$\frac{\partial c}{\partial S} = N(d_1) + [SN'(d_1) - Ke^{-rT}N'(d_2)]\frac{1}{\sigma\sqrt{T}} \cdot \frac{1}{S}. \tag{11.13}$$

그런데 식 11.13 가운데

$$SN'(d_1) - Ke^{-rT}N'(d_2) = 0 \tag{11.14}$$

으로 소거됨을 보일 수 있다. 식 11.14의 관계는 이후의 도출 과정에서 반복적으로 이용될 것이므로 주목할 필요가 있으며 부록 11.B에 증명되어 있다. 이제 이 식 11.14를 식 11.13에 대입하면 결국

$$\frac{\partial c}{\partial S} = N(d_1) \tag{11.15}$$

임을 알 수 있다.

기준자산의 가치 변화에 따른 파생상품의 가치 변화를 우리는 델타(Delta)라고 부르고 Δ로 표시한다.[19] 따라서 식 11.15를 콜옵션의 델타라고 부를 수 있다. 풋-콜 등가식으로부터 유럽형 풋옵션의 델타는

---

19 보통 어떤 변수 x의 변화분을 Δx와 같이 표시하는데 이런 경우는 Δx가 전체로서 하나의 변수를 의미한다. 파생상품과 관련하여 관행적으로 Δ는 위에 정의한 바를 의미하는 하나의 새로운 변수다. 문맥(context)에 따라 이해하면 혼란이 없으리라 생각한다.

$$\frac{\partial p}{\partial S} = N(d_1) - 1$$

로 쉽게 도출된다. 또는 함수 $N(\cdot)$의 특성상 $N(-x) = 1 - N(x)$가 성립하므로 풋의 델타를 $-N(-d_1)$으로 나타낼 수도 있을 것이다. $0 < N(d_1) < 1$이므로 콜옵션의 델타는 플러스이고 풋옵션의 델타는 마이너스임을 확인할 수 있다.

한편 기준자산의 가치 변화에 따른 델타 자체의 변화율을 감마(Gamma)라 부르고 Γ로 표시한다. 델타가 파생상품의 기준자산 가치에 대한 1차 도함수이니 감마는 2차 도함수다. 델타와 마찬가지로 감마는 동적 헤징을 실행함에 있어 거래자들이 살펴보는 중요한 변수 가운데 하나다. 콜옵션의 감마는

$$\begin{aligned}\frac{\partial^2 c}{\partial S^2} &= \frac{\partial}{\partial S} N(d_1) \\ &= N'(d_1)\frac{\partial d_1}{\partial S} \\ &= N'(d_1)\frac{1}{S\sigma\sqrt{T}}\end{aligned}$$

과 같이 계산된다. 마찬가지로 풋옵션의 감마는

$$\begin{aligned}\frac{\partial^2 p}{\partial S^2} &= \frac{\partial}{\partial S}(N(d_1) - 1) \\ &= N'(d_1)\frac{\partial d_1}{\partial S} \\ &= N'(d_1)\frac{1}{S\sigma\sqrt{T}}\end{aligned}$$

로서 콜의 감마와 동일하다.

(2) 행사가격 K의 영향

행사가격이 높아질수록 콜옵션의 가치는 하락하고, 풋옵션의 가치는 상승한다. 또한 둘 모두 볼록 함수의 형태를 보인다. 그림 11.6은 이러한 사실들을 확인해 준다. 다른 결정변수들과 달리, 주어진 옵션의 행사가격은 시간이 변화함에

그림 11.6 행사가격 변화의 영향

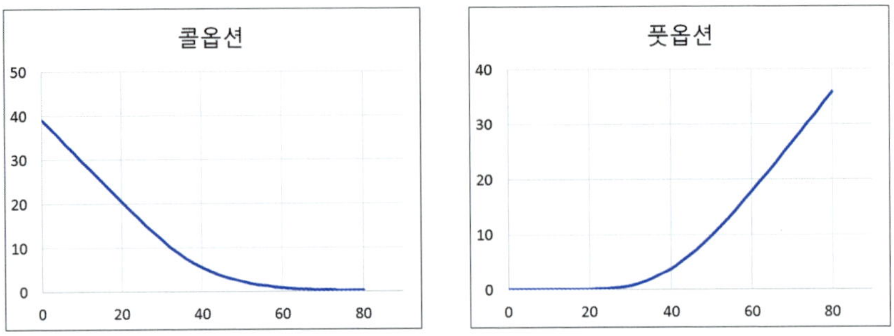

따라 변화하는 변수가 아니므로 행사가격의 변화에 따른 파생상품 가치의 동적 움직임을 파악하기 위해서 도함수를 구하지는 않는다.

(3) 만기까지의 기간 T의 영향(쎄타)

만기까지의 기간과 옵션 가치의 관계를 그림 11.7이 보여준다. 여기에서는 만기가 길어질수록 콜옵션이나 풋옵션 모두 가치가 상승하는 모습을 나타내고 있다.

앞서 제 8 장 1 절에서 만기 이전에 배당이 존재하지 않을 경우 콜옵션의 가치는 만기가 길어질수록 항상 더 높은 가치를 갖지만, 유럽형 풋옵션은 (배당이 존재하지 않는 경우에도) 항상 그렇지는 않을 수 있다는 점을 지적한 바

그림 11.7 만기까지의 기간 변화의 영향

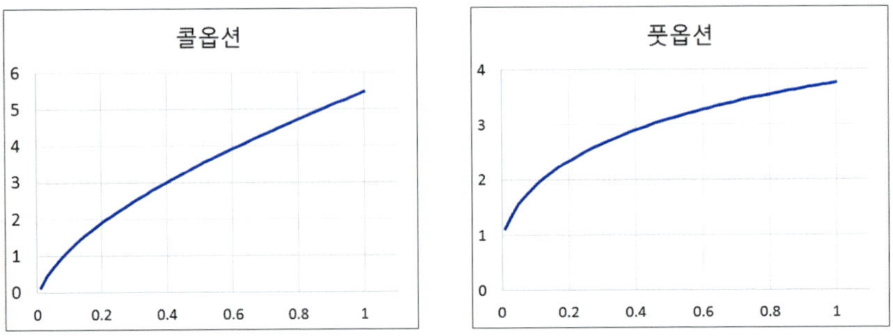

있다. 유럽형 풋옵션의 경우 만기가 길어지는 것의 효과는 두 상반되는 방향으로 나타나기 때문이다. 만기가 길어지면 만기에서의 주가의 불확실성이 더 커지는데, 이는 변동성 σ가 커질 때 옵션의 가치가 커지는 것과 같은 논리로 설명할 수 있다. 한편 만기가 길어지면 풋옵션을 소유한 사람이 만기에서 수령하게 되는 행사가격의 현재가치가 줄어들게 되므로 풋옵션의 가치를 하락시키는 힘이 작용한다. 많은 경우 첫 번째의 플러스 효과가 두 번째의 마이너스 효과를 초과하여, 만기가 길수록 풋옵션의 가치도 커지는 것이 일반적이지만, 변동성 σ가 작거나 이자율이 클 경우에는 마이너스 효과가 더 커질 수도 있다. 예를 들어, 다른 결정변수들의 값이

$$S = 39,\ K = 40,\ \sigma = 0.1,\ r = 0.1$$

일 경우에는 그림 11.8의 왼쪽 그래프가 보여주는 것과 같이 만기가 길수록 오히려 풋옵션의 가치가 하락할 수도 있는 것이다. 또 다른 예로 결정변수들이

$$S = 39,\ K = 40,\ \sigma = 0.15,\ r = 0.1$$

일 때에는 그림 11.8의 오른쪽 그래프가 보여주듯 만기와 옵션의 가치가 한쪽 방향으로 나타나지 않을 수도 있다.

시간의 경과에 따른 파생상품 가치의 변화율을 쎄타(Theta)라고 부르고 Θ로 보통 표기한다. 여기에서 콜옵션의 Θ를 평가하기 위해서는 $\frac{\partial c}{\partial T}$가 아닌 $-\frac{\partial c}{\partial T}$를 계산해야 한다. 왜냐하면 보통 도함수는 변수값이 '증가'할 때 함수값의 변화를 보게 되는데, 여기에서 시간의 경과는 T의 '감소'로 나타나기 때문이다.[20] 그림 11.7이나 그림 11.8에서도 시간의 경과에 따른 옵션 가치의 변화를 보기 위해서는, x-축에서 T가 오른편에서 왼편으로 줄어듦에 따른 y-축 값의 변화를 살펴야 한다.

따라서 콜옵션의 쎄타는

---

20 제 III 편에서는 기준자산의 확률과정을 수학적으로 더 엄밀하게 다루기 위해 만기까지의 기간을 여기에서와 같이 T로 표시하는 대신 $T - t$로 표시하고, 시간의 경과를 고정되어 있는 T 값에 대해서 t가 증가하는 것으로 나타낸다. 그럴 때에는 Θ는 $\frac{\partial c}{\partial t}$로 계산해야 할 것이다.

그림 11.8 만기까지의 기간 변화의 영향: 다른 경우의 풋옵션

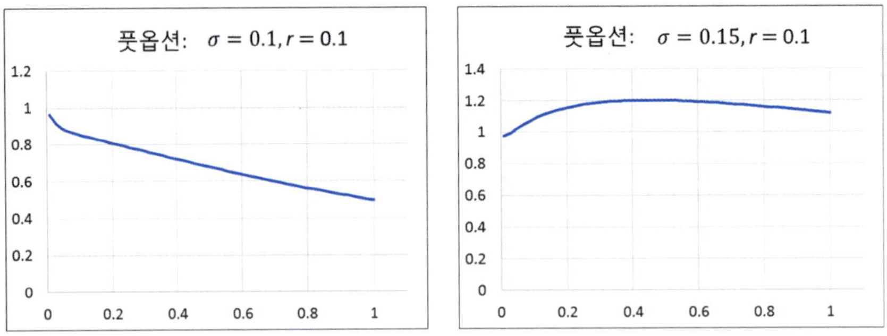

$$-\frac{\partial c}{\partial T} = -SN'(d_1)\frac{\partial d_1}{\partial T} + Ke^{-rT}(-r)N(d_2) + Ke^{-rT}N'(d_2)\frac{\partial d_2}{\partial T}$$
$$= -SN'(d_1)\left(\frac{\partial d_1}{\partial T} - \frac{\partial d_2}{\partial T}\right) - rKe^{-rT}N(d_2) \qquad (11.16)$$

와 같이 평가된다. 식 11.16에서도 $SN'(d_1)$이 $Ke^{-rT}N'(d_2)$와 동일하다는 식 11.14의 관계가 적용되었다. 한편

$$d_1 - d_2 = \sigma\sqrt{T}$$

이므로

$$\frac{\partial d_1}{\partial T} - \frac{\partial d_2}{\partial T} = \frac{\sigma}{2\sqrt{T}}$$

이고, 이를 식 11.16에 대입하면

$$-\frac{\partial c}{\partial T} = -SN'(d_1)\frac{\sigma}{2\sqrt{T}} - rKe^{-rT}N(d_2)$$

를 얻을 수 있다. 풋옵션의 쎄타는

$$-\frac{\partial p}{\partial T} = -SN'(d_1)\frac{\sigma}{2\sqrt{T}} + rKe^{-rT}N(-d_2)$$

로 도출된다.

그림 11.9 변동성 변화의 영향

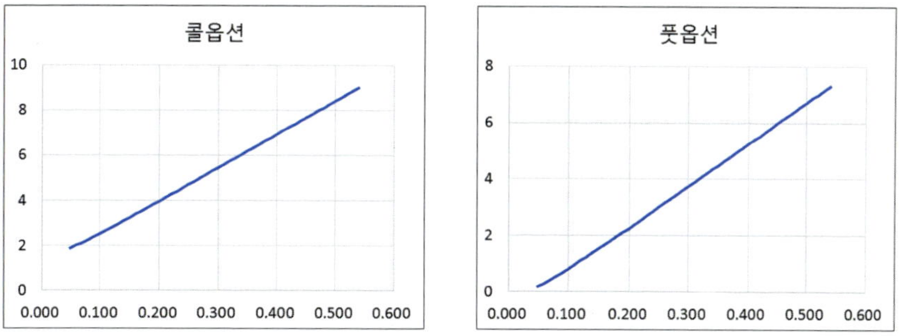

(4) 변동성 σ의 영향(베가)

앞서 제 8 장 1 절에서 강조했듯이 변동성의 증가는 콜옵션과 풋옵션의 가치를 모두 증가시키는데 그림 11.9가 이러한 관계를 확인해 준다.

변동성의 증가에 따른 파생상품 가치의 변화율을 베가(Vega)라고 부르고 V로 표기한다. 콜옵션의 베가는

$$\begin{aligned}\frac{\partial c}{\partial \sigma} &= SN'(d_1)\frac{\partial d_1}{\partial \sigma} - Ke^{-rT}N'(d_2)\frac{\partial d_2}{\partial \sigma} \\ &= SN'(d_1)\left(\frac{\partial d_1}{\partial \sigma} - \frac{\partial d_2}{\partial \sigma}\right)\end{aligned}$$

로 정리된다. 여기에서도 식 11.14의 $SN'(d_1) = Ke^{-rT}N'(d_2)$의 관계가 이용되었다. 한편 $d_1 - d_2 = \sigma\sqrt{T}$로부터

$$\frac{\partial d_1}{\partial \sigma} - \frac{\partial d_2}{\partial \sigma} = \sqrt{T}$$

가 되므로 결국

$$\frac{\partial c}{\partial \sigma} = SN'(d_1)\sqrt{T}$$

를 얻을 수 있다. 이 도함수는 항상 플러스임을 알 수 있다. 풋-콜 등가식으로

부터 풋옵션의 베가는 콜옵션의 베가와 동일하다는 것을 쉽게 보일 수 있다.

(5) 이자율 r의 영향(로)

이자율의 상승은 콜옵션의 가치를 상승시키고, 풋옵션의 가치는 하락시킨다고 하였다.[21] 그림 11.10이 그 관계를 보여주고 있다. 이자율의 변화에 대한 파생상품의 가치 변화율을 로(Rho)라고 부르고 P로 표시한다. 유럽형 콜옵션의 P는 다음과 같이 구해질 것이다.

$$\begin{aligned}\frac{\partial c}{\partial r} &= SN'(d_1)\frac{\partial d_1}{\partial r} + KTe^{-rT}N(d_2) - Ke^{-rT}N'(d_2)\frac{\partial d_2}{\partial r} \\ &= SN'(d_1)\left(\frac{\partial d_1}{\partial r} - \frac{\partial d_2}{\partial r}\right) + KTe^{-rT}N(d_2).\end{aligned}$$

여기에서도 식 11.14의 $SN'(d_1) = Ke^{-rT}N'(d_2)$의 관계가 이용되었다. $d_1 - d_2 = \sigma\sqrt{T}$로부터

$$\frac{\partial d_1}{\partial r} - \frac{\partial d_2}{\partial r} = 0$$

이므로

$$\frac{\partial c}{\partial r} = KTe^{-rT}N(d_2)$$

를 얻을 수 있고, 그 부호는 항상 플러스다. 마찬가지로 풋-콜 등가식으로부터 유럽형 풋옵션의 P는

$$\frac{\partial p}{\partial r} = -KTe^{-rT}N(-d_2)$$

로 계산되고, 그 부호는 항상 마이너스다.

---

21 제 8 장 1 절에서 언급했듯이 이러한 영향은 이자율 변화가 다른 결정변수들에 미치는 영향은 무시했을 때의 결과라는 것을 다시 강조한다.

그림 11.10 이자율 변화의 영향

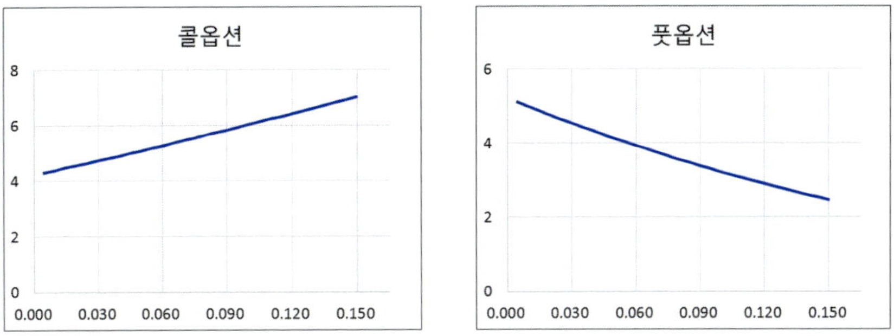

표 11.2는 앞서 도출된 유럽형 콜옵션과 유럽형 풋옵션에 대한 도함수들을 정리해서 보여준다. 그 도함수들을 델타, 감마 등으로 표시하기에 이들을 그리스 문자들(Greek letters) 또는 그리스(Greeks)라고 부르기도 한다. 다시 한번 강조하지만 이 도함수들은 콜과 풋의 이론적 가치가 BS 모형이 말해 주는 함수관계에 따른다는 것을 전제로 계산된 것이다. 만일 다른 평가모형을 사용한다면 그 도함수들은 당연히 달라질 것이다.

표 11.2 콜과 풋에 대한 그리스 문자들

도함수	콜옵션	풋옵션
Δ	$N(d_1)$	$N(d_1)-1$
Γ	$N'(d_1)\frac{1}{S\sigma\sqrt{T}}$	$N'(d_1)\frac{1}{S\sigma\sqrt{T}}$
Θ	$-SN'(d_1)\frac{\sigma}{2\sqrt{T}}-rKe^{-rT}N(d_2)$	$-SN'(d_1)\frac{\sigma}{2\sqrt{T}}+rKe^{-rT}N(-d_2)$
V	$S\sqrt{T}N'(d_1)$	$S\sqrt{T}N'(d_1)$
P	$KTe^{-rT}N(d_2)$	$-KTe^{-rT}N(-d_2)$

연습문제

11.1 미래 T 시점에서의 주가 S_T는 본문의 모형을 따라 $\mu = 0.12, \sigma = 0.25$의 모수를 갖는 로그정규분포를 따른다고 가정한다. 현재 0 시점에서의 주가는 40이다. 245페이지의 예시에서와 같은 방법으로 반년 후에 95%의 확률로 주가가 놓이게 될 구간을 구해 보라. $N(1.96) = 0.975$라는 사실을 이용하라.

11.2 위험중립 세계에서 t에서의 단기이자율을 $r(t)$라고 표시했을 때, 현재 단기이자율 $r(0)$은 0.06이다. ('위험중립 세계에서의 단기이자율'에 대한 정확한 개념은 이 문제를 푸는 데 있어 중요하지 않으니 무시해도 된다. 이하의 문제 기술은 모두 위험중립 세계를 전제로 한다.) 이럴 때 어떤 모형하에서 1년 시점에서의 단기이자율 $r(1)$은 평균 0.064, 표준편차 0.019의 정규분포를 따르게 된다고 하자. (현재 시점에서 $r(1)$은 확률변수이다.) 한편, T 시점에서 만기가 되는 액면 100의 할인채의 t 시점에서의 가격을 $B(t, T)$로 표현하면, 현재부터 5년 후에 만기가 되는 액면 100의 할인채의 1년 시점에서의 가격은 $B(1, 5)$로 쓸 수 있을 것이다. 그런데 지금 우리가 가정하는 모형하에서는 $B(1, 5) = 94e^{-3.29 \cdot r(1)}$로 도출된다고 한다. 245페이지의 예에서와 같은 방법으로 1년 후에 95%의 확률로 $B(1, 5)$가 놓이게 될 구간을 구해 보라. [힌트: $\ln B(1, 5) = \ln 94 - 3.29 \cdot r(1)$. 정규분포와 로그정규분포의 관계를 생각해 볼 것.]

11.3 행사가격이 50이고 만기가 1년 남은 콜옵션의 적정 가격을 계산해 보기 위해 MC 시뮬레이션을 실행하기로 하였다. 기준 주식의 현재 가격은 51이고, 이 주식의 변동성은 0.3이다. 미래의 주가는 로그정규분포를 따른다고 가정한다. 한편 무위험이자율은 연속복리 연 5%다. 시뮬레이션을 위해 난수발생기로 표준정규분포를

따르는 ε 값을 생성하였더니 첫 세 숫자가 $(0.7802,\ -1.5402,\ 1.0835)$였다. 이 숫자들에 대응하는 콜옵션의 (위험중립 세계에서의) 사후적 값은 각각 얼마가 되어야 하겠는가?

11.4 만기 주가 S_T는 $\mu = 0.15, \sigma = 0.4$의 모수를 갖는 로그정규분포를 따른다고 가정한다. 어떤 파생상품은 미래의 T 시점에서 $(S_T - 10)^2$의 수입을 제공한다고 한다. 위험중립 가치평가 기법을 이용하여 이러한 파생상품의 현재가치를 도출하라. 현재 주가는 20, 연속복리 무위험 수익률은 5%이고 $T = 2$다. 주가가 위와 같은 분포를 가질 때

$$E(S_T) = Se^{\mu T},\ var(S_T) = S^2 e^{2\mu T}(e^{\sigma^2 T} - 1)$$

이다. (본문의 식 11.5와 식 11.6이다.) 또한 임의의 확률변수 X에 대해서 $var(X) = E(X^2) - (E(X))^2$이 성립함을 참고하라.

11.5 다음과 같은 함수를 생각해 보자.

$$\begin{aligned} 1_{\{x \geq a\}} &= 1 \quad \text{if} \quad x \geq a \\ &= 0 \quad \text{if} \quad x < a \end{aligned}$$

예를 들어, $y = 4 \times 1_{\{x \geq 5\}}$의 그래프는 다음과 같이 그릴 수 있다.

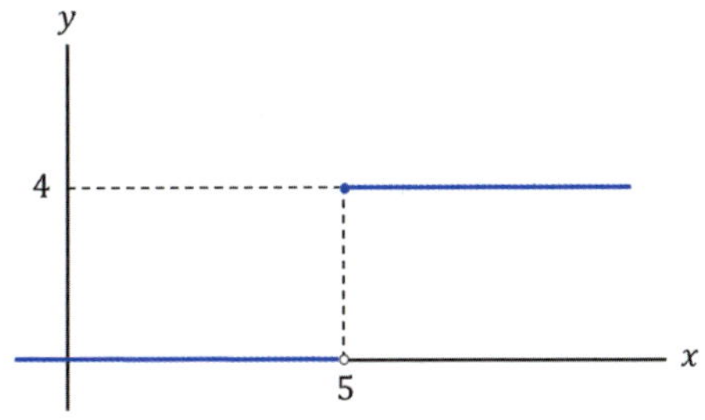

그런데 x가 확률변수일 경우 $1_{\{x \geq a\}}$의 기대값은 x가 a 이상일 확률과 같다는 것을 보일 수 있다. 즉,

$$E(1_{\{x \geq a\}}) = Prob[x \geq a]$$

가 성립한다.

다음과 같은 주식을 기준자산으로 하는 파생상품을 평가하려 한다. 이 주식의 현재 가격은 80이고 미래의 주가는 평균수익률 $\mu = 0.15$, 변동성 $\sigma = 0.4$의 모수를 갖는 로그정규분포를 따른다고 가정한다. 한편 무위험 이자율은 연속복리 연 5%다.

(1) 이 주식을 기준자산으로 하고 1년 후에 만기가 되는 어떤 파생상품이 있는데 이 파생상품의 만기에서의 수입은 다음과 같다. 만기 주가 S_1이 행사가격 100보다 크거나 같으면 30을 얻을 수 있고, S_1이 100에 미치지 못하면 0의 수입을 얻게 된다. 예를 들어, S_1이 110이면 30을 받고, S_1이 95면 0을 받게 된다. 이런 옵션을 디지털 옵션이라 한다. 이 파생상품의 만기에서의 수입을 $1_{\{x \geq a\}}$ 함수를 이용해서 표현한 후, 위험중립 가치평가 기법을 통해서 이 파생상품의 현재가치를 구하라. [$N(\cdot)$ 계산을 위해 엑셀 필요.]

(2) 본문의 BS 공식을 나타내기 위해 사용한 표기들(notations)을 그대로 사용하고, 만기에서 내가격일 때 지급받는 금액을 A로 표기할 때, 디지털 옵션의 현재가치는 $Ae^{-rT}N(d_2)$의 공식으로 나타낼 수 있다는 것을 보여라.

(3) 상기 (1)의 옵션을 다음과 같이 변형해 보자. 즉, 주가 S_1이 100 이상 150 미만이면 30이, S_1이 150 이상이면 50이 수입으로 지급된다. 100 미만일 경우 수입은 0이다. 이 파생상품의 만기에서의 수입을 $1_{\{x \geq a\}}$ 함수를 이용해서 표현한 후, (2)의 공식을 이용하여 이 파생상품의 현재가치를 구하라. [$N(\cdot)$ 계산을 위해 엑셀 필요.]

11.6 현재 100의 가치를 갖는 어떤 주식의 미래의 주가가 $\mu = 0.12$, $\sigma = 0.2$의 모수를 갖는 로그정규분포를 따른다고 가정한다. 이 주식을 기준자산으로 하고 1년 후에 만기가 되는 어떤 파생상품이 있는데 이 파생상품의 만기에서의 수입은 $(\ln S_1)^2$이라고 한다. 이 파생상품의 현재가치는 얼마가 되어야 하는가? 무위험 이자율은 연속복리로 연 10%이다.

부록 11.A: 식 11.12의 증명

미분의 곱 규칙

두 함수 $f(x)$와 $g(x)$의 곱인 $f(x)g(x)$를 x로 미분할 때

$$\frac{d}{dx}[f(x)g(x)] = \left[\frac{d}{dx}f(x)\right]g(x) + f(x)\left[\frac{d}{dx}g(x)\right]$$
$$= f'(x)g(x) + f(x)g'(x)$$

의 관계가 성립하는데 이를 곱 규칙(product rule)이라고 부른다.

미분의 연쇄 규칙

미분의 다른 규칙으로서 연쇄 규칙(chain rule)을 살펴보자. 변수 z는 y의 함수로서 $z = f(y)$인데, y는 다시 $y = g(x)$로 x의 함수라고 하면 $z = f(g(x))$로 표시할 수 있을 텐데, 이때 z는 x의 복합 함수(composite function)라고 부른다. 이런 복합 함수 z를 x로 미분할 때 다음의 관계가 성립하며 이를 연쇄 규칙이라고 한다.

$$\frac{dz}{dx} = \frac{dz}{dy} \cdot \frac{dy}{dx} = f'(y)g'(x)$$

연쇄 규칙을 이용한 미분의 예로서 $\sqrt{x^3+1}$을 x로 미분하려고 한다고 하자. 그러면

$$z = \sqrt{y}$$
$$y = x^3 + 1$$

로 설정하여

$$\frac{d}{dx}\sqrt{x^3+1} = \frac{dz}{dy} \cdot \frac{dy}{dx}$$

$$= \frac{1}{2\sqrt{y}} \cdot 3x^2$$
$$= \frac{3x^2}{2\sqrt{x^3+1}}$$

의 결과를 얻을 수 있다.

식 11.12의 도출

이제 앞의 두 규칙을 적용하여 콜옵션의 가치 c를 S로 미분해 보도록 하자. c는 d_1과 d_2의 함수이고, 다시 d_1과 d_2는 S의 함수이니 c는 S의 복합 함수라고 볼 수 있고 연쇄 규칙을 적용할 수 있다. $c = SN(d_1) - Ke^{-rT}N(d_2)$의 앞부분 $SN(d_1)$을 우선 S로 미분하면 곱 규칙을 적용하여

$$\frac{\partial}{\partial S}SN(d_1) = \left[\frac{\partial}{\partial S}S\right]N(d_1) + S\left[\frac{\partial}{\partial S}N(d_1)\right]$$
$$= N(d_1) + S\left[\frac{\partial}{\partial S}N(d_1)\right]$$

이 된다. 이에 연쇄 규칙을 적용하면

$$\frac{\partial}{\partial S}N(d_1) = \left[\frac{\partial}{\partial d_1}N(d_1)\right]\frac{\partial d_1}{\partial S} = N'(d_1)\frac{\partial d_1}{\partial S}$$

이라는 사실을 알 수 있다. $Ke^{-rT}N(d_2)$의 S로의 미분도 연쇄 규칙을 적용하여

$$\frac{\partial}{\partial S}[Ke^{-rT}N(d_2)] = Ke^{-rT}\frac{\partial}{\partial S}N(d_2)$$
$$= Ke^{-rT}N'(d_2)\frac{\partial d_2}{\partial S}$$

를 얻을 수 있다. 이제 앞의 결과들을 종합하면

$$\frac{\partial c}{\partial S} = N(d_1) + SN'(d_1)\frac{\partial d_1}{\partial S} - Ke^{-rT}N'(d_2)\frac{\partial d_2}{\partial S}$$

라는 관계를 얻게 되는데, 이것이 바로 식 11.12다.

부록 11.B: 식 11.14의 도출

여기에서 $N(\cdot)$은 표준정규분포의 누적분포함수이므로 그 도함수 $N'(\cdot)$는 확률밀도함수다. 즉,

$$N'(x) = \frac{1}{\sqrt{2\pi}} \exp\left(-\frac{x^2}{2}\right)$$

과 같다. 한편 $d_2 = d_1 - \sigma\sqrt{T}$이므로

$$\begin{aligned} N'(d_2) &= N'(d_1 - \sigma\sqrt{T}) \\ &= \frac{1}{\sqrt{2\pi}} \exp\left[-\frac{1}{2}(d_1 - \sigma\sqrt{T})^2\right] \\ &= N'(d_1) \cdot \exp\left[d_1\sigma\sqrt{T} - \frac{1}{2}\sigma^2 T\right] \end{aligned} \tag{11.17}$$

가 성립한다. 그런데

$$d_1 = \frac{\ln[S/K] + (r + \sigma^2/2)T}{\sigma\sqrt{T}}$$

로부터

$$\begin{aligned} d_1\sigma\sqrt{T} - \frac{1}{2}\sigma^2 T &= \ln[S/K] + rT \\ &= \ln\left[\frac{S}{K} \cdot e^{rT}\right] \end{aligned}$$

라는 것을 알 수 있고, 이 결과를 식 11.17에 대입하면

$$N'(d_2) = N'(d_1)\frac{S}{K} \cdot e^{rT}$$

가 되므로

$$SN'(d_1) = Ke^{-rT}N'(d_2)$$

가 성립하는데, 이는 바로 식 11.14의 관계다.

12

동적 헤징

금융기관은 그 수익이 향후 이자율이나 환율, 또는 주가 등의 움직임에 연동되어 결정되는 상품들을, 즉 파생상품의 성격을 갖는 금융상품들을 일반 고객들에게 판매하여 영업의 주요한 기반으로 삼고 있다. 이 경우 금융기관은 언급한 기준변수들의 변화에 따른 위험에 노출된다. 따라서 가격 변화의 방향에 관계없이 안정적인 수익을 얻기 위해서는 이런 위험들을 헤징을 통해 제거해야 하는데 여기에서는 그 기법들을 생각해 본다.

앞서 우리는 헤징에 대해 이미 여러 경우들을 다루었다. 선물이나 선도계약으로 헤징을 하는 경우에는 현물의 수입구조가 기준변수에 대해 선형관계를 갖고 있어, 선물이나 선도로 반대 포지션을 취하는 것으로 헤징을 마무리하였다. 옵션으로 헤징하는 경우에는 불리한 상황에 대한 일종의 보험과 같은 역할을 하도록 옵션 포지션을 취하였다. 여기 제 12 장에서의 우리의 목적은, 시간의 경과에 따른 기준변수의 변화 등에 대응하여 헤지 포트폴리오의 포지션을 주기적으로 변화시킴으로써 비선형적인 수입구조를 갖는 파생상품을 최대한 그대로 복제하려는 것이다.[1] 시간의 흐름에 따라 포트폴리오의 포지션을 변화시켜 나가는 것을 리밸런싱(rebalancing)이라 하는데, 이러한 리밸런싱을 통한 헤징을 동적 헤징(dynamic hedging)이라고 부른다.

파생상품의 위험을 동적 헤징을 통해서 제거하는 원리는, 파생상품은 기본적으로 기준자산과 무위험 자산을 이용하여 복제할(replicate) 수 있다는 아이디어에 기반을 둔다. 즉, 어떤 금융기관이 특정 파생상품을 발행하면서, 그러한 파생상품을 복제하여 보유한다면 기준자산의 가격이 어떤 방향으로 움직이더

1 물론 복제된 포트폴리오는 보유한 현물 포지션과 반대 방향 포지션을 가져야 헤징이 될 것이다.

라도 발행한 매도 포지션과 복제/보유한 매입 포지션이 서로 상쇄되어 그 금융기관은 위험으로부터 보호된다. 금융기관은 수익을 내야 하므로 실제로는 금융기관은 매도하는 파생상품의 가격을 복제하는 비용보다 높게 책정하게 된다.

동적 헤징 중에서 가장 기본이 되는 것이 소위 델타 헤징이다. 앞서 제 11 장 6 절에서 Δ(델타)라는 개념을 소개한 바 있다. Δ는 기준자산의 가격 변화에 따른 파생상품 관련 포지션의 가치 변화율을 측정하는 수치로서, S를 기준자산 가격, f를 파생상품 관련 포지션의 가치라고 할 때, 연속모형에서는 도함수 $\frac{\partial f}{\partial S}$로 표현할 수 있다 하였다.

다음과 같이 논의의 틀을 구성해 보자. 어떤 금융기관이 파생상품을 발행하여 고객에게 판매한다. 이 포지션을 A라고 부르고 이 포지션 A를 헤징하기 위해서, 금융기관은 기준자산과 무위험 자산으로 하나의 헤징 포지션을 구성하는데 이를 포지션 H라고 하자. 이 포지션 A와 H의 가치는 시간이 경과함에 따라 계속 변화할 것인데, 델타 헤징은 일정한 간격을 두고 포지션 H를 조정하여 전체 포지션의 가치를 0으로 (현실적으로는 0에 가깝게) 유지하는 것이다. 포지션 A와 H의 델타를 각각 Δ_A, Δ_H, 두 포지션의 가치를 V_A와 V_H라고 할 때, 만일 헤징이 완벽하게 이루어진다면 현재와 미래의 각 상황에서

$$\text{전체 포지션의 가치} = V_A + V_H = 0$$

이 성립하게 될 것이다. 그러기 위해서는 우선 현재 Δ_A와 Δ_H의 합계가 0이 되도록, 즉 $\Delta_H = -\Delta_A$가 되도록 헤징 포지션 H를 구성하여 기준자산의 변화에 대해서 전체 포지션의 가치가 영향을 받지 않도록 만들어야 한다. 그 후 얼마간 시간이 흐르면 기준자산의 가격과 만기까지 남은 기간 등이 변화하여 Δ_A가 변화할 텐데, 전체 포지션의 델타를 0으로 유지하기 위해 기준자산과 무위험 채권의 포지션을 변화시켜 Δ_H가 $-\Delta_A$가 되도록 조정하게 된다. 결국 델타 헤징은 어떻게 하면 기준자산과 무위험 자산으로 이러한 성질을 갖게 되는 포지션 H를 유지할 것인가의 문제로 귀결된다. 전체 포지션의 델타를 0으로 만드는 것을 델타 중립(delta neutral)을 이룬다고 말하기도 한다.

이하의 제 1 절에서는 우선 이항 모형을 가정하여 델타 헤징의 원리를 설명하고, 제 2 절에서는 블랙-쇼울즈 모형하에서 동적 헤징을 실행하는 예를 살펴보도록 한다.

제 1 절 이항 모형하에서의 델타 헤징의 원리

두 번의 이항 움직임을 가정하는 모형으로서 앞서 제 10 장 4 절에서 예로 들었던, 주가 움직임과 이에 따른 유럽형 풋옵션의 가치 변화의 예를 이용하도록 한다. 해당 예에서 주가는 반년에 걸쳐 그림 12.1과 같이 움직였다. 옵션의 만기는 반년이므로 한 번의 이항 움직임의 기간은 0.25년이다. 풋옵션의 행사가격은 41, 무위험 이자율은 연속복리 연 7%를 가정했었다. 이항 모형을 적용하여 가성확률은 $\pi = 0.5883$으로, 무위험 채권의 가치 상승은 $R \equiv e^{0.07 \div 4} = 1.017654$로 표현할 수 있었고 이에 근거하여 각 노드에서의 풋옵션의 가치를 계산한 결과가 그림 12.2에 나타나 있다.

그림 12.1 두 번의 이항 움직임을 가정했을 때의 주가 움직임

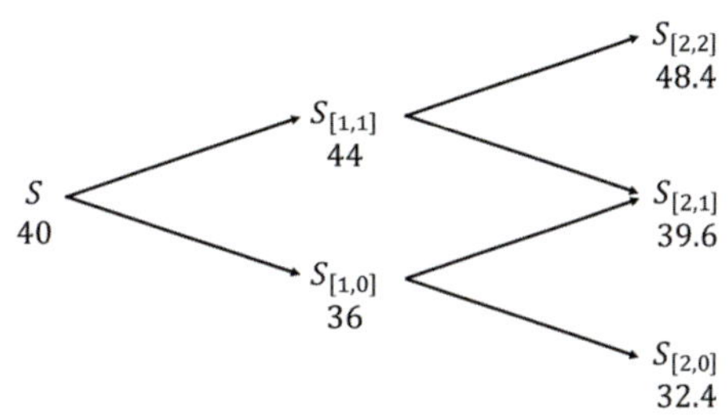

그림 12.2 유럽형 풋옵션의 가치 변화

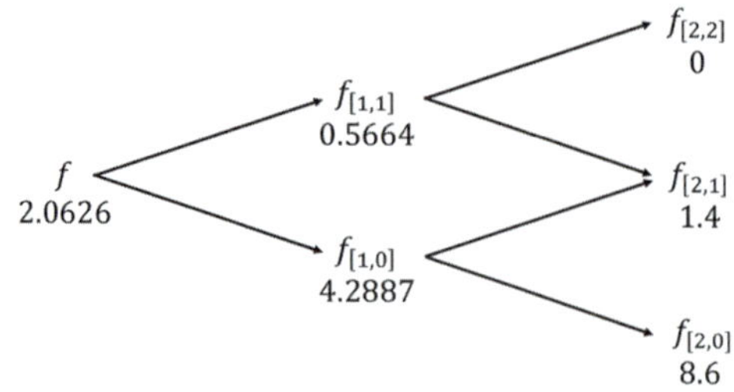

지금 어떤 금융기관이 이러한 풋옵션을 한 개 발행하였고, 이것을 포지션 A라고 하자. 우리가 '포지션'이라고 하면 어떤 상품에 대해서(풋옵션), 어떤 크기로(한 개), 매도/매입(여기서는 매도)했는가 하는 전체 정보를 전달해야 한다. 지금 이 경우 포지션 A는 풋옵션 매도 포지션이므로, 금융기관에게 이 포지션은 의무(obligation)를 지는 것으로서 마이너스의 가치를 가진다. 이제 현재와 미래의 각 노드마다 주식과 무위험 자산으로 헤징 포지션 H를 구성하여 포지션 A의 위험을 상쇄하고자 한다. 이를 위해서, 주식과 무위험 자산으로 파생상품을 복제하는 방법을 기술한 제 10 장 2 절의 결과를 이용하도록 한다. (223 페이지 참조.) 거기에서는 아래의 식 12.1과 식 12.2에 따라 계산한 a와 b를 계산하여 주식을 a주 보유하고 무위험 자산을 b만큼 보유하면 향후 f^+나 f^-의 가치를 갖는 파생상품을 복제할 수 있다고 설명한 바 있다. 따라서 주식을 a주, 무위험 자산을 b(원화 금액)만큼 보유하여 포지션 H를 구성하면 포지션 H는 바로 풋옵션을 복제한 것이므로, 풋옵션을 매도한 포지션인 A와 서로 상쇄되어 전체 포지션은 위험에서 벗어나게 된다. 해당 공식은

$$a = \frac{f^+ - f^-}{(u-d)S} \tag{12.1}$$

$$b = \left(\frac{uf^- - df^+}{u-d}\right) \div R \tag{12.2}$$

이었다. 여기에서 식 12.1을 살펴보면, a의 분모는 주가의 변화, 분자는 파생상품의 가치의 변화이므로 바로 해당 파생상품의 Δ로 해석할 수 있다. 정리하자

면 어떤 파생상품을 1개 발행하였을 때, 이것을 헤지하기 위해서 주식을 $a = \Delta$주, 무위험 자산을 b만큼 보유하는 것이 바로 델타 동적 헤징의 핵심이다. 시간이 흐름에 따라 주가는 그림 12.1에서와 같이, 그리고 풋옵션은 그림 12.2에서와 같이 변화하게 되므로, 각각의 노드에서 이를 근거로 델타 중립을 유지하기 위한 주식과 무위험 자산의 보유량을 계산하여야 한다. 각각의 노드에서 헤징 포지션 H를 구성해 보자.

노드[0,0]: 현재 시점, 주가는 40

식 12.1과 식 12.2에 따라

$$a \equiv \Delta = \frac{f_{[1,1]} - f_{[1,0]}}{S_{[1,1]} - S_{[1,0]}} = \frac{0.5664 - 4.2887}{44 - 36} = -0.4653$$

$$b = \left(\frac{1.1 \times 4.2887 - 0.9 \times 0.5664}{1.1 - 0.9}\right) \div 1.017654 = 20.6742$$

와 같이 계산하여 주식을 -0.4653주 보유하고, 무위험 자산에 20.6742만큼을 투자하여 헤징 포지션 H를 구성한다. 여기에서 주식을 마이너스로 보유하는 것은 물론 주식을 공매하는 것을 의미한다. 주식 공매는 플러스의 현금흐름을, 무위험 자산에의 투자는 마이너스의 현금흐름을 발생시키므로 이 포지션 H의 구성비용(마이너스 현금흐름)은

$$aS + b = -0.4653 \times 40 + 20.6742 = 2.0626$$

으로서 이는 이항 모형에 따라 계산한 풋옵션의 가치와 일치한다.[2] 정리하자면

[1] 포지션 A: 풋옵션 발행, 포지션의 가치$= -2.0626$. 포지션의 가치가 마이너스인 것은 해당 풋옵션을 발행하였기 때문이다.

---

2 본문의 계산된 숫자들은 엑셀 프로그램을 이용한 결과물들이다. 실제로 a, b, f 등을 위에 표시한 숫자에 근거해서 계산기로 직접 계산하면 약간 다른 수치가 나올 수 있는데 이는 중간 계산 과정에서 소수점 반올림을 어디에서 했는가에 따라 달라진 것으로, 이론적으로는 문제가 없는 계산상의 현상일 뿐이다. 계산해 본 결과가 본문의 숫자와 소수점 2자리 정도까지 맞으면 계산이 맞는 것으로 간주해도 좋다. 이하에서도 유사한 차이가 있다는 점을 밝혀둔다.

[2] 포지션 H: 주식 -0.4653주 보유, 무위험 자산 20.6742 보유, 포지션의 가치= 2.0626. 구성비용이 바로 포지션의 가치다.

[3] 전체 포지션: 포지션 A와 H의 합계, 포지션의 가치= 0. 풋옵션 발행으로부터의 프리미엄 수입을 포지션 H를 구성하는 데 사용했다고 생각하면 된다.

노드[1,1]: 0.25년 후, 주가는 44

마찬가지 방법으로

$$a = \frac{f_{[2,2]} - f_{[2,1]}}{S_{[2,2]} - S_{[2,1]}} = \frac{0 - 1.4}{48.4 - 39.6} = -0.1591$$

$$b = \left(\frac{1.1 \times 1.4 - 0.9 \times 0}{1.1 - 0.9}\right) \div 1.017654 = 7.5664$$

여기에서 주식 보유는 노드[0,0]에서의 -0.4653주에서 -0.1591주로 변화하였으니, 그 차이인 0.3062주만큼을 매입해야 할 것이다. 매입 비용은 $0.3062 \times 44 = 13.4728$ 인데 이 금액은 무위험 자산의 계좌에서 인출한다. 이제 노드[1,1]에서의 무위험 자산의 잔고는 노드[0,0]에서의 잔고 20.6742에 이자가 붙은 금액에 주식 매입 비용을 빼주면 계산될 것이다. 즉,

$$\text{노드[1,1]에서의 잔고} = 20.6742 \times 1.017654 - 13.4728 = 7.5664$$

로 계산되므로, 노드[1,1]에서의 헤징 포지션 H는 결국 주식 -0.1591주, 무위험 채권 7.5664를 보유하는 것이고 그 가치(즉, 구성비용)는 $-0.1591 \times 44 + 7.5664 = 0.5664$인데 이는 바로 노드[1,1]에서의 풋옵션의 가치이다.

요약해서 보자면 결국 각 노드에서 헤징 포지션 H에 포함되는 주식의 수는 풋옵션의 델타이고, 무위험 자산의 잔고 b는 위와 같이 식 12.2를 사용하지 않더라도, S와 f가 그림 12.1과 그림 12.2에 이미 각각 계산되어 있으므로 $aS + b = f$로부터 $b = f - aS$로 계산하여 보유하면 된다. 그럼으로써 전체 포지션은 항상 0의 가치를 유지하게 된다.

그림 12.3 각 노드에서의 헤징 포지션: 풋옵션

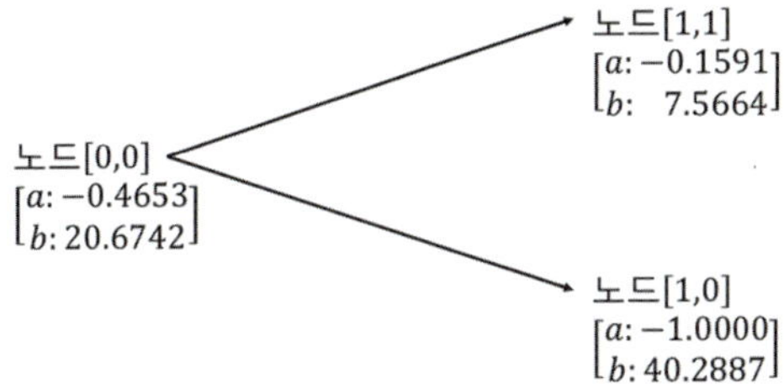

노드[1,0]: 0.25년 후, 주가는 36

바로 앞서 언급한 간단한 방법으로 헤징 포지션 H를 계산해 보자.

$$\text{주식 보유수 } a = \frac{f_{[2,1]} - f_{[2,0]}}{S_{[2,1]} - S_{[2,0]}} = \frac{1.4 - 8.6}{39.6 - 32.4} = -1$$

$$\text{무위험 자산 잔고 } b = f_{[1,0]} - aS_{[1,0]} = 4.2887 - (-1) \times 36 = 40.2887$$

이와 같이 보유하면 전체 포지션의 가치는 0으로 유지된다. 그림 12.3은 위에서 계산한 각 노드에서의 헤징 포지션 H를 정리해서 보여주고 있다.

[예시]

노드[1,1]과 노드[1,0]에서 각각 앞의 계산 결과와 같이 헤징 포지션을 구성했을 때, 노드[2,2], 노드[2,1], 노드[2,0]에서 전체 포지션의 가치가 모두 0이 되는 것을 확인해 보자.

그림 12.1, 그림 12.2, 그림 12.3의 숫자들을 이용하여 다음과 같이 계산하면 된다.

노드[2,2]에서

$$V_A = 0$$
$$V_H = -0.1591 \times 48.4 + 7.5664 \times 1.017654 = 0$$

노드[1,1]에서 노드[2,1]로 움직였을 때

$$V_A = -1.4$$
$$V_H = -0.1591 \times 39.6 + 7.5664 \times 1.017654 = 1.4$$

노드[1,0]에서 노드[2,1]로 움직였을 때

$$V_A = -1.4$$
$$V_H = -1.0000 \times 39.6 + 40.2887 \times 1.017654 = 1.4$$

노드[2,0]에서

$$V_A = -8.6$$
$$V_H = -1.0000 \times 32.4 + 40.2887 \times 1.017654 = 8.6$$

중간과정의 반올림에 기인하는 오차범위 안에서 모든 경우 $V_A + V_H = 0$ 으로 계산되었다.

결국 우리는 모든 노드에서 전체 포지션의 델타가 0이 되도록 헤지 포지션을 조정한 것이다. 그렇게 함으로써 모든 노드에서 전체 포지션의 가치도 0으로 유지할 수 있었다. 다시 기억할 것은 금융기관은 A라는 파생상품을 이론적 가치에 판매하였다는 전제하에서 전체 포지션의 가치를 0으로 유지했다는 점이다. 따라서 현실적으로 금융기관은 파생상품의 이론적 가치에 수익 마진 α를 추가한 가격으로 A를 발행하여, 향후 기준자산 가격의 변화와 관계없이 그 α에 해당하는 금액을 (현재 시점의) 수익으로 확보하는 것이 목표가 된다.

제 2 절 블랙-쇼울즈 모형하에서의 델타 헤징의 예

여기에서는 제 1 절에서 설명한 원리를 기초로 해서 보다 실제적인 상황에서 델타 헤징의 사례를 들어 보도록 한다. 다음과 같이 가정한다. 어떤 금융기관은 기준자산이 주식인 콜옵션을 1,000개 발행하여 고객들에게 판매하였다. 행사가격은 32이고 만기는 반년이다. 기준 주식의 변동성은 연 30%로 알려져 있고 무위험 자산에 대한 이자율은 연속복리 연 5%라고 한다. 현재 이 주식의 가격은 30이다. 이 금융기관은 1주일 간격으로 델타 헤징을 실행하여 노출된 위험에서 벗어나려 한다. 옵션의 이론적 적정 가격과 델타의 평가를 위해서 블랙-쇼울즈 모형을 적용하기로 하였다.

옵션의 가치결정 요인들로서

$$S = 30,\ K = 32,\ \sigma = 0.3,\ r = 0.05,\ T = 0.5$$

의 값을 BS 모형에 대입하여 이론 가격을 계산하면

$$d_1 = \frac{\ln(30/32) + (0.05 + 0.5 \cdot 0.3^2)(0.5)}{0.3\sqrt{0.5}} = -0.0803$$
$$d_2 = d_1 - 0.3\sqrt{0.5} = -0.2925$$

이고

$$f = 30N(-0.0803) - 32e^{-0.05\cdot 0.5}N(-0.2925) = 2.0248$$

의 값을 얻게 된다.

우선 이러한 적정 이론 가격은 금융회사가 판매하려는 '제품의 생산원가'에 해당한다고 할 수 있다. 따라서 이러한 이론적 적정 가격에 매도한다면 아무런 수익을 얻을 수 없으므로 상당한 이익 마진을 덧붙일 것이라고 예상하는 것이 현실적이다. 그러나 우선 논의의 편의를 위해서 이 금융회사는 이 적정 가격에 옵션을 매도한다고 가정하고 마진의 추가는 후에 고려하도록 한다. 그렇다면 금융기관은 프리미엄으로 모두 $2.0248 \times 1{,}000 = 2{,}024.8$의 현금을 수취할 것이다.

이러한 매도 포지션을 포지션 A라고 부르자. 포지션 A의 델타는 콜옵션 자체의 델타에 마이너스를 붙인 수치라는 점을 유의하며 논의를 이어가도록 한다. 이제 기준자산인 주식과 무위험 자산을 보유하여, 포지션 A에 대한 헤징 포지션 H를 구성하려 한다. 델타 헤징의 기본은 매주 리밸런싱할 때마다 포지션 H의 델타가 파생상품의 델타와 같아지도록 (즉, 포지션 A의 델타에 마이너스를 붙인 값이 되도록) 주식의 보유량을 조절해 가는 것이다.

헤징을 시작하는 시점에서의 포지션 구성을 다음과 같이 순차적으로 생각해 본다. 논의의 편의를 위해 다음과 같이 변수들을 정의하였다.

a_i: i번째 주의 헤지 포지션 H에 포함되어야 하는 주식수. i번째 주라는 것은 헤징을 시작한 시점으로부터의 주차를 의미한다. 즉, $i = 0$은 헤징 시작 시점을, $i = 1$은 이로부터 1주 후 시점을 의미한다.

b_i: i번째 주의 헤지 포지션 H에 포함되어야 하는 무위험 자산 잔고

S_i: i번째 주의 주가

R: 무위험 자산에 1을 예치했을 때 1주 후의 원리합계. 이 예에서는 $R = e^{0.05/52} = 1.000962$

$\Delta_A^{[i]}$, $V_A^{[i]}$: 포지션 A의 i 시점에서의 델타와 가치

$\Delta_H^{[i]}$, $V_H^{[i]}$: 포지션 H의 i 시점에서의 (리밸런싱 후) 델타와 가치

이하에서 괄호 [·] 안의 숫자는 엑셀의 계산 결과를 보여주는 표 12.1에서 해당되는 셀(cell) 번호이다. 이하의 계산식의 구체적인 숫자들은 엑셀로 계산한 결과를 자연수로 표시한 것들로서, 표현된 계산식의 결과와 약간씩의 차이가 있을 수 있음을 밝힌다. 다음과 같이 헤징을 시작한다.

[1] 해당 콜옵션 1개의 델타: $N(d_1) = 0.4680$[셀 C3]

[2] 콜옵션 1,000개의 델타: $0.4680 \times 1{,}000 = 468$

[3] 보유 주식수(=콜옵션 1,000개의 델타): 468[셀 E3]

[4] 이번 주에 추가해야 하는 주식수: 468[셀 G3]

[5] 보유 주식의 가치: 468×30[셀 B3] $= 14{,}040$[셀 F3]

표 12.1 콜옵션 델타 헤징: 사례 1

	A	B	C	D	E	F	G	H	I	J	K	L
1	Week	주가	Delta	콜옵션	보유	보유	추가하는	추가	무위험 자산	헤징 포지션	콜옵션 전체	전체 포지션
2			N(d1)	이론가격	주식수	주식 가치	주식수	매입비용	잔고	가치	이론가치	가치 오차
3	0	30.00	0.4680	2.0248	467.99	14,039.74	467.99	14,039.74	-12,014.89	2,024.84	2,024.84	0.00
4	1	30.02	0.4651	1.9735	465.14	13,963.53	-2.85	-85.56	-11,940.89	2,022.64	1,973.49	49.16
5	2	31.18	0.5350	2.4897	534.97	16,680.30	69.83	2,177.20	-14,129.57	2,550.72	2,489.72	61.00
6	3	31.51	0.5530	2.6019	553.01	17,425.25	18.04	568.42	-14,711.58	2,713.67	2,601.95	111.72
7	4	29.91	0.4443	1.7365	444.27	13,287.97	-108.74	-3,252.47	-11,473.26	1,814.70	1,736.52	78.19
8	5	31.20	0.5273	2.2962	527.28	16,451.19	83.02	2,590.12	-14,074.42	2,376.77	2,296.17	80.60
9	6	31.71	0.5586	2.5016	558.61	17,713.66	31.33	993.55	-15,081.52	2,632.14	2,501.62	130.52
10	7	32.17	0.5873	2.6910	587.31	18,893.80	28.70	923.18	-16,019.20	2,874.60	2,691.05	183.55
11	8	33.78	0.6890	3.6430	689.00	23,274.27	101.68	3,434.90	-19,469.51	3,804.76	3,642.96	161.80
12	9	33.77	0.6897	3.5578	689.67	23,290.23	0.68	22.85	-19,511.09	3,779.14	3,557.83	221.31
13	10	33.89	0.6986	3.5612	698.64	23,676.88	8.97	303.89	-19,833.75	3,843.13	3,561.20	281.93
14	11	35.91	0.8121	5.0131	812.07	29,161.36	113.43	4,073.23	-23,926.06	5,235.30	5,013.14	222.16
15	12	35.36	0.7898	4.4953	789.80	27,927.38	-22.27	-787.34	-23,161.74	4,765.65	4,495.29	270.35
16	13	37.65	0.8929	6.3572	892.94	33,619.17	103.14	3,883.15	-27,067.17	6,552.01	6,357.21	194.80
17	14	39.65	0.9494	8.1449	949.45	37,645.54	56.51	2,240.49	-29,333.69	8,311.85	8,144.90	166.95
18	15	38.65	0.9350	7.1466	934.99	36,137.44	-14.45	-558.65	-28,803.26	7,334.18	7,146.56	187.63
19	16	38.02	0.9263	6.4996	926.35	35,219.80	-8.64	-328.60	-28,502.37	6,717.43	6,499.65	217.79
20	17	37.67	0.9249	6.1121	924.89	34,840.73	-1.46	-54.85	-28,474.94	6,365.79	6,112.12	253.67
21	18	38.48	0.9546	6.8136	954.61	36,733.51	29.72	1,143.61	-29,645.95	7,087.56	6,813.61	273.95
22	19	39.02	0.9725	7.2817	972.45	37,945.07	17.84	696.07	-30,370.54	7,574.53	7,281.74	292.79
23	20	36.12	0.9025	4.4805	902.52	32,598.96	-69.93	-2,526.00	-27,873.76	4,725.20	4,480.48	244.72
24	21	36.43	0.9321	4.6884	932.15	33,958.06	29.63	1,079.32	-28,979.89	4,978.17	4,688.43	289.74
25	22	36.12	0.9386	4.3252	938.63	33,903.42	6.49	234.33	-29,242.09	4,661.33	4,325.19	336.13
26	23	37.11	0.9835	5.2184	983.50	36,497.65	44.87	1,664.98	-30,935.21	5,562.44	5,218.38	344.06
27	24	38.01	0.9986	6.0724	998.59	37,956.54	15.09	573.74	-31,538.71	6,417.83	6,072.39	345.45
28	25	37.37	0.9999	5.4008	999.92	37,366.98	1.33	49.54	-31,618.59	5,748.39	5,400.78	347.61
29	26	38.87	1.0000	6.8700	1,000.00	38,870.00	0.08	3.14	-31,652.15	7,217.85	6,870.00	347.85
30												

[6] (추가) 매입 비용: 14,040[셀 H3]

[7] 무위험 자산 잔고: 콜 프리미엄 수취액 − 주식 매입 비용

$= 2.0248$[셀 D3] $\times 1{,}000 - 14{,}040 = -12{,}015$[셀 I3]

가장 중요한 점은 콜옵션의 전체 델타에 해당하는 수만큼의 주식을 보유하는 것이다. 이 사례의 경우 468주를 보유하게 된다. (위의 [3]항.) 이 468주를 매입하기 위해 필요한 금액은 발행한 콜옵션의 프리미엄과 차입금을 통해 조달한다. 따라서 무위험 자산의 잔액은 [7]항과 같이 프리미엄 수취액에서 주식 매입 비용을 뺀 금액이 된다. 주식과 무위험 자산으로 구성된 포지션 H의 가치는 그 구성비용으로서 주식의 가치 14,040과 무위험 자산의 가치 −12,015의 합계인 2,025[셀 J3]인데, 이것은 발행한 옵션의 이론적 가치와 일치한다. 정리하자면

포지션 A: $\Delta_A^{[0]} = -468,\ V_A^{[0]} = -2{,}025$

헤징 포지션 H: $a_0 = 468,\ b_0 = -12{,}015,$

$$\Delta_H^{[0]} = 468,\ V_H^{[0]} = a_0 S_0 + b_0 = 2{,}025$$

$\Delta_H^{[0]}$가 468인 이유는, 주식 1주의 델타는 1이고 무위험 자산의 델타는 0인데 주식을 468주 보유하기 때문이다. 따라서 $\Delta_A^{[0]} + \Delta_H^{[0]} = 0,\ V_A^{[0]} + V_H^{[0]} = 0$이 유지되었다.

이제 1주일이 경과하여 포지션 H를 리밸런싱하고자 한다. 시간이 경과하여 콜옵션의 만기가 줄어들었고 주가도 변화한 것을 고려하여, 포지션 A의 델타를 새로이 계산하여 여기에 맞추어서 보유 주식수를 조정한다. 1주일이 경과한 시점에서의 조정은 다음과 같다.

[1] 해당 콜옵션 1개의 델타: $N(d_1) = 0.4651$[셀 C4]

[2] 콜옵션 1,000개의 델타: $0.4651 \times 1{,}000 \approx 465$

[3] 보유 주식수(=콜옵션 1,000개의 델타): 465[셀 E4]

[4] 이번 주에 추가해야 하는 주식수: $465 - 468 = -3$[셀 G4]

[5] 보유 주식의 가치: 465×30.02[셀 B4] $\approx 13{,}964$[셀 F4]

[6] 추가 매입 비용: $-3 \times 30.02 \approx -86$[셀 H4]

[7] 무위험 자산 잔고: 지난 주 잔고에 이자 포함 액수 − 주식 추가 매입 비용

$= -12{,}015$[셀 I3] $\times R - (-86) \approx -11{,}941$[셀 I4]

정리하자면 1주일 후의 포지션 H는 주식 465주 보유, 무위험 자산 잔고 −11,941로 조정한다. 전주에 비해 포지션 A와 포지션 H는 다음과 같이 변화하였다.

포지션 A: $\Delta_A^{[1]} = -465,\ V_A^{[1]} = -1{,}974$

헤징 포지션 H: $a_1 = 465,\ b_1 = -11{,}941,$

$$\Delta_H^{[1]} = 465,\ V_H^{[1]} = a_1 S_1 + b_1 \approx 2{,}023\text{[셀 J4]}$$

여기에서 파생상품 발행 포지션의 가치 $V_A^{[1]} = -1{,}974$는 BS 모형에 따라 계산한 이론적 가치로서 실제 시장 가치는 물론 다를 수 있다. 즉, 여기 제시한 예는 시장에서의 파생상품의 가치를 이론적 가치로 대신한 시뮬레이션이라고 생각하면 된다. 두 포지션을 합계하면 $\Delta_A^{[1]} + \Delta_H^{[1]} = 0$, $V_A^{[1]} + V_H^{[1]} = 49$가 됨을 알 수 있다. 여기에서 포지션 A와 헤징 포지션 H의 가치의 합계가 0이 아니기 때문에 완전한 헤징을 이루지 못했다는 것을 확인할 수 있다. 옵션 가치의 변화를 헤징 포지션 가치의 변화가 완벽하게 상쇄하지 못하기 때문인데 현실에서 이는 당연한 것이다. 앞 절에서 이항 모형의 경우 모든 노드에서 $V_A + V_H$가 항상 0을 유지할 수 있었던 것은, h 기간의 경과 후에는 주가가 오로지 두 가지 값만 가질 수 있는 이항 모형의 특성 때문이었다. 지금의 모형에서 델타는 무한소의(infinitesimal) 주가 변화에 대응하는 파생상품의 변화 비율을 계산한 것이므로, 1주일 동안의 실제 주가 변화에 대해서 정확하게 파생상품의 변화를 예측할 수 없는 한계가 있다. 지금의 예에서 두 포지션 가치의 합계가 49가 되었다는 것은 금융기관에게 유리한 방향의 오차가 발생했음을 의미하는데 이는 무작위한 것으로 얼마든지 마이너스일 수 있다. 이러한 오차가 리밸런싱을 계속함에 따라 누적되어 옵션의 만기 시점에서 상당히 큰 액수가 될 수도 있다.

하나의 주가 움직임에 대해서 지금까지 설명한 방식대로 매주 리밸런싱을 한 결과를 표 12.1이 보여주고 있다. 이 사례의 경우에는 주가가 일반적으로 상승하여 만기에서 내가격(in-the-money)으로 옵션이 행사될 것이다. 포지션 H는 주식 1,000주 보유와 함께 무위험 자산 잔고 $-31{,}652$로 남게 된다. ([셀 E29]와 [셀 I29].) 옵션을 매입한 고객은 이를 행사할 터이니 금융기관은 보유한 주식을 1,000주 지급하고 행사가격으로 주당 32씩 모두 32,000을 수취하면 포지션 A와 포지션 H는 정리되고 전체적으로 $32{,}000 - 31{,}652 = 348$[셀 L29]의 순익을 기록하게 될 것이다. 1주 시점에서의 포지션을 설명하면서 언급하였듯이, 이 액수는 오차로서 마이너스가 될 수도 있었던 것으로 금융기관이 동적 헤징을 통해 의도한 수익의 방식은 아니다. 금융기관은 헤징 포지션을 통해서 전체 포지션의 위험을 최소화하는 것이 목표이다. 앞의 논의에서 우리는 고객으로부터 적정 이론 가격에 해당하는 프리미엄만을 수취하는 것으로 가정하였다. 현실에서는 적정 이론 가격에 상당한 마진을 덧붙어 프리미엄을 설정함으로써 수익을 확보하게 된다. 정리하면 다음과 같다.

- 발행 시점에서의 파생상품 이론 가격에 근거한 프리미엄= EP.
- 판매 가격= $EP + \alpha$. 이 가운데 EP에 해당하는 금액만 헤지 포지션에 포함시킨다.
- 만기 시점에서의 포지션 A와 포지션 H의 전체 가치 = ε (오차). 헤징이 완전할수록 ε은 0에 가까울 것이다.
- 금융기관의 수익= $\alpha + \varepsilon$. 발행 시점과 만기 시점 사이의 시간가치를 고려한다면 $\alpha e^{rT} + \varepsilon$으로 표현할 수도 있다.

따라서 금융기관은 마이너스 오차도 고려하여 수익 마진 α를 설정해야 할 것이다.

주가의 다른 변화 시뮬레이션에 근거한 헤징의 결과를 표 12.2가 보여주고 있다. 처음의 헤징 포지션은 앞의 경우와 동일하다. 즉,

$$a_0 = 468,\ \ b_0 = -12{,}015.$$

여기에서 a_0는 발행한 콜옵션 전체의 델타와 같다. 또한

$$\begin{aligned} b_0 &= \text{수취한 프리미엄} - \text{주식 매입 대금} \\ &= 2{,}025 - a_0 S_0 \end{aligned}$$

로 쉽게 구해진다.

1주일 후 주가가 29.41[셀 B4]이 되면 포지션 H의 가치는 $a_0S_1 + b_0R =$ 1,737[셀 J4]로 변화한다. a_1은 콜옵션 전체의 새로운 델타인 426[셀 E4]으로 조정하고, 무위험 자산의 잔고는 $b_1 = a_0S_1 + b_0R - a_1S_1$[셀 I4]으로 계산한다. 즉,

$$a_1 = 426,\ \ b_1 = -10.796$$

으로 조정하게 된다.

표 12.2 콜옵션 델타 헤징: 사례 2

	A	B	C	D	E	F	G	H	I	J	K	L
1	Week	주가	Delta	콜옵션	보유	보유	추가하는	추가	무위험 자산	헤징 포지션	콜옵션 전체	전체 포지션
2			N(d1)	이론가격	주식수	주식 가치	주식수	매입비용	잔고	가치	이론가치	가치 오차
3	0	30.00	0.4680	2.0248	467.99	14,039.74	467.99	14,039.74	-12,014.89	2,024.84	2,024.84	0.00
4	1	29.41	0.4262	1.7016	426.15	12,533.11	-41.84	-1,230.51	-10,795.94	1,737.17	1,701.63	35.54
5	2	28.43	0.3575	1.2614	357.46	10,162.49	-68.69	-1,952.99	-8,853.33	1,309.16	1,261.41	47.75
6	3	26.97	0.2590	0.7631	258.97	6,984.51	-98.48	-2,656.09	-6,205.76	778.75	763.08	15.67
7	4	27.95	0.3130	0.9953	312.95	8,747.06	53.98	1,508.75	-7,720.48	1,026.58	995.31	31.26
8	5	29.53	0.4129	1.5106	412.89	12,192.69	99.94	2,951.16	-10,679.07	1,513.62	1,510.60	3.02
9	6	27.71	0.2819	0.8222	281.88	7,810.76	-131.02	-3,630.46	-7,058.88	751.88	822.21	-70.33
10	7	26.63	0.2057	0.5138	205.66	5,476.68	-76.22	-2,029.65	-5,036.02	440.67	513.79	-73.13
11	8	26.90	0.2126	0.5282	212.64	5,720.06	6.98	187.85	-5,228.72	491.35	528.16	-36.81
12	9	26.98	0.2079	0.5014	207.90	5,609.05	-4.75	-128.03	-5,105.72	503.33	501.39	1.94
13	10	26.39	0.1629	0.3514	162.89	4,298.78	-45.00	-1,187.61	-3,923.02	375.76	351.36	24.40
14	11	27.38	0.2125	0.4939	212.54	5,819.40	49.65	1,359.36	-5,286.15	533.25	493.88	39.37
15	12	28.25	0.2623	0.6472	262.25	7,408.67	49.71	1,404.36	-6,695.59	713.08	647.23	65.84
16	13	27.83	0.2199	0.4906	219.92	6,120.27	-42.34	-1,178.25	-5,523.79	596.49	490.60	105.89
17	14	27.55	0.1876	0.3824	187.58	5,167.74	-32.34	-890.96	-4,638.14	529.60	382.45	147.15
18	15	28.71	0.2609	0.5840	260.88	7,489.90	73.30	2,104.57	-6,747.17	742.73	583.99	158.74
19	16	28.75	0.2498	0.5284	249.77	7,180.98	-11.11	-319.35	-6,434.31	746.67	528.40	218.27
20	17	26.09	0.0663	0.0901	66.26	1,728.69	-183.51	-4,787.89	-1,652.61	76.08	90.11	-14.03
21	18	25.41	0.0332	0.0375	33.22	844.09	-33.04	-839.54	-814.66	29.44	37.45	-8.01
22	19	27.73	0.1180	0.1686	118.01	3,272.39	84.79	2,351.23	-3,166.67	105.72	168.61	-62.88
23	20	26.73	0.0486	0.0531	48.63	1,299.87	-69.38	-1,854.52	-1,315.20	-15.33	53.08	-68.42
24	21	29.02	0.1704	0.2359	170.40	4,944.95	121.77	3,533.72	-4,850.19	94.76	235.86	-141.10
25	22	31.23	0.4188	0.7551	418.82	13,079.86	248.43	7,758.33	-12,613.18	466.68	755.14	-288.47
26	23	32.60	0.6308	1.3139	630.76	20,562.69	211.93	6,909.04	-19,534.36	1,028.33	1,313.88	-285.55
27	24	30.07	0.1598	0.1449	159.81	4,805.57	-470.94	-14,161.30	-5,391.85	-586.28	144.87	-731.15
28	25	29.80	0.0476	0.0241	47.64	1,419.66	-112.17	-3,342.76	-2,054.28	-634.61	24.12	-658.73
29	26	28.92	0.0000	0.0000	0.00	0.00	-47.64	-1,377.74	-678.51	-678.51	0.00	-678.51
30												

표 12.2에서와 같이 주가가 움직였을 경우에, 해당 콜옵션은 만기에 외가격(out-of-the-money)으로 소멸되었고 포지션 H는 무위험 자산 잔고 −679로 종결되었다.

$$a_{26} = 0[\text{셀 E29}],\ b_{26} = -679[\text{셀 I29}].$$

(실현 불가능한) 완벽한 헤징을 실행하였다면 무위험 자산 잔고(또는 이 경우 헤징 포지션의 가치)는 0이 되어야 했을 것이나, 예로 든 주가의 움직임하에서 최종 −679라는 상당히 큰 오차가 발생하였다. (즉, $\varepsilon = -679$로서 옵션 가격 대비 33.5%의 오차이다.) 금융기관은 실제로 헤징을 실행하기 앞서 집중적인 시뮬레이션을 통해 헤징 프로세스의 적절성을 검증하게 된다. 평가모형의 적합성과 헤징 주기 등을 고려하여 효과적인 헤징 프로세스를 구축하는 것은 현실

적으로 결코 쉬운 작업은 아니다. 지금 예에서 우리가 실행한 시뮬레이션이 매우 효과적인 결과를 만들어 내지는 못했지만, 델타 헤징이라는 리밸런싱의 방법론은 충분히 전달하고 있다고 생각한다.

풋옵션을 발행했을 때의 사례

풋옵션 발행에 대한 헤징 포지션을 구성하는 경우를 생각해 보도록 한다. 현재 주가가 45인 주식을 기준자산으로 해서 만기 반년, 행사가격 45의 풋옵션을 발행하였다고 하자. 무위험 이자율은 연 6%이고 주가의 변동성은 30%다. 풋옵션 1,000개를 발행했을 때 금융기관이 구성해야 하는 헤징 포지션 H를 구성해 보자.

우선 풋옵션의 이론 가격을 구한다. 옵션의 가치결정 요인들로서

$$S = 45,\ K = 45,\ \sigma = 0.3,\ r = 0.06,\ T = 0.5$$

의 값을 BS 모형에 대입하여 이론 가격을 계산하면

$$d_1 = \frac{\ln(45/45) + (0.06 + 0.5 \cdot 0.3^2)(0.5)}{0.3\sqrt{0.5}} = 0.2475$$

$$d_2 = d_1 - 0.3\sqrt{0.5} = 0.0354$$

이고

$$f = 45e^{-0.06 \cdot 0.5}N(-0.0354) - 45N(-0.2475) = 3.1172$$

로 계산된다. 금융기관은 풋옵션 1,000개에 대한 프리미엄으로 3,117.2를 수취하였다고 하자. $R = e^{0.06 \div 52} = 1.001155$로 계산한다.

포지션 H를 구성하기 위해서 1,000개의 풋옵션의 델타에 해당하는 주식을 보유한다. 풋옵션의 델타는 $N(d_1) - 1$로 계산된다. 앞에서와 마찬가지로 계산 결과는 엑셀로 계산한 결과를 자연수로 표시하도록 한다. 따라서 헤징을 시작하기 위해서는

$$a_0 = 1{,}000 \times (N(d_1) - 1) \approx -402[\text{셀 E3}]$$

의 주식과

$$b_0 = \text{수취한 프리미엄} - a_0S_0 = 3{,}117.2 - (-402) \times 45 \approx 21{,}219[\text{셀 I3}]$$

의 무위험 자산을 보유한다. 다시 말해서 풋옵션을 헤지하기 위해서는 기준 주식을 공매하여 그 수취 금액과 풋옵션 발행 프리미엄을 합한 금액을 무위험 자산에 투자한다. 이러한 포지션은 1주일 후 리밸런싱 시점에 주가가 48.56으로 상승하였으므로 그 가치가

$$a_0S_1 + b_0R = -402 \times 48.56 + 21{,}219 \times 1.001155 = 1{,}710[\text{셀 J4}]$$

이 되며

$$a_1 = -271[\text{셀 E4}]$$
$$b_1 = a_0S_1 + b_0R - a_1S_1 = 1{,}710 - (-271) \times 48.56 \approx 14{,}887[\text{셀 I4}]$$

로 계산되므로 포지션 H는 주식 271주 공매, 무위험 자산 14,887 보유로 조정해야 한다.

시간이 흐름에 따른 1주일 간격의 동적 헤징의 결과를 표 12.3에 요약하였다. 풋옵션은 내가격으로 종료되었고, 만기시에 남은 포지션은 주식 1,000주 공매, 무위험 자산 잔고 44,168[셀 I29], 풋 발행 포지션이다. 풋옵션이 행사될 것이므로 행사가격 45,000을 지불하고, 수취한 주식 1,000주로 공매도를 매듭지으면 총 −831[셀 L29]의 (누적 오차에 따른) 손실이 발생한다. (옵션 가격 대비 26.7%의 오차이다.) 옵션 발행 당시에 이론 가격만을 수취했다는 가정에 근거한 결과이고, 이러한 오차에 따른 손실의 가능성을 대비하여 이론 가격보다 충분히 높게 프리미엄을 책정해야 할 것이다. ♠

표 12.3 델타 헤징: 풋옵션의 경우

	A	B	C	D	E	F	G	H	I	J	K	L
1	Week	주가	Delta	풋옵션	보유	보유	추가하는	추가	무위험 자산	헤징 포지션	풋옵션 전체	전체 포지션
2			N(d1)-1	이론가격	주식수	주식 가치	주식수	매입비용	잔고	가치	이론가치	가치 오차
3	0	45.00	-0.4023	3.1172	-402.27	-18,101.95	-402.27	-18,101.95	21,219.20	3,117.25	3,117.25	0.00
4	1	48.56	-0.2714	1.8767	-271.36	-13,177.23	130.91	6,356.78	14,886.91	1,709.68	1,876.73	-167.05
5	2	42.91	-0.4982	3.9650	-498.23	-21,379.07	-226.87	-9,735.03	24,639.13	3,260.05	3,964.96	-704.91
6	3	43.42	-0.4786	3.6707	-478.62	-20,781.48	19.62	851.69	23,815.88	3,034.40	3,670.72	-636.32
7	4	43.27	-0.4893	3.6960	-489.33	-21,173.26	-10.71	-463.57	24,306.95	3,133.69	3,695.99	-562.30
8	5	44.34	-0.4424	3.1469	-442.39	-19,615.44	46.94	2,081.41	22,253.61	2,638.17	3,146.89	-508.72
9	6	44.31	-0.4467	3.1061	-446.70	-19,793.19	-4.31	-191.03	22,470.32	2,677.13	3,106.11	-428.98
10	7	40.41	-0.6487	5.1900	-648.66	-26,212.43	-201.96	-8,161.36	30,657.63	4,445.20	5,190.04	-744.84
11	8	38.74	-0.7398	6.3213	-739.80	-28,659.79	-91.14	-3,530.62	34,223.65	5,563.86	6,321.32	-757.46
12	9	38.65	-0.7539	6.3676	-753.86	-29,136.71	-14.06	-543.50	34,806.66	5,669.95	6,367.64	-697.69
13	10	36.22	-0.8665	8.3345	-866.54	-31,385.97	-112.68	-4,081.14	38,927.99	7,542.02	8,334.53	-792.51
14	11	36.98	-0.8485	7.6846	-848.55	-31,379.35	17.99	665.19	38,307.74	6,928.39	7,684.60	-756.21
15	12	37.70	-0.8303	7.0751	-830.33	-31,303.59	18.22	686.71	37,665.25	6,361.66	7,075.06	-713.40
16	13	38.91	-0.7865	6.0804	-786.52	-30,603.53	43.81	1,704.76	36,003.98	5,400.44	6,080.43	-679.99
17	14	38.81	-0.8048	6.1379	-804.75	-31,232.37	-18.23	-707.49	36,753.04	5,520.66	6,137.86	-617.20
18	15	35.60	-0.9379	8.9579	-937.88	-33,388.53	-133.13	-4,739.41	41,534.88	8,146.34	8,957.92	-811.58
19	16	33.64	-0.9802	10.8745	-980.21	-32,974.17	-42.33	-1,423.89	43,006.72	10,032.54	10,874.51	-841.97
20	17	34.04	-0.9817	10.5222	-981.73	-33,418.05	-1.52	-51.80	43,108.17	9,690.11	10,522.17	-832.06
21	18	33.49	-0.9912	11.1077	-991.18	-33,194.76	-9.46	-316.66	43,474.59	10,279.83	11,107.73	-827.90
22	19	32.75	-0.9971	11.8911	-997.10	-32,654.91	-5.91	-193.62	43,718.41	11,063.50	11,891.06	-827.56
23	20	32.20	-0.9992	12.4902	-999.23	-32,175.08	-2.13	-68.57	43,837.45	11,662.38	12,490.21	-827.84
24	21	32.96	-0.9994	11.7816	-999.40	-32,940.20	-0.17	-5.72	43,893.78	10,953.57	11,781.61	-828.04
25	22	34.42	-0.9991	10.3735	-999.11	-34,389.31	0.29	10.01	43,934.44	9,545.13	10,373.47	-828.35
26	23	34.12	-0.9999	10.7245	-999.91	-34,117.07	-0.81	-27.48	44,012.65	9,895.58	10,724.55	-828.97
27	24	34.34	-1.0000	10.5563	-1,000.00	-34,339.90	-0.08	-2.85	44,066.31	9,726.41	10,556.27	-829.86
28	25	32.31	-1.0000	12.6381	-1,000.00	-32,310.00	0.00	-0.10	44,117.28	11,807.28	12,638.11	-830.82
29	26	30.53	-1.0000	14.4700	-1,000.00	-30,530.00	0.00	0.00	44,168.22	13,638.22	14,470.00	-831.78
30												

포트폴리오 보험에의 적용

앞서 제 7 장 4 절에서 주가지수 풋옵션을 매입하여 주식 펀드의 가치 하락을 방지하는 헤징 원리를 포트폴리오 보험이라고 부른다 하였다. 그리고 이러한 헤징을 실행하려 할 때 원하는 행사가격의 지수 풋옵션이 충분한 거래량을 가지고 거래되지 않거나 풋옵션의 프리미엄이 너무 높다고 판단되는 경우, 자산관리자들은 주가지수 풋옵션을 직접 매입하는 대신 주가지수 선물에 대한 포지션을 주기적으로 리밸런싱하여 풋옵션을 복제하는 방법을 채택하게 된다는 점을 지적한 바 있다. 이 리밸런싱이 지금 살펴보고 있는 동적 헤징의 한 예라고 할 수 있다. 앞서 살펴본 것처럼 풋옵션의 델타는 마이너스이기 때문에 포트폴리오 보험을 실행하기 위해서는 기준자산인 주가지수에 대해 매도 포지션을 취해야 하는데, 이것이 번거로울 수 있으므로 (주가지수에 포함되는 여러 주식들을 직접 매도하기보다는) 보다 손쉬운 방법으로 주가지수 선물에 대해서 매도 포지션을 취하게 된다.

포트폴리오 보험은 1987년 10월 19일 소위 블랙 먼데이(Black Monday)로 불리는 급격한 주가 하락의 위기에서 하나의 중요한 원인으로 작용했다는 지목을 받았다. 이날 다우존스지수는 20% 넘게 하락하였다. 그 전주에 이미 10% 정도의 하락이 있자 포트폴리오 보험을 실행하는 펀드들은 동적 헤징의 원칙에 따라 주식이나 주가지수 선물을 매도해야 했는데, 이 매도 물량들 가운데 많은 부분이 소화되지 못하고 10월 19일 아침에 주식 현물시장과 주가지수 선물시장에 쏟아져 나왔다. 또한 포트폴리오 보험의 이러한 상황을 예측한 다른 거래자들도 패닉셀(panic sell)에 동참했으며, 주가가 하락하자 포트폴리오 보험을 실행하는 펀드들은 주식이나 선물을 더 매도해야 했고 이러한 악순환이 주가의 급격한 하락을 부추겼다는 것이다. 포트폴리오 보험이 블랙 먼데이에 실제로 얼마나 큰 역할을 했는지에 대해서는 많은 의견이 있을 수 있다. ♠

제 3 절 감마 중립

감마(Γ)는 기준자산의 가격(S) 변화에 따른 델타(Δ)의 변화율을 뜻한다. 델타가 f의 S에 대한 1차 도함수이니, 감마는 f의 S에 대한 2차 도함수라고 할 수 있다. 즉,

$$\Gamma = \frac{\partial \Delta}{\partial S} = \frac{\partial}{\partial S}\left(\frac{\partial f}{\partial S}\right) = \frac{\partial^2 f}{\partial S^2}$$

이다. 델타가 파생상품 가치함수의 기울기를 측정하였다면, 감마는 그 곡률(curvature), 즉 기울기가 얼마나 많이 휘어지는가를 보여준다. 그림 12.4는 앞서 살펴본 콜옵션을 예로 들어[3] 주가 대비 콜옵션의 델타와 감마를 보여주고 있다. 콜옵션 가격의 기울기(즉, 델타)는 주가가 아주 작거나 아주 큰 경우 큰 변화

---

3 제 11 장 6 절에서 다른 그릭스들(Greeks)을 구하기 위해 예로 들었던 옵션의 기준변수들로 계산하였다. 즉, $K = 40$, $\sigma = 0.3$, $r = 0.07$, $T = 1$에 대한 결과이다.

그림 12.4 주가 대비 델타와 감마

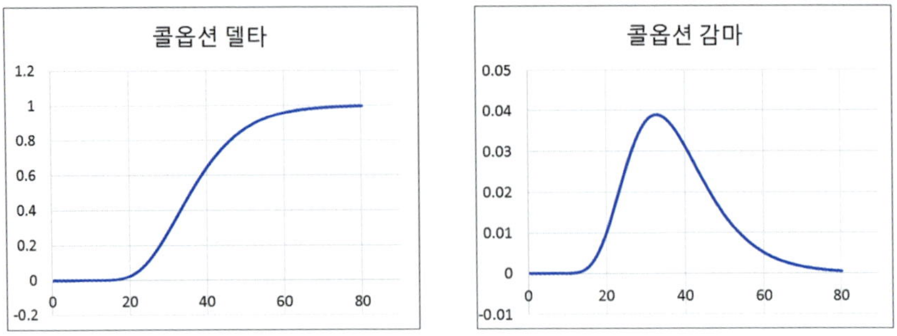

를 보이지 않지만 주가가 행사가격에 가까운 영역에서는 쉽게 변하는 것을 알 수 있고, 이를 반영하여 그 영역에서는 감마의 절대값이 상대적으로 큰 값을 갖게 된다.

감마의 절대값이 작을 경우에는 델타가 급격하게 변하지 않기 때문에 델타 헤징을 하기 위해서 자주 포지션을 바꿀 필요가 없다. 그러나 감마의 절대값이 클 때에는 델타가 기준자산 가격의 변화에 민감하게 반응하기 때문에, 장기간 포지션을 바꾸지 않았을 때에는 위험에 노출될 수 있다.

기준자산의 델타는 1이므로 ($\frac{\partial S}{\partial S}=1$) 이를 다시 S로 미분한 기준자산의 감마는 0이 된다. 따라서 어떤 포지션에 기준자산을 추가해도 그 포지션의 감마는 변화하지 않기 때문에 포지션 감마를 변화시키기 위해서는 (같은 기준자산의) 다른 파생상품을 추가해야 한다. B라는 파생상품이 거래소에서 거래되고 있어 이를 이용하기로 했다고 가정하자. 이미 델타가 중립인 포트폴리오 또는 포지션을 포지션 DN이라고 부르기로 했을 때,[4] 기준자산을 w_1개, 파생상품 B를 w_2개 추가한다고 하면 델타 중립과 감마 중립을 동시에 이루기 위해서는 w_1과 w_2가 다음의 식을 만족시켜야 한다.

$$\text{전체 델타} = \Delta_{DN} + 1 \cdot w_1 + \Delta_B \cdot w_2 = 0$$
$$\text{전체 감마} = \Gamma_{DN} + 0 \cdot w_1 + \Gamma_B \cdot w_2 = 0$$

4 DN은 앞서 델타 헤징에서 포지션 A와 헤징 포지션 H를 합한 전체 포지션에 해당한다.

여기에서 Δ_{DN}, Δ_B, Γ_{DN}, Γ_B는 DN과 B의 델타와 감마를 표시한다.

[예시]

어떤 파생상품 포지션에 대해서 델타 헤징을 실행하여 델타 중립인 포지션 DN을 구축하였다. 이 포지션 DN의 감마를 계산해 보니 $-3{,}600$으로 상당히 크다고 판단이 되어 감마 중립을 위한 추가적 거래를 실행하려 한다. 기준자산이 동일한 파생상품 B가 거래소에서 거래가 되고 있고 거래량도 상당하여 헤징에 이용하기 적합하다고 판단된다. 파생상품 B 1개의 델타와 감마는 각각 −0.35와 0.40으로 계산되었다. 델타 중립과 감마 중립을 동시에 확보하려면 어떤 추가적인 거래가 필요한가?

기준자산을 w_1개, 파생상품 B를 w_2개 추가하여 다음의 방정식

$$\text{전체 델타} = 1 \cdot w_1 - 0.35 \cdot w_2 = 0$$
$$\text{전체 감마} = -3{,}600 + 0 \cdot w_1 + 0.4 \cdot w_2 = 0$$

을 만족시키면 된다. $w_1 = 3{,}150$, $w_2 = 9{,}000$이 계산되므로 기준자산을 3,150주 매입하고, 파생상품 B를 9,000개 매입하면 델타 중립과 감마 중립을 동시에 이룰 수 있다.

위의 2개의 방정식은 형식적으로는 2원 연립방정식이지만 두 번째 방정식은 $-3{,}600 + 0.4 \cdot w_2 = 0$이니 쉽게 w_2를 계산할 수 있고, 이를 첫 번째 방정식에 대입하면 w_1도 쉽게 풀린다. DN의 감마가 $-3{,}600$이니 0.4의 감마를 갖고 있는 B를 $3{,}600 \div 0.4 = 9{,}000$개 매입하면 전체의 감마는 0이 될 것이다. 그런데 B를 9,000개 추가하면 DN의 델타가 $-0.35 \times 9{,}000 = -3{,}150$이 되어 델타 중립이 깨지므로 이를 다시 델타 중립으로 회복하기 위해서 주식 3,150주를 추가하는 것이다. 주식의 감마는 0이므로 주식의 추가로 전체 포지션의 감마 중립이 깨지지 않는다.

우리는 제 11 장 6 절에서 블랙-쇼울즈 모형을 사용할 경우 여러 그릭스들(Greeks)이 어떻게 도출되는지 살펴본 바 있다. 거기에서 BS 모형을 이용하는 경우 유럽형 콜옵션과 풋옵션의 감마는 다음 식으로 계산할 수 있었다.[5]

$$\text{콜옵션 감마} = \text{풋옵션 감마} = \frac{N'(d_1)}{S\sigma\sqrt{T}}.$$

여기에서 $N'(x)$는 표준정규분포의 확률밀도함수(pdf)이니 그 값을 계산하기 위해서는 엑셀의 =norm.s.dist(x, FALSE) 함수를 사용하면 된다.

제 4 절 베가 중립

BS 모형에서는 기준자산의 변동성 σ가 일정하다는 가정을 하고 있으나, 실제로 변동성은 시간이 흐름에 따라 변화하는 것으로 파악되고 있다. 또한 옵션의 거래자들은 변동성이 가격에 미치는 영향이 크다고 생각하기 때문에 변동성의 변화에 상당한 주의를 기울인다. 베가(V)는 변동성의 변화에 따른 포트폴리오 가치의 변화로 정의되며

$$\mathrm{V} = \frac{\partial f}{\partial \sigma}$$

로 나타낼 수 있다. 베가가 크다는 것은 변동성 σ가 조금만 변화하더라도 포트폴리오의 가치가 많이 변화한다는 것을 의미한다. 이러한 경우 어떤 포트폴리오의 델타를 0으로 만들었다고 해도 변동성의 변화에 따라서 포트폴리오는 가치 변화의 위험에 노출되게 된다.

감마의 경우에서와 마찬가지로 기준자산의 베가도 0이므로[6] 포지션의 베가

---

5 이하에서도 269페이지의 표 11.2에 요약된 결과를 참고하라.

6 앞서 기준자산을 행사가격이 0인 콜옵션으로 생각할 수 있다고 하였다. 한편 BS 모형하에서 베가는 $S\sqrt{T}N'(d_1)$인데 이 값은 K가 0에 가까워질 때 0으로 수렴한다. 따라서 기준자산은 변동성의 증가에 영향을 받지 않을 것으로 추측할 수 있다.

를 변화시키기 위해서는 동일한 기준자산의 다른 파생상품을 포함시켜야 한다. 델타 중립 포트폴리오의 베가가 V_{DN}이고, 추가하려는 어떤 옵션 C의 베가를 V_C라고 하면 이 옵션을 $\frac{-V_{DN}}{V_C}$만큼 포함시키면 새로운 전체 포트폴리오의 베가는 0이 될 것이다. 그러나 베가 중립인 포트폴리오는 일반적으로 감마 중립이 되지는 않을 것이므로, 델타 중립인 어떤 포트폴리오의 베가와 감마를 모두 0으로 만들기 위해서는 두 종류의 파생상품이 필요하게 된다.

앞서 감마 중립에서와 같이, 이미 델타 중립인 포지션 DN에 대해서 파생상품 B와 C를 동시에 포함시켜 감마와 베가도 0으로 만들어 보기로 한다. 파생상품 B 1개의 델타, 감마, 베가를 각각 Δ_B, Γ_B, V_B로 표시하고 파생상품 C에 대해서도 유사하게 나타내기로 한다면, DN에 기준자산 w_1개, B w_2개, C w_3개를 추가하였을 때

$$\text{전체 델타} = \Delta_{DN} + 1 \cdot w_1 + \Delta_B \cdot w_2 + \Delta_C \cdot w_3$$
$$\text{전체 감마} = \Gamma_{DN} + 0 \cdot w_1 + \Gamma_B \cdot w_2 + \Gamma_C \cdot w_3$$
$$\text{전체 베가} = V_{DN} + 0 \cdot w_1 + V_B \cdot w_2 + V_C \cdot w_3$$

가 될 터이니 이들을 모두 0으로 만드는 방정식을 풀게 된다.

구체적인 숫자를 넣어서 결과를 알아보자. 해당 그릭스(Greeks)를 표 12.4에 요약하였다.

표 12.4 각 자산의 델타, 감마, 베가

	포지션 DN	기준자산	파생상품 B	파생상품 C
델타	0	1	−0.35	0.4
감마	−3,600	0	0.4	0.5
베가	−24,000	0	4.0	3.0

이 경우

$$\text{전체 델타} = 1 \cdot w_1 - 0.35 \cdot w_2 + 0.4 \cdot w_3 = 0$$
$$\text{전체 감마} = -3{,}600 + 0.4 \cdot w_2 + 0.5 \cdot w_3 = 0$$
$$\text{전체 베가} = -24{,}000 + 4.0 \cdot w_2 + 3.0 \cdot w_3 = 0$$

이 성립해야 하고 이를 풀면 $w_1 = -1{,}875,\ w_2 = 1{,}500,\ w_3 = 6{,}000$이 계산되므로, 주식을 1,875주 매도하고, B를 1,500개 매입, C를 6,000개 매입하는 거래를 통해 감마 중립과 베가 중립을 동시에 이룰 수 있다.

위의 방정식들도 형식적으로는 3원 연립방정식이지만, 아래 두 개의 방정식에는 w_1이 없으므로 이 둘을 2원 연립방정식으로 풀고 그 결과를 첫 번째 방정식에 대입하여 w_1의 값을 계산하면 된다. B와 C를 추가하여 감마와 베가를 동시에 0으로 만들고, 이로 말미암은 델타의 변화를 주식의 추가적인 거래로 다시 0으로 회복시킨다고 생각하면 될 것이다.

BS 모형을 기준으로 하는 경우 앞 장에서 살펴본 바와 같이 유럽형 콜옵션과 유럽형 풋옵션의 베가는 동일하게 $\mathrm{V} = S\sqrt{T}N'(d_1)$으로 계산된다.

금융기관은 포트폴리오의 델타, 감마, 베가 등을 모두 0으로 유지하는 것이 이상적일 것이다. 그러나 실제적으로 이러한 포지션을 계속 유지한다는 것은 거의 불가능하다고 할 수 있다. 한 가지 기준자산의 가격에 의존하는 큰 규모의 포트폴리오를 운용하는 경우, 델타를 0으로 유지하기 위해서 매일 기준자산의 포지션을 변화시키는 것은 큰 문제가 없을 것이다. 그러나 감마와 베가를 0으로 만들기 위해서 포함시켜야 하는 옵션들을 충분히 매입/매도하는 것은 상당히 어려울 수 있다. 관리자들은 감마와 베가 수치를 꾸준히 주목하고 있다가, 이 수치들이 너무 커지게 되면 조치를 취하는 것이 일반적이다.

제 5 절 쎄타와 로

쎄타(Θ)는 다른 변수들의 값이 일정할 경우, 시간의 경과에 따른 파생상품의 가치 변화율을 의미한다. 즉, $\Theta = -\frac{\partial f}{\partial T}$로 정의된다. 시간이 경과함에 따라 만기까지의 기간 T는 감소하기 때문에 도함수 앞에는 마이너스가 붙었다는 것을 기억하라. 미래의 주가 변화는 불확실하지만, 시간의 경과에는 불확실성이 없다. 따라서 쎄타는 델타와는 헤징에 있어서의 의미하는 바가 동일하지 않다.

많은 거래자들은 쎄타를, 시간의 흐름에 따라 포지션의 가치가 얼마나 빨리 변화하는가를 관찰하는 지표로서 사용할 수 있다.[7]

BS 모형을 사용할 경우 유럽형 콜옵션과 풋옵션 각각의 Θ는 다음과 같이 도출됨을 살펴본 바 있다.

$$\Theta(\text{call}) \equiv -\frac{\partial c}{\partial T} = -\frac{SN'(d_1)\sigma}{2\sqrt{T}} - rKe^{-rT}N(d_2)$$
$$\Theta(\text{put}) \equiv -\frac{\partial p}{\partial T} = -\frac{SN'(d_1)\sigma}{2\sqrt{T}} + rKe^{-rT}N(-d_2).$$

로(P; rho)는 이자율 변화에 대한 포지션의 가치 변화를 측정한다. 즉, $\mathrm{P} = \frac{\partial f}{\partial r}$이다. BS 모형을 전제로 유럽형 콜옵션과 풋옵션의 P는 다음과 같았다.

$$\frac{\partial c}{\partial r} = KTe^{-rT}N(d_2)$$
$$\frac{\partial p}{\partial r} = -KTe^{-rT}N(-d_2).$$

7 앞서 제 11 장 6 절에서 다른 변수들은 동일하다고 할 때 콜옵션의 경우는 만기가 감소할수록 가치가 감소하지만, 풋옵션의 경우 다양한 모습을 보였다. 이런 점들을 거래자들은 참고할 수 있을 것이다.

연습문제

12.1 주가가 그림 12.1과 같이 움직이는 경우에 행사가격이 38이고 만기가 반년인 유럽형 콜옵션을 어떤 금융기관이 발행했을 때, 노드[0,0], 노드[1,1], 노드[1,0]에서 취해야 하는 헤징 포지션 H를 계산하고 그 결과를 그림 12.3과 같은 형식으로 나타내 보라. 무위험 이자율도 동일하게 7%로 가정한다. 콜옵션을 헤징하는 경우에는 주식을 매입하고 이를 위해 필요한 금액은 콜옵션 발행 프리미엄과 무위험 자산의 마이너스 포지션(즉, 대출)을 통해서 헤징 포지션을 구성해야 할 것이다.

12.2 금융기관이 주식을 기준자산으로 하는 콜옵션 400개를 발행한 후 1주일 간격으로 델타 헤징을 실행하고 있다. 얼마간의 시간이 경과한 뒤 현재 헤지 포지션으로서 주식 196주와 무위험 자산 −8,430의 잔고를 갖게 되었다.

(1) 이로부터 1주일 후에 주가가 52.30으로 변화하였고 델타는 0.58이 되었다면 헤지 포지션으로서 보유해야 하는 주식의 수와 무위험 자산의 잔고는 어떻게 조정해야 하는가? 무위험 자산에 대해 1주일 동안 발생하는 이자는 원금에 0.001을 곱해서 계산한 후 반올림해서 소수점 1자리까지 표시하라. (예를 들어, 지난 1주일 동안의 이자는 $8{,}430 \times 0.001 \approx 8.4$로 계산한다.) 다른 중간 계산의 결과도 마찬가지로 (반올림하여) 소수점 1자리까지만 표시하라.

(2) 위의 (1)과 같이 헤징한 후 다시 한 주가 지나 주가는 51.18로, 델타는 0.53으로 변화하였다면 새로운 헤지 포지션은 어떻게 조정해야 하는가?

12.3 금융기관이 주식을 기준자산으로 하는 풋옵션 200개를 발행한 후 1주일 간격으로 델타 헤징을 실행하고 있다. 얼마간의 시간이 경과한 뒤 주가가 78.2일 때 리밸런

싱을 하여 헤지 포지션으로서 주식 112주의 공매 포지션과 함께 무위험 자산 10,600의 잔고를 갖게 되었다. 이로부터 1주일 후에 주가가 75.75로 변화하였고 델타는 -0.63이 되었다면 새로운 헤지 포지션은 어떻게 구성되어야 하는가? 무위험 자산에 대한 이자 계산이나 다른 계산 표시 방법은 연습문제 12.2에서와 동일하게 하라.

12.4 어떤 금융기관은 주식을 기준자산으로 하는 파생상품을 발행하고 델타 헤징을 통해서 이미 델타 중립을 이룬 포지션 DN을 구축하였다. DN의 감마와 베가를 계산해 보니 각각 $-1{,}920$과 $-46{,}400$이었다. 같은 주식을 기준자산으로 하는 파생상품 B와 C가 지금 거래소에서 거래되고 있는데 해당 그릭스는 다음과 같다.

$$\Delta_B = 0.5,\ \ \Gamma_B = 0.4,\ \ \mathrm{V}_B = 8.0$$
$$\Delta_C = 0.8,\ \ \Gamma_C = 0.3,\ \ \mathrm{V}_C = 10.0$$

(1) 델타 중립을 유지하면서 (베가 중립은 포기하고) 감마 중립만을 실행하기 위해서 주식과 파생상품 B를 이용할 때 어떤 추가적인 거래가 필요한가?

(2) (1)에서 이루려는 헤징을 위해서 주식과 파생상품 C만을 이용할 때는 어떤 거래가 필요한가?

(3) 델타 중립을 유지하면서 감마 중립과 베가 중립을 동시에 이루기 위해서는 주식, B, C에 대해 각각 어떤 거래가 필요한가?

12.5 어떤 금융기관이 보유하고 있는 델타 중립 파운드화 파생상품 포트폴리오의 감마는 $-1{,}080$, 베가는 $-3{,}240$으로 계산되었다. 한편 거래소에서 (델타, 감마, 베가)가 각각 (0.6, 0.5, 2.0)인 파운드화 파생상품 B와, (0.5, 0.6, 1.5)인 파생상품 C가 존재한다. 현재 금융기관이 보유하고 있는 델타 중립 포트폴리오를 감마 중립과 베가 중립으로도 만들기 위해서는 (물론 델타 중립은 유지하면서) B, C, 파운드화에 대해서 각각 어떤 추가적인 포지션을 취해야 하는가?

13

옵션 평가모형의 응용

옵션 평가모형은 여러 자산의 가치평가에 유용한 도구가 될 수 있다. 그 자체가 파생상품으로 분류될 수 있는 자산은 물론이고, 그렇지 않은 자산의 경우에도 그 가치가 다른 변수에 연동되어 있는 경우 그 연동의 방식을 파악하면 파생상품적인 측면이 발견되는 경우가 많기 때문이다. 본 장에서는 이와 같이 옵션 평가모형을 이용하여 다른 자산들을 평가하는 몇 가지 예를 살펴보도록 한다.

제 1 절 주식과 채권

일반적인 의미에서 주식이나 채권은 파생상품이 아니다. 그러나 특정 미래 시점에서의 주식이나 채권의 수입을 다른 변수의 함수로 파악할 수 있기 때문에, 이들을 그 변수의 파생상품으로 이해하는 것이 이론적으로 가능해진다.

다음과 같은 예를 들어 보자. 어떤 기업의 자본구조가 한 종류의 할인채와 자기자본(equity)으로만 구성되어 있다고 가정하자. 현재 시점에서의 기업가치, 할인채의 가치, 자기자본의 가치를 각각 V, D, E로 표시하면

$$V = D + E \tag{13.1}$$

의 관계가 성립할 것이다. 특정 미래 시점 T에서 할인채가 만기가 되며 할인채의 액면(총액)은 M이라고 가정하면, T 시점에서 주식의 가치 또는 수입(payoff) E_T는, 그 시점에서의 회사가치 V_T가 M보다 클 때에는 약속된 액면을 회사가 상환

그림 13.1 주식의 수입구조

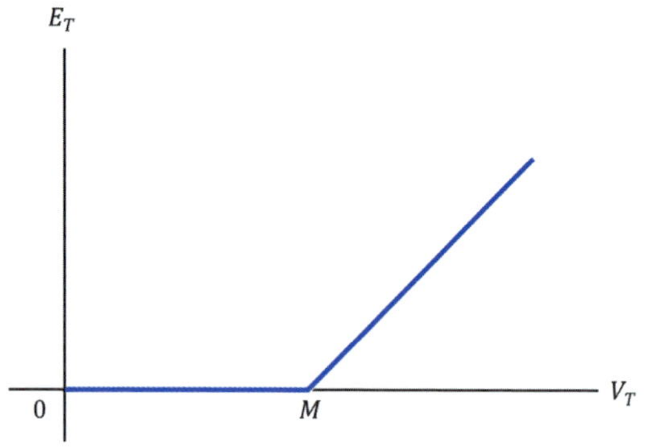

하고 남는 가치가 될 테지만, V_T가 M에 미치지 못할 때에는 0이 될 것이다. 즉,

$$E_T = \max(V_T - M, 0)$$

이 된다. 그림 13.1이 이 관계를 보여주고 있다. 즉, 만기에서의 주식의 가치와 회사가치의 관계가, 앞서 우리가 살펴본 콜옵션 가치와 주식의 가치의 관계와 동일하다는 것을 알 수 있다. 따라서 우리는 이 기업의 주식을 회사가치가 기준변수인, 행사가격 M, 만기 T의 콜옵션으로 생각할 수 있고, 이에 따라 주식의 현재가치 E는 그러한 콜옵션의 현재가치로 파악할 수 있게 된다.

이제 콜옵션의 평가공식을 기준변수의 현재가치, 만기까지 남은 기간, 행사가격의 함수로 하여 $c(\cdot, \cdot, \cdot)$로 표시하도록 하자. 콜옵션을 평가하기 위해서는 무위험 이자율과 기준변수의 변동성도 결정변수로서 필요하지만 표현을 용이하게 하기 위해서 편의상 감추기로 한다. 물론 이 $c(\cdot, \cdot, \cdot)$의 구체적 함수 형태는 기준변수의 움직임에 대해서 어떤 가정을 하는가에 따라 달라질 것이다. 우리는 여기에서 기준변수인 회사의 미래가치가 로그정규분포의 확률분포를 따른다는 가정을 하여, BS 모형과 함수적 형태가 동일한 모형을 이용하도록 한다. 이제

$$E = c(V, T, M)$$

으로 나타낼 수 있다. 한편 식 13.1에 따라 $V = D + E$이므로 할인채의 현재가치는

그림 13.2 할인채의 수입구조

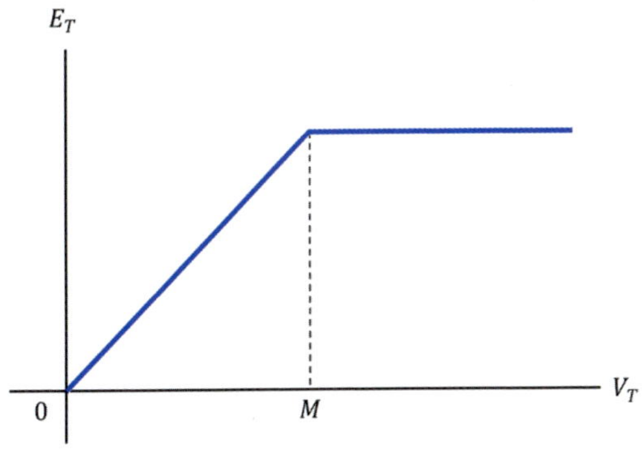

$$D = V - c(V, T, M)$$

으로 표현할 수 있다. 할인채의 만기에서의 수입은 그림 13.2와 같이 표현할 수 있을 것이다. V_T가 M을 초과하는 경우 액면 M을 상환받지만, 그렇지 않을 때에는 회사의 남은 청산가치만을 회수할 수 있다는 것을 보여주고 있다.

다시 한번 정리하자면 우리가 여기에서 시도하는 것은 BS 모형이 보여주는 기준자산과 콜옵션의 관계를, 회사가치와 주식의 관계에 적용하는 것이다. 한편 미래 회사가치가 로그정규분포를 따른다는 가정에 근거할 경우, 주식의 미래가치는 로그정규분포를 따르지 않을 것이다. 변동성 또한 주식의 변동성이 아니라 회사가치의 변동성을 대입해야 한다는 점을 주의할 필요가 있다. 이하에서는 몇 가지 상황을 가정하고 각 가정하에서 주식과 채권의 가치를 살펴봄으로써 옵션 평가모형이 자본구조의 이해에 어떤 도움을 줄 수 있을지 생각해 보도록 한다.

(1) 기본적 상황(baseline)

김철수 씨와 동업자들은 100의 투자금이 필요하며 순현가(Net Present Value; NPV)가 20인 사업을 시작하기로 결정하였다. 필요 자금을 조달하기 위해서 그들은 액면 90, 만기 3년의 할인채를 발행하고, 나머지는 자신들이 출연하기로 했다. 그 사업의 위험도를 고려할 때 기업가치의 변동성은 30% 정도 될 것으로 평가되며, 무위험 수익률은 5%라고 한다. 이들은 할인채의 발행을 통해서 얼마의 자금을 확보할 수 있으며, 자본금으로 얼마를 출자해야 하겠는가?[1]

자기자본은 기업가치를 기준자산으로 하는, 행사가격 90, 만기 3년의 콜옵션으로 생각할 수 있다. 현재 기업가치는 투자액에 NPV를 더한 120으로 평가한다. 따라서 자기자본의 현재가치는

$$E^{(1)} = c(120,\ 3,\ 90) = 48.01 \tag{13.2}$$

이 될 것이다. 위 식 13.2는 BS 공식을 이용하여 평가하였다. 또한 할인채의 현재가치는

$$D^{(1)} = V - E^{(1)} = 120 - 48.01 = 71.99$$

로 평가된다.[2] 따라서 주주들은 28.01을 자본금으로 출자하고, 71.99의 가치를 갖는 할인채를 발행하여 투자금 100을 확보할 수 있을 것이다. 여기에서 주주들은 28.01을 출연하여 48.01의 가치를 갖는 주식을 확보하는 것이므로 NPV에 해당하는 부의 증가는 주주들의 몫이 된다는 것을 확인할 수 있다. 한편 액면 90의 현재가치가 71.99이므로, 할인채의 수익률은

$$r_D = \frac{1}{3}\ln\frac{90}{71.99} = 7.44\%$$

로 계산된다. 무위험 수익률 5% 대비 초과수익률 2.44%는 이 할인채의 위험을 반영한다.

1 물론 현실적으로는 자본금을 먼저 출자하여 회사를 설립하고 그 후에 할인채를 발행해야 하는 시간적인 차이가 있을 것이다.

2 $E^{(1)}$, $D^{(1)}$로 표시한 것은 (1)의 상황에서의 자기자본과 부채의 가치를 각각 나타내기 위함이다. 예를 들어, 이하의 (2)의 상황에는 $E^{(2)}$, $D^{(2)}$로 표시하여 나중에 비교가 용이하도록 하였다.

(2) 상환의 우선순위가 동일한 부채의 추가 발행

앞의 (1)에 기술한 바와 같이 할인채를 발행한 후, 주주들은 곧바로 액면 20, 만기 3년의 할인채를 추가로 발행하였다. 추가로 발행된 할인채는 기존의 할인채와 상환 우선순위가 동일하다고 가정해 보자. 이 경우에는 전체 할인채의 액면은 110이 되어 채권 전체의 가치는

$$D^{(2)} = 120 - c(120,\ 3,\ 110) = 83.15$$

가 될 것이다. 기존의 액면 90의 채권의 가치를 $D_A^{(2)}$, 추가로 발행된 액면 20의 채권의 가치를 $D_B^{(2)}$로 각각 표시하면 두 채권의 상환 우선순위가 동일하므로, 두 채권 각각의 가치는 전체 채권 가치를 액면에 비례하여 나누면 된다. 즉,

$$D_A^{(2)} = D^{(2)} \times \frac{90}{110} = 68.03$$
$$D_B^{(2)} = D^{(2)} \times \frac{20}{110} = 15.12$$

로 평가할 수 있다. (1)에서 액면 90의 할인채는 가치가 $D^{(1)} = 71.99$였는데 이제 같은 액면의 할인채는 그 가치가 $D_A^{(2)} = 68.03$으로 3.96 감소하게 된다. 이는 추가적인 부채의 발생으로 말미암은 위험 증가에 기인한다. 왜냐하면 (1)의 상황에서는 상환 시점에서 회사의 가치가 90 이상이면 채권자들은 액면을 100% 상환받을 수 있었지만, (2)의 상황에서는 회사의 가치가 110 이상이 되어야 액면을 온전히 상환받을 수 있기 때문이다. 즉, 채권의 성격이 변한 것이다. 그림 13.3은 상황 (1)과 상황 (2)에서의 액면 90의 할인채의 수입구조가 어떻게 달라지는지 보여준다.

새로운 (2)의 상황에서 주식의 가치는

$$E^{(2)} = c(120,\ 3,\ 110) = 36.85$$

로 평가된다. 주주들은 새로운 할인채를 발행함으로써 15.12를 추가로 조달하였으므로 자신들이 출연해야 하는 금액은 $28.01 - 15.12 = 12.89$로 줄어들었다. 즉, 이들은 12.89를 출연하여 새로운 주식의 가치 36.85를 획득하게 되므로

그림 13.3 액면 90 할인채의 수입구조 변화: (1) vs (2)

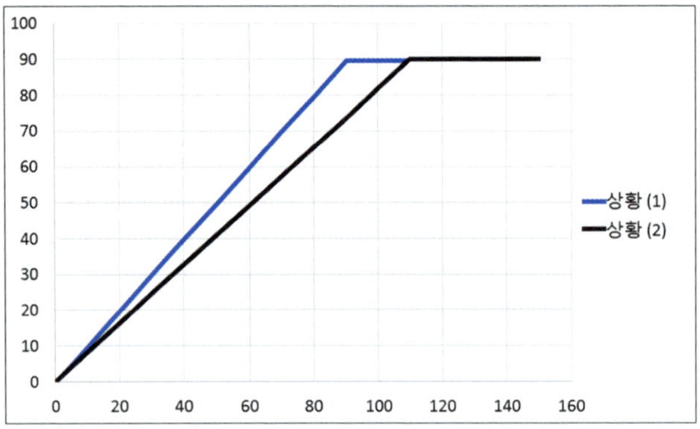

23.96의 부의 증가를 이루게 된 것이다. (1)의 경우에는 NPV에 해당하는 20의 부의 증가가 있었지만 이제 (2)에서는 23.96의 부의 증가가 발생한다. 이 3.96의 추가적인 부의 증가는 액면 90의 채권에 투자한 투자자들의 가치 감소분과 일치한다. 다시 말해서 상환 우선순위가 동일한 채권의 발행은 그러한 계획을 알지 못하던 기존의 채권 투자자들의 손실로 이어진다. 이러한 이유로 시간적으로 앞서 발행된 채권의 상환 우선순위는 법적으로 보장되며, 지금 기술한 (2)의 상황은 실제로는 법적으로 불가능하다. (2)의 상황은 채권의 우선순위를 법으로 왜 보장해야 하는가를 보여주는 사례이다. 한편, 액면 20의 추가적인 할인채를 15.12에 매입한 새로운 채권자들은 적정한 가격으로 투자하였다고 할 수 있다.

(3) 후순위 채권의 발행을 통한 부채의 추가 발행

앞서 (2)에서 기술한 액면 20의 할인채를 발행하는데 그 상환 순위가 뒤에 놓이도록 하는 경우를 생각해 보자. 이런 채권을 후순위 채권(junior debt)으로, 상환 순위가 앞서는 기존의 채권을 선순위 채권(senior debt)으로 부를 수 있을 것이다. 후순위 채권은 선순위 채권의 액면이 상환되고 남은 부분에 대해 주식에 앞서 상환 권리가 보장된다. 그림 13.4는 이 후순위 채권의 만기에서의 수입을 보여주고 있다. 우리는 이러한 후순위 채권의 수입이, 만기시 회사가치를 기준

그림 13.4 액면 20 할인채의 수입구조 변화: (2) vs (3)

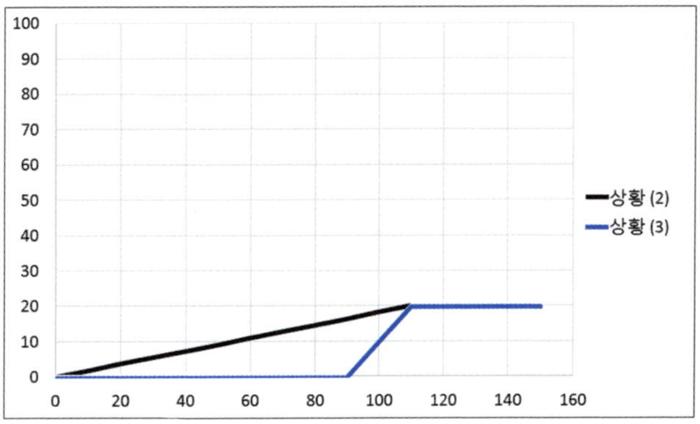

자산으로 하는 행사가격 90의 콜옵션에 대한 매입 포지션과 행사가격 110의 콜옵션에 대한 매도 포지션의 결합과 일치한다는 것을 알 수 있다. 따라서 후순위 채권의 현재가치는 두 포지션의 현재가치의 합계가 되어

$$\begin{aligned} D_B^{(3)} &= c(120,\ 3,\ 90) - c(120,\ 3,\ 110) \\ &= 48.01 - 36.85 = 11.16 \end{aligned}$$

으로 계산된다. 이 수치는 (2)의 경우 액면 20의 추가된 할인채가 $D_B^{(2)} = 15.12$의 가치를 갖던 것과 비교된다. 선순위 채권은 (1)의 경우와 그 수입구조가 동일하므로 71.99로 변함이 없을 것이다. 주식의 경우에는 만기 수입구조가 (2)의 경우와 동일하므로 36.85가 된다. 즉, 이 경우 주식은 만기의 회사가치가 110을 초과해야만 그 남은 부분에 대한 권리가 주어진다. 주주들이 납입해야 하는 금액은 두 종류의 채권발행으로 조달한 금액과 투자 필요액 100의 차이이므로

$$100 - (71.99 + 11.16) = 16.85$$

이며, 결국 16.85를 출연하여 36.85의 가치를 획득하므로 NPV인 20의 부의 증가가 발생하였다. 이는 (1)의 경우에서와 동일한 금액의 부의 증가이다. (3)의 상황에서는 추가적인 부채의 발행으로 기존의 채권자로부터 주주에게로의 부당한 부의 이전은 발생하지 않는다.

한편 후순위 채권의 수익률은

$$r_{D_B^{(3)}} = \frac{1}{3}\ln\frac{20}{11.16} = 19.45\%$$

로 매우 높은 위험을 반영하고 있다.

(4) 사업의 위험을 변경시킬 때

앞서 기술한 (1)의 상황에서 시작한다. 즉, 주식과 더불어 액면 90의 할인채만 발행되는 경우다. 김철수 씨 등 주주들은 자금 조달이 끝난 후에 약속한 사업 대신 더 위험한 사업을 하기로 결정하였다. 새로운 사업은 NPV가 −3이며, 위험도가 매우 높아 기업가치의 변동성을 0.7로 증가시킨다고 한다. 새로운 사업을 실행할 경우의 주주와 채권자들의 이해관계의 변화를 파악해 보자.

우선 새로운 사업의 NPV가 −3이므로 기업가치는 97로 감소하게 된다. 그러나 주가는

$$E^{(4)} = c(97,\ 3,\ 90;\ \sigma = 0.7) = 50.11$$

로 (1)에서의 48.01보다 2.1 증가하게 된다. 어떻게 기업가치가 감소했음에도 주식의 가치가 증가할 수 있었는지를 생각해 보면, 기업가치의 변동성 확대로 말미암은 주식 가치의 상승이[3] 기업가치 자체의 감소로 말미암은 주식의 가치 하락을 상쇄하고도 남을 정도로 컸기 때문이다.

한편 채권의 새로운 가치는

$$\begin{aligned} D^{(4)} &= 97 - c(97,\ 3,\ 90;\ \sigma = 0.7) \\ &= 97 - 50.11 = 46.89 \end{aligned}$$

로 급격히 감소하게 된다. 채권자들은 71.99 − 46.89 = 25.1의 부의 감소를 겪게 되는데, 이 금액은 새로운 사업을 실행함으로써 주주들이 추가적으로 얻는

---

3 주식은 기업가치를 기준변수로 하는 콜옵션이며, 콜옵션은 기준변수의 변동성이 커지면 그 가치가 상승한다는 것을 기억하라.

부의 증가분 2.1에 NPV의 감소분 23을 합한 것과 같다. 다시 말해서 주주들은 2.1의 추가적인 부를 얻기 위해 채권자들의 부를 25.1이나 소멸시키는 매우 이기적인 결정을 내린 것이다. 여기에서 우리는 기업이 사업의 성격을 급격하게 변화시키는 것은 채권자들의 부를 심각하게 변화시킨다는 것을 알 수 있다. 기본적으로, 중요한 의사결정을 할 때 주식회사의 이사회는 주주의 이해관계를 우선시하게 된다. 그리고 사실 어떤 사업상의 결정이 기업이 수행하는 투자의 성격을 심각하게 변화시키는 것인지 객관적으로 판단하기 어려운 경우가 있기 때문에, 주식회사가 주주의 이익을 위해서 채권자들의 이익을 훼손할 수 있는 이러한 상황으로부터 채권자들을 보호할 수 있는 제도적 장치가 필요하게 된다.

표 13.1은 앞의 여러 상황들에서의 주식과 채권들의 가치를 비교하여 이해관계상 어떤 변화가 일어났는지를 요약하고 있다.

표 13.1 각 상황에서의 증권 가치 비교

가치	상황(1)	상황(2)	(1) vs (2)	상황(3)	(1) vs (3)	상황(4)	(1) vs (4)
주식	48.01	36.85		36.85		50.11	
주주 납입금	28.01	12.89		16.85		28.01	
주주 부의 증가	20.00	23.96	3.96	20.00	0	22.10	2.1
Debt 액면 90	71.99	68.03	−3.96	71.99	0	46.89	−25.1
Debt 액면 20		15.12		11.16			
회사 전체	120	120	0	120	0	97	−23

제 2 절 자본구조와 기업가치

부채가 전혀 없는 어떤 기업을 생각해 보자. 이 회사는 모두 500주의 주식이 발행되어 있고 주가는 2라고 한다. 회사의 가치 V_U는 자기자본인 주식의 총 가치와 일치할 것이므로 $V_U = 1{,}000$이 될 것이다. 이제 이 회사는 회사가치와 주가를 상승시킬 수 있으리라 기대하며, 새로이 할인채를 발행하여 조달한 현금으로 주식재매입(stock repurchase)을 실시하기로 하였다. 이 할인채는 만기가 3년이고 개당 액면 6으로 모두 100개를 발행하였으며, 채권시장에서 전체 504.0257의 금액으로 매각할 수 있었다.[4] 미래의 회사가치가 로그정규분포를 따를 것으로 규정하고, 또 그 (회사가치의) 변동성 σ_V는 0.3으로 가정하여, BS 모형에 따라 주가를 계산하기로 했을 때, 새로운 자본구조하에서 어떤 변화가 생길지 살펴보도록 한다. 무위험 이자율은 연 5%라고 가정한다.

새로운 자본구조로 말미암아 회사의 현재가치가 변할 텐데 새로운 기업가치를 V_L이라 표시했을 때, 자기자본의 가치는 $c(V_L, T, K)$로 계산할 수 있을 것이다. 따라서 V_L과 부채 D의 관계는 $D = V_L - c(V_L, T, K)$로 나타낼 수 있으니

$$504.0257 = V_L - c(V_L,\ 3,\ 600)$$

의 방정식이 성립해야 할 것이다. 이는 V_L을 변수로 하는 비선형 방정식으로, 수치적인(numerical) 방법으로 풀 수밖에 없다. 엑셀의 경우 '데이터－가상분석－목표값 찾기'라는 루틴(routine)을 통해서 쉽게 계산할 수 있다. 위 방정식에서 $V_L = 1{,}100$으로 계산된다. 따라서 새로운 자본구조하에서 이제 자기자본의 가치는 $1{,}100 - 504.0257 = 595.9743$이 될 것이다.

우리는 회사의 가치가 부채가 없는 경우 1,000에서, 504.0257의 부채를 가졌을 때 1,100으로 상승함을 알게 되었다. 그렇다면 새로운 주가는 $1{,}100 \div 500 = 2.2$가 되어야 한다. 새로운 자본구조로 변화하기로 한 결정의 경제적 이익은 기존의 주주들이 얻게 되며, 이 새로운 주가에 대해서 주식재매입에 응하는 주주는 주당

4 이어지는 계산에서 변화되는 주수가 간단한 값을 가지도록 문제를 구성하였다.

2.2의 현금으로 전환하고, 응하지 않는 주주들은 2.2의 가치를 갖는 주식을 계속 보유하게 되는 것이다. 주식재매입으로 회수하게 되는 주식의 수는 $504.0257 \div 2.2 = 229.1026$주가, 남게 되는 주식의 수는 $500 - 229.1026 = 270.8974$주가 될 것이다. (남게 되는 주식의 수는 앞서 계산한 자기자본 전체의 가치 595.9743을 2.2로 나누어 계산할 수도 있다.)

새로운 주가를 계산하기 위해서는 기업의 새로운 기업가치를 기존의 주식의 수로 나누면 된다는 사실을 이와 같이 직관적으로 이해할 수도 있지만, 다음의 과정을 통해 확인할 수 있다. 부채를 발행하여 마련한 현금으로 주식을 x의 가격으로 재매입할 수 있다고 가정하자. 부채가 없는 상태에서의 주수를 n이라고 했을 때, 전체 재매입하는 주수는 $\frac{D}{x}$가, 남아 있는 주수는 $n - \frac{D}{x}$가 될 것이다. 그렇다면 남아 있는 주식의 1주 가치는 $\frac{V_L - D}{n - D/x}$일 것이니 균형을 이루기 위해서는 이는 재매입의 가격 x와 동일해야 한다. 만일 그렇지 않다면 아무도 재매입에 응하지 않거나 모두 재매입에 응할 것이기 때문이다. 이제

$$\frac{V_L - D}{n - D/x} = x$$

를 풀면 $x = \frac{V_L}{n}$이라는 것을 알 수 있다.

결과를 정리하자면 504.0257의 부채를 새롭게 도입하여 자본구조를 변화시키면 기업의 가치는 1,000에서 1,100으로, 주가는 2에서 2.2로 증가한다. 주식재매입을 통해서 주식의 수는 500주에서 270.8974주로 감소하게 된다. 이와 같이 옵션의 가치평가 모형은, 자본구조의 변화로 말미암은 자기자본과 부채의 변화를 보다 구체적으로 파악할 수 있는 수단으로 응용될 수 있다.

제 3 절 신주인수권의 평가

신주인수권(warrant)은 해당 기업의 새로 발행되는 주식을 행사가격에 살 수 있는 권리다. 신주인수권이 일반 콜옵션과 다른 점은, 콜옵션의 발행이나 행사는 기준 주식을 발행한 기업과는 직접적인 관계가 없으나, 신주인수권은 해당 기업이 발행하며, 또한 행사시에는 그 기업이 행사가격에 해당하는 현금을 수취하고 주식을 새로 발행하여 행사자에게 인도한다는 점이다. 따라서 신주인수권이 행사되면 그 기업의 주수가 증가하는 증자의 결과를 가져온다. 경영자에게 인센티브로 주어지는 스톡옵션이 이러한 특성을 가지므로 신주인수권의 일종이라고 볼 수 있다. 보통 신주인수권은 채권에 부가(附加)하여 발행되는데 이를 신주인수권부 사채(bond with warrant)라고 부른다. 신주인수권부 사채는 향후 주가가 높아지면 상대적으로 낮은 가격에 그 주식을 취득할 수 있는 기회가 투자자에게 주어지므로 신주인수권이 없는 일반 채권에 비해서 낮은 수익률로 발행할 수 있다. (즉, 더 높은 가격으로 매각할 수 있다.) 이하에서는 이러한 신주인수권의 가치를 옵션 평가모형을 이용하여 살펴본다.

어떤 기업이 주식과 신주인수권만으로 자금을 조달했다고 가정해 보자.[5] 주식은 n주가 발행되어 있으며 현재 주당 가격은 S다. 모두 m개가 발행되어 있는 신주인수권은 T 시점에서 K를 지급하면 주식 한 주를 받을 수 있는 권리를 갖는다. 이 신주인수권의 가치는 W로 표시한다. 기업 전체의 현재가치 V는 다음과 같을 것이다.

$$V = nS + mW.$$

T 시점에서의 기업가치를 V_T로 표시할 때, 신주인수권을 보유한 사람이 이를 행사한다고 가정해 보자.[6] 신주인수권이 행사되면 기업에 mK에 해당하는 현금

---

5 바로 앞서 언급했듯이 신주인수권은 주로 채권의 발행에 부가해서 이루어진다. 그럴 경우 분석이 훨씬 복잡해지므로 여기서는 간단한 예를 살피기 위해 이와 같이 가정하였다.

6 V_T가 어느 수준 이상이 되면 신주인수권을 모두 행사하는 것이 적정하다. 일부만 행사되는 상황은 균형이 될 수 없다.

이 유입되어 회사 전체의 가치는 $V_T + mK$가 될 텐데, 이를 기존의 주수 n에 새롭게 발행된 주식 m주가 합해진 $n + m$으로 나눈 것이 주당 가치가 될 것이다. 따라서 행사시의 신주인수권의 수입(payoff)은

$$\frac{V_T + mK}{n + m} - K$$

가 된다. 한편 신주인수권을 행사하지 않으면 아무런 가치도 갖지 않게 된다. 따라서 신주인수권의 T 시점에서의 가치는

$$W_T = \max\left[\frac{V_T + mK}{n + m} - K, 0\right]$$

으로 나타낼 수 있다. 이를 정리하면

$$\begin{aligned} W_T &= \max\left[\frac{V_T - nK}{n + m}, 0\right] \\ &= \frac{1}{n + m}\max[V_T - nK, 0]. \end{aligned} \tag{13.3}$$

식 13.3으로부터 신주인수권 전체는 기업가치를 기준변수로 하며 행사가격이 nK인 콜옵션에 해당한다는 것을 알 수 있다. 따라서 신주인수권 1개의 현재가치는

$$W = \frac{1}{n + m}c(V, T, nK)$$

가 된다. 또한 주식의 주당 가치는

$$S = \frac{1}{n}\left[V - \frac{m}{n + m}c(V, T, nK)\right]$$

로 표현할 수 있을 것이다.

제 4 절 전환사채

전환사채(convertible bond)는 주식으로 전환할 수 있는 선택권이 부여된 채권이다. 전환사채가 행사되면, 즉 주식으로의 전환 선택권이 행사되면 채권으로서의 청구권은 소멸되는 대신 정해진 수의 주식이 추가로 발행되어 투자자에게 지급된다. 따라서 신주인수권과 달리 전환사채가 행사될 때, 이로 말미암은 회사로의 현금 유입은 발생하지 않는다.

다음과 같이 표시한다. 주식은 n주가 발행되어 있으며 현재 주가는 S다. 전환사채는 m개가 발행되어 있는데 개당 액면이 F인 할인채다. 전환사채의 전환가격(conversion price)은 주식으로 전환할 때의 행사가격에 해당되는데 이를 cp로 표시하면, 전환사채 1개를 F/cp개의 주식으로 전환할 수 있을 것이다. 채권의 만기 시점은 T인데 전환사채 보유자는 그 시점에서만 전환 여부를 선택할 수 있다고 가정한다. 전환사채가 행사되면 모두 $m(F/cp)$개의 주식이 발행되므로, 새로이 주주가 된 사람들의 지분은

$$\lambda = \frac{m(F/cp)}{n + m(F/cp)}$$

로 표시할 수 있다. 전환되지 않아 채권으로 만기를 맞게 되었을 때에는 전환사채 전체로부터의 수입이 보통 채권과 같이 $\min(mF, V_T)$가 될 것이다. 한편 전환되었을 때는 전체 회사가치의 λ에 해당하는 지분을 갖게 되므로 이때의 수입은 λV_T가 된다. 전환사채 전체로부터의 수입은 이 둘 중 큰 것이 될 것이므로

$$\max[\min(mF, V_T),\ \lambda V_T]$$

로 나타낼 수 있고, 이를 그래프로 그린 것이 그림 13.5이다. 여기에서 V_T가 mF/λ보다 클 때에는 전환하는 것이 유리할 것이므로 이 점이 전환과 비전환의 임계점(critical point)이 된다.

그림 13.5 전환사채의 수입구조

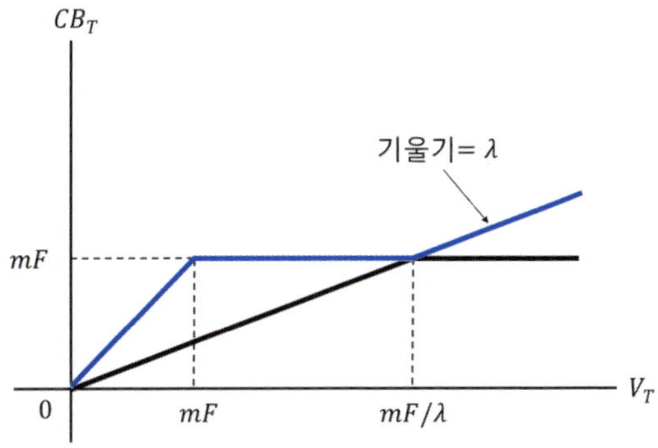

그림 13.6 전환사채 수입구조의 분해

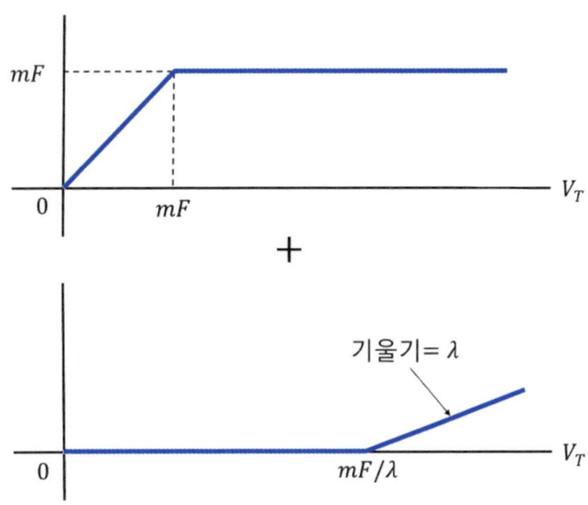

한편, 전체 전환사채로부터의 수입구조를 다음과 같이 분해할 수 있다. 즉, 그림 13.5의 그래프는 그림 13.6의 두 수입구조의 합계로 생각할 수 있다. 그림 13.6에서 위에 있는 그래프는 일반 채권의 수입구조다. 아래의 그림은 행사가격이 mF/λ인 콜옵션 λ개의 수입구조와 같은데 이 수입은 전환 선택권에 기인한다. 결과적으로 T 시점에서의 전환사채 전체로부터의 수입은

$$V_T - \max(V_T - mF, 0) + \lambda\max(V_T - mF/\lambda, 0)$$

와 같이 나타낼 수 있다. 따라서 전환사채 1개의 현재가치는

$$CB = \frac{1}{m}[V - c(V,T,mF) + \lambda c(V,T,mF/\lambda)]$$

라는 것을 알 수 있다. 주식의 현재가치는

$$\begin{aligned} S &= \frac{1}{n}(V - m \cdot CB) \\ &= \frac{1}{n}[c(V,T,mF) - \lambda c(V,T,mF/\lambda)] \end{aligned}$$

와 같이 나타낼 수 있다.

연습문제

13.1 앞서 살펴본 제 2 절의 예와 동일하게, 부채가 없던 기업이 액면 6, 만기 3년 할인채를 100개 발행하기로 하였다. 그러나 본문의 예에서와 달리 이번에는 이러한 자본구조 변화의 결과로 주가가 2에서 2.1로 상승하였다고 하자. 할인채는 만기수익률을 얼마로 발행한 것인가? 또한 주식재매입 후의 새로운 주수는 얼마가 되겠는가? [$N(\cdot)$ 계산을 위해 엑셀 필요.]

13.2 앞서 살펴본 제 2 절의 예에서 부채가 없는 상태에서의 회사의 가치 V_U는 1,000이었다. (법인세나 재무적 압박의 효과를 무시한) 모딜리아니-밀러의 정리에 따르면 부채의 존재는 회사의 가치와 무관하다. 이제 MM의 정리가 성립하는 모형하에서 액면 6, 만기 3년의 할인채를 100개 발행했을 때, 이 할인채는 얼마의 만기수익률로 발행할 수 있으며, 새로운 주가와 주수는 얼마가 되겠는가? [$N(\cdot)$ 계산을 위해 엑셀 필요.]

13.3 주식과 신주인수권으로만 자금을 조달한 어떤 기업을 가정해 보자. 현재 주식은 모두 500주가 발행되어 있고, 신주인수권은 2년 후에 행사가격 2에 주식 1주를 살 수 있는 권리로서 모두 100개가 발행되었다. 현재 무위험 이자율은 5%이며, 회사가치가 로그정규분포를 가지며 회사가치의 변동성 σ_V는 0.3인 것으로 가정한다.

(1) 현재 주가는 1.92이고, 신주인수권의 가격은 0.3이라고 하면 이러한 가격들이 적정한지 판단하라. [$N(\cdot)$ 계산을 위해 엑셀 필요.]

(2) 주식의 적정 가격이 1.9라면 신주인수권의 가격은 얼마가 적정하겠는가? [$N(\cdot)$ 계산과 비선형 방정식 풀이를 위해 엑셀 필요.]

13.4 어떤 기업의 자본구조가 주식과 전환사채로만 구성되어 있다. 주식은 모두 500주가 발행되어 있다. 전환사채의 개당 액면은 4이고 만기는 2년이다. 전환사채는 총 100개가 발행되었는데 만기에서 주식으로의 전환가격(conversion price; cp)이 2로서, 따라서 전환사채 1개는 채권자의 선택에 따라 주식 2주로 전환할 수 있다. 현재 무위험 이자율은 5%이고, 회사가치가 로그정규분포를 따르며 회사가치의 변동성 σ_V는 0.3인 것으로 가정한다.

(1) 주가가 1.22이고 전환사채의 가격이 현재 3.65라고 할 때, 주가와 전환사채 가격의 적정성을 판단하라. [$N(\cdot)$ 계산을 위해 엑셀 필요.]

(2) 주식의 적정 가격이 1.211이라면 전환사채의 가격은 얼마가 적정하겠는가? [$N(\cdot)$ 계산과 비선형 방정식 풀이를 위해 엑셀 필요.]

13.5 어떤 회사의 현재 시장가치 V는 100이다. (회사의 미래가치는 로그정규분포를 따르고 그 변동성은 $\sigma_V = 0.3$이라고 가정한다.) 이 회사는 자기자본 외에 다음과 같은 채권들이 발행되어 있다.

- 채권 A: 만기 5년, 액면 30, 할인채. 우선 변제권이 있음.
- 채권 B: 만기 5년, 액면 20, 할인채이며, 만기에 전체 주식 1/3의 지분으로 전환가능한 전환사채. 채권 A의 변제 후 변제되는 후순위 채권.

이런 상황에서 채권 A, 채권 B, 주식의 5년 후 시점에서의 수입구조를 (미래 회사가치를 x-축으로 하는) 그래프로 나타내라. 또한 이들의 현재가치를 각각 계산하라. 무위험 이자율은 연속복리 7%를 적용한다. [$N(\cdot)$ 계산을 위해 엑셀 필요.]

PART III

확률과정에 근거한 가치평가 이론

14

확률과정의 직관적 이해와 Ito의 정리

확률과정(stochastic process)이란 시간의 흐름에 따라 변화하는 특정 변수의 움직임을 모형화한 것이다. 즉, 어떤 시점을 t라고 할 때 각 t에 대해서 X_t의 값이 확률변수로서 사전적으로 불확실한 값을 갖게 되는데, t의 변화에 따라 이 X_t가 어떤 방식으로 변화하는가를 규정하게 된다. 이때 $t = 0, 1, 2, \cdots$와 같이 끊어지는 시간으로 구성하는 것을 이산시간 모형(discrete-time model)이라고 하고, t가 어떤 구간의 모든 실수(real number) 값을 가질 수 있게 모형화하는 것을 연속시간 모형(continuous-time model)이라고 한다. 이산시간 모형도 확률과정의 중요한 주제이지만, 우리는 우리가 관심을 갖는 주가나 이자율 등의 움직임을 연속적인 시간의 흐름으로 모형화할 것이므로 여기에서는 연속시간 모형의 확률과정만을 다룬다.

확률과정을 수학적으로 엄밀하게 논의하기 위해서는 실변수함수론(real analysis)과 확률론(probability theory)의 많은 배경 지식을 필요로 한다. 여기에서는 확률과정을 수학적으로 엄격히 접근하는 대신 미적분과 통계학에 대한 기본적 지식에 기반하여 상식적 직관으로 확률과정을 이해하고자 한다. 파생상품, 나아가 재무론에서의 중요한 관계를 확률과정의 유용한 수학적 결과를 응용하여 모형화하려는 우리로서는 이러한 논의가 적절하고 충분한 접근방법이 된다고 생각한다.

제 1 절 Wiener 과정

수학적으로 엄밀하게 규정된 정의로부터,[1] Wiener 과정(Wiener Process) W_t $(t \geq 0)$에 대해 다음과 같은 3가지 특징이 도출된다.

[1] W_t는 연속적으로 움직인다.

[2] 시간의 흐름에 따른 변화분(increment)이 정규분포를 따른다.

[3] 겹치는 부분이 없는 두 개의 시간 구간에서 변화분들이 서로 독립적이다.

이를 구체적으로 살펴보자. Δt라는 시간의 변화 동안 W_t의 변화분을 ΔW라고 할 때

$$\Delta W = \varepsilon\sqrt{\Delta t}$$

로 표현할 수 있는데, 여기에서 ε은 표준정규분포를 따르는 확률변수다. 즉, $\varepsilon \sim \upsilon(0,1)$이다.[2] 따라서

$$E(\Delta W) = \sqrt{\Delta t}E(\varepsilon) = 0$$
$$var(\Delta W) = (\sqrt{\Delta t})^2 var(\varepsilon) = \Delta t \tag{14.1}$$

라는 것을 알 수 있다. 또한 Δt와 Δs가 서로 겹치지 않는 두 시간 구간이라고 할 때, 각각의 시간 구간 동안의 W_t의 움직임 ΔW_t와 ΔW_s는 서로 독립이다. 즉,

$$cov(\Delta W_t, \Delta W_s) = 0$$

이 성립한다.[3] 따라서 어떤 변수가 Wiener 과정을 따를 경우, 그 변수의 한 구

---

1 참고로 Wiener 과정의 원래의 정의(definition)와 물리학의 Brownian Motion의 정의는 같지 않다고 한다. Wiener 과정은 martingale이라는 개념에 기초하고 있으나, Brownian Motion은 변화분의 정규분포를 처음부터 규정하고 있다. 그러나 이 둘은 소위 Lévy의 정리에 따라 동일한 것임이 증명되어 있다. 따라서 Wiener 과정을 Brownian Motion이라고 불러도 무방하다. Salih Neftci(1996). *Mathematics of Financial Derivatives*. Academic Press, pp. 147-149.

2 제 11 장에서와 같이 $\upsilon(a,b)$는 평균 a, 분산 b의 정규분포를 나타낸다.

3 두 확률변수가 독립(independent)이라는 조건은, 두 변수의 상관관계가 0이라는 조건보다 더 강한 조건

간의 변화분은 (겹치지 않는) 다른 구간의 변화분의 예측에 도움이 되지 않는다는 것을 알 수 있다.

Wiener 과정을 따르는 변수가 W_0에서 시작하여 W_T에 도달하였을 때, W_T의 확률분포를 생각해 보자. 구간 $[0,T]$를 n개로 동일하게 나누면 각 구간의 길이는 T/n가 될 텐데 이를 Δt로 생각하자. i번째 구간에서의 W_t의 변화를 $\Delta W^{[i]}$로 표시하면

$$W_T = W_0 + \Delta W^{[1]} + \Delta W^{[2]} + \cdots + \Delta W^{[n]}$$

으로 나타낼 수 있고, ΔW항들은 모두 정규분포를 따르므로 그들의 합인 W_T도 정규분포를 따르게 된다. 한편 W_T의 평균은

$$\begin{aligned} E(W_T) &= E\left(W_0 + \Delta W^{[1]} + \Delta W^{[2]} + \cdots + \Delta W^{[n]}\right) \\ &= W_0 + E\left(\Delta W^{[1]}\right) + E\left(\Delta W^{[2]}\right) + \cdots + E\left(\Delta W^{[n]}\right) \\ &= W_0 \end{aligned}$$

가 될 것이고, ΔW항들의 서로의 공분산이 0이라는 사실에 근거하여 W_T의 분산은

$$\begin{aligned} var(W_T) &= var\left(W_0 + \Delta W^{[1]} + \Delta W^{[2]} + \cdots + \Delta W^{[n]}\right) \\ &= var\left(\Delta W^{[1]}\right) + var\left(\Delta W^{[2]}\right) + \cdots + var\left(\Delta W^{[n]}\right) \\ &= n \cdot \frac{T}{n} = T \end{aligned}$$

로 구해진다. 따라서 W_T는 $v(W_0, T)$의 분포를 따른다는 것을 알 수 있다. 참고로 일반적으로 W_0는 0으로 가정한다. 사실 앞에서 Δt는 어떠한 크기라도 상관이 없기 때문에 $\Delta t = T$로 간주하고 식 14.1을 적용하면 같은 결과를 얻을 수 있다. 여기에서는 작은 변화의 누적의 결과로서의 큰 변화도 같은 원칙이 적용된다는 것을 보여주는 예시로서 W_T의 분포를 도출해 보았다.

이다. 그러나 두 변수가 정규분포를 따를 때에는 두 조건은 필요충분조건이 된다.

[예시]

W_t가 Wiener 과정을 따를 때, 서로 겹치는 부분이 있는 두 구간에서의 W_t의 변화분들 사이의 상관관계를 생각해 보자. 예를 들어, $\Delta W^{[A]} = W_{1.5} - W_{0.5}$이고 $\Delta W^{[B]} = W_{2.5} - W_{1.0}$라고 할 때, 이 $\Delta W^{[A]}$와 $\Delta W^{[B]}$ 사이의 상관계수(correlation coefficient)를 구해 보자.

세 확률변수 x, y, z를 각각 다음과 같이 정의하면

$$x = W_{1.0} - W_{0.5},\ y = W_{1.5} - W_{1.0},\ z = W_{2.5} - W_{1.5},$$

x, y, z는 서로 독립이다. 이제 $\Delta W^{[A]}$와 $\Delta W^{[B]}$는

$$\begin{aligned} \Delta W^{[A]} &= x + y \\ \Delta W^{[B]} &= y + z \end{aligned}$$

로 나타낼 수 있으니

$$\begin{aligned} cov(\Delta W^{[A]}, \Delta W^{[B]}) &= cov(x + y, y + z) \\ &= cov(x, y) + cov(x, z) + cov(y, y) + cov(y, z) \\ &= var(y) = 0.5. \end{aligned}$$

한편 W_t 변화의 분산은 경과된 시간과 동일하므로 $var(\Delta W^{[A]}) = 1$, $var(\Delta W^{[B]}) = 1.5$이고, 따라서 $\Delta W^{[A]}, \Delta W^{[B]}$ 둘 사이의 상관계수는

$$\rho = \frac{0.5}{\sqrt{1.0}\sqrt{1.5}} = 0.4082$$

로 구해진다.

Wiener 과정은 연속적으로 변하기 때문에 움직임의 간격이 무한소(infinitesimal)다. 따라서 Wiener 과정을 그리기 위해서 우리가 아무리 작은 Δt를 설정하더라도 이는 플러스의 길이를 갖게 되므로 실제로 완벽한 Wiener 과정을

그릴 수는 없으며, 작은 Δt를 규정하여 근사적으로(approximately) 그릴 수 있을 뿐이다. 그림 14.1은 $\Delta t = 0.01$로 근사한 Wiener 과정의 모양이고, 그림 14.2는 $\Delta t = 0.001$로 근사한 경우다. Δt가 0으로 수렴해 감에 따라 더 완전한 Wiener 과정의 모양에 가까워질 것이다.

그림 14.1 Wiener 과정의 근사적 시뮬레이션: $\Delta t = 0.01$

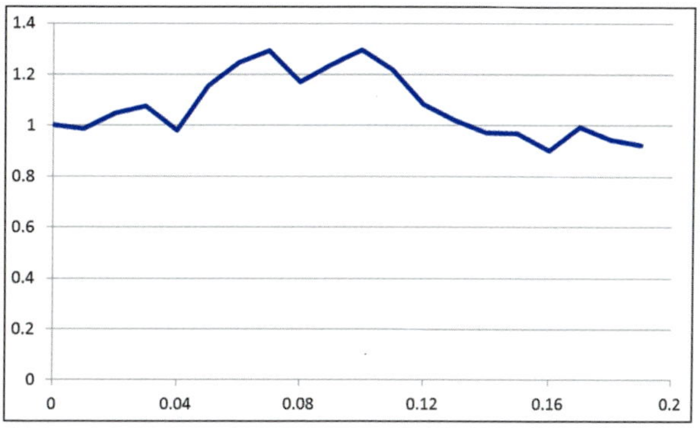

그림 14.2 Wiener 과정의 근사적 시뮬레이션: $\Delta t = 0.001$

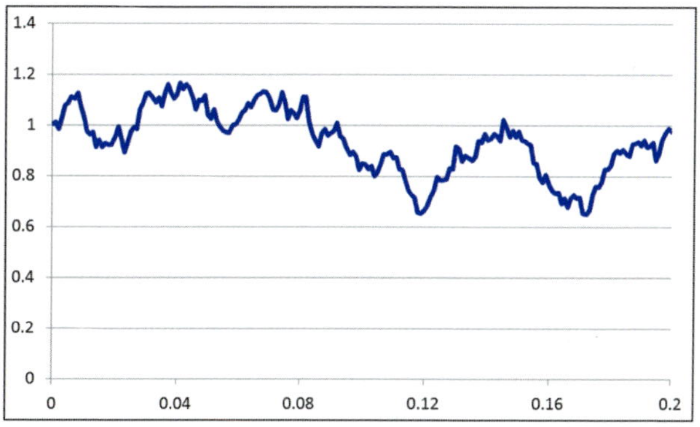

제 2 절 Ito 과정

(1) Ito 과정의 설정

Wiener 과정을 기반으로 더 다양한 확률과정들을 규정하기 위해서 Wiener 과정을 확장해 보기로 한다. 우선 dt는 무한소의 시간 간격을 표시한다. 또한 dW는 무한소 간격의 시간이 경과하는 동안의 Wiener 과정의 변화분을 의미한다. 즉, $dt \equiv \lim_{\Delta t \to 0} \Delta t$로, $dW \equiv \lim_{\Delta t \to 0} \Delta W$로 이해하도록 한다.[4] 이때 dt의 시간 경과 동안 다음과 같은 변화분을 갖게 되는 하나의 확률과정 X_t를 생각해 보자.

$$dX = m(X,t)dt + s(X,t)dW. \tag{14.2}$$

이와 같이 규정된 X_t를 Ito 과정(Ito process)이라고 부른다.[5] 식 14.2를 살펴보면 dX의 불확실성의 근원은 Wiener 과정의 변화분 dW라는 것을 알 수 있다. 거기에 $m(X,t)$와 $s(X,t)$라는 두 함수를 어떻게 구성하는가에 따라 X_t의 움직임이 규정된다. 식 14.2는 적분 형태로 표시되는 다음과 같은 식을 간략히 표현한 것이다.

$$X_t = X_0 + \int_0^t m(X,u)du + \int_0^t s(X,u)dW_u. \tag{14.3}$$

식 14.3이 보다 엄밀한 표현이지만, 축약형이라고 할 수 있는 식 14.2도 같은 것을 의미하는 표현으로 일반적으로 사용된다. $m(X,t)$는 짧은 시간 동안의 X_t의 평균적인 증가폭에 관계되는 부분으로서 드리프트율(drift rate)이라 하고, $s^2(X,t)$는 짧은 시간 동안의 W_t의 불확실한 변화를 증폭시키는 비율로서 분산

---

4 dt나 dW를 이와 같이 나타내는 것은 엄밀히 말해서 정확한 수학적 표현은 아니다.

5 식 14.2를 표기함에 있어서

$$dX_t = m(X_t,t)dt + s(X_t,t)dW_t$$

와 같이 X, W 대신 X_t, W_t로 표기해도 완전히 같은 것을 의미하므로 편의에 따라 혼용하도록 한다.

율(variance rate)이라 부른다. $s(X,t)$를 지칭해야 할 경우도 많으니 이때는 표준편차율(standard deviation rate)이라 부르기로 하겠다.

(2) $m(X,t)$와 $s(X,t)$가 상수일 때

Ito 과정의 드리프트율과 표준편차율이 m과 s라는 상수여서 dX가

$$dX = mdt + sdW$$

와 같이 표현되는 X_t 과정을 살펴보도록 하자. 이러한 확률과정은 시간의 흐름에 따라 m의 비율로 일정하게 증가하는 부분과, Wiener 과정인 W_t가 s의 비율로 증폭되어 불확실하게 변화하는 부분의 합계로 이해할 수 있다. 즉, 평균적으로 상승하거나 하락하는 방향성을 가지면서 Wiener 과정의 증폭된 움직임이 더해지는 모양을 갖는다.

일정한 시간이 흐른 T 시점에서의 X_T의 확률분포를 알아보기 위해서 식 14.3과 같은 적분 형태를 이용하여 ($W_0 = 0$이라는 가정과 함께) X_T를 구하면

$$\begin{aligned} X_T &= X_0 + \int_0^T m\ du + \int_0^T s\ dW_u \\ &= X_0 + mT + s(W_T - W_0) \\ &= X_0 + mT + sW_T. \end{aligned} \tag{14.4}$$

위의 식 14.4에서 $\int_0^T dW_u$는 W_u의 작은 변화분들을 0 시점에서 T 시점까지 누적한 결과이므로 $W_T - W_0$가 된 것이다. 이와 같이 X_T는 W_T와 선형관계를 갖게 되는데, 제 1 절에서 살펴본 바와 같이 $W_T \sim \upsilon(0,T)$이므로

$$X_T - X_0 \sim \upsilon(mT,\ s^2T) \tag{14.5}$$

라는 것을 알 수 있다.

(3) Geometric Brownian Motion

Ito 과정에서 $m(X,t)$와 $s(X,t)$가 각각 μX와 σX의 형태를 취하는 경우(μ와 σ는 상수) 이를 Geometric Brownian Motion(이하 GBM)이라고 한다. 일반적으로 주가의 움직임을 이러한 확률과정으로 모형화한다.[6] 따라서 일반 변수인 X_t 대신에 주가라는 것을 특정하기 위해서 보다 익숙한 S_t로 변수를 바꾸어 논의를 계속해 보자. 즉, 주가가

$$dS = \mu S dt + \sigma S dW \tag{14.6}$$

와 같은 움직임을 갖는 것으로 규정한다. 이때 μ를 평균수익률,[7] σ를 변동성(volatility)이라고 부른다. 이와 대비하여 용어를 한 번 정리하자면, 앞서 Ito 과정을 정의함에 있어 $m(X,t)$를 드리프트율, $s^2(X,t)$를 분산율로 불렀으니, 여기 GBM에서는 μS가 드리프트율, $(\sigma S)^2$이 분산율이 될 것이다.

(4) 주가 움직임의 시뮬레이션

주가가 식 14.6과 같은 GBM을 따를 때 이러한 주가의 움직임을 근사적으로 시뮬레이션하여 보도록 한다. 표준정규분포를 따르는 ε으로부터 Wiener 과정 W_t의 변화분을

$$\Delta W = \varepsilon\sqrt{\Delta t} \tag{14.7}$$

로 표현할 수 있으므로, 우리는 식 14.6의 주가 움직임을 다음과 같이 근사적으로 나타낼 수 있다.

$$\Delta S = \mu S \Delta t + \sigma S \varepsilon \sqrt{\Delta t}.$$

S_0에서 시작하여 T 시점에 이르기까지의 S_t의 움직임을 생성하려면 서로 독립

---

6 제 11 장에서 미래의 주가가 로그정규분포를 따른다는 가정은, 주가가 GBM을 따른다는 가정의 결과다. 이에 대해서는 뒤에 자세히 살펴볼 것이다.

7 평균수익률이라는 표현이 문맥에 따라 약간 다른 것을 의미할 수 있다는 점을 제 11 장에서 지적한 바 있다. (244페이지 참조.)

적인 ε의 값들이 필요한데, 이를 위해서는 제 11 장에서 언급한 바 있는 난수 발생기(random number generator) 프로그램을 이용한다.[8]

우선 Wiener 과정 자체를 시뮬레이션하기 위해서는 나타내고자 하는 기간(시점 0에서 시점 T)을 몇 번의 움직임으로 묘사할 것인가에 따라 Δt를 규정한다. 즉, 움직임의 회수를 n이라고 한다면 $\Delta t = T/n$로 정한다. 난수발생기로부터 만들어 낸 ε의 값들의 시리즈를 이용하여 Wiener 과정의 변화분들을 식 14.7과 같이 만들어 누적시키면 W_t의 값들을 만들어 낼 수 있다. 앞의 그림 14.1과 그림 14.2는 이와 같은 방식으로 W_t 값들을 생성하여 그린 것이다.

구체적인 숫자를 대입하여 주가의 움직임을 만들어 보자. 어떤 주가가 식 14.6에서 $\mu = 0.16$, $\sigma = 0.30$의 값을 갖는 확률과정을 따른다고 가정했을 때, 현재의 주가 $S_0 = 100$에서 시작하여 52주 동안의 주간(weekly) 주가 움직임을 생성해 보자. 주간 주가이므로 $n = 52$로 설정, $\Delta t = 1/52$로 규정한다. 이제 표준정규분포에 따라 발생시킨 ε 값들을

$$\Delta S = 0.16S(1/52) + 0.30S\varepsilon\sqrt{1/52}$$

에 대입하여 ΔS 값들을 만들어 나가면 된다. 예를 들어, ε 값들이 표 14.1의 두 번째 열에 예시한 것과 같다고 가정해 보자.

표 14.1 주가 움직임의 근사적 시뮬레이션

Week	ε	ΔS	S
0			100.00
1	0.1086	0.76	100.76
2	−0.4932	−1.76	99.00
3	0.9723	4.31	103.31
4	−0.7518	−2.91	100.40
⋮	⋮	⋮	⋮
51	−0.2639	−1.19	149.91
52	0.7564	5.18	155.09

8 엑셀을 이용할 경우 =norm.s.inv(rand( ))라는 function을 입력하면 표준정규분포를 따르는 난수들을 확보할 수 있다 하였다. (258페이지 참조.)

이 경우 첫째 주의 주가 변화는

$$\Delta S^{[1]} = 0.16 \times 100.00 \times \frac{1}{52} + 0.3 \times 100.00 \times (0.1086) \times \sqrt{\frac{1}{52}}$$
$$= 0.76$$

으로 계산되어, 첫째 주 말의 주가는

$$S_{\frac{1}{52}} = S_0 + \Delta S^{[1]} = 100.00 + 0.76 = 100.76$$

이 될 것이다. 둘째 주의 주가 변화는

$$\Delta S^{[2]} = 0.16 \times 100.76 \times \frac{1}{52} + 0.3 \times 100.76 \times (-0.4932) \times \sqrt{\frac{1}{52}}$$
$$= -1.76$$

으로 계산되어, 둘째 주 말의 주가는

$$S_{\frac{2}{52}} = S_{\frac{1}{52}} + \Delta S^{[2]} = 100.76 - 1.76 = 99.00$$

이 된다. 이와 같은 방법을 반복적으로 적용하여 52주 동안의 주가를 생성할 수 있다. 그림 14.3은 이러한 방법으로 만들어진 주가 움직임의 3가지 예를 보여주고 있다.

그림 14.3 주가 움직임의 시뮬레이션

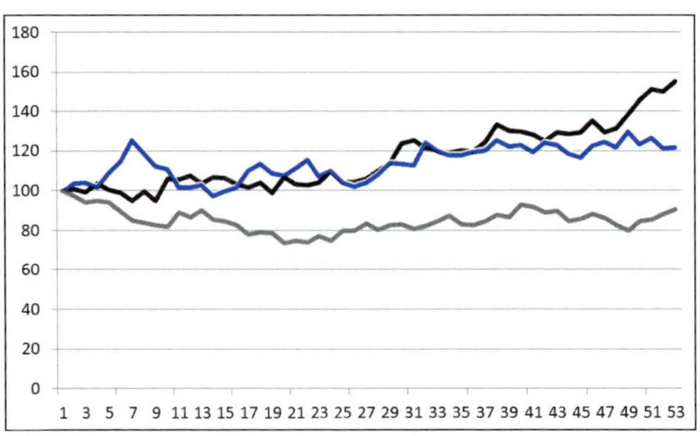

제 3 절 Ito의 정리

어떤 변수가 Ito 과정을 따를 때, 그 변수의 함수가 따르게 되는 확률과정을 Ito의 (보조)정리(Ito's Lemma)는 알려준다.

Ito의 정리

X_t가

$$dX = m(X,t)dt + s(X,t)dW$$

의 Ito 과정을 따른다고 하자. 이때 X_t와 t의 함수인 $Y_t = f(X_t, t)$는 다음과 같은 확률과정을 따르게 된다.

$$dY = \left(\frac{\partial f}{\partial t} + \frac{\partial f}{\partial X}m(X,t) + \frac{1}{2}\frac{\partial^2 f}{\partial X^2}s^2(X,t)\right)dt + \frac{\partial f}{\partial X}s(X,t)dW. \qquad (14.8)$$

위의 식 14.8에서 $\frac{\partial f}{\partial t}$와 $\frac{\partial f}{\partial X}$는 f 함수를 t와 X로 각각 편미분한 결과이고, $\frac{\partial^2 f}{\partial X^2}$는 f를 X로 두 번 편미분한 결과를 나타낸다. X가 확률변수가 아닌 일반변수였다면 $Y = f(X,t)$ 함수의 경우

$$dY = \frac{\partial f}{\partial X}dX + \frac{\partial f}{\partial t}dt$$

로 나타낼 수 있었을 것이다. ♠

Ito의 정리가 파생상품의 가치평가에서 중요한 이유는, 기준자산의 가격이 어떤 확률과정을 따를 때 파생상품의 가치는 그 기준자산의 가격과 시간의 함수로서 Ito의 정리가 말해 주는 확률과정을 따르게 되고, 이로부터 파생상품의 가치를 나타내는 함수를 알아낼 수 있게 해주기 때문이다. Ito의 정리의 증명은 여기서는 생략한다. 이하에서는 Ito의 정리를 적용하는 예를 몇 가지 들어 보도록 한다.

(1) $Y_t = \ln S_t$

식 14.6의 GBM을 따르는 주가 S_t에 대해 $Y_t = \ln S_t$의 관계를 갖는 Y_t의 확률과정을 구해 보자. Ito의 정리를 적용하기 위하여 해당되는 편도함수들을 계산하면

$$\frac{\partial f}{\partial t} = 0$$
$$\frac{\partial f}{\partial S} = \frac{1}{S}$$
$$\frac{\partial^2 f}{\partial S^2} = -\frac{1}{S^2}.$$

따라서

$$\begin{aligned} dY &= \left(\frac{1}{S}\mu S - \frac{1}{2}\frac{1}{S^2}\sigma^2 S^2\right)dt + \frac{1}{S}\sigma S dW \\ &= (\mu - \frac{1}{2}\sigma^2)dt + \sigma dW. \end{aligned}$$

여기에서 $\mu - \frac{1}{2}\sigma^2$과 σ는 상수이므로 우리는 $Y_t = \ln S_t$가, 앞서 살펴본 드리프트율과 표준편차율이 상수인 Ito 과정이라는 것을 알 수 있다. 따라서 앞의 식 14.5로부터

$$Y_T - Y_0 \sim \upsilon\left((\mu - \frac{1}{2}\sigma^2)T, \sigma^2 T\right)$$

이며, 이를 주가에 대해서 다시 표현하면

$$\ln S_T - \ln S_0 \sim \upsilon\left(\left(\mu - \frac{1}{2}\sigma^2\right)T, \sigma^2 T\right),$$

또는

$$\ln S_T \sim \upsilon\left(\ln S_0 + (\mu - \frac{1}{2}\sigma^2)T, \sigma^2 T\right).$$

주가의 이러한 분포는 앞서 제 11 장 1 절에서 BS 모형을 도출하기 위해서 가정했던 분포와 일치한다. (식 11.1과 비교해 보라.) 정리하자면 주가가 GBM의

확률과정을 따른다고 가정하면 미래의 주가는 로그정규분포로 나타나게 된다.

(2) 주가지수 선물가격의 확률과정

우리는 앞서 제 3 장 2 절에서 주가지수와 T 시점이 인도일인 주가지수 선물가격 사이에 다음과 같은 관계를 파악하였다.

$$F_t = f(S_t, t) = S_t e^{(r-\alpha)(T-t)}.$$

여기에서 S_t는 현물지수, F_t는 지수 선물의 가격, r은 무위험 이자율, 그리고 α는 배당수익률을 나타낸다. 현물지수가 $dS = \mu S dt + \sigma S dW$의 GBM을 따른다고 가정하고 지수 선물의 가격 F_t의 확률과정을 Ito의 정리를 통해 계산하기 위해 우선 편도함수들을 계산한다. 즉,

$$\begin{aligned}
\frac{\partial f}{\partial t} &= Se^{(r-\alpha)(T-t)}(-(r-\alpha)) = -(r-\alpha)F \\
\frac{\partial f}{\partial S} &= e^{(r-\alpha)(T-t)} = \frac{F}{S} \\
\frac{\partial^2 f}{\partial S^2} &= 0.
\end{aligned}$$

이 결과를 Ito의 정리에 적용하면

$$\begin{aligned}
dF &= \left(\frac{\partial f}{\partial t} + \frac{\partial f}{\partial S}\mu S + \frac{1}{2}\frac{\partial^2 f}{\partial S^2}\sigma^2 S^2\right)dt + \frac{\partial f}{\partial S}\sigma S dW \\
&= \left(-(r-\alpha)F + \frac{F}{S}\mu S + 0 \cdot \sigma^2 S^2\right)dt + \frac{F}{S}\sigma S dW \\
&= (\mu - r + \alpha)F dt + \sigma F dW.
\end{aligned}$$

결국 주가지수 선물가격의 확률과정은 평균수익률 $(\mu - r + \alpha)$, 변동성 σ의 GBM을 따른다는 것을 알 수 있다.

(3) 만기수익률과 채권 가격의 확률과정의 예

시점 T에서 만기가 되어 액면 1을 지급하는 할인채의 t에서의 만기수익률을 y 라고 표시하자. 해당 할인채의 t 시점에서의 가치 B는 y와 t의 함수로서

$$B(y,t) = e^{-y(T-t)}$$

로 나타낼 수 있을 것이다. 한편 y는 다음과 같은 Ito 과정을 따른다고 가정하자.

$$dy = a(b-y)dt + c\sqrt{y}dW.$$

여기에서 a, b, c는 상수다. 이 경우 해당 할인채의 가격 B는 어떤 확률과정을 따르게 되는지 Ito의 정리를 이용하여 알아보자. 필요한 편도함수들은

$$\frac{\partial B}{\partial t} = e^{-y(T-t)}y = yB$$
$$\frac{\partial B}{\partial y} = e^{-y(T-t)}[-(T-t)] = -(T-t)B$$
$$\frac{\partial^2 B}{\partial y^2} = e^{-y(T-t)}(T-t)^2 = (T-t)^2 B$$

이므로

$$dB = \left(yB - (T-t)Ba(b-y) + \frac{1}{2}(T-t)^2 Bc^2 y\right)dt - (T-t)Bc\sqrt{y}dW$$

라는 것을 알 수 있고, 이를 조금 더 정리하여

$$dB = \left(y - a(b-y)(T-t) + \frac{1}{2}c^2 y(T-t)^2\right)Bdt - c\sqrt{y}(T-t)BdW$$

로 나타낼 수도 있을 것이다.

(4) 두 변수의 비율의 확률과정

동일한 단일 원천(source)의 변화에 대응하여 변화하는 두 변수 f와 g의 확률과정을 각각

$$df = \mu_1 f dt + \sigma_1 f dW$$
$$dg = \mu_2 g dt + \sigma_2 g dW$$

와 같이 표현할 때, 둘의 비율 f/g의 확률과정을 도출해 보자.

우선 각각에 로그를 취한 변수의 확률과정을 Ito의 정리를 적용하여 다음과 같이 기술한다. ($\ln f$를 f와 t의 함수로 생각한다.)

$$\begin{aligned} d\ln f &= \left[\frac{1}{f}\mu_1 f + \frac{1}{2}\left(-\frac{1}{f^2}\right)\sigma_1^2 f^2\right]dt + \frac{1}{f}\sigma_1 f dW \\ &= (\mu_1 - \sigma_1^2/2)dt + \sigma_1 dW. \end{aligned}$$

마찬가지로

$$d\ln g = (\mu_2 - \sigma_2^2/2)dt + \sigma_2 dW$$

일 것이다. 이제

$$\begin{aligned} d\ln\left(\frac{f}{g}\right) &= d(\ln f - \ln g) = d\ln f - d\ln g \\ &= (\mu_1 - \mu_2 - \sigma_1^2/2 + \sigma_2^2/2)dt + (\sigma_1 - \sigma_2)dW \end{aligned}$$

로 정리된다. 다시 $\ln(f/g)$ 함수를 f/g로 변환하기 위해서 e 함수를 적용한다. 즉, $\ln(f/g) = X$라고 하면 $Y = e^X = f/g$이므로

$$\frac{\partial Y}{\partial X} = e^X = \frac{f}{g}$$
$$\frac{\partial^2 Y}{\partial X^2} = e^X = \frac{f}{g}$$

의 결과를 적용한다. 결국

$$d\left(\frac{f}{g}\right) = \left[\left(\frac{f}{g}\right)(\mu_1 - \mu_2 - \sigma_1^2/2 + \sigma_2^2/2) + \frac{1}{2}\left(\frac{f}{g}\right)(\sigma_1 - \sigma_2)^2\right]dt$$
$$+\left(\frac{f}{g}\right)(\sigma_1 - \sigma_2)dW$$
$$= (\mu_1 - \mu_2 - \sigma_1\sigma_2 + \sigma_2^2)\left(\frac{f}{g}\right)dt + (\sigma_1 - \sigma_2)\left(\frac{f}{g}\right)dW \qquad (14.9)$$

가 됨을 알 수 있다.

연습문제

14.1 W_t가 Wiener 과정을 따를 때,

$$\Delta W^{[A]} = W_2 - W_0,\ \Delta W^{[B]} = W_3 - W_2,\ \Delta W^{[C]} = W_3 - W_1$$

으로 정의해 보자. 이때 세 변수들 사이의 상관계수를 각각 구해 보라.

14.2 어떤 공장이 화학 제품을 생산하고 있는데 제품 재고가 현재 100톤으로 파악된다. 제품 재고량 X_t는 제품 수요의 변화에 영향을 받아 $dX = 20dt + 50dW$의 확률과정을 따라 움직인다고 가정하자. 1년 후에 재고량이 170톤 이상이 될 확률은 얼마이겠는가? [$N(\cdot)$ 계산을 위해 엑셀 필요.]

14.3 주가 S_t가 평균수익률 μ와 변동성 σ의 모수를 갖는 GBM을 따를 때, S_t^n은 어떤 확률과정을 따르게 되는지 Ito의 정리를 이용하여 나타내 보라.

14.4 주가 S_t가 평균수익률 μ와 변동성 σ의 모수를 갖는 GBM을 따를 때, $e^{r(T-t)}/S_t$는 어떤 확률과정을 따르게 되는지 Ito의 정리를 이용하여 나타내 보라.

15

파생상품 가치함수의 편미분방정식, 그리고 위험중립의 개념

바로 앞의 제 14 장에서 우리는 확률과정과 Ito의 정리에 대해 살펴보았다. 이제 여기 제 15 장에서는 그러한 수학적 도구들을 이용하여 기준변수와 파생상품 가치의 확률과정을 모형화하고, 차익거래불가라는 균형논리를 이용하여 파생상품의 가치가 만족시켜야 하는 어떤 미분방정식을 도출하게 된다.

이러한 미분방정식 도출의 과정은 크게 두 가지 경우로 나누어진다. 첫 번째는 기준자산이 투자 목적의 자산으로서 그 자산과 이에 기초한 파생상품으로부터 하나의 무위험 포트폴리오를 만들어 내는 과정을 통해 하나의 방정식을 도출할 수 있는 경우다. 두 번째는 어떤 기준변수에 기초한 두 개의 파생상품으로 무위험 포트폴리오를 만드는 과정을 거치게 되는데, 이는 기준변수를 직접 거래할 수 없거나 또는 거래할 수 있는 자산이라 할지라도 생산/소비 목적 자산으로 분류되어 그 가격이 위험-수익의 관계에 의해서만 결정된다고 볼 수 없는 경우에 적용된다.

또한 본 장에서는 마팅게일(martingale)이라는 개념을 이용하여, 앞서 이항모형과 Black-Scholes 모형의 도출 과정에서 언급되었던 위험중립 가치평가의 원칙을 더 일반적인 상황에서 적용할 수 있는 방법을 생각해 본다.

이러한 주제들을 다루기에 앞서, 확장된 환경에서의 논의를 위해 확률적 이자율의 개념을 우선 정리하기로 한다.

제 1 절 확률적으로 변동하는 이자율 개념에 대한 이해

지금까지 우리는 파생상품의 가치평가와 관련하여 이자율이 상수인 경우를 주로 살펴보았다. 예를 들어, Black-Scholes 공식은 옵션 가치를 평가하는 지금 시점부터 옵션의 만기까지 이자율이 고정되어 있다는 가정에 근거하고 있다. 여기에서는 이자율이 불확실하게 변동한다는 보다 현실적인 상황을 모형화하여 이후에 살펴볼 이자율 파생상품 가치평가의 준비 작업을 하고자 한다.

우선 흔히 단기 이자율(short rate)이라는 약칭으로 불리는 개념을 생각해 보자. 어떤 시점 t에서의 단기 이자율 $r(t)$는 만기가 무한소인(infinitesimally small) 무위험 채권에 적용되는 수익률로 정의한다. 따라서 '순간 무위험 수익률(instantaneous risk-free rate)'이 더 적절한 명칭일 것이다. 우리는 예를 들어 10년 만기, 1년 만기, 3개월 만기에 적용되는 연 이자율이 각각 다를 수 있다는 것을 알고 있다. 이 만기를 점점 줄여서 1개월, 1주일, 하루, 나아가 극단적으로 바로 다음 순간에 만기가 되는 채권에 적용되는 연 이자율을 상상할 수 있는데, 이것이 바로 단기 이자율이다.[1] 지금까지는 이 단기 이자율이 어떤 기간 동안 일정한 상수인 경우만을 고려했다고 할 수 있다. 이제 이 단기 이자율 $r(t)$가 하나의 확률과정으로서 매 순간 변화한다고 설정한다면 우리가 다룰 수 있는 모형을 확대할 수 있을 것이다. 사실 이자율 파생상품을 모형화하려 하면서 이자율이 고정되어 있다고 가정한다면, 기준변수가 변화하지 않는 파생상품의 미래가치는 고정되어 있는 것이므로 그러한 모형은 실제적인 유용성이 있다고 하더라도 내부적으로는 모순을 안고 있다고 할 수 있다. 따라서 향후 살펴볼 이자율 파생상품 모형은 이러한 단기 이자율의 확률적 변화를 기초로 (마치 주가의 확률적 가정하에 주식 파생상품의 가치를 구하듯이) 이자율 파생상품의 가치를 구하게 된다.

단기 이자율의 확률적 변화와 관련하여 다음의 Money Market Account(MMA)라는 상품을 살펴보자. MMA는 0 시점에서 1을 예치했을 때 매 시점에서 순간 무위험 수익률(instantaneous risk-free rate) r의 수익을 얻을 수 있는 증권이다.

1 금융시장에서 우리가 보통 단기라 하면 1년 이하의 만기를 지칭한다는 점에서, 지금 정의하고 있는 단기 이자율에서 말하는 '단기'는 다른 의미를 갖는다고 하겠다.

r이 상수뿐만 아니라 확률과정도 될 수 있다고 가정하고 MMA의 가치를 g로 표시해 보자. 이때 g는 매 순간 r의 비율로 증가하는 것이므로 이는

$$\frac{dg}{dt} = rg \tag{15.1}$$

와 같은 미분방정식의 관계로 표현하게 된다. 이러한 미분방정식은 $g(0) = 1$이라는 경계조건이 주어졌을 때

$$g(t) = \exp\left(\int_0^t r(u)du\right) \tag{15.2}$$

와 같이 그 해(solution)가 주어진다. 식 15.2가 실제로 식 15.1의 해인가를 확인하기 위해서 g를 t로 미분하면

$$\begin{aligned}\frac{dg}{dt} &= \exp\left(\int_0^t r(u)du\right) \times \frac{d}{dt}\int_0^t r(u)du \\ &= \exp\left(\int_0^t r(u)du\right) \times r(t) = rg\end{aligned}$$

이고 $g(0) = \exp\left(\int_0^0 r(u)du\right) = 1$이므로 미분방정식과 경계조건을 만족시킴을 알 수 있다. 위 식에서 $\frac{d}{dt}\int_0^t r(u)du$가 $r(t)$가 된 것은 적분한 것을 다시 미분하여 원래의 함수로 되돌아왔다고 생각하면 될 것이다.

이러한 결과에 대한 직관적 이해를 위해서 다음과 같이 근사적으로(approximately) 문제를 살펴보자. 이제 0 시점부터 t 시점까지를 n개의 동일한 길이의 구간으로 나누면 각 구간의 길이 Δt는 t/n가 될 것인데, $t_i = (t/n)i$ $(i = 0, 1, \cdots, n)$으로 정의하자. 매 t_i 시점에서만 이자율이 확률적으로 변화한다고 근사하며 그때의 이자율을 $r(t_i)$로 표시한다. (그림 15.1 참조.) 그러면

$$\begin{aligned}g(t_1) &= g(0)e^{r(t_0)\Delta t} = e^{r(t_0)\Delta t} \\ g(t_2) &= g(t_1)e^{r(t_1)\Delta t} = e^{r(t_0)\Delta t} \cdot e^{r(t_1)\Delta t} \\ &\vdots\end{aligned}$$

그림 15.1 이자율의 확률적 움직임의 근사적 예

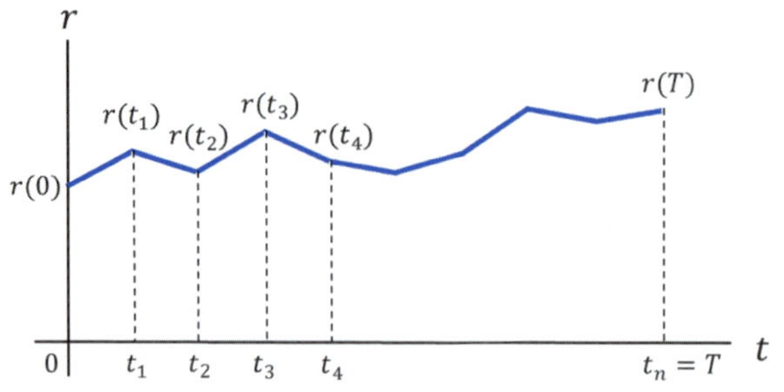

의 관계가 반복적으로(recursively) 이어질 것이고, 결국

$$\begin{aligned} g(t) &= g(t_n) \\ &= g(t_{n-1})e^{r(t_{n-1})\Delta t} \\ &\vdots \\ &= e^{r(t_0)\Delta t} \cdots e^{r(t_{n-1})\Delta t} \\ &= e^{(r(t_0)+r(t_1)+\cdots+r(t_{n-1}))\Delta t} \end{aligned} \tag{15.3}$$

로 표현할 수 있다. 위의 식 15.3에서 지수(exponent) 부분을 살펴보면, n이 증가하여 Δt가 극소로 수렴할 때

$$\lim_{n\to\infty}(r(t_0)+r(t_1)+\cdots+r(t_{n-1}))\Delta t = \int_0^t r(u)du$$

가 될 터이니 이러한 $g(t)$는 식 15.2에서와 같은 형태, 즉 $\exp\left(\int_0^t r(u)du\right)$로 수렴하게 될 것이다.

추가적으로

$$\bar{r} \equiv \frac{1}{t}\int_0^t r(u)du$$

로 정의하면 $\bar{r}$는 0에서 t 시점 사이의 r의 평균값을 의미하게 되며, 식 15.2를 $e^{\bar{r}t}$와 같이 표현할 수도 있을 것이다. r이 확률과정일 경우에는 $\bar{r}$는 0 시점에서 보았을 때 하나의 확률변수다. 한편 $r(t)$가 상수는 아니더라도 0 시점에서 그

함수 형태가 알려져 있을 때에는 $\bar{r}$는 확률변수가 아닌 상수일 것이다. 예를 들어, 0 시점에서 $r(t) = 0.05 + 0.01t$라는 것이 알려져 있다면 $\bar{r}$는 상수가 된다.

(무위험) 단기 이자율 r이 확률과정일 때, MMA에 투자하는 것을 변동금리예금에 자금을 예치하는 것에 비유해 보자. 현실에서 변동금리예금은 어떤 기간을 주기로 이자율이 변하지만, 우리는 여기에서 순간 무위험 이자율의 개념을 이용하고 있으니 이자율이 매 순간 변화하는 것으로 설정하고 있다. 이 경우 이 MMA는 무위험일까? 어떤 짧은 (무한소의) 기간 동안의 이자율이 결정되는 것이기 때문에 그 짧은 기간에는 무위험이라고 할 수 있다. 그러나 예를 들어, 1년 후 시점에서 이 투자를 종료한다고 하면 그동안의 $r(t)$는 확률적으로 움직일 것이므로 현재 시점에서 그 원리합계를 확정할 수 없고, 따라서 그 1년 동안의 투자는 무위험이라고 할 수 없다. 무위험 수익률은 위험중립의 개념과 밀접한 관련이 있다. 어떤 기간 동안 무위험의 수익을 올릴 수 있는 증권과, 위험증권인데 그 수익률의 기대값이 무위험 수익률과 같을 때 이 둘을 동일하게 간주하는 세계가 위험중립 세계인데, 이와 같이 무위험이라는 개념이 달리 이해될 수 있는 상황에서는 위험중립 세계의 개념도 달라질 수밖에 없다. 이후 제 5 절에서는 서로 다른 위험중립 세계를 정의하고 이로부터 더 넓은 범위의 파생상품들을 평가할 수 있는 방법론을 살펴보게 된다.

제 2 절 기준자산과 파생상품을 조합하는 경우

파생상품의 가치평가를 염두에 두고, 기준자산의 가격 X_t가 다음과 같이 Ito 과정을 따라 움직인다고 가정하자. 즉,

$$dX = m(X,t)dt + s(X,t)dW. \tag{15.4}$$

이 자산은 소위 투자 목적의 자산으로 분류할 수 있다고 가정한다.[2] 이 자산을

2 투자 목적 자산과 생산/소비 목적 자산을 구분하는 이유에 대해서는 다음 절에서 살펴본다.

기준자산으로 하는 임의의 파생상품의 가치를 Y_t라고 하면 Y_t는 기준자산의 현재가격과 시간의 함수로 규정할 수 있다. 파생상품의 가치가 기준자산의 가격 외에도 시간의 함수인 까닭은, 일반적으로 파생상품은 만기(maturity)가 있어서 지금부터 만기까지의 기간이 파생상품의 가치에 영향을 미치기 때문이다. 따라서 파생상품의 가치를 Y_t라고 할 때 $Y_t = f(X_t, t)$라고 표현할 수 있다. 더불어 X_t가 Ito 과정을 따르므로, 여기에서 Ito의 정리를 적용하면 Y_t는 다음과 같은 확률과정을 따르게 된다는 것을 알 수 있다.

$$dY = \left(\frac{\partial f}{\partial t} + \frac{\partial f}{\partial X} m(X,t) + \frac{1}{2}\frac{\partial^2 f}{\partial X^2} s^2(X,t)\right) dt + \frac{\partial f}{\partial X} s(X,t) dW. \quad (15.5)$$

이제 짧은 시간 dt 동안 파생상품 1개를 발행하는 동시에 기준자산 $(\partial f/\partial X)$개를 보유하는 포지션을 구성하고, 이 포지션을 포트폴리오 A라고 부르도록 하자. 포트폴리오 A의 구성비용을 Π라고 할 때

$$\Pi = -Y_t + \frac{\partial f}{\partial X} X_t \quad (15.6)$$

일 것이다. 이 구성비용 Π는 바로 포트폴리오 A의 가치라고 생각할 수 있다. 아울러 짧은 시간 dt 동안의 포트폴리오 A의 가치 변화 $d\Pi$는 파생상품의 가치 변화와 기준자산의 가치 변화에 의해서 결정될 것이므로

$$d\Pi = -dY + \frac{\partial f}{\partial X} dX \quad (15.7)$$

가 성립한다. 여기 식 15.7에서 dY에 식 15.5의 우변을, 그리고 dX에는 식 15.4의 우변을 각각 대입하면

$$\begin{aligned} d\Pi &= -dY + \frac{\partial f}{\partial X} dX \\ &= -\left(\frac{\partial f}{\partial t} + \frac{\partial f}{\partial X} m + \frac{1}{2}\frac{\partial^2 f}{\partial X^2} s^2\right) dt - \frac{\partial f}{\partial X} s \; dW + \frac{\partial f}{\partial X}(m\,dt + s\,dW) \\ &= -\left(\frac{\partial f}{\partial t} + \frac{1}{2}\frac{\partial^2 f}{\partial X^2} s^2\right) dt \end{aligned} \quad (15.8)$$

라는 결과를 얻게 된다. 여기에서 m과 s는 X와 t의 함수로서 각각 $m(X,t)$와 $s(X,t)$를 간략히 표시한 것이다.

식 15.8에 따르면 $d\Pi$에는 불확실성의 원천인 dW가 포함되어 있지 않다. 즉, 포트폴리오 A는 파생상품과 주식의 불확실성이 서로 상쇄되도록 구성되었다. 따라서 포트폴리오 A는 짧은 시간 dt 동안 무위험 자산과 동일하다고 할 수 있고, 그러므로 dt의 시간 동안 무위험 수익률에 해당하는 수익을 얻게 되는데[3] 이러한 사실은 다음과 같은 식으로 표현이 가능하다.

$$d\Pi = r\Pi dt. \tag{15.9}$$

여기에서 단기 이자율 $r(t)$는 무위험 수익률이며 확률변수가 될 수도 있다. 식 15.9는 하나의 미분방정식으로서 어떤 자산이 (dt의 기간 동안) 무위험이라는 사실을 수학적으로 표현할 때 일반적으로 적용된다. 직관적으로 살펴보면 무위험 자산에 발생하는 짧은 기간의 이자 또는 수익 $d\Pi$는 식 15.9의 우변이 말해주듯이 [무위험 이자율×원금×경과기간]이 된다는 것이다. 이 미분방정식은 앞서 MMA의 논의에서 살펴본 식 15.1과 기본적으로 같은 형태($dg/dt = rg$)를 하고 있다는 것을 알 수 있으며, 어떤 자산이 (순간적으로) 무위험일 때 적용할 수 있는 하나의 표준적인 방법이라고 이해하면 된다.

이제 식 15.8과 식 15.6을 식 15.9에 대입하면

$$-\left(\frac{\partial f}{\partial t} + \frac{1}{2}\frac{\partial^2 f}{\partial X^2}s^2\right)dt = r\left(-f + \frac{\partial f}{\partial X}X\right)dt$$

가 도출되며, 양변의 dt를 소거한 후 정리하면

$$\frac{\partial f}{\partial t} + \frac{\partial f}{\partial X}rX + \frac{1}{2}\frac{\partial^2 f}{\partial X^2}s^2 - rf = 0 \tag{15.10}$$

이라는 관계를 얻을 수 있다. 정리하자면 이 식 15.10은 하나의 편미분방정식(partial differential equation)으로 어떤 자산의 가격이 식 15.4의 Ito 과정을 따라

---

3 포트폴리오 A가 무위험 수익률과 다른 수익을 얻는다면 이론적으로 차익거래가 가능한 불균형의 상태가 발생한다.

움직이는 경우, 그 자산을 기준자산으로 하는 모든 파생상품의 가치함수 $f(X,t)$가 만족시켜야 하는 방정식이다. 하나 주목할 점은, 이 미분방정식에는 기준자산의 확률과정을 규정하는 드리프트율 $m(X,t)$와 표준편차율 $s(X,t)$ 가운데 $m(X,t)$가 발견되지 않는다는 것이다. 즉, 파생상품의 가치평가를 위해서는 기준자산의 (평균수익률과 관계있는) 드리프트율은 상관이 없다는 것이다. 이러한 점은 파생상품의 평가에서 일관되게 유지되는 특징이다.

이제 파생상품의 가치평가는 이 편미분방정식을 풀어 구체적인 함수 $f(X,t)$를 구하는 수학적 문제로 귀착이 되었다. 이 편미분방정식의 풀이에 대해서는 이후의 제 4 절에서 다루도록 하겠다.

제 3 절 두 개의 파생상품을 조합하는 경우

이자율이나 기온처럼 직접 거래될 수 없는 어떤 변수 θ_t를 기준변수(underlying variable)로 하여 만들어지는 파생상품의 경우에는, 그 기준변수를 직접 사거나 팔 수 없기 때문에 파생상품을 이용한 무위험 포트폴리오를 구성하기 위해서는 θ_t를 기준변수로 하는 파생상품 두 종류에 대해 포지션을 취해야 한다. 또한 거래될 수 있는 자산을 기초자산으로 하더라도 그 자산이 생산/소비 목적의 자산으로 분류되는 경우에도 이러한 과정을 거치게 된다.

앞서 제 3 장 1 절에서 적정 선도가격과 관련하여 여분의 재고를 논의할 때 자산을 투자 목적 자산(investment asset)과 생산/소비 목적 자산(consumption asset)으로 분류한 바 있다. 투자 목적 자산은 상당한 부분이 투자를 목적으로 보유되는 자산으로 금융자산 전체와 금, 은과 같은 상품을 지칭한다 하였다. 한편 생산/소비 목적 자산은 대부분이 실제 생산이나 소비를 위해 보유된다. 투자 목적 자산과 생산/소비 목적 자산은 그 가격 형성에 있어 차이가 있다고 일반적으로 이해되고 있다. 즉, 투자 목적 자산은 그 가격 형성이 자산의 위험과 수익의 관계에 의해서 (대부분) 제약되지만, 생산/소비 목적의 자산은 위험-수익 관계뿐 아니라 다른 요소들도 가격 결정에 많은 영향을 미친다고 생각할 수 있다. 예를 들어, 생산의 원료로서 원자재를 구입하기 위해서 그 자산 시장에 참여하는 사람은 가격의 변동으로부터의 수익에 대해서는 비교적 관심이 적을 것이다. 이하의 논의에서 살펴보겠지만 기준변수에서 기원하는 위험의 시장가격을 도출하게 되는데, 위험-수익의 관계가 불확실할 때에는 그러한 논의의 설명력이 상실되기 때문이다. 이러한 사실 때문에 파생상품의 평가에 있어 그 기준자산이 어디에 속하는가에 따라 조금 다른 접근방법을 취하게 된다.

우선 기준변수 θ_t가 다음과 같은 Ito 과정을 따른다고 가정하자.

$$d\theta = m(\theta,t)dt + s(\theta,t)dW.$$

이제 이 θ_t를 기준변수로 하지만 서로 다른 두 파생상품의 가치를 f와 g로 각각 표시하면, 둘 다 기준변수와 시간의 함수이므로 $f(\theta_t,t)$와 $g(\theta_t,t)$로 함수관계를 나타낼 수 있고 이들 각각에 대해 Ito의 정리를 적용할 수 있을 것이다. 따라서 f와 g는 각각 다음과 같은 확률과정을 따르게 된다.

$$df = \left(\frac{\partial f}{\partial t} + \frac{\partial f}{\partial \theta}m(\theta,t) + \frac{1}{2}\frac{\partial^2 f}{\partial \theta^2}s^2(\theta,t)\right)dt + \frac{\partial f}{\partial \theta}s(\theta,t)dW,$$

$$dg = \left(\frac{\partial g}{\partial t} + \frac{\partial g}{\partial \theta}m(\theta,t) + \frac{1}{2}\frac{\partial^2 g}{\partial \theta^2}s^2(\theta,t)\right)dt + \frac{\partial g}{\partial \theta}s(\theta,t)dW.$$

위의 두 식을 간략히 다음과 같이 정리해 보자. 즉,

$$df = \mu_1(\theta,t)fdt + \sigma_1(\theta,t)fdW, \qquad (15.11)$$

$$dg = \mu_2(\theta,t)gdt + \sigma_2(\theta,t)gdW. \qquad (15.12)$$

식 15.11에서 μ_1과 σ_1은

$$\mu_1(\theta,t)f = \left(\frac{\partial f}{\partial t} + \frac{\partial f}{\partial \theta}m(\theta,t) + \frac{1}{2}\frac{\partial^2 f}{\partial \theta^2}s^2(\theta,t)\right) \qquad (15.13)$$

$$\sigma_1(\theta,t)f = \frac{\partial f}{\partial \theta}s(\theta,t) \qquad (15.14)$$

와 같이 되도록 표현한 것인데, 이렇게 굳이 $\mu_1(\theta,t)$와 f의 곱과 $\sigma(\theta,t)$와

f의 곱으로 각각 표시한 이유는 이러한 표현 방식이 이후의 논의에 편리한 점이 있기 때문이다. 흔히 Ito 과정을

$$\frac{dX}{X} = \alpha(X,t)dt + \beta(X,t)dW$$

와 같은 형태로 나타내기도 하는데, 이렇게 함으로써 α는 X_t라는 확률과정의 기대수익률로, β는 변동성을 나타내는 함수로 나타내기 수월해지기 때문이다. 식 15.12에서의 μ_2와 σ_2도 g 함수와 관련하여 유사하게 이해하면 된다.

이제 두 파생상품에 대해서 다음과 같은 포지션을 취하고 그 결과를 포트폴리오 A라고 부르기로 한다. 즉, 그 가치가 f인 파생상품은 $(\sigma_2 \cdot g)$개를 매입하고, 그 가치가 g인 다른 파생상품은 $(\sigma_1 \cdot f)$개를 매도하여 포트폴리오를 구성하면 그 포트폴리오의 가치 Π는 그 구성에 드는 비용이 될 것이므로

$$\Pi = (\sigma_2 \cdot g)f - (\sigma_1 \cdot f)g \tag{15.15}$$

가 된다. 여기에서 물론 σ_1, σ_2는 위에서 규정한 바와 같은 θ와 t의 함수이다. 이제 짧은 기간 dt 동안의 포트폴리오의 가치 변화 $d\Pi$는 df와 dg에 의해 결정될 것이므로

$$d\Pi = (\sigma_2 \cdot g)df - (\sigma_1 \cdot f)dg$$

가 된다.[4] 위 식에서 df와 dg에 식 15.11과 식 15.12의 우변을 각각 대입하면

$$\begin{aligned} d\Pi &= (\sigma_2 \cdot g)(\mu_1 f dt + \sigma_1 f dW) - (\sigma_1 \cdot f)(\mu_2 g dt + \sigma_2 g dW) \\ &= (\mu_1\sigma_2 fg - \mu_2\sigma_1 fg)dt + (\sigma_1\sigma_2 fg - \sigma_1\sigma_2 fg)dW \\ &= (\mu_1\sigma_2 - \mu_2\sigma_1)fg\,dt \end{aligned} \tag{15.16}$$

와 같이 정리된다. 위의 식에서 $d\Pi$에는 dW항이 포함되어 있지 않고, 따라서 불확실성이 제거된 상태가 된다. 즉, 포트폴리오 A는 (dt의 기간 동안) 무위험 자산인 것이다. 따라서 제 2 절에서 무위험 수익률을 제공하는 포트폴리오에

---

4 여기에서 $(\sigma_2 \cdot g)$와 $(\sigma_1 \cdot f)$는 dt라는 시간 경과 전에 정해진 값으로서 dt의 시간 경과 중에는 고정된 값이므로 이와 같이 쓸 수 있다.

대해 적용하였듯이

$$d\Pi = r\Pi dt$$

의 관계를 주장할 수 있다. 여기에서 물론 r은 무위험 수익률이다. 이제 위의 식에 식 15.15와 식 15.16에 표현된 바와 같은 Π와 $d\Pi$를 대입하면

$$(\mu_1\sigma_2 - \mu_2\sigma_1)fgdt = r(\sigma_2 \cdot gf - \sigma_1 \cdot fg)dt$$

가 되고, 이를 다시 정리하면

$$\frac{\mu_1 - r}{\sigma_1} = \frac{\mu_2 - r}{\sigma_2} \tag{15.17}$$

의 관계를 발견하게 된다. 우리는 포트폴리오 A를 구성하는 두 파생상품을 특정하지 않았으므로, 이 식 15.17은 θ_t를 기준변수로 하는 임의의 파생상품의 기대수익률(μ)과 변동성(σ) 사이에 성립해야 하는 일반적인 관계라는 것을 알 수 있다. 이 관계를

$$\frac{\mu - r}{\sigma} = \lambda(\theta, t) \tag{15.18}$$

라고 표현하고 그 의미를 생각해 보자. 지금 우리가 고려하고 있는 θ_t라는 변수에 의존하는 임의의 파생상품의 기대수익률과 무위험 수익률 r의 차이는, θ라는 위험을 감당함에 따른 위험 프리미엄(risk premium)으로 해석할 수 있다. 그런데 식 15.18은

$$\mu - r = \lambda(\theta, t)\sigma$$

로 쓸 수 있으므로, 그 위험 프리미엄이 위험의 크기인 변동성 σ에 λ를 곱한 것이라는 의미가 된다. 즉, 여기에서 λ를 θ라는 위험 1단위에 대한 보상으로 생각할 수 있으며 그래서 λ를 θ-위험의 시장가격(market price of θ-risk)이라고 부른다. 위험의 시장가격은 그 시장에 참여하는 투자자들의 위험에 대한 태도를 반영할 것이다. 즉, 투자자들이 매우 위험회피적이라고 한다면 위험의 시장

가격은 높아질 것이다. 한편 투자자들이 위험중립적이라는 (비현실적인) 가정은 λ는 0이라는 설정과 일치하게 된다.

간단한 예를 들어 보자. θ를 기준변수로 하는 어떤 파생상품의 기대수익률은 $\mu_1 = 0.2$이고 변동성은 $\sigma_1 = 0.3$이라고 가정하자. 무위험 수익률은 $r = 0.05$라고 하면, 식 15.18을 적용했을 때 위험의 시장가격 λ는 0.5가 된다. 변동성으로 표시한 위험 1단위에 대해 0.5의 (초과수익률의 형태로의) 보상이 주어진다고 단순하게 생각할 수 있다.

사실 위의 식 15.18은 하나의 편미분방정식을 규정하고 있다. 우선 $\mu - r = \lambda\sigma$의 양변에 f를 곱하면

$$\mu f - rf = \lambda\sigma f$$

일 텐데, 여기에서 μf와 σf를 식 15.13과 식 15.14의 형태로 대입하면

$$\left(\frac{\partial f}{\partial t} + \frac{\partial f}{\partial\theta}m + \frac{1}{2}\frac{\partial^2 f}{\partial\theta^2}s^2\right) - rf = \lambda\frac{\partial f}{\partial\theta}s$$

의 관계를 얻게 되고 이를 정리하여

$$\frac{\partial f}{\partial t} + \frac{\partial f}{\partial\theta}(m - \lambda s) + \frac{1}{2}\frac{\partial^2 f}{\partial\theta^2}s^2 - rf = 0 \tag{15.19}$$

의 편미분방정식에 이르게 된다.

다시 한번 요약하자면 이 식 15.19는 θ_t를 기준변수로 하는 모든 파생상품의 가치가 만족시켜야 하는 방정식이다. 각 파생상품을 특징짓는 경계조건과 함께 이 방정식을 풀면 그 해(solution)가 바로 해당 파생상품의 가치함수가 된다.

제 4 절 Feynman-Kac 공식과 위험중립 가치평가 기법

우리는 앞서 두 가지 경우로 구분하여, 파생상품의 가치함수가 만족시켜야 하는 미분방정식을 도출하였다. 여기에서는 그 미분방정식의 풀이와 관련된 문제들을 살펴보도록 한다. 미분방정식은 어떤 패턴을 가지고 있는가에 따라 풀이 방식을 달리하는데, 우리가 풀려는 편미분방정식의 풀이와 관련하여 다음의 Feynman-Kac 공식이 중요한 아이디어를 제공하고 있다. 우리는 이 공식의 결과를 증명 없이 이용하도록 한다. 한편 미분방정식에는 경계조건(boundary condition)이라 하여 해당 미분방정식을 만족하는 여러 함수 가운데 구체적으로 하나를 특정하게 해주는 조건이 주어진다.

Feynman-Kac 공식

경계조건이

$$f(X_T, T) = h(X_T) \tag{15.20}$$

의 형태로 주어진 다음과 같은 편미분방정식을 생각해 보자.

$$\frac{\partial f}{\partial t} + \frac{\partial f}{\partial X}a(X,t) + \frac{1}{2}\frac{\partial^2 f}{\partial X^2}b^2(X,t) - c(X,t)f = 0. \tag{15.21}$$

이러한 형태의 편미분방정식의 해(solution)는 다음과 같은 관계를 갖는다.

$$f(X_t, t) = \hat{E}\left[h(X_T)\exp\left(-\int_t^T c(X_u, u)du\right)\right].$$

여기에서 기대값 $\hat{E}[\cdot]$은

$$dX = a(X,t)dt + b(X,t)dW \tag{15.22}$$

의 확률과정에 근거한 기대값이다. ♠

이 Feynman-Kac 공식을 앞서 제 2 절과 제 3 절에서 도출한 두 개의 편미분방정식(식 15.10과 식 15.19)에 각각 적용해 보자.

(1) 투자 목적 자산의 파생상품의 경우

제 2 절에서 도출한 기준자산이 투자 목적 자산인 경우 파생상품의 가치함수가 만족시켜야 하는 미분방정식 식 15.10은 다음과 같았다.

$$\frac{\partial f}{\partial t}+\frac{\partial f}{\partial X}rX+\frac{1}{2}\frac{\partial^2 f}{\partial X^2}s^2-rf=0. \tag{15.23}$$

이 식은 Feynman-Kac의 편미분방정식 식 15.21에서

$$a(X,t)=rX$$
$$b(X,t)=s(X,t)$$
$$c(X,t)=r$$

인 경우다. 또한 경계조건과 관련하여 만기 T에서의 파생상품의 수입은 그때의 기준자산의 수준 X_T에 의해서만 결정되며 T 값과는 관계없기 때문에 식 15.20의 형태를 가져야 한다는 조건도 만족된다. 따라서 우리는 식 15.23의 풀이를 위해 Feynman-Kac 공식을 적용할 수 있고, 결국 파생상품의 가치함수를

$$f(X_t,t)=\hat{E}\left[h(X_T)\exp\left(-\int_t^T r(u)du\right)\right] \tag{15.24}$$

와 같이 나타낼 수 있다. 여기에서 기대값 $\hat{E}[\cdot]$은

$$dX=rXdt+s(X,t)dW \tag{15.25}$$

의 확률과정에 근거한 기대값이다.

사실 식 15.24는 앞서 언급한 바 있는 위험중립 가치평가(risk-neutral valuation) 방법의 수학적 표현에 해당한다. 과연 그러한지 이러한 주장의 근거를 살펴보도록 하자. 여기에서 $h(X_T)$는 $f(X_T,T)$로서 바로 파생상품의 만기에서의

수입을 나타내고, $\exp\left(-\int_t^T r(u)du\right)$는 t부터 T까지의 화폐의 시간가치를 고려하기 위해 곱해준 할인요소다. 따라서 식 15.24는 파생상품의 현재가치가 만기에서의 수입에 할인요소를 곱해준 것의 기대값이라는 것을 말하고 있다. 한편 그 기대값은 식 15.25에 주어진 확률과정에 근거해야 하는데, 이는 바로 위험중립 세계를 가정하는 것이라는 것을 다음과 같이 확인할 수 있다. 우선 기준자산의 가격이 식 15.25의 확률과정을 따른다는 것은 이 기준자산의 기대수익률은 무위험 수익률 r이라고 규정하는 것과 같다. 더 나아가 기준자산의 확률과정을 식 15.25로 가정하면 X_t와 t의 함수인 파생상품의 가치평가 함수 $f(X_t, t)$의 드리프트율은 Ito의 정리에 따라 (식 15.5에서와 같이)

$$\frac{\partial f}{\partial t}+\frac{\partial f}{\partial X}rX+\frac{1}{2}\frac{\partial^2 f}{\partial X^2}s^2(X,t)$$

로 표시될 텐데, 이는 미분방정식 식 15.23이 성립하게 되면 바로 rf와 같아진다. 이는 파생상품의 기대수익률도 무위험 수익률과 같다는 뜻이다. 따라서 지금 기대값 계산을 위해 설정한 세계는 기준자산과 모든 파생상품의 기대수익률이 무위험 수익률과 같은 위험중립 세계인 것이다. 이러한 점을 확인하였으니 앞으로 기대값 $\hat{E}[\cdot]$은, 위험중립을 가정하는 경우의 기대값 표시로 사용해왔던 $E^*[\cdot]$로 대체해도 무방할 것이다.

(2) Black-Scholes 공식의 도출

우리는 앞서 제 11 장 2 절에서 Black-Scholes 공식을 도출하는 기본 아이디어를 제시한 바 있다. 거기에서 미래의 주가는 로그정규분포를 가진다는 가정에서 출발하였다. 그리고 위험중립 가치평가라는 아이디어를 직관적으로 적용하여, 옵션의 만기에서의 수입의 (위험중립 세계에서의) 기대값을 무위험 수익률로 할인하면 옵션의 현재가치를 구할 수 있다고 설명하였다. 앞의 식 11.8이 그러한 직관적 설명의 결과였다. 이제 여기에서는 보다 수학적으로 엄밀한 체계적 도출을 통해서 그러한 결과를 확인해 보기로 한다.

우선 주가 S_t는 다음과 같은 GBM(geometric Brownian motion)의 확률과정을

따른다고 가정한다. 즉,

$$dS = \mu S dt + \sigma S dW$$

로 규정한다. 이러한 가정하에서 파생상품 가치함수가 만족시켜야 하는 편미분 방정식 15.10은

$$\frac{\partial f}{\partial t} + \frac{\partial f}{\partial S} rS + \frac{1}{2}\frac{\partial^2 f}{\partial S^2}\sigma^2 S^2 - rf = 0 \tag{15.26}$$

으로 구체화된다. 이제 식 15.26을 유럽형 콜옵션을 특징짓는 경계조건인 $f(S_T, T) = \max(S_T - K, 0)$과 함께 풀기 위해 Feynman-Kac 공식을 적용하면, 유럽형 콜옵션의 가치함수 $f(S_t, t)$는

$$f(S_t, t) = E^*\left[\max(S_T - K, 0)\exp\left(-\int_t^T r(u)du\right)\right] \tag{15.27}$$

로 표현할 수 있다.[5]

우선 Black-Scholes 모형에서 이자율 r은 상수로 가정하므로

$$\int_t^T r(u)du = r(T-t)$$

로 표현할 수 있고, 이 항은 확률변수가 아니므로 $\exp\left(-\int_t^T rdu\right) = e^{-r(T-t)}$을 기대값 연산자(operator) $E^*[\cdot]$ 밖으로 분리할 수 있고, 따라서 식 15.27을 다음과 같이 변형시킬 수 있다.

$$f(S_t, t) = e^{-r(T-t)}E^*[\max(S_T - K, 0)]. \tag{15.28}$$

여기에서 기대값 $E^*[\cdot]$는 Feynman-Kac에서의 식 15.22에서 규정된 바와 같이

$$dS = rSdt + \sigma SdW \tag{15.29}$$

---

5 앞서 $\hat{E}[\cdot]$는 위험중립을 가정한 상태에서의 기대값이라는 것을 확인했으니 $E^*[\cdot]$로 표현했다.

의 확률과정에 근거한 기대값이다. 이제 S_t가 식 15.29의 확률과정을 따르는 것으로 가정한다는 것은, 기대값을 계산하기 위한 미래의 주가 S_T의 소위 가성 확률 분포(pseudo-probability)가

$$\ln S_T \sim \upsilon\left(\ln S_t + \left(r - \frac{1}{2}\sigma^2\right)(T-t), \sigma^2(T-t)\right) \tag{15.30}$$

의 로그정규분포여야 한다는 제 11 장에서의 설명과 일치하게 된다.[6]

정리하자면 수학적으로 엄밀한 과정을 거쳐 유도한 식 15.28이 말해 주는 것은, 콜옵션의 현재가치는 만기에서의 수입의 기대값을 무위험 수익률로 할인하여 계산할 수 있는데 이때 그 기대값은 기준자산의 확률과정이 식 15.29와 같은 확률과정에 근거해야 한다는 것이다. 그런데 이 확률과정은 미래의 주가가 식 15.30의 분포를 따른다는 제 11 장에서의 설정과 동일하다. 따라서 식 15.28의 결과는 앞서 다소 직관적으로 살펴본 유럽형 콜옵션의 가치평가방법의 결론과 정확히 일치하게 된다.

(3) 거래될 수 없는 변수를 기준변수로 하는 경우

제 3 절에서는 거래될 수 없는 변수를 기준변수로 하는 파생상품을 다루었는데, 기준변수 θ_t가

$$d\theta = m(\theta,t)dt + s(\theta,t)dW$$

의 Ito 과정을 따른다고 할 때 그 파생상품의 가치함수가 만족해야 하는 미분방정식 식 15.19는 다음과 같았다.

---

6 우리는 앞서 (336페이지에서) Ito의 정리를 적용하는 하나의 예로 주가 S_t가 $dS = \mu S dt + \sigma S dW$의 GBM을 따를 때 미래의 주가 S_T는

$$\ln S_T \sim \upsilon\left(\ln S_t + (\mu - \frac{1}{2}\sigma^2)(T-t), \sigma^2(T-t)\right)$$

로 표현되는 로그정규분포를 따른다는 사실을 도출한 바 있다. 여기에서 기대수익률을 μ에서 r로 바꾸면 식 15.30이 도출된다. 단 여기서는 현재 시점을 0이 아닌 t로 표현을 했기 때문에 이로 말미암아 T 대신 $T-t$로 표현되었다는 것이 제 11 장에서와 약간 다를 뿐이다.

$$\frac{\partial f}{\partial t} + \frac{\partial f}{\partial \theta}(m - \lambda s) + \frac{1}{2}\frac{\partial^2 f}{\partial \theta^2}s^2 - rf = 0. \tag{15.31}$$

그리고 해당 파생상품의 특성을 구체화하는 경계조건이 $f(\theta_T, T) = h(\theta_T)$ 형태로 주어졌을 때는 위의 편미분방정식의 풀이를 위해 Feynman-Kac 공식을 적용하여 그 결과를

$$f(\theta_t, t) = \hat{E}\left[h(\theta_T)\exp\left(-\int_t^T r(u)du\right)\right] \tag{15.32}$$

로 표현할 수 있을 것이다. 여기에서 $\hat{E}[\cdot]$는

$$d\theta = (m - \lambda s)dt + sdW \tag{15.33}$$

의 확률과정에 근거한 기대값이다.

앞서 (1)의 경우와 마찬가지로 식 15.32도 위험중립 가치평가의 수학적 표현이다. 이 식도, 파생상품의 현재가치가 만기에서의 수입에 할인요소를 곱해준 것의 기대값으로 계산된다고 말해 주고 있다. 그리고 이 기대값의 계산을 위해서는 식 15.33의 확률과정에 근거해야 한다는 가정은, 위험중립 세계를 가정한다는 것과 동일한 것이다. 식 15.33의 확률과정이 위험중립으로 귀결된다는 것을 확인하자면, 이 경우 θ_t와 t의 함수인 파생상품의 가치함수 $f(\theta_t, t)$의 드리프트율은 Ito의 정리에 따라

$$\frac{\partial f}{\partial t} + \frac{\partial f}{\partial \theta}(m - \lambda s) + \frac{1}{2}\frac{\partial^2 f}{\partial \theta^2}s^2(\theta, t)$$

로 표시될 텐데 이는 미분방정식 식 15.31이 성립하게 되면 rf와 같아지고, 이는 바로 모든 파생상품의 기대수익률이 무위험 수익률과 동일하게 된다는 것이니, 위험중립의 가정과 일치하게 된다. 이 점이 확인되었으니 (1)의 경우와 마찬가지로 앞으로 기대값 $\hat{E}[\cdot]$는 위험중립 세계에서의 기대값을 의미하는 $E^*[\cdot]$로 대신하도록 하겠다.

이와 같이 거래할 수 없는 변수를 기준변수로 하는 파생상품으로서 대표적인 것이 이자율 파생상품인데, 이에 대해서는 이어지는 제 16 장의 주제로서

자세히 다룰 것이다. 다만 지금 논의와 관련된 하나의 예로서, 무위험 할인채의 가격을 모형화할 수 있는 방법을 소개해 본다. 지금 무위험 단기 이자율 $r(t)$가 어떤 확률과정을 따르는 기준변수라고 생각해 보자. 즉, 여기에서 $r(t)$가 바로 θ_t다. 이하에서는 표기를 단순화하기 위해 $r(t)$ 대신 주로 r_t로 나타내겠다. 이제 미래 T 시점에서 만기가 되어 액면 1을 지급하는 무위험 할인채가 있다고 하면, 이 할인채의 가치는 이 단기 이자율과 시간의 함수로서 $f(r_t, t)$라고 표현할 수 있고, 따라서 무위험 할인채를 단기 이자율을 기준변수로 하는 하나의 파생상품으로 이해할 수 있다. 그리고 이 파생상품은 만기에서의 수입이 1이므로 $f(r_T, T) = 1$의 관계를 경계조건으로 이용하여 식 15.32를 적용하면, 이 할인채의 현재가치는

$$f(r_t, t) = E^*\left[\exp\left(-\int_t^T r(u)du\right)\right] \tag{15.34}$$

로 나타낼 수 있게 된다. 이 함수의 구체적인 형태는 단기 이자율이 어떤 확률과정을 따르는 것으로 규정하는가에 따라 달라질 것인데, 이 점에 대해서는 제 16 장에서 다룰 것이다.

제 4 절을 정리하자면, Feynman-Kac 공식은 파생상품의 가치함수가 만족해야 하는 편미분방정식의 해는 어떤 하나의 기대값의 형태로 표현할 수 있다는 것을 말해 주고 있는데, 이 사실이 위험중립 가치평가라는 파생상품 가치평가의 중요한 원리를 수학적으로 뒷받침해 주고 있다. Feynman-Kac이 도출한 기대값을 최종적으로 평가하는 것은 또 다른 과정을 필요로 한다. 그 기대값은 문제에 따라 잘 알려진 함수의 형태로 나타낼 수도 있지만 그렇지 않을 때에는 그 기대값을 수치적 적분을 통해서 평가할 수 있을 것이다.[7]

7 한편 우리가 관심을 갖는 미분방정식을 꼭 Feynman-Kac 공식을 통해서만 풀 수 있는 것은 아니다. 제 16 장에서는 다른 방식으로 미분방정식을 접근한다.

제 5 절 마팅게일과 화폐재

(1) 마팅게일

마팅게일(martingale)은 드리프트율이 0인 확률과정이라고 규정할 수 있다. 예를 들어, θ_t가

$$d\theta = s(\theta, t)dW$$

의 확률과정을 따른다면 이는 마팅게일이다. 여기에서 s는 상수일 수도 있지만 그 자체가 확률과정으로서 θ나 다른 변수의 함수일 수도 있다. 마팅게일은 미래 임의 시점에서의 기대값이 현재의 값과 동일하다는 특징이 있다. 즉,

$$E(\theta_T) = \theta_0 \tag{15.35}$$

의 관계가 유지된다. 미래의 θ_T 값은, 무한소의 구간에서 각각 기대값 0의 정규분포를 따르는 (무한소의) 변화분들의 누적치이므로 이와 같은 결과를 짐작할 수 있다.

이제 f와 g를 하나의 위험에 연동되어 있는 두 증권의 가격이라고 하자.[8] 우리가 고려하는 기간 동안 두 증권으로부터 중간에 배당 등의 현금 지급은 없다고 가정할 때, f/g는 g 증권의 가격 대비 f 증권의 상대가격을 나타낸다고 할 수 있다. 이럴 때 g 증권을 화폐재(numeraire)라고 부른다. 물건의 가격은 보통 법정화폐(fiat money) 단위로 표시되지만, 역사적으로 금(gold)은 교환의 매개수단으로 이용되어 금의 단위로 다른 재화나 용역의 가격이 표시되기도 하였으니 이럴 때 금이 화폐재라 하겠다. 여기에서는 예를 들어, $f = 200$이고 $g = 100$일 때 f의 가치를 g 두 단위라는 것을 f/g가 말해 준다.

8 이하에서는 f나 g를 각각의 증권을 지칭하는 기호로도 사용한다.

대응 마팅게일 척도(equivalent martingale measure)

차익거래 기회가 존재하지 않는 상태에서, (앞서 353페이지에서 정의한) 위험의 시장가격 λ가 어떤 g 증권의 변동성 σ_g로 설정되면 임의의 증권 f의 g에 대한 상대가격 f/g는 마팅게일이 된다.

증명: f와 g의 변동성을 각각 σ_f, σ_g로 표시하자. 위험의 시장가격 λ가 σ_g인 세계에서는 $\mu = r + \lambda\sigma = r + \sigma_g\sigma$일 터이니 f와 g의 확률과정은 다음과 같이 나타낼 수 있다.

$$
\begin{aligned}
df &= (r + \sigma_g\sigma_f)f dt + \sigma_f f dW, \\
dg &= (r + \sigma_g^2)g dt + \sigma_g g dW.
\end{aligned}
$$

우리는 앞 장에서 Ito의 정리를 적용하여 두 변수의 비율의 확률과정을 도출하는 연습을 한 바 있다. (339페이지 참조.) 그 연습에서 $\mu_1, \mu_2, \sigma_1, \sigma_2$로 표시한 평균수익률과 변동성에 지금 증명에서 해당되는 값을 대입해 보자. 즉,

$$
\begin{aligned}
\mu_1 &= r + \sigma_g\sigma_f \\
\mu_2 &= r + \sigma_g^2 \\
\sigma_1 &= \sigma_f \\
\sigma_2 &= \sigma_g
\end{aligned}
$$

를 식 14.9에 대입하면

$$
\begin{aligned}
d\left(\frac{f}{g}\right) &= (\mu_1 - \mu_2 - \sigma_1\sigma_2 + \sigma_2^2)\left(\frac{f}{g}\right)dt + (\sigma_1 - \sigma_2)\left(\frac{f}{g}\right)dW \\
&= (\sigma_f - \sigma_g)\left(\frac{f}{g}\right)dW
\end{aligned}
$$

가 되어 f/g가 마팅게일이라는 것을 알 수 있다. ♠

앞서 위험의 시장가격은 투자자들의 위험에 대한 태도나 성향을 반영한다고 하였다. 대응 마팅게일 척도 정리는, 위험의 시장가격 λ가 화폐재의 변동성

σ_g로 설정된 (가상의) 세계에서는 f/g의 확률과정이 마팅게일이 된다는 것을 말해 주고 있다. 투자자의 위험 성향을 이와 같이 가정한 세계를 보통 'g에 대한 선도 위험중립 세계(a world that is forward risk neutral with respect to g)'라고 부른다. 앞서 마팅게일의 T 시점 값의 기대값이 현재의 값과 동일하다는 식 15.35의 결과에 따라

$$\frac{f_0}{g_0} = E^g\left(\frac{f_T}{g_T}\right)$$

의 관계를 도출할 수 있다. 여기에서 $E^g(\cdot)$는 g에 대한 선도 위험중립 세계에서의 확률분포에 따라 계산되는 기대값이라는 것을 의미하는 기호다. 이 식을 f의 현재가격 f_0에 대해서 표현하면

$$f_0 = g_0 E^g\left(\frac{f_T}{g_T}\right) \tag{15.36}$$

이다. 따라서 어떤 증권 g를 화폐재로 선택하여 그 변동성 σ_g를 위험의 시장가격으로 설정하는 것은 투자자들의 특정 위험성향을 규정하는 것이고, 그렇게 규정된 (가상의) 세계에서의 확률분포에 근거하여 f/g의 기대값을 평가하여 현재가치 f_0를 도출할 수 있게 된다.

이하에서는 지금까지의 논의에 근거하여, 두 가지 자산을 화폐재로 선정하는 예를 통해서 각각의 경우에 유도되는 파생상품의 가치평가에 도움이 되는 유용한 결과들을 살펴보도록 한다.

(2) Money Market Account가 화폐재인 경우

앞서 확률적 이자율을 설명하면서 Money Market Account(MMA)는 0 시점에서 1을 예치했을 때 매 시점에서 순간 무위험 수익률(instantaneous risk-free rate) r의 수익을 얻을 수 있는 증권이라고 정의하였다. 그리고 MMA의 가치를 g로 표시했을 때, g는 매 순간 r의 비율로 증가하므로 이 관계를

$$\frac{dg}{dt} = rg$$

와 같이 표현하였다. 이를 확률과정의 형태로 변형하면

$$dg = rgdt$$

가 되어 g는 변동성이 0인 확률과정이 된다.[9] 이제 MMA를 화폐재로 선택하여 위험의 시장가격 λ가 (MMA의 변동성인) $\sigma_g = 0$인 세계를 가정하게 되면, 이 세계에서는 $\mu - r = \lambda\sigma = 0$이므로 μ와 r이 항상 일치하게 된다. 이는 우리가 보통 (전통적) 위험중립 세계라고 부르는 세계이다.

이제 T에서 f_T의 가치를 갖는 파생상품의 현재가치 f_0는 식 15.36을 이용하여 표현할 수 있다. 앞서 살펴본 바와 같이 $g(0) = 1$이고

$$g(T) = \exp\left(\int_0^T r(u)du\right)$$

이므로 (식 15.2 참조.) 이들을 식 15.36에 대입하면

$$f_0 = E^*\left[\exp\left(-\int_0^T r(u)du\right)f_T\right] \tag{15.37}$$

라고 결론지을 수 있다. 여기에서 기대값 연산자를 $E^g(\cdot)$ 대신 $E^*(\cdot)$로 표시한 이유는 앞서 살펴본 바와 같이 위험의 시장가격을 MMA의 변동성으로 설정한 세계는 바로 통상적으로 말하는 위험중립 세계이고 지금까지 우리는 이러한 세계에서의 기대값을 $E^*(\cdot)$로 표현했기 때문이다.[10]

이자율이 확률변수가 아닌 상수인 경우에는 식 15.37은

$$f_0 = e^{-rT}E^*[f_T]$$

로 단순화될 것이다.

---

9 변동성은 0이지만 r이 확률적이면 g도 확률적으로 변화할 것이다.

10 현재와 T 시점 사이 이자율의 평균값을 $\bar{r}$로 표시한다면 위 식 15.37은

$$f_0 = E^*[e^{-\bar{r}T}f_T]$$

로 나타낼 수도 있을 것이다.

(3) 무위험 할인채가 화폐재인 경우

T에서 만기가 되는 액면 1의 무위험 할인채(risk-free zero coupon bond)의 t 시점에서의 가격을 $P(t,T)$로 표시하자. 이제 이러한 무위험 할인채를 화폐재로 채택하며, 이러한 세계에서의 기대값을 $E^T(\cdot)$로 표시하도록 한다. 즉, $g(t) = P(t,T)$로 삼은 것이다. 따라서 이러한 세계를 $P(t,T)$에 대한 선도 위험중립 세계라고 불러야 하겠지만 보통 간략히 T-선도 위험중립 세계라고 부른다. 그러면 $g_T = P(T,T) = 1$이고 $g_0 = P(0,T)$이므로, 이러한 세계에서는 식 15.36을

$$f_0 = P(0,T)E^T(f_T) \tag{15.38}$$

와 같이 나타낼 수 있을 것이다. 이 식을 전통적인 위험중립 세계에서의 평가식인 앞의 식 15.37과 비교할 때, 여기에서는 할인요소가 기대값 연산자(operator)의 바깥에 존재한다는 점을 주목할 필요가 있다. 따라서 이러한 세계에서 평가하는 것이 적합한 파생상품의 경우, 전통적인 위험중립 세계에서보다 더 단순한 평가식이 가능해진다.

이러한 세계에서 선도계약(forward contract)의 가치에 대해 생각해 보자. 이자율이 아닌 임의의 변수 X에 대해 선도계약이 이루어졌는데 인도일은 T 시점이고 선도가격은 K라고 가정해 보자.[11] 이 선도계약 매입 포지션의 인도일에서의 수입은 $X_T - K$이다. 선도계약의 가치를 f로 표시하면, 식 15.38에 따라 그 현재가치는

$$f_0 = P(0,T)E^T[X_T - K]$$

가 될 것이다. 이러한 선도계약이 오늘 맺어진다면, 선도계약 체결 당시의 그 가치는 0이 되어야 하므로

$$P(0,T)E^T[X_T - K] = 0$$

과 같이 나타낼 수 있다. 따라서 오늘의 적정 선도가격 F_0는 위 식을 만족시키

11 일반적으로 어떤 자산의 가치는 가격과 같은 의미로 쓰이지만, 선도가격과 선도거래의 가치는 다른 의미를 가진다는 것을 주의할 필요가 있다.

는 K 값이 되어야 하므로

$$F_0 = E^T[X_T] \tag{15.39}$$

가 된다. 따라서 $g_t \equiv P(t,T)$가 화폐재로 설정된 이러한 세계에서는 선도가격은 미래 현물가격의 기대값과 동일해진다. 앞서 제 3 장에서 (실제 세계에서의) 선도가격은 미래 현물가격의 기대값과 같을 이유가 없다는 점을 강조하였는데 이와 대비되는 결론이다.

제 6 절 위험중립 세계에 대한 이해

앞서 두 가지 다른 화폐재의 변동성을 위험의 시장가격으로 삼을 경우 서로 다른 위험중립 세계를 가정하는 것이 된다는 점을 살펴보았다. 이제 이 두 위험중립 세계의 특징을 더 깊이 알아보도록 한다. 사실 특정 위험중립이라는 개념은 어떤 기간에 대해서 위험중립이 성립하는가 하는 기간이 전제가 되는데, 이는 무위험 자산이 어느 기간에 대해서 무위험이 되는가라는 문제와 연동되기 때문이다. 이 점을 염두에 두고 다음을 생각해 보자.

우선 T에서 만기가 되는 무위험 할인채를 화폐재로 삼는 경우에 대해, 즉 T-선도 위험중립 세계에 대해서 생각해 보자. T년 만기 무위험 할인채가 무위험인 경우는, 지금 이 할인채를 $P(0,T)$에 매입하여 만기까지 가지고 있을 때만이다. 이 할인채를 만기 이전에 매도한다면 그 투자로부터 얻는 수익은 0 시점에서 불확실하기 때문이다. 그런데 T-선도 위험중립 세계에서는 투자자들이 T 시점에서 f_T의 (현재로서는 불확실한) 가치를 갖는 위험증권의 가치를 평가함에 있어 그 위험성은 개의치 않고, 오직 f_T의 (그 가상의 세계에서의) 기대값만을 평가하여 그 기대값과 동일한 액수의 (불확실성이 없는 확실한) 현금흐름을 T 시점에서 제공하는 무위험 자산과 동일시한다는 것이다. 그렇다면 이 세계에서의 f_T의 기대값 $E^T(f_T)$에 해당하는 실제 현금흐름의 현재가치는 $P(0,T)E^T(f_T)$일 텐데, 이것이 바로 그 위험증권의 현재가치 f_0가 된다는 것이고 이 관계를 식 15.38이 말하고 있다. 따라서 이 세계에서는 오직 $(0, T)$의 기간에 대해서만 위험중립이라고 말할 수 있다. 예를 들어, 만일 우리가 2년-선도 위험중립 세계를 가정하고 있다면, 1년 후에 가치가 f_1이 되는 증권의 현재가치에 대해서는 이런 위험중립의 관계가 성립되지 않는다는 것이다. 이런 위험증권을 평가하고 싶다면 1년-선도 위험중립 세계를 다시 가정해야 한다.

이제 MMA를 화폐재로 삼는 경우의 (전통적) 위험중립 세계를 살펴보자. 앞서 MMA를 소개하면서 MMA가 무위험인 것은 그 기간이 dt로 표시되는 무한소의 기간 동안이라는 점을 지적하였다.[12] MMA를 화폐재로 삼는 위험중립 세계는 따라서 무한소의 기간 동안 위험중립이 성립되는 세계다. T-선도 위험중립 세계에서 T가 0으로 수렴하는 경우에 해당하므로 이런 세계를 순간(instantaneous) 위험중립 세계라고 이름 붙여도 좋을 것이다.[13] 그렇다면 이런 세계에서 식 15.37은 어떻게 이해되어야 할 것인가 생각해 보자. 이 식을 다시 한번 여기에 기록해 보자.

$$f_0 = E^*\left[\exp\left(-\int_0^T r(u)du\right) f_T\right].$$

이 식은 앞서 설명한 대응 마팅게일 정리에 의해 수학적으로 도출된 결론이다. 여기서는 왜 이러한 식이 순간 위험중립 세계에서 성립해야 하는지 보다 직관적으로 이해해 보려는 것이다.

앞서 MMA를 근사적으로 이해하는 방식과 유사하게 이 문제를 살펴보자. $(0, T)$의 기간을 n개의 동일한 길이의 구간으로 나누면 각 구간의 길이 Δt는 T/n가 될 텐데, $t_i = (T/n)i \ (i = 0, 1, \cdots, n)$으로 정의하자. 매 t_i 시점에서만 무위험 이자율이 확률적으로 변화한다고 근사하고 그때의 이자율을 $r(t_i)$로 표

---

12 347페이지 참조.

13 이 명칭은 저자가 붙인 것으로서 일반적으로 사용되는 용어는 아니다. 보통 전통적(traditional) 위험중립 세계라고 부르는 경우가 많다. 여기에서는 두 명칭을 구분하지 않고 사용하도록 한다. 다시 한번 정리하자면 그냥 위험중립이라고 할 때에는 이런 세계를 의미한다고 보면 된다. T-선도 위험중립의 경우에는 'T-선도'라는 것을 적시한다.

시한다. $t_0 = 0$이고 $t_n = T$라는 점을 기억하자. 이 (근사적) MMA는 t_i에서 결정되는 $r(t_i)$의 이자율로 그 가치가 증가한다. 즉, t_i에서 $g(t_i)$의 가치를 갖는 MMA는 t_{i+1} 시점에서는 $g(t_i)e^{r(t_i)\Delta t}$의 가치를 갖게 되고, 이 가치는 t_i 시점에서 확정되는 것이므로 t_i 시점에서 보았을 때 t_i에서 t_{i+1} 시점 사이에서는 무위험이다. 그러므로 (이러한 근사적) MMA를 화폐재로 선정한다는 것은 모든 (t_i, t_{i+1}) 구간에서 Δt-선도 위험중립 세계를 가정한다는 것과 같은 뜻이 된다.

이제 이러한 Δt-선도 위험중립 세계에서, $t_n = T$ 시점에서 f_T의 가치를 갖는 증권의 t_{n-1} 시점에서의 가치를 계산해 보자. (t_{n-1}, t_n) 사이에서 위험중립을 가정하고 있으니

$$f(t_{n-1}) = e^{-r(t_{n-1})\Delta t} E^g_{n-1}(f_T) \tag{15.40}$$

가 성립할 것이다.[14]

여기에서 기대값을 $E^g_{n-1}(\cdot)$라고 표시했는데, 이는 Δt-선도 위험중립 세계에서 t_{n-1}의 시점에서 계산한 조건부 기대값(conditional expectation)이라는 것을 나타내기 위해서다. 조건부 기대값이란 그 시점까지 드러난 정보에 근거했을 때의 확률변수의 기대값을 의미한다.

지금 t_{n-1}의 시점에서 살펴보는 것이니 f_T는 확률변수고 $e^{-r(t_{n-1})\Delta t}$는 확률변수가 아니다. 확률변수가 아니므로 편의상 $e^{-r(t_{n-1})\Delta t}$를 기대값 연산자 안에 넣어도 무방하다. 즉,

$$f(t_{n-1}) = E^g_{n-1}(e^{-r(t_{n-1})\Delta t} f_T) \tag{15.41}$$

로 표현할 수 있다.

이제 t_{n-2}의 시점으로 이동하여 $f(t_{n-2})$를 Δt-선도 위험중립의 원칙으로 평가하면

$$f(t_{n-2}) = e^{-r(t_{n-2})\Delta t} E^g_{n-2}(f(t_{n-1}))$$

로 표시할 수 있고, 여기에서 $f(t_{n-1})$에 식 15.41을 대입하면

---

14 앞서의 식 15.38의 형태로는 $f(t_{n-1}) = P(t_{n-1}, t_n) E^g_{n-1}(f_T)$로 나타낼 수도 있을 것이다.

$$\begin{aligned} f(t_{n-2}) &= e^{-r(t_{n-2})\Delta t} E_{n-2}^{g}(f(t_{n-1})) \\ &= e^{-r(t_{n-2})\Delta t} E_{n-2}^{g}\left(E_{n-1}^{g}(e^{-r(t_{n-1})\Delta t} f_T)\right) \\ &= e^{-r(t_{n-2})\Delta t} E_{n-2}^{g}\left(e^{-r(t_{n-1})\Delta t} f_T\right) \\ &= E_{n-2}^{g}\left(e^{-r(t_{n-2})\Delta t} e^{-r(t_{n-1})\Delta t} f_T\right) \end{aligned}$$

의 결과를 얻을 수 있다. 위의 도출과정에서 $E_{n-2}^{g}\left(E_{n-1}^{g}(\cdot)\right) = E_{n-2}^{g}(\cdot)$라는 원칙을 적용하였다.[15] 또한 한 시점의 관점에서 확률변수가 아닌 변수를 편의상 기대값 연산자의 안으로 이동시켰다.

이와 같이 시간을 거슬러 가면서 $f(t_i)$의 값을 $f(t_{i+1})$의 기대값으로부터 구하는 과정을 지속해 가면 결국

$$f_0 \equiv f(t_0) = E_0^{g}\left(e^{-(r(t_0)+r(t_1)+\cdots+r(t_{n-1}))\Delta t} f_T\right)$$

의 관계에 도달하게 된다.

이제 단기 이자율이 매 순간 변하는 환경에서 (진짜) MMA를 화폐재로 삼는 순간 위험중립 세계는 위의 모형에서 n이 무한대로, 즉 Δt가 무한소로 수렴하는 경우이므로 이 경우

$$\lim_{n\to\infty} -(r(t_0)+r(t_1)+\cdots+r(t_{n-1}))\Delta t = -\int_0^T r(u)du$$

15 다음과 같은 단순한 상황을 예로 들어 이 원칙의 타당성을 상식적 수준에서 생각해 보자. 어떤 주사위가 있는데 1, 2가 쓰여진 면은 파란색이, 나머지 3, 4, 5, 6이 쓰여진 면은 빨간색이 칠해져 있다고 하자. 이 주사위를 던져서 나오는 숫자를 확률변수 X라고 하면 X는 1부터 6까지의 숫자에 같은 확률이 지정되는 확률분포를 갖게 될 것이다. 지금 0 시점에서 주사위를 던지는데 시점 1에서는 나온 숫자는 알 수 없고 윗면의 색깔만 볼 수 있다고 하고, 최종적으로 시점 2에서 숫자가 공개된다고 생각해 보자. 여기에서 $E_1(X)$를 시점 1에서 색깔에 대한 정보가 공개된 상태에서의 X의 기대값을 의미한다고 정의해 보자. 그러면 시점 0에서 보았을 때 $E_1(X)$는 하나의 확률변수라고 생각할 수 있다. 즉, 파란색이면 $E_1(X)$는 1과 2의 평균값 1.5일 것이고, 빨간색이면 $E_1(X)$는 3, 4, 5, 6의 평균값 4.5가 된다. 따라서 시점 0에서 보았을 때 $E_1(X)$는 1/3의 확률로 1.5의 값이, 2/3의 확률로 4.5의 값이 지정된 확률변수다. 이와 같이 시간의 흐름에 따라서 X의 사후적 값이 더 정확하게 드러나는데 중간에 색에 대한 정보가 드러났을 때 어떤 색인지를 전제하에서 (예를 들어, 파란색이라는 조건부로) 계산되는 기대값이 조건부 기대값이다. 그렇다면 0 시점에서 계산되는 이 조건부 기대값의 기대값 $E_0(E_1(X))$는 (무조건부) 기대값인 $E_0(X)$와 같아야 할 것이다. 위의 예에서 $E_0(E_1(X)) = (1/3)(1.5) + (2/3)(4.5) = 3.5$로 계산되고 $E_0(X) = (1/6)(1+2+3+4+5+6) = 3.5$로 동일하게 된다는 것이 확인된다.

표 15.1 투자자들의 위험성향에 대한 여러 가정들의 비교

[1]	세계	현실 세계(A)	순간 위험중립(B)	T-선도 위험중립(C)
[2]	위험성향	위험회피	dt의 기간에서 위험중립	$(0,T)$ 기간에서 위험중립
[3]	화폐재	법정화폐	MMA	T-만기 무위험 할인채
[4]	λ	$\lambda = \frac{\mu - r}{\sigma}$	0	$P(t,T)$의 변동성
[5]	기대값의 표시	$E(\cdot)$	$E^*(\cdot)$	$E^T(\cdot)$
[6]	f_0의 표현	$f_0 = e^{-kT}E(f_T)$	$f_0 = E^*(e^{-\int_0^T r(u)du}f_T)$	$f_0 = P(0,T)E^T(f_T)$
[7]	선도/선물	$F_0 \neq E(S_T)$	선물 $F_0 = E^*(S_T)$	선도 $F_0 = E^T(S_T)$

로 수렴하게 될 것이고 결국

$$f_0 = E^*\left[\exp\left(-\int_0^T r(u)du\right)f_T\right]$$

라는 식 15.37에 이르게 된다. 순간 위험중립 세계에 수렴되었다는 것을 나타내기 위해서 근사적 MMA에서의 $E^g(\cdot)$ 대신 $E^*(\cdot)$로 기대값을 표시하였다. 반복하건대 바로 위의 도출과정은 엄격한 수학적 증명이라기보다는 순간 위험중립 세계에서의 평가공식에 대한 직관적 이해를 돕기 위한 것이다. 식 15.37은 대응 마팅게일 정리에 의해 이미 정확하게 증명된 것이니 수학적으로 의심의 여지가 없다.

표 15.1은 지금까지 살펴본 두 종류의 위험중립 세계에 대한 논점들을 정리하고 있다. 실재하는 현실의 위험회피의 세계를 A, 가상의 (전통적) 순간 위험중립 세계를 B, 가상의 T-선도 위험중립 세계를 C라고 부르기로 하면서 몇 가지 논점을 추가로 언급하자면

[4] 위험의 시장가격 λ는 화폐재의 변동성이라 하였다. MMA의 가치 g의 확률과정이 $dg = rgdt$이니 MMA의 변동성은 0이므로 B에서의 λ는 0이다. 따라서 이 세계에서의 모든 증권의 기대수익률 μ는 무위험 수익률 r과 동일하다. 위험회피 세계인 A에서는 $\lambda = \frac{\mu - r}{\sigma}$의 관계가 유지되면서 각 증권의 (서로 다른) 기

대수익률 μ는 변동성 σ와 연동된다.

[5] A, B, C 3 세계에 대한 가정은 미래의 f_T 값의 확률분포를 다르게 상정하는 것으로서, 이러한 확률분포에 근거해서 다른 기대값을 구한다는 것을 표시하기 위해서 기대값 연산자를 $E(\cdot), E^*(\cdot), E^T(\cdot)$로 구분한 것이다. 어느 세계이든 현재 시점에서의 증권의 가격 f_0는 동일하다.

[6] A에서는, 증권의 현재 가격은 미래의 증권 가격의 기대값을 그 증권의 위험을 적절히 반영한 할인율로 할인한 것이라는 재무관리의 일반적인 원칙을 적용한 것이다. 즉, 이러한 방식을 적용하기 위해서는 적절한 할인율 k를 구해야 하는데 그러기 위해서는 특정 이론에 의존하는 수밖에 없다. 따라서 이러한 방식을 적용하기 위해서는 차익거래불가의 원칙뿐 아니라 위험과 수익에 관한 추가적인 균형 이론이 필요하게 된다.

B와 C에서의 f_0 도출 방식을 비교하자면, B에서는 할인요소인 $e^{-\int_0^T r(u)du}$는 r이 확률변수인 경우 기대값의 안쪽에 들어가서 f_T라는 확률변수와의 곱의 기대값을 계산하게 된다. 두 확률변수의 곱의 기대값은 각각의 기대값의 곱과 일반적으로 같지 않으며 이에 $e^{-\int_0^T r(u)du} f_T$의 기대값의 계산은 간단하지 않다. 반면 C에서는 할인요소인 $P(0,T)$는 관찰되는 변수로서 기대값 연산자 밖에 있으므로 $E^T(\cdot)$만을 구하면 된다. 그렇다고 해서 C에서의 방법이 B에서의 방법보다 우월하다는 것은 아니다. 예를 들어, T 만기 무위험 할인채 자체의 이론적 가치를 구하는 문제에 우리가 관심이 있다면 B를 가정하고 f_T는 1이라는 조건을 적용하여

$$P(0,T) = E^*\left(e^{-\int_0^T r(u)du}\right)$$

로 파악한 후 $r(t)$의 확률과정에 대한 가정에 근거하여 이 기대값을 계산해야 한다.[16] 그러므로 우리가 살펴보고자 하는 것이 무엇이냐에 따라 그 답을 보다 더 쉽고 명확하게 구할 수 있는 위험중립의 세계를 가정하게 된다.

16 이는 식 15.34를 통해 이미 살펴본 내용이다.

[7] 미래 현물가격과 선도/선물가격과의 관계에 대해서 우리는 제 3 장에서 T 시점을 인도일로 하는 선도나 선물의 가격은 미래의 현물가격($S_T \equiv F_T$)의 기대값과 일반적으로 같지 않다고 하였다. 이와 대비하여 우리가 T-선도 위험중립 세계(C 세계)를 가정한다면 그러한 세계에서의 선도가격은 미래의 현물가격의 기대값과 일치한다는 것을 식 15.39를 통해서 확인한 바 있다. 한편 선물가격에 대해서는 오늘의 선물가격은 순간 위험중립 세계(B 세계)에서 미래의 현물가격의 기대값이 되는데, 이러한 주장의 근거를 잠시 살펴보자.

이자율이 확률적일 경우 선도가격과 선물가격의 이론적 차이

선도거래와 선물거래의 차이는, 선물거래에서는 증거금을 납부하고 매일정산이 이루어진다는 점이다. 우리가 이론적으로 선도와 선물의 차이점을 모형화할 때는 증거금은 무시하고 매일정산에 초점을 맞춘다. 이와 같이 선물거래를 단순화시킬 때 선물거래에서는 매일 종가에 맞추어 현금흐름이 발생하게 되고 이를 근거로 선물거래를 거래일의 종가 시점을 인도일로 하는 선도거래의 연속으로 모형화할 수 있다. 즉, 하루를 지속하는 선도거래를 정산하고, 새로운 하루를 지속하는 선도계약을 새로 체결하는 것처럼 생각할 수 있다는 것이다.

좀 더 구체적인 이해를 위해 앞서 369페이지에서 설정한 Δt-선도 위험중립 세계의 틀에서 이 문제를 살펴보도록 하자. 즉, 현재 0 시점에서 인도일인 T 시점까지의 기간을 n개의 거래일로 나누고 각 기간을 $\Delta t = T/n$로 생각한다. 다시 말해 하루의 시간 간격을 Δt로 삼는다. 그리고 그 각 Δt의 기간에 대해서 Δt-선도 위험중립을 가정한다. 앞서의 설정을 그대로 따르므로 현재는 $t_0 = 0$으로, 인도 시점은 $t_n = T$로 표현된다. 또한 이자율은 매 t_i 시점에서 변화하고 그 때의 이자율은 $r(t_i)$로 표시하는 것도 앞서와 동일하다. 추가적으로 t_i 각 시점에서의 선물가격을 $F_{[i]}$로 나타내기로 한다. 따라서 인도일의 선물가격은 $F_T = F_{[n]}$으로, 바로 전날의 정산가는 $F_{T-\Delta t} = F_{[n-1]}$ 등으로 표현할 수 있을 것이다.

Δt-선도 위험중립 세계에서는 모든 Δt 기간에 위험중립이 성립하므로

$$f(t_{n-1}) = e^{-r(t_{n-1})\Delta t} E_{n-1}^{g}(f_T)$$

라는 관계가 성립한다고 하였다. (식 15.40.) 우리는 선물거래를 살펴보고 있으니 선물매입의 경우 T에서의 수입은 $f_T = F_{[n]} - F_{[n-1]}$일 것이다. 이제 t_{n-1} 시점에서 새롭게 맺어지는 것으로 간주하는 계약의 가치 $f(t_{n-1})$은 0이 되어야 하므로

$$E^g_{n-1}\left(F_{[n]} - F_{[n-1]}\right) = 0$$

일 테고, 결국

$$F_{[n-1]} = E^g_{n-1}\left(F_{[n]}\right)$$

이 성립하게 된다. 동일한 논리로 t_{n-2} 시점에서는

$$F_{[n-2]} = E^g_{n-2}\left(F_{[n-1]}\right)$$

이 성립할 것이니 (조건부 기대값은 무조건부 기대값과 동일하다는 원칙을 적용하여)

$$\begin{aligned} F_{[n-2]} &= E^g_{n-2}\left(F_{[n-1]}\right) \\ &= E^g_{n-2}\left(E^g_{n-1}\left(F_{[n]}\right)\right) \\ &= E^g_{n-2}\left(F_{[n]}\right) \end{aligned}$$

이라고 할 수 있다. 이 관계를 각 t_i에서 반복하여 현재 시점까지 가져오면 결과적으로

$$F_{[0]} \equiv F_0 = E^g_0\left(F_{[n]}\right) \equiv E^g_0(F_T)$$

가 성립함을 알 수 있다. 즉, Δt-선도 위험중립 세계에서는 오늘의 선물가격은 인도일의 현물가격(선물가격)의 기대값이라고 할 수 있다.

앞서 369페이지에서 전통적 위험중립 세계를 Δt-선도 위험중립 세계에서 Δt가 0으로 수렴하는 경우로 직관적으로 살펴보았다. 여기에서도 그러한 아이디어를 적용하여, 하루라는 기간은 Δt가 충분히 작은 수치이니 Δt-선도 위험중립 세계가 전통적 위험중립 세계를 근사한다(approximate)고 생각하여, 오늘의

선물가격은 인도일의 현물가격의 기대값이라는 주장의 근거로 삼을 수 있을 것이다.[17]

전통적 위험중립 세계와 T-선도 위험중립 세계에서의 S_T의 기대값이 다를 수 있기 때문에 오늘의 선물가격과 선도가격은 일반적으로 일치하지 않는다. 그러나 현재부터 T 시점까지 이자율이 고정되어 있거나, 또는 현재 시점에서 미래의 이자율을 시간의 함수로 알 수 있다고 가정할 때에는 두 가격이 일치하게 된다. 이의 증명은 연습문제로 남겨 둔다. ♠

이자율이 확률적인 경우로의 Black-Scholes 모형 확장

Black-Scholes 모형은 일정한 이자율을 가정하고 있다. 이제 이자율이 확률적인 경우로 확장하기 위해 제 5 절의 결과를 이용하도록 한다. 우선 무위험 할인채를 화폐재로 설정한 세계, 즉 T-선도 위험중립 세계를 가정한다. 이러한 세계에서의 유럽형 콜옵션의 현재가치는 식 15.38에 따라

$$c = P(0,T)E^T[\max(S_T - K, 0)] \tag{15.42}$$

으로 나타낼 수 있다. 여기에서 $E^T[\max(S_T - K, 0)]$을 평가하기 위해, 이러한 유형의 기대값에 대해 Hull이 정리해 놓은 수학적 결과를 대입하기로 한다.[18] 즉,

$$E^T[\max(S_T - K, 0)] = E^T(S_T)N(d_1) - KN(d_2)$$

로 표현할 수 있다. 그런데 지금 우리가 가정하고 있는 T-선도 위험중립 세계에서는 미래 현물가격의 기대값 $E^T(S_T)$가 바로 T에서 인도되는 선물계약의 현재 가격 F_0와 같다는 것을 앞서 살펴보았다. (식 15.39 참조.) 아울러 현물보유에 따르는 배당 등의 현금 지급이 없는 경우에, 선도가격 F_0와 현물가격 $S_0(\equiv S)$ 사이에는

$$F_0 = \frac{S_0}{P(0,T)} = S_0 e^{R(0,T)T}$$

---

17 앞서와 같이 Δt가 0으로 수렴할 때, 기대값을 $E^g(\cdot)$에서 $E^*(\cdot)$로 변화시켜 표현해야 할 것이다.

18 편의상 Hull의 공식이라고 부른 250페이지 식 11.9를 참조하라.

의 균형관계가 유지된다.[19] 여기에서

$$R(0,T) = \frac{1}{T}\ln\frac{1}{P(0,T)}$$

로서 현재부터 T 시점 사이의 수익률(yield)을 표시한다. 따라서 식 15.42는 결국

$$c = E^T[\max(S_T - K, 0)] = S_0 N(d_1) - Ke^{-R(0,T)T}N(d_2)$$

와 같이 나타낼 수 있을 것이다. 여기에서

$$d_1 = \frac{\ln(S/K) + (R(0,T) + \sigma^2/2)T}{\sigma\sqrt{T}}$$
$$d_2 = \frac{\ln(S/K) + (R(0,T) - \sigma^2/2)T}{\sigma\sqrt{T}}$$

이다. 따라서 이자율이 확률적인 경우에는, Black-Scholes 공식에서 상수였던 이자율을, 현재의 기간구조에서 발견되는 T 기간에 대응하는 수익률로 대신하면 된다는 것을 알 수 있다.[20] ♠

---

19 제 3 장에서 다룬 내용이다.

20 여기에서는 현재 시점을 $t = 0$으로 설정하여 그에 따른 만기까지의 기간이 $T - t$에서 T로 표현되었다.

연습문제

15.1 T 시점에서 만기가 되는 할인채 가격 $P(t,T)$의 확률과정을 다음과 같이 표현하였다.

$$dP(t,T) = \mu_P P(t,T)dt + \sigma_P P(t,T)dW.$$

위의 할인채를 기준자산으로 하는 어떤 파생상품 A의 가치 f는

$$df = \mu_f f dt + \sigma_f f dW$$

의 확률과정을 따른다고 가정하자. 이 파생상품은 중간에 이자나 배당 등 현금흐름을 발생시키지 않는다.

(1) 파생상품 A를 T에서 인도하는 선도거래의 선도가격 F를 f와 P를 이용하여 표현하고, 이 F의 확률과정을 도출하라.

(2) 전통적인 위험중립 세계에서의 F의 확률과정을 표시하라.

(3) T-선도 위험중립 세계, 즉 $P(t,T)$가 화폐재인 세계에서 F의 확률과정을 표시하라.

(4) 만기 시점이 $T^*(\neq T)$인 할인채 $P(t,T^*)$를 화폐재로 삼는, T^*-선도 위험중립 세계에서의 F의 확률과정을 표시하라.

15.2 전통적 위험중립 세계와 T-선도 위험중립 세계에서의 S_T의 기대값이 다를 수 있기 때문에 오늘의 선물가격과 선도가격은 일반적으로 일치하지 않는다. 그러나 현재부터 T 시점까지 이자율이 고정되어 있거나, 또는 현재 시점에서 미래의 이자율을 시간의 함수로 알 수 있다고 가정할 때에는 두 가격이 일치하게 된다는 것을 증명하라.

16

이자율 파생상품의 가치평가

이자율 파생상품은 그것의 보유로 말미암아 발생하는 수입이 확률적인 이자율에 의해서 결정되는 증권이다. 이자율 파생상품은 앞서 살펴본, 주식이나 외환 등을 기준자산으로 하는 파생상품보다 그 가치평가가 다음과 같은 이유로 더 복잡하다.

첫째, 이자율 파생상품의 적절한 가치평가를 위해서는 이자율의 전체 기간구조를 고려해야 한다. 사실 이자율은 어느 특정 시점을 기준으로 하더라도 하나의 수치가 아니라, 전제하고 있는 채권/채무의 만기에 따라 다른 값을 가질 수 있는 변수들의 집합이다. 주가가 기준변수인 경우 관찰되는 현재의 주가와, 그 주가가 향후 어떤 확률과정을 따를 것인가를 고려한다. 이와 대비하여 이자율의 경우는 만기에 따른 현재의 이자율의 수준을 나타내는 전체 기간구조와, 향후 이 기간구조가 어떻게 확률적으로 변화해 나갈 것인지를 고려하게 된다.

둘째, 이자율의 확률적 움직임은 주가나 환율 등의 확률적 움직임과는 다른 특징을 가지게 되는데 이를 모형에 반영해야 한다. 예를 들어, 이자율은 일반적으로 어떤 장기적인 평균 수준이 있어서 단기적으로 등락을 거듭하더라도 장기적으로는 그 평균 수준에 회귀한다고 생각할 수 있다. 이런 이유들로 인해서 일반적으로 이자율의 움직임은 단순한 로그정규과정으로 모형화하지 않는다.

셋째, 전제하고 있는 채권/채무의 만기에 따라 기준자산의 변동성이 다르다. 예를 들어, 미래 T 시점에서 만기가 되는 할인채의 경우 이 할인채의 변동성은 만기에 다가갈수록 점점 더 작아진다고 생각할 수 있다. 따라서 이러한 만기에 따른 변동성의 변화도 고려되어야 한다.

넷째, 이자율은 파생상품의 수입을 결정할 뿐만 아니라 할인율로서도 작용한다. 파생상품 가치평가는 기대값을 계산하는 문제로 귀결되게 마련인데, 파생상품의 수입과 할인요소의 상호 관계 때문에 기대값의 평가가 더 어려워질 수 있다.

이러한 점들을 충분히 고려하면서 이론적인 일체성을 갖춘 모형들을 제 3 절에서부터 논의하기에 앞서, 이미 우리가 잘 알고 있는 Black-Scholes 모형을 이자율 파생상품의 특성에 맞추어 확장시킨 비교적 단순한 모형을 먼저 제 1 절에서 간단히 살펴보도록 한다. 이 단순 모형은 비록 이론적 일체성 면에서는 부족한 점이 있지만, 채권 옵션 등의 가치평가에 적용할 때 관찰되는 시장가격을 나름 잘 설명하는 것으로 인정되고 있다.

제 1 절 확장된 Black-Scholes 모형의 적용

무위험 할인채를 화폐재로 설정한, T-선도 위험중립 세계를 가정하자. 이러한 세계에서 T 시점에서 인도되는 선도계약의 선도가격을 기준변수로 하며, 행사가격이 K이고 만기가 T인 콜옵션을 생각해 보자. 미래 선도가격 F_T는 로그정규분포를 따르며 $\ln F_T$의 표준편차는 $\sigma_F\sqrt{T}$라고 가정한다. 이 경우 해당 콜옵션의 현재가치는 앞 장의 식 15.38에 따라

$$c = P(0,T)E^T[\max(F_T - K, 0)]$$

이 될 것이다. 여기에서 $E^T[\max(F_T - K, 0)]$의 평가를 위해서 Hull의 공식 식 11.9를 적용하면 (250페이지 참조.)

$$E^T[\max(F_T - K, 0)] = E^T(F_T)N(d_1) - KN(d_2)$$

이며 d_1과 d_2는 옵션의 가격 결정변수들에 의해 적절히 표현할 수 있다. 한편, 앞서 제 15 장 5 절의 논의에서 T-선도 위험중립 세계에서는 현재의 선도가격 $F(\equiv F_0)$는 미래 현물가격의 기대값이라는 결과를 도출한 바 있다. (식 15.39 참조.) 결과적으로 선도가격을 기준변수로 하는 옵션의 이론 가격은

$$c = P(0,T)[FN(d_1) - KN(d_2)] \tag{16.1}$$

로 나타낼 수 있다. 여기에서

$$d_1 = \frac{\ln(F/K) + \sigma_F^2 T/2}{\sigma_F\sqrt{T}}$$
$$d_2 = \frac{\ln(F/K) - \sigma_F^2 T/2}{\sigma_F\sqrt{T}}$$

이다.

이제 식 16.1을 채권 옵션의 가치평가에 적용해 보기로 한다. 이 채권 옵션의 행사가격은 K이고 만기는 T인데, 기준자산이 되는 이표채의 현재가격이 B라고 하자. 콜옵션의 만기 이전에 이 이표채로부터 발생하는 이표의 현재가치를 I라고 표현하면, 채권의 현물가격과 T에서 인도되는 선도가격 사이에는

$$F = \frac{B - I}{P(0,T)} \tag{16.2}$$

의 관계가 성립한다.[1] 한편 인도 시점인 T에서는 $B_T = F_T$이므로 채권을 기준자산으로 하는 콜옵션이나, 채권 선도가격을 기준변수로 하는 콜옵션의 T에서의 수입(payoff)은 동일해진다. 즉,

$$\max(B_T - K, 0) = \max(F_T - K, 0)$$

이 된다. 따라서 이표채의 옵션 가치는 식 16.2를 적용한 후 선도물의 옵션 가치 공식인 식 16.1을 통해서 구할 수 있게 된다.

---

1 제 3 장에서 선도가격을 $F = (S - A)e^{rT}$라는 공식으로 설명한 바 있다. 주어진 이표채의 현재가격에 대해서 이표채마다 지금부터 T까지 이표의 지급이 다를 것인데, 콜옵션 수입은 이표의 지급으로 말미암은 채권 가격의 하락에 따라 달라질 것이기 때문에, T 시점을 인도일로 하는 선도가격을 식 16.2로 계산하여 이표채 자체의 가격 대신 적용하는 것이다.

[예시]

다음과 같은 채권 옵션을 생각해 보자. 기준자산이 되는 이표채는 만기가 지금부터 4년 2개월 후이고 액면이 100이며, 연 5%의 이표를 2회에 나누어 지급하는데, 지금 시장가격이 95라고 한다. 이러한 이표채를 기준자산으로 하고 만기가 9개월이며 행사가격이 97인 콜옵션의 가치를 구하려 한다. 9개월 시점에서 인도되는 채권 선도거래를 생각할 때, 그 선도가격의 변동성이 연 9%라고 가정하자. 이표채의 만기를 고려했을 때, 콜옵션의 만기 이전에 이표채는 2개월, 8개월 시점에서 각각 2.5의 이표를 지급하게 될 것이다. 2개월, 8개월, 9개월 만기 수익률은 각각 5.5%, 5.9%, 6.0%라고 하자.

옵션의 만기 이전에 지급되는 이표들의 현재가치는

$$\begin{aligned} I &= 2.5\exp\left(-0.055 \cdot \frac{2}{12}\right) + 2.5\exp\left(-0.059 \cdot \frac{8}{12}\right) \\ &= 4.8808 \end{aligned}$$

이므로 채권 선도가격은

$$\begin{aligned} F &= (95 - 4.8808)\exp\left(0.06 \cdot \frac{9}{12}\right) \\ &= 94.2672 \end{aligned}$$

일 것이다. 따라서 이와 함께 $K = 97$, $\sigma_F = 0.09$, $T = 9/12$, $P(0, 9/12) = \exp\left(-0.06 \cdot \frac{9}{12}\right)$를 식 16.1에 대입하여 콜옵션의 적정 가격을 구하면 1.7247로 계산된다.

제 2 절 이자율과 관련된 개념들의 정리

여기 제 2 절에서는 이하의 논의를 위해, 이자율의 표현과 관련되어 지금까지 언급되었던 여러 변수들을 정리하고 또 이들 사이의 관계에 대해서도 살펴보도록 한다.

우선 t 시점에서의 단기 이자율(short rate) $r(t)$는 만기가 무한소인(infinitesimal) 무위험 채권에 적용되는 수익률이라고 정의한 바 있다. '순간 무위험 수익률(instantaneous risk-free rate)'이 더 정확한 표현일 이 변수는 이자율 파생상품의 (그 자체로는 거래할 수 없는) 기준변수로서 많은 모형에서 설정된다. 앞서 Money Market Account의 논의에서 살펴본 바와 같이, t 시점에서 T 시점까지 매 순간 단기 이자율이 적용되면 t에서 예치한 1원은 T 시점에서

$$\exp\left(\int_t^T r(u)du\right) \tag{16.3}$$

원의 가치를 갖게 된다. $\bar{r}$를 $r(u)$의 이 기간의 평균이라 하면, 즉

$$\bar{r} \equiv \frac{1}{T-t}\int_t^T r(u)du$$

라고 표시하면, 식 16.3은 $e^{\bar{r}(T-t)}$와 같이 표현될 것이다. 물론 $\bar{r}$는 t 시점에서 보았을 때 확률변수이니 $e^{\bar{r}(T-t)}$도 확률변수다.

이제 T 시점에서 만기가 되어 액면 1을 지급하는 무위험 할인채(risk-free zero coupon bond)의 t 시점 가격을 $P(t,T)$로 표시한다. 이러한 무위험 할인채를 단기 이자율을 기준변수로 하는 파생상품으로 파악하면

$$P(t,T) = E^*\left[e^{-\bar{r}(T-t)}\right] \tag{16.4}$$

로 나타낼 수 있다는 것을 앞 장에서 살펴보았다.[2] 여기에서 $E^*(\cdot)$는 (전통적인)

2 식 15.34를 참조하라.

위험중립 세계에서의 확률분포에 근거한 기대값이라 하였다. 우리가 단기 이자율 r의 확률과정을 어떻게 규정하는가에 따라 식 16.4의 기대값은 달라질 것이고, 따라서 무위험 할인채 가치가 다르게 도출된다. 그러한 도출의 예를 다음 절의 Vasicek 모형과 CIR 모형에서 살펴보게 된다.

$R(t,T)$는 t부터 T까지의 기간에 적용되는 수익률(yield)을 나타낸다. 수익률은 대응되는 기간의 할인채의 가격으로부터 계산할 수 있으므로 다음과 같은 관계가 성립한다.

$$R(t,T) = \frac{1}{T-t}\ln\frac{1}{P(t,T)} = -\frac{1}{T-t}\ln P(t,T). \tag{16.5}$$

$R(t,T)$나 $P(t,T)$를 이용하여 단기 이자율을 표시하면

$$r(t) = \lim_{\Delta t \to 0} R(t, t+\Delta t) = \lim_{\Delta t \to 0} -\frac{1}{\Delta t}\ln P(t, t+\Delta t)$$

와 같을 것이다.

이제 선도이자율(forward rate)을 정의해 보자. 선도이자율은 두 기간의 이자율들로부터 규정되는데 다음과 같은 관계를 유지하게끔 정의된다. $t < T_1 < T_2$라고 했을 때 t 시점으로부터 T_1과 T_2 만기에 적용되는 수익률은 각각 $R(t,T_1)$과 $R(t,T_2)$로 나타낼 수 있을 것이다. t 시점에서 정의되는, 두 기간 T_1, T_2 사이의 선도이자율 $f(t,T_1,T_2)$는

$$e^{R(t,T_2)\cdot(T_2-t)} = e^{R(t,T_1)\cdot(T_1-t)}e^{f(t,T_1,T_2)\cdot(T_2-T_1)} \tag{16.6}$$

의 관계를 갖게 된다. 식 16.6의 왼편은 1원을 T_2까지 예치했을 때의 원리합계이고, 오른편은 1원을 T_1까지 예치한 후 상환받은 금액을 T_2까지 남은 기간에 $f(t,T_1,T_2)$의 이자율로 다시 예치했을 때의 원리합계다. 즉, 선도이자율은 이 두 예치 방법의 결과가 동일하도록 만들어 주는 T_1과 T_2 사이의 이자율이 된다. 식 16.6은

$$f(t,T_1,T_2) = \frac{R(t,T_2)\cdot(T_2-t) - R(t,T_1)\cdot(T_1-t)}{T_2-T_1} \tag{16.7}$$

의 관계로 변형할 수 있는데 이것이 바로 선도이자율의 정의다. 선도이자율과 대비하여 $R(t,T)$를 현물이자율(spot rate)이라고 구분하기도 한다. 한편, 우리는 순간 선도이자율(instantaneous forward rate)을 다음과 같이 정의한다.

$$F(t,T) = \lim_{\Delta t \to 0} f(t,T,T+\Delta t).$$

선도이자율 $f(t,T,T+\Delta t)$의 정의에 따라 이 순간 선도이자율은

$$\begin{aligned} F(t,T) &= \lim_{\Delta t \to 0} \frac{R(t,T+\Delta t)\cdot(T+\Delta t-t) - R(t,T)\cdot(T-t)}{\Delta t} \\ &= \lim_{\Delta t \to 0} \frac{R(t,T+\Delta t)\cdot\Delta t}{\Delta t} + \lim_{\Delta t \to 0} \frac{[R(t,T+\Delta t)-R(t,T)](T-t)}{\Delta t} \\ &= R(t,T) + (T-t)\frac{\partial R(t,T)}{\partial T} \end{aligned} \tag{16.8}$$

로 나타낼 수 있다. 또한 $R(t,T)$와 $P(t,T)$의 관계에 따라[3]

$$\begin{aligned} F(t,T) &= \lim_{\Delta t \to 0} -\frac{[\ln P(t,T+\Delta t) - \ln P(t,T)]}{\Delta t} \\ &= -\frac{\partial \ln P(t,T)}{\partial T} \end{aligned} \tag{16.9}$$

로 나타낼 수도 있을 것이다. 식 16.9는 역으로

$$\ln P(t,T) = -\int_t^T F(t,u)du$$

와 같이 쓸 수 있으니

$$R(t,T) = -\frac{1}{T-t}\ln P(t,T) = \frac{1}{T-t}\int_t^T F(t,u)du \tag{16.10}$$

의 관계가 성립함을 알 수 있고, 아울러

---

3 식 16.5에 따라 $R(t,T+\Delta t)(T+\Delta t-t) = -\ln P(t,T+\Delta t)$와 $R(t,T)(T-t) = -\ln P(t,T)$의 관계를 앞의 식 16.8의 첫 번째 등식에 대입한다.

표 16.1 P, R, F 사이의 관계

$P \rightarrow R$	$R(t,T) = -\frac{1}{T-t}\ln P(t,T)$
$R \rightarrow P$	$P(t,T) = e^{-R(t,T)(T-t)}$
$R \rightarrow F$	$F(t,T) = R(t,T) + (T-t)\frac{\partial R(t,T)}{\partial T}$
$F \rightarrow R$	$R(t,T) = \frac{1}{T-t}\int_t^T F(t,u)du$
$F \rightarrow P$	$P(t,T) = \exp\left(-\int_t^T F(t,u)du\right)$
$P \rightarrow F$	$F(t,T) = -\frac{\partial \ln P(t,T)}{\partial T}$

$$P(t,T) = \exp\left(-\int_t^T F(t,u)du\right)$$

의 관계도 파악된다.

한편, 두 변수의 정의상

$$r(t) = F(t,t)$$

의 표현이 가능할 것이다.

정리하자면 우리는 t 시점에서 관찰되는 T 시점 만기의 할인채의 가격 $P(t,T)$로부터 현물이자율 $R(t,T)$와 순간 선도이자율 $F(t,T)$를 계산할 수 있다. 따라서 이 셋 중 하나를 알면 다른 두 변수들을 알아낼 수 있다. 모두 t 시점에서 관찰되는 이자율의 기간구조를 다른 방식으로 표현하고 있다. 표 16.1은 세 변수 사이의 앞서 기술한 관계들을 요약하고 있다.

[예시]

[1] 0 시점에서의 기간구조를 현물이자율로 표현했을 때

$$R(0,T) = 0.05 + 0.02\sqrt{T}$$

와 같이 나타낼 수 있다고 가정하자. 이 기간구조를 순간 선도이자율로 표현하

라. 이 경우 현재의 단기 이자율 $r(0)$은 얼마이겠는가?

주어진 기간구조에 대응하는 순간 선도이자율 $F(0,T)$는 식 16.8에 따라

$$\begin{aligned} F(0,T) &= R(0,T) + T \cdot \frac{\partial R(0,T)}{\partial T} \\ &= 0.05 + 0.02\sqrt{T} + T \cdot 0.02 \cdot \frac{1}{2\sqrt{T}} \\ &= 0.05 + 0.03\sqrt{T} \end{aligned}$$

로 나타낼 수 있다. 현재의 단기 이자율은 $r(0) = R(0,0) = F(0,0) = 0.05$이다.

[2] 기간구조가 다음과 같이 순간 선도이자율로 표현되었다.

$$F(0,T) = 0.04 + 0.015T^{\frac{2}{3}}.$$

현물이자율 $R(0,T)$로 변형하라. 또한 향후 2년과 3년 사이의 선도이자율을 계산하라.

식 16.10을 적용하기 위해서 $\int_0^T F(0,u)du$를 평가하면

$$\begin{aligned} \int_0^T F(0,u)du &= 0.04u + 0.009u^{\frac{5}{3}}\Big|_0^T \\ &= 0.04T + 0.009T^{\frac{5}{3}} \end{aligned}$$

이므로

$$\begin{aligned} R(0,T) &= \frac{1}{T}\left(0.04T + 0.009T^{\frac{5}{3}}\right) \\ &= 0.04 + 0.009T^{\frac{2}{3}} \end{aligned}$$

로 계산된다.

한편 2년과 3년 사이의 선도이자율은

$$f(0,2,3) = \frac{3R(0,3) - 2R(0,2)}{3-2}$$

$$= \frac{3(0.0587208) - 2(0.0542866)}{3 - 2} = 6.7589\%$$

로 계산된다.

제 3 절 Vasicek 모형과 Cox-Ingersoll-Ross 모형

여기에서는 단기 이자율 $r_t(\equiv r(t))$의 확률과정을 규정하는 것에서 시작하여 이로부터 무위험 할인채의 이론적 가치를 도출하는 Vasicek 모형과 Cox-Ingersoll-Ross 모형을 살펴보도록 한다.

(1) Vasicek 모형

우선 단기 이자율 r_t가 다음과 같은 확률과정을 따라 움직인다고 가정한다.

$$dr = \kappa(\rho - r)dt + \sigma dW. \tag{16.11}$$

여기에서 κ, ρ, σ는 각각 상수인 모수(parameter)다. 식 16.11을 따르는 경우 단기 이자율은 ρ로 표시된 어떤 장기적인 수준으로 돌아가려는 성향, 즉 평균회귀(mean reversion)의 특징을 갖게 된다. 예를 들어, ($\kappa > 0$을 가정할 때) 어떤 시점에서의 단기 이자율 r_t가 ρ보다 크면 $\rho - r_t$는 마이너스의 값을 갖게 되고, 따라서 그 시점에서는 평균적으로[4] 단기 이자율을 아래로 당기는 힘이 작용하게 되며, ρ와 r_t의 차이가 크면 클수록 그 힘은 더 커지게 된다. 반대로 r_t가 ρ보다 작으면 드리프트율이 플러스가 되어 단기 이자율을 위로 당기는 힘이 작용할 것이다.

이하의 논의는, 앞서 제 15 장 3 절에서 다룬 바 있는, 거래될 수 없는 변수를 기준변수로 하는 파생상품의 가치평가의 원칙을 적용하는 과정이 될 것이다. 거기에서 θ_t를 기준변수로 했을 때 $f(\theta_t, t)$로 나타낼 수 있는 파생상품

---

4 불확실한 σdW항이 추가되므로 단기 이자율의 변화 방향이 확실하지는 않다.

의 가치함수는

$$\frac{\partial f}{\partial t}+\frac{\partial f}{\partial \theta}(m-\lambda s)+\frac{1}{2}\frac{\partial^2 f}{\partial \theta^2}s^2-rf=0 \tag{16.12}$$

의 편미분방정식을 만족시켜야 한다는 점을 강조하였다. 지금의 논의에 대입하면 이는

$$\theta_t=r_t,\ m=\kappa(\rho-r),\ s=\sigma$$

에 해당한다. 그리고 Vasicek 모형에서는 r-위험의 시장가격(market price of r-risk)을 $\lambda(r,t)=\lambda$로 가정하고 있다. 여기에서 λ는 상수다.

이제 식 16.12는 지금 Vasicek의 모형에서

$$\frac{\partial f}{\partial t}+\frac{\partial f}{\partial r}[\kappa(\rho-r)-\lambda\sigma]+\frac{1}{2}\frac{\partial^2 f}{\partial r^2}\sigma^2=rf \tag{16.13}$$

의 편미분방정식으로 다시 표현할 수 있게 된다. 한편 식 16.13 가운데

$$\kappa(\rho-r)-\lambda\sigma=\kappa\left(\rho-\frac{\lambda\sigma}{\kappa}\right)-\kappa r$$

이므로

$$\alpha\equiv\kappa,\ \beta\equiv\rho-\frac{\lambda\sigma}{\kappa}$$

로 정의하여 식 16.13을

$$\frac{\partial f}{\partial t}+\frac{\partial f}{\partial r}[\alpha(\beta-r)]+\frac{1}{2}\frac{\partial^2 f}{\partial r^2}\sigma^2=rf \tag{16.14}$$

로 변환시켜 살펴보도록 한다.

이제 이 미분방정식을, T-만기 무위험 할인채를 특징지을 수 있는 $f(r_T,T)=1$이라는 경계조건과 함께 푸는 문제를 살펴보자. 이를 위해 Feynman-Kac 공식을 적용하면

$$f(r_t,t)=E^*\left[\exp\left(-\int_t^T r(u)du\right)\right] \tag{16.15}$$

로 표현할 수 있는데 여기에서 $E^*[\cdot]$의 평가는

$$dr = \alpha(\beta - r)dt + \sigma dW \tag{16.16}$$

라는 단기 이자율의 확률과정에 근거해야 한다. 이러한 확률과정을 가정하는 것은 위험중립 세계를 가정하는 것과 동일한 것이니 식 16.16을 위험중립 세계에서의 단기 이자율의 확률과정이라고 부르기도 한다.[5]

결과적으로 우리가 구하려는 무위험 할인채의 가치를 계산하기 위해서는 미분방정식 식 16.14를 직접 풀거나 식 16.15의 기대값을 어떤 방식으로든 평가해야 한다. 여기에서는 미분방정식을 표준적인 방식으로 직접 푸는 방법을 택한다.[6] 우선

$$f(r,t) = A(t,T)e^{-B(t,T)r}$$

과 같은 형태로 방정식의 해를 추측한다. 이제

$$\begin{aligned} f_t &= A_t e^{-Br} + Ae^{-Br}(-B_t r) \\ f_r &= Ae^{-Br}(-B) = -ABe^{-Br} \\ f_{rr} &= -ABe^{-Br}(-B) = AB^2 e^{-Br} \end{aligned}$$

이므로[7] 이를 식 16.14에 대입하면

$$A_t e^{-Br} + Ae^{-Br}(-B_t r) - ABe^{-Br}[\alpha(\beta - r)] + \frac{1}{2}AB^2 e^{-Br}\sigma^2 = rAe^{-Br}$$

이 되는데, 이를 정리하면

---

5 360페이지의 논의를 참조. 어떤 교과서에서는 현실 세계에서의 이자율의 확률과정인 식 16.11은 언급하지 않고, 위험중립 세계에서의 확률과정인 식 16.16으로부터 직접 모형을 기술하기도 한다.

6 식 16.15에 주어진 형식의 기대값에 대해서는 용이하게 적용할 수 있는 적분 형식을 찾기 힘들다. 그러나 식 16.16을 따르는 단기 이자율의 시계열을 난수발생기를 통해서 다수 만들어 Monte Carlo 시뮬레이션을 실행하는 방식 등의 수치적 해법은 가능할 것이다.

7 여기에서 f_r과 f_t는 $f(r,t)$ 함수를 각각 r과 t에 대해서 편미분했다는 의미다. 즉, $f_r = (\partial f/\partial r)$, $f_t = (\partial f/\partial t)$이다. 이하의 다른 도함수들도 같은 방식으로 이해하면 된다. 참고로 유사해 보이지만 r_t는 $r(t)$와 같은 것을 의미하는 것으로 사용하고 있다. 혼란의 여지가 없는 것은 아니지만 일반적으로 통용되는 표현 방식이며 문맥상 어떤 것을 의미하는지 구분할 수 있을 것이다.

$$\left[A_t - rAB_t - AB[\alpha(\beta - r)] + \frac{1}{2}AB^2\sigma^2 - rA\right]e^{-Br} = 0$$

으로 나타낼 수 있다. 여기에서 $e^{-Br} > 0$을 제외한 부분을 r의 일차함수로 묶으면

$$(A_t - AB\alpha\beta + \frac{1}{2}AB^2\sigma^2) + (-AB_t + AB\alpha - A)r = 0$$

이 되는데, r과 상관없이 항상 성립하려면 다음 두 방정식

$$A_t - AB\alpha\beta + \frac{1}{2}AB^2\sigma^2 = 0$$
$$B_t - B\alpha + 1 = 0$$

이 동시에 성립해야 함을 뜻한다. 한편 만기에서 $f(r_T, T) = A(T,T)e^{-B(T,T)r_T} = 1$이므로, 임의의 r_T에 대해 항상 성립하려면 $A(T,T) = 1, B(T,T) = 0$이 되어야 한다.

위의 두 미분방정식을 연립으로 푸는 과정은 생략하고 그 결과만을 나타내면

$$f(r,t) = P(t,T) = A(t,T)e^{-B(t,T)r} \tag{16.17}$$

인데, 여기에서

$$B(t,T) = \frac{1}{\alpha}\left(1 - e^{-\alpha(T-t)}\right)$$

이고

$$A(t,T) = \exp\left[\left(B(t,T) - (T-t)\right)\left(\beta - \frac{\sigma^2}{2\alpha^2}\right) - \frac{\sigma^2 B(t,T)^2}{4\alpha}\right] \tag{16.18}$$

을 나타낸다. 수익률 $R(t,T)$는

$$R(t,T) = -\frac{1}{T-t}\ln A(t,T) + \frac{1}{T-t}B(t,T)r(t) \tag{16.19}$$

로 표현할 수 있을 것이다.

식 16.17부터 식 16.19까지를 보게 되면, $P(t,T)$와 $R(t,T)$는 단기 이자율

확률과정을 규정하는 α, β, σ와 $r(t)$에 의해서 계산될 수 있음을 알 수 있다. 여기에서 t를 현재 시점 0이라고 한다면, 현재의 단기 이자율 $r(0)$에 의해서 $P(0,T)$와 $R(0,T)$를 각종 T 값에 대해서 계산할 수 있을 것이다. 즉, 각종 만기의 할인채의 이론 가격이나 각종 만기의 수익률을, 다시 말해 기간구조를 도출할 수 있다는 것을 의미한다.

[예시]

단기 이자율이 Vasicek 모형에서 가정하는 확률과정을 따른다고 가정한다. 오늘의 단기 이자율은 4%라고 했을 때 최장 만기 5년까지의 기간구조의 형태를 다음의 경우에 각각 도시하라. [엑셀 계산 필요.]

[1] $\alpha = 0.15,\ \beta = 0.09,\ \sigma = 0.05$

[2] $\alpha = 0.09,\ \beta = 0.03,\ \sigma = 0.05$

[3] $\alpha = 0.20,\ \beta = 0.09,\ \sigma = 0.10$

오늘의 기간구조를 살펴보는 것이니 $t = 0$으로 설정하고 T에 0에서 5까지의 여러 값들을 적용한다. 각각의 경우에 주어진 모수들(parameters)에 근거해서 $A(0,T)$, $B(0,T)$를 우선 계산하고 이로부터 $R(0,T)$를 계산하여 도시한다. 각 경우의 기간구조가 그림 16.1, 16.2, 16.3에서와 같이 그려질 것이다. 그림들에서 보는 바와 같이 우상향, 우하향, 우상향 후 하향 등 다양한 형태로 나타날 수 있다.

그림 16.1 Vasicek 모형으로부터 도출된 기간구조의 예: $\alpha = 0.15,\ \beta = 0.09,\ \sigma = 0.05$

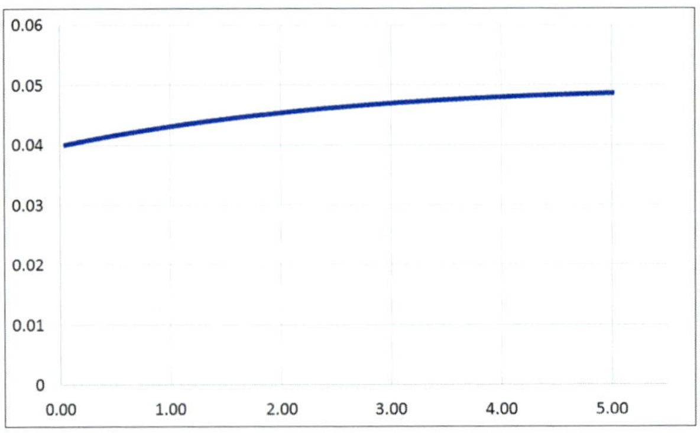

그림 16.2 Vasicek 모형으로부터 도출된 기간구조의 예: $\alpha = 0.09,\ \beta = 0.03,\ \sigma = 0.05$

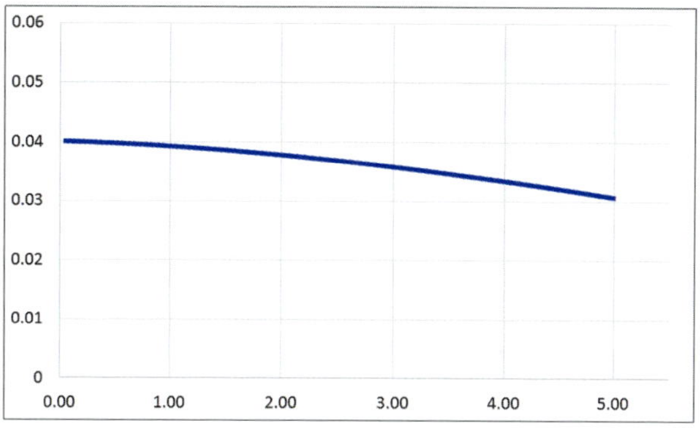

그림 16.3 Vasicek 모형으로부터 도출된 기간구조의 예: $\alpha = 0.20,\ \beta = 0.09,\ \sigma = 0.10$

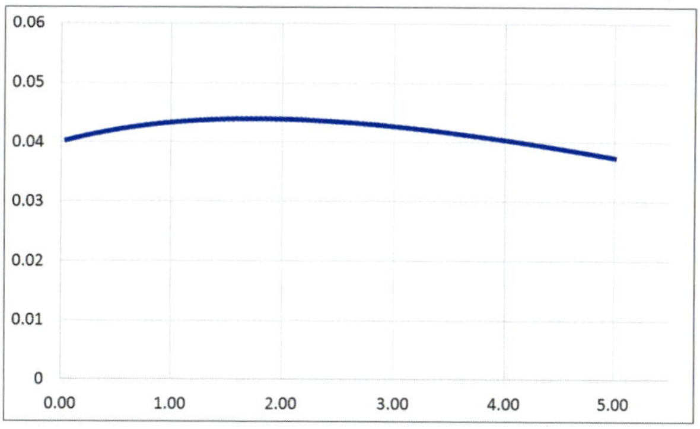

한편 Vasicek 모형에서는 미래의 단기 이자율은 정규분포를 따르게 된다. 즉, $r(t)$가 주어진 상태에서 $r(T)$의 (조건부) 확률분포는 정규분포이며 평균과 분산은 각각

$$E^*(r(T)) = \beta + e^{-\alpha(T-t)}(r(t) - \beta)$$
$$var^*\big(r(T)\big) = \frac{\sigma^2}{2\alpha}\big(1 - e^{-2\alpha(T-t)}\big) \tag{16.20}$$

가 된다는 것이 알려져 있다. 지금 전통적 위험중립 세계에서의 기대값과 분산

을 나타내는 것이므로 $E^*(\cdot)$와 $var^*(\cdot)$로 표시하였다.[8]

이러한 Vasicek 모형하에서 미래의 할인채의 가격은 어떤 분포를 갖게 될지 생각해 보자. 세 시점을 $t, T, s(t < T < s)$로 표시했을 때, 지금이 t 시점인데, 미래 s 시점에서 만기가 되는 할인채의 T에서의 분포를 생각해 보는 것이다. 이제 식 16.17의 각 변에 ln를 취하면

$$\ln P(T,s) = \ln A(T,s) - B(T,s)r(T)$$

가 된다. 여기에서 $\ln P(T,s)$는 정규분포인 $r(T)$의 선형함수이므로 정규분포를 따르게 되고, 따라서 미래의 할인채의 가격 $P(T,s)$는 로그정규분포를 따르게 된다는 것을 알 수 있다. 이 사실은 할인채를 기준자산으로 하는 옵션의 가치 평가에서도, (로그정규분포의 미래 주가를 가정하였던) 주식 옵션 평가에서와 유사한 방법을 적용할 수 있게 해준다.

(2) Cox-Ingersoll-Ross(CIR) 모형

CIR 모형에서는 현실 세계에서의 단기 이자율의 확률과정이 다음과 같이 규정된다.[9]

$$dr = \kappa(\rho - r)dt + \sigma\sqrt{r}dW. \tag{16.21}$$

드리프트율은 Vasicek과 동일하므로, CIR 모형의 단기 이자율도 평균회귀의 특징을 갖게 된다. 아울러 이자율이 0에 도달하여 $\sigma\sqrt{r}$이 0이 되면 불확실성을 나타내는 $\sigma\sqrt{r}dW$항이 없어질 것이고, 다음 순간에는 단기 이자율의 변화는 반드시 플러스가 되어야 하기 때문에 이자율이 마이너스 구간에 들어가는 경우가 없어진다. 이는 이자율의 움직임과 관련된 보다 현실적인 설정이다. 이와 달리 Vasicek 모형에서는 단기 이자율이 마이너스가 되는 경우를 배제할 수 없다.

---

8 사실 식 16.20의 $var^*(r(T))$에서 α는 κ와 같기 때문에 이 분산은 현실 세계와 위험중립 세계에서 동일하다. 물론 기대값은 두 세계에서 같지 않다.

9 Vasicek 모형은 단기 이자율의 확률과정을 가정하는 것에서 시작하지만, CIR 모형의 경우 일반균형 모형(general equilibrium model)을 설정하고 그에 따른 균형 상태와 모순됨이 없는 하나의 단기 이자율 과정을 유도하는데 그 결과물이 식 16.21이다.

CIR은 이자율 r-위험의 시장가격(market price of risk)을

$$\lambda(r,t) = \frac{\lambda}{\sigma}\sqrt{r}$$

로 가정하였다. 그러면 Vasicek 모형에서의 논의와 유사하게 위험중립 세계에서의 단기 이자율의 확률과정은

$$\begin{aligned} dr &= [\kappa(\rho - r) - \frac{\lambda}{\sigma}\sqrt{r}\sigma\sqrt{r}]dt + \sigma\sqrt{r}dW \\ &= [\kappa(\rho - r) - \lambda r]dt + \sigma\sqrt{r}dW \\ &= (\kappa + \lambda)\left[\left(\frac{\kappa\rho}{\kappa + \lambda}\right) - r\right]dt + \sigma\sqrt{r}dW \end{aligned}$$

이므로

$$\alpha \equiv \kappa + \lambda$$
$$\beta \equiv \frac{\kappa\rho}{\kappa + \lambda}$$

와 같이 α와 β를 새롭게 정의하면, 결국 위험중립 세계에서의 단기 이자율의 확률과정은

$$dr = \alpha(\beta - r)dt + \sigma\sqrt{r}dW$$

와 같이 규정될 것이다.

이제 이러한 단기 이자율의 확률과정에 근거하게 되면 T 시점에서 만기가 되는 액면 1의 할인채의 t 시점의 가치함수 $f(r,t)$는

$$\frac{\partial f}{\partial t} + \frac{\partial f}{\partial r}[\alpha(\beta - r)] + \frac{1}{2}\frac{\partial^2 f}{\partial r^2}\sigma^2 r = rf \qquad (16.22)$$

의 편미분방정식을 만족시켜야 한다.[10] 이 편미분방정식을 풀기 위해서 앞서 Vasicek 모형에서 사용했던 방식을 적용한다. 즉, 그 해를

10 Vasicek 모형에서의 미분방정식 식 16.14와 비교해 보라.

$$f(r,t) = A(t,T)e^{-B(t,T)r}$$

와 같은 형태로 추측하여 f_t, f_r, f_{rr}을 A, B, r, t의 결합 형태로 표현한 후, 이들을 식 16.22에 대입하여 이로부터 다음과 같은 미분방정식 두 개를 찾아낸다. 즉,

$$A_t - AB\alpha\beta = 0 \tag{16.23}$$

$$B_t - B\alpha - \frac{1}{2}B^2\sigma^2 + 1 = 0 \tag{16.24}$$

이 동시에 성립해야 한다. 한편 만기에서 $f(r_T, T) = A(T,T)e^{-B(T,T)r_T} = 1$이므로, 임의의 r_T에 대해 항상 성립하려면 $A(T,T) = 1,\ B(T,T) = 0$이 되어야 하고 이 두 조건을 경계조건으로 삼아 위의 두 미분방정식을 연립으로 풀게 된다. 결국 CIR 모형에서 할인채의 가격은 다음과 같이 표현된다.

$$P(t,T) = A(t,T)e^{-B(t,T)r(t)}$$

여기에서

$$A(t,T) = \left[\frac{2\gamma e^{(\alpha+\gamma)(T-t)/2}}{(\gamma+\alpha)(e^{\gamma(T-t)}-1)+2\gamma}\right]^{2\alpha\beta/\sigma^2}$$

이고

$$B(t,T) = \frac{2\left(e^{\gamma(T-t)}-1\right)}{(\gamma+\alpha)(e^{\gamma(T-t)}-1)+2\gamma}$$

을 표시한다. 또한 위 식들에서 $\gamma = \sqrt{\alpha^2 + 2\sigma^2}$이다.

무위험 할인채의 가격 $P(t,T)$가 Vasicek 모형의 결과와 큰 틀에서 유사한 $Ae^{-Br(t)}$라는 형식을 갖지만, CIR 모형에서의 미래의 단기 이자율은 Vasicek 모형에서와는 달리 정규분포를 따르지 않게 된다. 이는 단기 이자율의 확률과정에서 dW가 상수가 아닌 $\sigma\sqrt{r}$로 증폭이 되는 구조에 기인한다. 결과적으로 $r(t)$가 주어진 상태에서 미래의 단기 이자율 $r(T)$의 (조건부) 확률분포는 소위 Non-central chi-squared 분포라고 하는 더 복잡한 분포를 갖게 된다. 그 분포의 평균과 분산은 다음과 같다고 알려져 있다.

$$E^*(r(T)) = \beta + e^{-\alpha(T-t)}(r(t) - \beta),$$
$$var^*(r(T)) = \frac{\sigma^2}{\alpha}\left(e^{-\alpha(T-t)} - e^{-2\alpha(T-t)}\right)r(t) + \frac{\beta\sigma^2}{2\alpha}\left(1 - e^{-\alpha(T-t)}\right)^2.$$

Vasicek 모형이나 CIR 모형은 단기 이자율 과정이라는 하나의 요인에 의해서 불확실성이 요약되는 단일 요소 모형(one-factor model)이다. 두 모형에서 주목할 것은, 여기에서는 공통적으로 이자율의 기간구조가 도출된다는 점이다. 특정 시점에서 기간구조가 왜 관찰되는 것과 같은 특정한 형태를 갖게 되는가는 경제학의 오래된 논의 대상이었다. 그런 면에서 Vasicek이나 CIR 모형은 기간구조를 설명하는 좋은 도구라고 할 수 있다. 그러나 이러한 모형에 의해 도출되는 기간구조가 실제로 시장에서 관찰되는 기간구조와 일반적으로 정확하게 일치하지는 않을 것이며, 그 모형의 적절성은 실증분석을 통해서 결론지어야 할 것이다.

한편, 우리의 관심이 이자율의 기간구조를 설명하기보다는 이자율 파생상품의 가치평가에 있을 경우, Vasicek 모형이나 CIR 모형은 주어진 정보를 충분히 활용하고 있지 않다는 점이 지적될 수 있다. 즉, 관찰되는 기간구조가 아닌, 모형에서 내생적으로 도출되는 기간구조에 근거했을 때, 파생상품의 이론적 가치는 관찰되는 기간구조로부터의 정보를 이용하는 파생상품 가치평가 모형에 비해 정확하지 않을 것이다. 이어지는 제 4 절에서 이러한 문제를 다루고 있다.

제 4 절 차익거래불가 모형들

여기에서 논의되는 Ho-Lee 모형과 Hull-White 모형은 현재 관찰되는 이자율의 기간구조를 모형의 투입변수(input)로 이용하여, 이를 기반으로 이자율을 기준변수로 하는 여러 파생상품들의 가치를 평가하는 것을 목적으로 한다는 점에서, 기간구조가 모형의 결과물(output)로서 유도되는 Vasicek 모형이나 CIR 모형과 구별된다. 이런 종류의 이자율 파생상품 가치평가 모형을 일반적으로 차

익거래불가 모형(arbitrage-free model)이라고 부른다.[11]

(1) Ho-Lee 모형

Ho-Lee 모형에서는 우선 위험중립 단기 이자율 과정을

$$dr = \theta(t)dt + \sigma dW \tag{16.25}$$

와 같이 설정한다.[12] 여기에서 $\theta(t)$는 시장에서 관찰되는 기간구조를 반영하는 함수다. 현재 0 시점에서 시장에서 관찰되는 기간구조를 어떻게 반영해야 하는지를 구체적으로 살펴보자. 우리는 이자율의 기간구조를 순간 선도이자율 $F(0,t)$를 이용해서 표현할 수도 있다고 하였다. 이제 이 순간 선도이자율을 t로 편미분한 $F_t(0,t)$를 구하여 다음과 같이 $\theta(t)$를 설정한다.

$$\theta(t) = F_t(0,t) + \sigma^2 t. \tag{16.26}$$

그러면 식 16.25의 확률과정에서 시작하여 내생적으로 계산되는 무위험 할인채의 가격에 근거하여 그려낸 기간구조는, 우리가 $\theta(t)$의 설정을 통해서 반영한 관찰된 기간구조와 일치하게 된다. 왜 $\theta(t)$를 식 16.26과 같이 설정해야 하는지에 대해서는 다음 절의 HJM 모형을 기술하는 과정에서 더 자세히 살펴볼 것이며[13] 여기에서는 우선 그 결과를 받아들이도록 한다.

우선 단기 이자율 r의 확률과정을 식 16.26에서 규정한 $\theta(t)$를 적용하여 식 16.25와 같이 규정한다. 그런 다음 Vasicek 모형에서 단기 이자율의 확률과정으로부터 각종 만기의 무위험 할인채의 가격 $P(t,T)$를 도출한 방식과 유사한 방식으로, 즉 무위험 할인채를 r을 기준변수로 하는 파생상품으로 생각하여 그 가치함수가 만족해야 하는 편미분방정식을 풀게 되면 Ho-Lee 모형에 기반한 $P(t,T)$를 구할 수 있게 된다. 결과적으로 다음과 같은 할인채 가격 공식으로

---

11 이와 대비하여 Vasicek 모형이나 CIR 모형을 균형 모형(equilibrium model)이라고 부르는 교과서도 있다.

12 원래의 Ho-Lee 모형은 이자율의 이항 움직임에 기초한 비연속시간 모형(discrete time model)으로 만들어졌다. 식 16.25는 이를 후에 연속시간 모형(continuous time model)의 틀에서 재구성한 것이다.

13 HJM 모형은 Ho-Lee 모형이나 Hull-White 모형 뒤에 나온 것으로서 이 둘을 포괄할 수 있기 때문에 HJM의 더 일반적인 틀 안에서 설명하도록 한다.

이어진다.

$$P(t,T) = A(t,T)e^{-r(t)(T-t)}. \tag{16.27}$$

여기에서 $A(t,T)$는

$$\ln A(t,T) = \ln\frac{P(0,T)}{P(0,t)} + (T-t)F(0,t) - \frac{1}{2}\sigma^2 t(T-t)^2 \tag{16.28}$$

의 관계를 갖는 함수다. 식 16.28로부터 우리는 $A(t,T)$가 현재를 나타내는 0 시점에서 관찰되는 기간구조 $P(0,\ \cdot)$에 의해서 규정됨을 알 수 있다. 이와 같이 오늘 관찰되는 기간구조가 $P(t,T)$의 설정에 영향을 미치게 되는 것이다.

식 16.27의 양변에 로그를 취하면

$$\ln P(t,T) = \ln A(t,T) - r(t)(T-t)$$

이므로 $\ln P(t,T)$는 $r(t)$의 선형함수이다. 한편 식 16.25의 단기 이자율 과정에서 표준편차율은 상수이고 드리프트율은 $r(t)$의 선형 함수이기 때문에 Vasicek 모형의 경우에서와 같이 미래의 단기 이자율은 정규분포를 따르게 된다. 따라서 $P(t,T)$는 로그정규분포를 갖게 되고 이러한 사실은 채권 옵션의 가치평가에 적용될 것이다.

구체적 수치를 대입하여 살펴보도록 한다. 기간구조가 앞서 386페이지의 예시에서와 같이

$$R(0,t) = 0.05 + 0.02\sqrt{t} \tag{16.29}$$

로 관찰된다고 가정하자. 이러한 기간구조에 대응하는 순간 선도이자율 $F(0,t)$는

$$\begin{aligned} F(0,t) &= R(0,t) + t\cdot\frac{\partial R(0,t)}{\partial t} \\ &= 0.05 + 0.03\sqrt{t} \end{aligned}$$

로 계산됨을 보았다. 이제 단기 이자율의 확률과정을 Ho-Lee 모형으로 규정하기 위해 $\theta(t)$를 식 16.26과 같이 설정하면

$$\theta(t) = F_t(0,t) + \sigma^2 t = \frac{0.015}{\sqrt{t}} + \sigma^2 t \tag{16.30}$$

가 된다. 기간구조가 식 16.29와 같다는 것은 각종 만기의 할인채의 가격은

$$P(0,t) = \exp\left(-(0.05 + 0.02\sqrt{t}) \cdot t\right)$$

로 나타낼 수 있다는 것을 의미한다. 이로부터 식 16.27과 식 16.28을 이용하여 $P(t,T)$를 표현하면, 우선

$$\begin{aligned}\ln A(t,T) &= -(0.05 + 0.02\sqrt{T}) \cdot T + (0.05 + 0.02\sqrt{t}) \cdot t \\ &\quad + (T-t)(0.05 + 0.03\sqrt{t}) - \frac{1}{2}\sigma^2 t(T-t)^2 \\ &= -0.02T \cdot \sqrt{T} + 0.03T \cdot \sqrt{t} - 0.01t \cdot \sqrt{t} - \frac{1}{2}\sigma^2 t(T-t)^2\end{aligned}$$

이므로

$$\begin{aligned}P(t,T) = \exp\Big[&-0.02T \cdot \sqrt{T} + 0.03T \cdot \sqrt{t} - 0.01t \cdot \sqrt{t} - \frac{1}{2}\sigma^2 t(T-t)^2 \\ &- r(t)(T-t)\Big]\end{aligned} \tag{16.31}$$

로 나타낼 수 있을 것이다. 예를 들어, 앞으로 9년 후 시점에서 만기가 되는 할인채의 4년 후의 가격은, $T = 9,\ t = 4$를 대입하여

$$P(4,9) = \exp[-0.08 - 50\sigma^2 - 5r(4)]$$

로 계산할 수 있다. 이는 미래의 할인채 가격 $P(4,9)$를 미래의 이자율 $r(4)$와의 관계로 나타낸 것이다. $r(4)$의 확률분포를 알 수 있으므로 $P(4,9)$의 확률분포도 구체적으로 파악할 수 있게 된다.

한편, 식 16.31로부터

$$P(0,t) = \exp[-0.02t \cdot \sqrt{t} - r(0)t]$$

라는 것을 알 수 있는데 이 예에서 $r(0) = 0.05$이므로

$$P(0,t) = \exp[-(0.02\sqrt{t} + 0.05)t]$$

가 계산된다. 이는 관찰되는 기간구조와 일치한다.

(2) Hull-White 모형

Ho-Lee 모형의 이자율 확률과정은 평균회귀 현상을 반영하지 못한다. 한편 Hull-White 모형은 새로운 모수(parameter) α를 추가하여 이자율 움직임이 평균회귀 현상을 나타내도록 확장되었다. 즉, Hull-White 모형에서는 (위험중립) 단기 이자율의 확률과정을

$$dr = [\theta(t) - \alpha r]dt + \sigma dW \tag{16.32}$$

로, 또는 마찬가지로

$$dr = \alpha\left[\frac{\theta(t)}{\alpha} - r\right]dt + \sigma dW \tag{16.33}$$

로 설정한다. 식 16.33을 앞서 살펴본 Vasicek 모형과 비교해 보면, Vasicek 모형은 $\theta(t)/\alpha = \beta$인 특별한 경우라는 것을 알 수 있다. 이와 같이 Hull-White 모형은, 관찰되는 기간구조가 모형으로 도출되는 기간구조와 일치하도록 Vasicek 모형을 확장한 것으로도 이해할 수 있다.

관찰되는 기간구조와 일치하려면[14]

$$\theta(t) = F_t(0,t) + \alpha F(0,t) + \frac{\sigma^2}{2\alpha}(1 - e^{-2\alpha t})$$

로 설정해야 하며, 이럴 경우 할인채의 가치평가 함수를 Hull-White는 다음과 같이 도출하였다. 즉,

$$P(t,T) = A(t,T)e^{-B(t,T)r(t)}.$$

여기에서

14 이 역시 뒤에 HJM 모형의 틀에서 더 구체적으로 살펴본다.

$$B(t,T)=\frac{1}{\alpha}\left(1-e^{-\alpha(T-t)}\right) \tag{16.34}$$

이며

$$\ln A(t,T)=\ln\frac{P(0,T)}{P(0,t)}+B(t,T)F(0,t) - \frac{1}{4\alpha^3}\sigma^2(e^{-\alpha T}-e^{-\alpha t})^2(e^{2\alpha t}-1) \tag{16.35}$$

과 같다.[15] 즉, 모형의 결과물로 도출되는 $P(t,T)$는 $A(t,T)$의 형태에 의존하게 되는데, 다시 $A(t,T)$는 0 시점인 지금 시장에서 관찰되는, t에서 만기되는 할인채의 가격 $P(0,t)$와 T에서 만기되는 할인채의 가격 $P(0,T)$에 의해 결정되므로, 지금 관찰되는 기간구조를 모형에 반영한 것이 된다.

아울러 Ho-Lee 모형에서와 유사한 이유로 Hull-White 모형에서도 $r(t)$는 정규분포를 따르게 되어 $P(t,T)$는 로그정규분포를 갖게 된다. 이러한 사실을 할인채의 파생상품 가치평가에 적용하게 된다.

제 5 절 Heath-Jarrow-Morton 모형

앞서 살펴본 기간구조의 차익거래불가 모형들은 기본적으로, 모형에서 도출되는 이론적 기간구조가 시장에서 관찰되는 기간구조와 일치되게끔 하려는 목적을 공통적으로 갖고 있다. 그런데 이자율 파생상품의 가치평가를 위해서는 기간구조뿐만 아니라 만기에 따라 달리 나타나는 채권 가격의 변동성도 중요한 결정변수가 된다. 이는 주식 옵션의 가치평가에 있어서 기준자산인 주가뿐만 아니라 주가의 변동성도 필수적인 결정변수가 되는 것과 마찬가지다. 그런 면에서 앞서 살펴본 모형들은 관찰되는 채권 가격 변동성에 대해 매우 제한된

15 앞서 살펴본 $F(0,t)$와 $P(0,t)$의 관계에 따라 $F(0,t)$를 $-\frac{\partial \ln P(0,t)}{\partial t}$로 대신할 수도 있다.

구성만을 가능하게 한다. 이러한 제약에서 벗어나, 관찰되는 기간구조뿐만 아니라 만기에 따른 변동성의 변화 패턴까지도 반영되도록 고안된 이론이 Heath-Jarrow-Morton(이하 HJM) 모형이다. 우선 HJM 모형의 구성을 살펴본다.

위험중립 세계에서의 무위험 할인채의 가격 $P(t,T)$의 확률과정을 다음과 같이 나타내 보자.

$$dP(t,T) = r(t)P(t,T)dt + v(t,T)P(t,T)dW(t). \tag{16.36}$$

무위험 할인채가 '무위험'이라고 불리는 것은 T에서 만기가 되는 할인채를 t에서 매입하여 만기까지 가지고 있을 때 그 수익이 확정되기 때문이다. 만일 이 할인채를 만기 이전에 매도한다면 그동안의 수익률은 불확실하게 된다. 식 16.36이 의미하는 바를 생각해 보자. 우선 무위험 할인채에 투자했을 때의 평균 순간수익률이 (위험중립을 가정했으므로) 그 시점에서의 무위험 수익률인 $r(t)$와 같다는 것이다. 사실 위험중립 세계를 가정한 상태에서는, 지금 우리가 살펴보고 있는 무위험 할인채뿐만 아니라 모든 증권의 평균 순간수익률은 $r(t)$가 되어야 하므로 이는 당연한 설정이다. 식 16.36에서 주목할 점은 변동성을 $v(t,T)$의 형태로 규정하여 채권의 만기가 변동성에 반영되도록 했다는 것이다. 여기에서 채권의 변동성은 만기까지의 기간이 줄어듦에 따라 0으로 수렴해야 하므로 $v(T,T) = 0$이라는 조건을 필요로 할 것이다.

이제 t 시점에서 관찰되는 T_1과 T_2 시점 사이의 (일반) 선도이자율 $f(t,T_1,T_2)$를 생각해 보자. 식 16.7에 나타낸 선도이자율 관계식

$$f(t,T_1,T_2) = \frac{R(t,T_2)\cdot(T_2-t) - R(t,T_1)\cdot(T_1-t)}{T_2-T_1}$$

에 $R(t,T) = -\ln P(t,T)/(T-t)$를 대입하면

$$f(t,T_1,T_2) = \frac{\ln P(t,T_1) - \ln P(t,T_2)}{T_2-T_1}$$

라는 것을 알 수 있다. 또한 $dP = rPdt + vPdW$로부터 Ito의 정리를 적용하면

$$d\ln P(t,T) = \left(r - \frac{v(t,T)^2}{2}\right)dt + v(t,T)dW$$

이므로

$$\begin{aligned} df(t,T_1,T_2) &= \frac{1}{T_2 - T_1}[d\ln P(t,T_1) - d\ln P(t,T_2)] \\ &= \frac{1}{T_2 - T_1}\left[\left(r - \frac{v(t,T_1)^2}{2}\right)dt + v(t,T_1)dW \right. \\ &\qquad \left. -\left(r - \frac{v(t,T_2)^2}{2}\right)dt - v(t,T_2)dW\right] \\ &= \frac{v(t,T_2)^2 - v(t,T_1)^2}{2(T_2 - T_1)}dt + \frac{v(t,T_1) - v(t,T_2)}{T_2 - T_1}dW. \end{aligned} \tag{16.37}$$

이 확률과정의 드리프트율과 표준편차율은 모두 $v(t,T)$ 함수만으로도 표현이 가능하다는 것을 알 수 있다. 다시 말해서 선도이자율의 확률과정은 채권 변동성을 나타내는 함수 $v(t,T)$에 의해 완전히 규정된다는 점을 주목할 필요가 있다.

이제 순간 선도이자율의 확률과정을 도출해 보자. 이를 위해 식 16.37에서 $T_1 = T$, $T_2 = T + \Delta T$로 표시하고 ΔT를 0으로 수렴시킨다. 즉,

$$dF(t,T) = \lim_{\Delta T \to 0} df(t,T,T + \Delta t)$$

인데 여기에 식 16.37의 결과를 대입한다. 따라서

$$\begin{aligned} dF(t,T) &= \left(\lim_{\Delta T \to 0} \frac{v(t,T + \Delta T)^2 - v(t,T)^2}{2\Delta T}\right)dt \\ &\qquad + \left(\lim_{\Delta T \to 0} \frac{v(t,T) - v(t,T + \Delta T)}{\Delta T}\right)dW \\ &= \left(\frac{1}{2}\frac{\partial v(t,T)^2}{\partial T}\right)dt + \left(-\frac{\partial v(t,T)}{\partial T}\right)dW \\ &= \left(v(t,T)\frac{\partial v(t,T)}{\partial T}\right)dt - \left(\frac{\partial v(t,T)}{\partial T}\right)dW \end{aligned}$$

의 확률과정이 도출된다. 여기에서 둘째 줄의 $\frac{1}{2}\frac{\partial v(t,T)^2}{\partial T}$의 미분은 $(v^2)' = 2vv'$이라는 미분의 연쇄 법칙(chain rule)을 적용하여 그 다음 줄의 결과로 이어진

것이다. 결국 우리는 순간 선도이자율의 확률과정이

$$dF(t,T) = v(t,T)v_T(t,T)dt - v_T(t,T)dW \tag{16.38}$$

와 같이 규정될 수 있음을 알았고 이것이 바로 HJM 모형의 핵심이다. 즉, 변동성 함수 $v(t,T)$를 규정하게 되면 위험중립 세계에서의 순간 선도이자율의 확률과정을 완전히 규정할 수 있다는 것이다. 더군다나 이 변동성 함수는 위험중립 세계나 현실 세계에서 동일하기 때문에 현실세계에서의 관찰되는 변동성을 묘사하는 $v(t,T)$를 그대로 사용할 수 있고, 이에 근거해서 확률과정의 드리프트 부분은 저절로 결정할 수 있게 된다. 이에 따라 연구자들은 이전 모형들의 한계라고 할 수 있는 제한된 형태의 변동성에 구애받지 않고, 훨씬 다양한 형태의 $v(t,T)$ 함수를 규정할 수 있게 된다. 이 $v(t,T)$ 함수는 과거와 현재의 이자율과 채권 가격의 역사를 반영할 수 있는 매우 일반적인 함수 형태까지 포괄할 수 있다. 일반적인 함수 형태까지 포괄할 수 있다는 점은 모형의 중요한 강점이지만, 한편으로 이는 모형을 구체적인 수치로 계산해야 할 때에는 매우 복잡한 형태를 띠게 되므로 그 계산이 굉장히 어렵게 된다는 측면도 갖게 된다.

앞서 살펴본 Ho-Lee 모형 및 Hull-White 모형과 마찬가지로, HJM 모형은 관찰되는 기간구조를 순간 선도이자율 $F(0,t)$의 형태로 투입 변수(input)로 사용하고 있는 차익거래불가(arbitrage-free) 모형이다. 차익거래불가 모형이면서 동시에 변동성의 특징까지 모형에 통합시킬 수 있는 아주 포괄적인 모형으로서, Ho-Lee 모형과 Hull-White 모형은 HJM 모형의 특별한 두 케이스라고도 생각할 수 있다.

이제 단기 이자율과 순간 선도이자율의 관계로부터

$$r(t) = F(t,t) = F(0,t) + \int_0^t dF(s,t)$$

인데 $\int_0^t dF(s,t)$를 s에 대한 적분으로 변형하면

$$r(t) = F(0,t) + \int_0^t v(s,t)v_t(s,t)ds - \int_0^t v_t(s,t)dW(s) \tag{16.39}$$

가 된다. 따라서 $r(t)$의 확률과정은

$$dr(t) = F_t(0,t)dt + \left[\int_0^t (v_t(s,t)^2 + v(s,t)v_{tt}(s,t))ds\right]dt \\ - \left[\int_0^t v_{tt}(s,t)dW(s)\right]dt - [v_t(s,t)|_{s=t}]dW(t) \qquad (16.40)$$

로 도출된다.[16]

앞서 Ho-Lee 모형이나 Hull-White 모형에서는 무위험 할인채의 가격 $P(t,T)$가 모형의 몇 가지 모수들에 의해서 하나의 함수로 표현될 수 있었다. 한편 일반적인 HJM 모형에서는 $P(t,T)$를 그와 같은 닫힌 해(closed-form solution)의 형태로 나타낼 수 없기 때문에, 해당 모형에서 규정된 변동성 함수 $v(t,T)$에 근거하면서 Wiener 과정으로부터 시작하는 확률적인 구조를 이항 모형이나 Monte-Carlo 시뮬레이션 등의 수치적인 방법을 통해서 구축하여 $P(t,T)$나 다른 파생상품들의 가치 등을 계산하게 된다.

HJM 모형의 특별한 경우로서의 Ho-Lee 모형

Ho-Lee 모형은 HJM 모형에서 변동성 함수 $v(s,t)$가 $\sigma(t-s)$인 경우다. 따라서

$$v_t(s,t) = \sigma, \quad v_{tt}(s,t) = 0$$

이고 이들을 식 16.40에 대입하면

$$\begin{aligned} dr &= F_t(0,t)dt + \left(\int_0^t \sigma^2 ds\right)dt - \sigma dW \\ &= (F_t(0,t) + \sigma^2 t)dt - \sigma dW \end{aligned}$$

의 확률과정을 얻을 수 있다. 이는 앞서 Ho-Lee 모형의 식 16.25에서 $\theta(t) = F_t(0,t) + \sigma^2 t$인 경우와 동일하다. 다만 여기에서 우변의 두 번째 항이 $-\sigma dW$인 것은, 우리가 HJM 모형을 설정할 때 변동성 함수 $v(\cdot,\ \cdot)$를 무위험 할인채 가격의 변동성으로 정의하였고, 이자율과 할인채의 가격 변동은 반대 방향이기

16 위의 적분은 상당히 복잡해 보이지만, 사실 미분의 곱 규칙(product rule)을 여러 번 적용한 것이다.

때문이다. W_t가 Wiener 과정이면 $-W_t$도 Wiener 과정이기 때문에, 확률과정의 표현에서 dW의 방향성은 상관이 없다.

Hull-White 모형 역시 HJM 모형의 특별한 경우라는 것은 부록에서 다루었다. ♠

제 6 절 채권 옵션의 가치평가

앞서 살펴본 Vasicek 모형, Ho-Lee 모형, 그리고 Hull-White 모형은 미래의 단기 이자율이 모두 정규분포를 따른다는 공통점이 있다.[17] 이로 말미암아 할인채의 가격 $P(t,T)$는 로그정규분포를 따르게 되므로 이 세 모형에서의 채권 옵션 가치의 평가에도, 주가가 로그정규분포를 따른다는 가정에 근거하였던 주식 옵션의 평가에서와 유사한 방법을 적용할 수 있게 된다.

(1) 할인채가 기준자산일 경우

이제 s 시점에서 만기가 되는 액면 L의 할인채를 기준자산으로 하면서, 행사가격이 K이고 만기가 T 시점인 유럽형 콜옵션의 이론적 가치를 위의 세 모형의 틀 안에서 구해 보자. 물론 $T < s$이고, 현재 시점은 $t = 0$으로 설정한다. 기준자산이 되는 할인채의 옵션 만기 시점 T에서의 가격은 $LP(T,s)$가 될 텐데, 우리는 이것이 로그정규분포를 따른다는 것을 알고 있다.

이제 무위험 할인채 $P(t,T)$가 화폐재인 세계, 즉 T-선도 위험중립 세계를 가정하면, 그러한 세계에서는 T 시점에서 f_T의 수입을 제공하는 증권의 현재 가치 f_0는

$$f_0 = P(0,T)E^T(f_T)$$

17 이는 기본적으로 세 모형의 확률과정에서 표준편차율은 세 경우 모두 상수 σ로 일정하고 드리프트율은 r의 선형 함수라는 사실에 기인한다. 이에 비해 CIR 모형의 경우 표준편차율이 $\sigma\sqrt{r}$로서 이 범주에 포함되지 않아 미래의 이자율이 정규분포를 벗어난다.

로 나타낼 수 있으므로, 지금 평가하려는 채권 옵션의 현재가치는

$$c = P(0,T)E^T[\max(LP(T,s) - K, 0)] \tag{16.41}$$

과 같이 나타낼 수 있다. 이 식의 기대값은 앞서 Hull의 공식을 적용할 수 있는 형태를 하고 있으니 그 공식을 이용하도록 한다. 앞서 Vasicek 모형, Ho-Lee 모형, Hull-White 모형의 논의에서 우리는 전통적인 위험중립 세계를 전제하고 있었다. 그러므로 앞의 논의에 있어서 $P(T,s)$의 확률분포와, 지금 가정하고 있는 T-선도 위험중립 세계에서의 $P(T,s)$의 확률분포는 같지 않을 수 있다. 그러나 어느 세계를 가정하더라도 $P(T,s)$는 로그정규분포를 따르며 $\ln P(T,s)$의 표준편차는 동일하기 때문에 Hull의 정리를 적용하는 데 아무 문제가 없다. $\ln P(T,s)$의 평균은 어떤 세계를 가정하는가에 따라 다르지만, $\ln P(T,s)$의 평균값은 옵션의 가치평가에 영향을 미치지 않기 때문이다.

결국

$$E^T[\max(LP(T,s) - K, 0)] = E^T[LP(T,s)]N(d_1) - KN(d_2) \tag{16.42}$$

로 평가된다. 여기에서

$$d_1 = \frac{\ln[E^T(LP(T,s))/K] + \sigma_P^2/2}{\sigma_P}$$
$$d_2 = \frac{\ln[E^T(LP(T,s))/K] - \sigma_P^2/2}{\sigma_P}$$

이며, σ_P는 $\ln LP(T,s)$ 또는 $\ln P(T,s)$의 표준편차다.[18] 여기에서 $E^T[P(T,s)]$를 평가해야 하는데, 지금 가정하고 있는 T-선도 위험중립 세계에서는 미래의 현물가격의 기대값이 선도가격과 일치한다는 사실을 이용한다. 한편 현물 보유로부터의 현금지급이 없는 상태에서 선도가격은, 현물가격을 무위험 수익률을 적용하여 인도 시점에서의 미래가치로 변환한 것과 같다는 것을 우리는 제 3 장에서의 논의로부터 알고 있다. 즉,

18 $\ln LP(T,s) = \ln L + \ln P(T,s)$인데 $\ln L$은 상수이기 때문이다.

$$(\text{액면 1의})\ \text{채권의 선도가격} = \text{채권의 현물가격} \times e^{R(0,T)T}$$
$$= \frac{P(0,s)}{P(0,T)}$$

가 된다. 결과적으로

$$E^T[P(T,s)] = \frac{P(0,s)}{P(0,T)}$$

라는 것을 알 수 있다. 이를 이용하여 식 16.42를 평가한 후 그 결과를 다시 식 16.41에 적용하면, 최종적으로 할인채의 유럽형 콜옵션의 이론가치는

$$\begin{aligned} c &= P(0,T)E^T[\max(LP(T,s) - K, 0)] \\ &= P(0,T)\left[L \cdot \frac{P(0,s)}{P(0,T)}N(d_1) - KN(d_2)\right] \\ &= LP(0,s)N(d_1) - KP(0,T)N(d_2) \qquad (16.43) \end{aligned}$$

로 도출될 수 있다. 여기에서

$$d_1 = \frac{1}{\sigma_P}\ln\frac{LP(0,s)}{KP(0,T)} + \frac{\sigma_P}{2}$$
$$d_2 = \frac{1}{\sigma_P}\ln\frac{LP(0,s)}{KP(0,T)} - \frac{\sigma_P}{2}$$

이다. $\ln P(T,s)$의 표준편차 σ_P는 단기 이자율에 대해 어떤 확률과정을 가정했는가에 따라 달라질 것이다.

(2) σ_P의 도출

Vasicek 모형과 Hull-White 모형의 경우

$$P(T,s) = A(T,s)e^{-B(T,s)r(T)}$$

의 형태로 표현되는데, $A(T,s)$는 두 모형에서 서로 다르지만 $B(T,s)$는

$$B(T,s) = \frac{1}{\alpha}\left(1 - e^{-\alpha(s-T)}\right)$$

로 동일하다. 한편 Vasicek 모형에서 이자율의 ($r(t)$가 주어진 상태에서의 조건부) 분산은

$$var(r(T)) = \frac{\sigma^2}{2\alpha}\left(1 - e^{-2\alpha(T-t)}\right)$$

와 같이 계산된다는 것을 언급한 바 있다.[19] (식 16.20 참조.) Vasicek 모형과 표준편차율이 동일한 Hull-White 모형에서도 $r(T)$의 조건부 분산은 동일할 것이다. 따라서 현재 $t = 0$ 시점에서 바라본 조건부 분산은

$$\begin{aligned}\sigma_P^2 &= B(T,s)^2 \cdot var(r(T)) \\ &= \frac{1}{\alpha^2}\left(1 - e^{-\alpha(s-T)}\right)^2 \cdot \frac{\sigma^2}{2\alpha}(1 - e^{-2\alpha T})\end{aligned}$$

이고 따라서

$$\sigma_P = \frac{\sigma}{\alpha}\left(1 - e^{-\alpha(s-T)}\right)\sqrt{\frac{1 - e^{-2\alpha T}}{2\alpha}} \tag{16.44}$$

로 정리된다.[20]

Ho-Lee 모형의 경우

$$P(T,s) = A(T,s)e^{-r(T)(s-T)}$$

로 표현되고 ($r(t)$가 주어졌을 때) $r(T)$는 $\sigma^2(T-t)$를 분산으로 하는 정규분포이므로

$$\sigma_P = \sigma(s-T)\sqrt{T}$$

로 표현할 수 있다.

---

19 식 16.20에서는 전통적 위험중립 세계에서의 분산으로 표시했지만, 분산의 경우 현실 세계나 선도 위험중립 세계에서도 동일할 것이다. 따라서 분산의 표시도 $var(\cdot)$, $var^*(\cdot)$, $var^T(\cdot)$ 등으로 구분하지 않아도 무방하다.

20 위의 식에서 $(T-t)$항이 T가 된 것은 현재 시점 $t = 0$에서 본 확률분포를 의미하기 때문이다.

(3) 이표채가 기준자산일 경우

이표채를 기준자산으로 하는 옵션은 아래와 같이 몇 개의 할인채 옵션들의 조합으로 구성할 수 있다. 다음과 같은 이표채 콜옵션을 고려해 보자. 옵션의 행사가격은 K이며 만기는 T 시점이다. 기준자산인 이표채는 T 이후 시점 s_1, s_2, s_3에서 각각 $I, I, (I+L)$의 현금흐름을 발생시킨다. I는 이표, L은 액면이라고 생각하면 된다. T 시점 이전에 발생하는 현금흐름은 옵션 평가에는 영향을 미치지 않는다. T 시점 이후의 이 세 현금흐름은, 만기를 달리하고 액면이 각각 $I, I, (I+L)$인 세 할인채로부터 발생하는 현금흐름과 같으므로 T 시점에서 우리는 이 이표채를 세 할인채의 포트폴리오로 간주할 수 있다.

따라서 T 시점에서의 이표채의 가치는

$$IA(T,s_1)e^{-B(T,s_1)r(T)} + IA(T,s_2)e^{-B(T,s_2)r(T)} + (I+L)A(T,s_3)e^{-B(T,s_3)r(T)}$$

와 같이 나타낼 수 있다. 여기에서 $A(\cdot,\ \cdot)$와 $B(\cdot,\ \cdot)$는 우리가 적용하는 각 모형에서 도출된, 할인채 가격을 규정하는 함수들이다. 예를 들어, Hull-White 모형을 적용하는 경우 A와 B는 식 16.35와 식 16.34에서와 같이 규정된다. 단순한 표현을 위해 예를 들어, $A(T,s_1) = A_1$과 같이 표기하도록 한다.

이제 T 시점에서 이표채 콜옵션으로부터의 수입은

$$Q_T\big(r(T)\big) = \max\big[IA_1e^{-B_1r(T)} + IA_2e^{-B_2r(T)} + (I+L)A_3e^{-B_3r(T)} - K, 0\big] \quad (16.45)$$

으로 표현할 수 있다. 이제 T 시점에서의 이표채의 가치와 행사가격을 같게 하는 단기 이자율을 r^*로 표기해 보자. 즉,

$$IA_1e^{-B_1r^*} + IA_2e^{-B_2r^*} + (I+L)A_3e^{-B_3r^*} = K$$

가 성립하도록 r^*를 규정한다. 그러면 $r(T) > r^*$일 경우에는 콜옵션은 외가격으로, $r(T) < r^*$일 때에는 내가격으로 옵션이 만기가 될 것이다. 아울러 K_1, K_2, K_3를

$$K_1 = IA_1e^{-B_1r^*}$$
$$K_2 = IA_2e^{-B_2r^*}$$
$$K_3 = (I+L)A_3e^{-B_3r^*}$$

로 표기한다. 이제 식 16.45의 수입을 다음의 수입과 비교해 보자.

$$Q'_T(r(T)) = \max\left[IA_1e^{-B_1r(T)} - K_1, 0\right] + \max\left[IA_2e^{-B_2r(T)} - K_2, 0\right]$$
$$+\max\left[(I+L)A_3e^{-B_3r(T)} - K_3, 0\right].$$

이제 $r(T)$가 r^*보다 큰 경우에는 $Q_T = Q'_T = 0$일 것이고, $r(T)$가 r^*보다 작을 경우에는 Q_T와 Q'_T 모두 동일한 플러스의 값을 갖게 된다는 것을 알 수 있다. 즉, $Q_T = Q'_T$가 성립한다. 따라서 이표채 콜옵션은 할인채를 기준자산으로 하는 콜옵션 세 개의 포트폴리오로 파악할 수 있다. 세 콜옵션의 기준자산, 행사가격, 만기는 각각 [액면 I 만기 s_1의 할인채, K_1, T], [액면 I 만기 s_2의 할인채, K_2, T], [액면 $I+L$ 만기 s_3의 할인채, K_3, T]이다. 이 세 개의 콜옵션 각각의 이론적 가치를 앞에서 도출한 할인채 콜옵션의 공식을 이용하여 계산한 후 합한 것이 우리가 구하려는 이표채 콜옵션의 가치가 된다.

(4) 구체적인 예

구체적 수치를 대입하여 살펴보도록 한다. 위험중립 세계에서의 단기 이자율의 확률과정을 Vasicek 모형을 따라 다음과 같이 규정한다.

$$dr = 0.2(0.06 - r)dt + 0.05dW.$$

이 경우 $P(t,T) = A(t,T)e^{-B(t,T)r(t)}$의 형태로 할인채의 가격이 도출된다. 현재 단기 이자율은 4%로 관찰된다. 이제 어떤 이표채를 기준자산으로 하는 채권 옵션의 이론적 가치를 구하려 한다. 기준 채권과 채권 옵션은 다음과 같다.

- 기준 채권: 액면 100, 만기 2.3년, 표면이자율 연 6%로 연 2회 이자 지급
- 채권 옵션: 행사가격 100, 만기 1.5년, 콜옵션

[1] 옵션의 평가를 위해서 기준 채권인 이표채는 옵션이 만기되는 1.5년 시점에서 어떤 두 할인채의 합으로 표현할 수 있는가? 그 두 할인채의 현재가치는 각각 얼마인가?
[2] 위의 콜옵션은 어떤 두 콜옵션의 집합인가? (기준자산, 만기, 행사가격을 기재할 것.)

[3] 콜옵션의 이론 가격을 구하라.

[1] 기준 채권은 (0.3년, 0.8년, 1.3년, 1.8년, 2.3년) 시점에서 (3, 3, 3, 3, 103)의 현금흐름을 발생시킨다. 옵션의 만기인 1.5년 시점에서의 기준 채권의 가치는, 이후 이 채권으로부터 발생하는 1.8년과 2.3년의 3과 103의 현금흐름에 의해서 결정되기 때문에 그 이전의 현금흐름은 옵션의 평가에는 영향을 미치지 않는다. 따라서 해당 콜옵션의 기준자산은 [만기 1.8년 액면 3]의 할인채-1과 [만기 2.3년 액면 103]의 할인채-2의 조합이라고 할 수 있다. 두 할인채의 현재가치는 Vasicek 모형에 따라 계산되는 식 16.17로부터 각각 구할 수 있을 것이다. 즉,

$$\begin{aligned} 3P(0,\ 1.8) &= 3\ \ A(0,\ 1.8)e^{-B(0,\,1.8)r(0)} \\ &= 3 \cdot 0.984687e^{-1.511618 \cdot 0.04} = 2.780737 \end{aligned}$$

$$\begin{aligned} 103P(0,\ 2.3) &= 103\ \ A(0,\ 2.3)e^{-B(0,\,2.3)r(0)} \\ &= 103 \cdot 0.976536e^{-1.843582 \cdot 0.04} = 93.432800 \end{aligned}$$

과 같이 계산된다.

[2] 우선, 옵션이 만기되는 1.5년 시점에서 두 할인채 가격의 합계가 행사가격과 같아지도록 하는 단기 이자율 r^*를 구한다. 그러기 위해

$$\begin{aligned} A(1.5,\ 1.8) = 0.999482,\ \ B(1.5,\ 1.8) = 0.291177 \\ A(1.5,\ 2.3) = 0.996552,\ \ B(1.5,\ 2.3) = 0.739281 \end{aligned}$$

을 계산하고 이를 근거로 다음의 방정식

$$3 \cdot 0.999482e^{-0.291177r^*} + 103 \cdot 0.996552e^{-0.739281r^*} = 100$$

을 만족시키는 r^*를 계산한다. 엑셀을 이용하여 수치적으로 계산하면 $r^* = 0.075581$로 계산된다. 즉, 1.5년 시점에서의 단기 이자율 $r(1.5)$가 0.075581보다 작으면 두 할인채의 가치의 합계는 100을 초과하여 내가격으로, 그렇지 않으면 외가격으로 옵션은 만기를 맞게 될 것이다. 따라서 해당 콜옵션은 다음의 두 콜옵션의 집합이다.

- 옵션-1: 기준자산은 할인채-1, 만기 1.5년, 행사가격은 $3 \cdot A(1.5,\ 1.8)e^{-B(1.5,\ 1.8)r^*}$ $= 2.933177$
- 옵션-2: 기준자산은 할인채-2, 만기 1.5년, 행사가격은 $103 \cdot A(1.5,\ 2.3)e^{-B(1.5,\ 2.3)r^*}$ $= 97.066829$

[3] 해당 콜옵션의 가치는 위의 옵션-1과 옵션-2의 가치를 식 16.43을 이용하여 각각 구한 후 합계하여 계산한다. 식 16.43을 여기에 다시 기록하면

$$c = LP(0,s)N(d_1) - KP(0,T)N(d_2)$$

인데 여기에서

$$d_1 = \frac{1}{\sigma_P}\ln\frac{LP(0,s)}{KP(0,T)} + \frac{\sigma_P}{2}$$
$$d_2 = \frac{1}{\sigma_P}\ln\frac{LP(0,s)}{KP(0,T)} - \frac{\sigma_P}{2}$$

이다. 이 문제는 Vasicek 모형을 기반으로 하므로 σ_P는 식 16.44로 계산한다. 즉,

$$\sigma_P = \frac{\sigma}{\alpha}\left(1 - e^{-\alpha(s-T)}\right)\sqrt{\frac{1 - e^{-2\alpha T}}{2\alpha}}$$

이다. 이 옵션-1에 대해서는 $L = 3,\ s = 1.8,\ T = 1.5$를 대입하여

$$\sigma_P = 0.015462,\ \ d_1 = 0.627419,\ \ d_2 = 0.611956$$

을 얻고 결과적으로 옵션-1의 가치는 0.033507로 계산된다.

옵션-2에 대해서는 $L = 103,\ s = 2.3,\ T = 1.5$를 대입하여

$$\sigma_P = 0.039258,\ \ d_1 = 0.651214,\ \ d_2 = 0.611956$$

을 얻어 옵션-2의 가치는 2.868385로 계산된다.[21] 최종적으로 해당 옵션의 현재 가치는 두 옵션 가치의 합계로서 $0.033507 + 2.868385 = 2.901892$가 된다.

---

21 두 옵션의 계산에서 d_2의 값이 동일하게 계산되는데 이는 두 옵션이 각각 내가격이 되는 확률이 동일하기 때문이다. 계산의 오류가 아니다.

연습문제

16.1 CIR 모형에 근거해서, T 시점에서 만기가 되는 액면 1의 할인채의 가격 $P(t,T)$를 구하는 과정을 생각해 보자. 본문의 Vasicek 모형에서 사용했던 방식을 적용한다. 즉, 가치함수를

$$f(r,t) = P(t,T) = A(t,T)e^{-B(t,T)r(t)}$$

와 같은 형태로 추측하여 f_t, f_r, f_{rr}을 A, B, r, t의 결합 형태로 표현한 후, 이들을 식 16.22에 대입하고 정리하면 식 16.23과 식 16.24의 두 미분방정식으로 귀결됨을 보여라.

16.2 현재 기간구조가 $R(0,t) = 0.05 + 0.001t$와 같이 관찰되고 있다. Ho-Lee 모형하에서, 위험중립 단기 이자율 과정을 $dr = \theta(t)dt + \sigma dW$로 나타낼 경우 $\theta(t) = F_t(0,t) + \sigma^2 t$로 규정해야 한다고 하였다. 이러한 설정하에서 $P(t,T) = A(t,T)e^{-r(t)(T-t)}$로 도출되는데 여기에서 $A(t,T)$는 다음과 같다. (식 16.28.)

$$\ln A(t,T) = \ln\frac{P(0,T)}{P(0,t)} + (T-t)F(0,t) - \frac{1}{2}\sigma^2 t(T-t)^2.$$

(1) 현재 관찰되는 각종 만기의 할인채 가격 $P(0,t)$와 순간 선도이자율 $F(0,t)$를 구하라.

(2) Ho-Lee 모형을 구축하려면 $\theta(t)$는 어떻게 규정해야 하는가?

(3) $\sigma = 0.1$이라고 가정할 때 $P(3,5)$를 3년 시점의 단기 이자율 $r(3)$의 함수로 표시해 보라. 이 함수에 근거할 때 3년 후 시점에서 단기 이자율이 7%라고 하면 그때의 2년 만기 할인채의 가격은 얼마이겠는가?

16.3 위험중립 세계에서 단기 이자율의 확률과정을 Vasicek 모형으로

$$dr = 0.04(0.05 - r)dt + 0.025dW$$

와 같이 가정한다. 이 경우 $P(t,T) = A(t,T)e^{-B(t,T)r(t)}$의 형태로 할인채의 가격이 도출된다. 현재 단기 이자율은 6%로 관찰된다. 다음과 같은 이표채를 기준자산으로 하는 채권 옵션의 가치를 계산해 보라.

- 기준 채권: 액면 100, 만기 2년, 표면이자율 연 5%로 연 2회 이자 지급
- 채권 옵션: 행사가격 98, 만기 1.2년, 콜옵션

각종 $A(t,T)$와 $B(t,T)$는 다음과 같이 계산되었다.

$$\begin{aligned}
A_1 &\equiv A(0,\ 1.2) = 0.99876, & B_1 &\equiv B(0,\ 1.2) = 1.17166 \\
A_2 &\equiv A(0,\ 1.5) = 0.99813, & B_2 &\equiv B(0,\ 1.5) = 1.45589 \\
A_3 &\equiv A(0,\ 2.0) = 0.99689, & B_3 &\equiv B(0,\ 2.0) = 1.92209 \\
A_4 &\equiv A(1.2,\ 1.5) = 0.99991, & B_4 &\equiv B(1.2,\ 1.5) = 0.29821 \\
A_5 &\equiv A(1.2,\ 2.0) = 0.99942, & B_5 &\equiv B(1.2,\ 2.0) = 0.78734
\end{aligned}$$

(1) 옵션의 평가를 위해서 기준 채권인 이표채는 옵션이 만기되는 1.2년 시점에서 어떤 두 할인채의 조합으로 표현할 수 있는가? 이 두 할인채 각각의 이론적 현재가치는 얼마인가?

(2) 앞에 주어진 A와 B의 수치들로부터 1.2년 후 채권 가격이 옵션의 행사가격인 98이 되게 하는 단기 이자율은 8.8239%임을 확인하라.

(3) 해당 채권 옵션은 어떤 두 콜옵션의 집합인가? 기준자산과 행사가격, 만기를 기재한다.

(4) 해당 콜옵션의 이론 가격을 구하라.

부록 16: HJM 모형의 특별한 경우로서의 Hull-White 모형

변동성 함수를 $v(s,t) = \frac{\sigma}{\alpha}[1 - e^{-\alpha(t-s)}]$로 설정하면,

$$v_t(s,t) = \sigma e^{-\alpha(t-s)}$$
$$v_{tt}(s,t) = -\sigma\alpha e^{-\alpha(t-s)}$$

가 될 것이다.[22] 이들을 식 16.40에 대입하고 각 항들을 평가하면 첫 번째 적분항은

$$\begin{aligned}
&\int_0^t (v_t(s,t)^2 + v(s,t)v_{tt}(s,t))ds \\
&= \int_0^t \left(\sigma^2 e^{-2\alpha(t-s)} + \frac{\sigma}{\alpha}[1 - e^{-\alpha(t-s)}](-\sigma\alpha)e^{-\alpha(t-s)}\right) ds \\
&= 2\sigma^2 \int_0^t e^{-2\alpha(t-s)}ds - \sigma^2 \int_0^t e^{-\alpha(t-s)}ds \\
&= \frac{\sigma^2}{\alpha} e^{-2\alpha(t-s)}\bigg|_0^t - \frac{\sigma^2}{\alpha} e^{-\alpha(t-s)}\bigg|_0^t \\
&= \frac{\sigma^2}{\alpha}(e^{-\alpha t} - e^{-2\alpha t})
\end{aligned}$$

로 구해지고 이어 두 번째 적분항은

$$\begin{aligned}
&\int_0^t v_{tt}(s,t)dW(s) \\
&= \int_0^t - \sigma\alpha e^{-\alpha(t-s)}dW(s) \\
&= -\alpha \int_0^t \sigma e^{-\alpha(t-s)}dW(s) \\
&= -\alpha \int_0^t v_t(s,t)dW(s) \qquad (16.46)
\end{aligned}$$

---

22 부록 16은 John Hull 교수 웹사이트(www-2.rotman.utoronto.ca/~hull)의 해당 Technical Note 내용을 정리한 것이다.

로 변환되는데 식 16.39로부터

$$\int_0^t v_t(s,t)dW(s) = F(0,t) - r(t) + \int_0^t v(s,t)v_t(s,t)ds$$

라는 것을 알 수 있으니 이를 식 16.46에 대입하면 결국

$$\begin{aligned}
&\int_0^t v_{tt}(s,t)dW(s) \\
&= -\alpha \int_0^t v_t(s,t)dW(s) \\
&= -\alpha \left[F(0,t) - r(t) + \int_0^t v(s,t)v_t(s,t)ds \right] \\
&= -\alpha F(0,t) + \alpha r(t) - \alpha \int_0^t \frac{\sigma}{\alpha}[1 - e^{-\alpha(t-s)}]\sigma e^{-\alpha(t-s)}ds \\
&= -\alpha F(0,t) + \alpha r(t) - \sigma^2 \int_0^t \left(e^{-\alpha(t-s)} - e^{-2\alpha(t-s)}\right)ds \\
&= -\alpha F(0,t) + \alpha r(t) - \sigma^2 \left[\frac{1}{\alpha} e^{-\alpha(t-s)} - \frac{1}{2\alpha} e^{-2\alpha(t-s)} \right]_0^t \\
&= -\alpha F(0,t) + \alpha r(t) - \frac{\sigma^2}{2\alpha}(1 - e^{-\alpha t})^2.
\end{aligned}$$

마지막으로 $v_t(s,t)|_{s=t} = \sigma$이므로

$$[v_t(s,t)|_{s=t}]dW(t) = \sigma dW(t)$$

로 계산된다.

위의 계산 결과들을 식 16.40에 차례대로 대입하면 Hull-White 모형에 있어서의 단기 이자율은

$$\begin{aligned}
dr(t) = F_t(0,t)dt &+ \frac{\sigma^2}{\alpha}(e^{-\alpha t} - e^{-2\alpha t})dt \\
&+ \left[\alpha F(0,t) - \alpha r(t) + \frac{\sigma^2}{2\alpha}(1 - e^{-\alpha t})^2 \right] dt - \sigma dW(t)
\end{aligned}$$

$$= \left[F_t(0,t) + \alpha F(0,t) + \frac{\sigma^2}{2\alpha}(1 - e^{-2\alpha t}) - \alpha r(t)\right]dt - \sigma dW(t)$$

라는 확률과정을 따른다는 사실을 확인할 수 있다. 이는 앞서 Hull-White 모형의 식 16.32에서

$$\theta(t) = F_t(0,t) + \alpha F(0,t) + \frac{\sigma^2}{2\alpha}(1 - e^{-2\alpha t})$$

인 경우와 일치한다. 표준편차율 항이 (σdW가 아니고) $-\sigma dW$인 이유는 406 페이지의 Ho-Lee 모형과 관련된 설명과 동일하다.

결론적으로 Hull-White 모형은 HJM 모형에서 변동성 함수가

$$v(s,t) = \frac{\sigma}{\alpha}[1 - e^{-\alpha(t-s)}]$$

로 설정된 특별한 경우라는 것을 확인할 수 있다.

연습문제 해답

제 1 장 선도와 선물의 기초

1.1 인도 시점에서의 현물환율이 오늘 약속한 선도환율보다 높으므로 손실이 발생할 것이다.

$$-(1{,}340 - 1{,}300) \times 2{,}000{,}000 = -80{,}000{,}000.$$

즉, 인도일에서의 수입(payoff)은 −8천만원이다. (현금결제의 경우 그러한 현금흐름의 발생을, 실물 인도의 경우 그 금액에 해당하는 경제적 가치의 손실을 의미한다.)

1.2 거래자들의 거래 전후 포지션과 그 변화는 아래 표에 요약되어 있다. 플러스 포지션은 매입, 마이너스 포지션은 매도를 의미한다.

	거래 전 포지션	거래 후 포지션	포지션 변화
A	20	8	−12
B	−15	−10	+5
C	0	10	+10
D	0	−3	−3

포지션의 변화에서 보면 $-12 - 3 = -15$이니 모두 15계약의 매도가 있었고, $5 + 10 = 15$이니 15계약의 매입이 있었다. (이 두 숫자는 일치해야 한다.) 따라서 이 시간 동안의 거래량은 15계약이다. 한편, 거래 전의 4거래자의 매입 포지션 합계는 20이었는데 거래 후에는 18로 2가 줄었고, 마찬가지로 거래 전의 매도 포지션의 합계는 15에서 13으로 2가 줄었다. 따라서 미결제약정은 2가 줄었고 결과적으로 998계약이 될 것이다.

1.3 매도 포지션을 취했는데 선물가격이 상승하였으므로 잔액은 줄어들 것이다. 따라서 포지션 정리시 잔액은

$$9{,}450\text{만원} - (281.05 - 275.15) \times 5 \times 25\text{만원} = 8{,}712.5\text{만원}.$$

1.4 투자액 = 개시 증거금 + 추가 증거금 = 3,581.25만원 + 1,245만원 = 4,826.25만원.

손실 = (250 − 238.75) × 25만원 × 4 = 1,125만원.

따라서 (단순) 투자 수익률 = −1,125 ÷ 4,826.25 = −23.31%.

제 2 장 현재가치, 이자율, 그리고 채권

2.1 연 4회의 복리로는

$$\left(1+\frac{0.08}{2}\right)^2 = \left(1+\frac{r_{[4]}}{4}\right)^4$$
$$1.04 = \left(1+\frac{r_{[4]}}{4}\right)^2$$
$$r_{[4]} = (\sqrt{1.04}-1)\times 4 = 0.079216,\ \text{즉}\ 7.9216\%.$$

연속복리로 표시하려면

$$\left(1+\frac{0.08}{2}\right)^2 = e^{r_{[\infty]}}$$
$$r_{[\infty]} = 2\ln 1.04 = 0.078441,\ \text{즉}\ 7.8441\%.$$

2.2 연속복리로 표시하여

$$\text{연 성장률} = \frac{1}{50}\ln(200) = \text{약}\ 10.60\%.$$

2.3

$$r(0.5) = \frac{1}{0.5}\ln\frac{100}{96.5} = 7.1254\%,$$
$$r(1.0) = \ln\frac{100}{92.8} = 7.4724\%.$$

만기 1.5년, 액면 103의 할인채 가격

$$= 97.8 - 3\times\frac{96.5}{100} - 3\times\frac{92.8}{100} = 92.121.$$

따라서

$$r(1.5) = \frac{1}{1.5}\ln\frac{103}{92.121} = 7.4417\%.$$

만기 2년, 액면 104의 할인채 가격

$$= 99.8 - 4\times\frac{96.5}{100} - 4\times\frac{92.8}{100} - 4\times\frac{92.121}{103} = 88.65049.$$

따라서

$$r(2.0) = \frac{1}{2}\ln\frac{104}{88.65049} = 7.9845\%.$$

2.4 주어진 기간구조하에서 채권의 가격

$$= 4e^{-(0.090)(0.5)} + 4e^{-(0.092)(1.0)} + 4e^{-(0.094)(1.5)} + 4e^{-(0.096)(2.0)} + 104e^{-(0.098)(2.5)}$$
$$= 95.6489$$

로 계산된다. 만기수익률이 9.7678%임을 확인하기 위해서

$$4e^{-0.5y} + 4e^{-1.0y} + 4e^{-1.5y} + 4e^{-2.0y} + 4e^{-2.5y}$$

의 식에서 y에 0.097678을 대입하면, 그 값이 채권의 가격 95.6489와 일치한다는 것을 알 수 있다.

이 경우 98.3503을 투자하여 반년 후 $4 + 95.6489 = 99.6489$를 회수한 것이니, 반년 동안 실현한 연 단위 수익률은

$$\frac{1}{0.5}\ln\frac{99.6489}{98.3503} = 2.62\%$$

가 될 것이다.

2.5

$$\begin{aligned} Q + 2Q^2 + \cdots + nQ^n = &(Q + Q^2 + \cdots + Q^n) \\ &+(Q^2 + Q^3 + \cdots + Q^n) \\ &+(Q^3 + Q^4 + \cdots + Q^n) \\ &\vdots \\ &+Q^n \end{aligned}$$

로 고쳐 쓸 수 있는데

$$\begin{aligned} (Q + Q^2 + \cdots + Q^n) &= Q \cdot \frac{1 - Q^n}{1 - Q} = \frac{Q}{1 - Q} - \frac{Q^{n+1}}{1 - Q} \\ (Q^2 + Q^3 + \cdots + Q^n) &= Q^2 \cdot \frac{1 - Q^{n-1}}{1 - Q} = \frac{Q^2}{1 - Q} - \frac{Q^{n+1}}{1 - Q} \\ (Q^3 + Q^4 + \cdots + Q^n) &= Q^3 \cdot \frac{1 - Q^{n-2}}{1 - Q} = \frac{Q^3}{1 - Q} - \frac{Q^{n+1}}{1 - Q} \\ &\vdots \\ Q^n &= Q^n \cdot \frac{1 - Q}{1 - Q} = \frac{Q^n}{1 - Q} - \frac{Q^{n+1}}{1 - Q} \end{aligned}$$

이므로, 위 식들 각각의 맨 오른쪽 항을 모두 합하면 된다. 결국

$$Q + 2Q^2 + \cdots + nQ^n = \frac{Q}{1-Q}(1 + Q + \cdots + Q^{n-1}) - n\frac{Q^{n+1}}{1-Q}$$
$$= \frac{Q}{1-Q}\left(\frac{1-Q^n}{1-Q} - nQ^n\right).$$

2.6 Q를 중간 변수로 이용하여 살펴보자. 즉, 모두 n회의 이표 지급이 있는 경우의 채권 가격을 B_n이라고 표시하면 식 2.9를 적용하여

$$B_n = CQ\left(\frac{1-Q^n}{1-Q}\right) + FQ^n$$

이고, 우리가 원하는 만기가 무한대인 이표채의 가격은 $B = \lim_{n\to\infty} B_n$으로 나타낼 수 있다. $Q < 1$으로 Q^n은 0으로 수렴하므로

$$B = \frac{CQ}{1-Q}$$

이다. 연 m회의 이산복리로 만기수익률을 표시하고 있으므로, $Q = \frac{1}{1+y_*/m}$이고 $1 - Q = \frac{y_*/m}{1+y_*/m}$이다. (표기의 간편함을 위해 $y_{[m]}$을 y_*로 표시했다.) 따라서

$$B = \frac{C}{y_*/m}$$

임을 알 수 있다. 사실 이 결과는 영구연금(perpetuity)의 현재가치를 계산하는 공식으로도 쉽게 구할 수 있다.

듀레이션의 계산을 위해 식 2.13을 적용한다. 즉, 이 경우

$$D = \lim_{n\to\infty} \frac{1}{mB_n}\left[\frac{CQ}{1-Q}\left(\frac{1-Q^n}{1-Q} - nQ^n\right) + FnQ^n\right]$$

로 듀레이션을 계산할 수 있다. 한편 L'hopital의 정리를 이용하여

$$\lim_{n\to\infty} nQ^n = \lim_{n\to\infty}\frac{n}{Q^{-n}} = \lim_{n\to\infty}\frac{1}{-Q^{-n}\ln Q} = 0$$

임을 알 수 있는데 이 사실과, $B_n \to CQ/(1-Q)$라는 결과를 위 듀레이션 식에 적용하여 정리하면

$$D = \frac{1}{m}\cdot\frac{1}{1-Q} = \frac{1 + y_*/m}{y_*}$$

의 결과를 얻게 된다. (많은 교과서에서 영구 이표채의 듀레이션을 $(1 + y_*)/y_*$로 제시하는데 이는 $m = 1$인 경우를 암묵적으로 전제하기 때문이다.)

2.7

$$f(1,\ 2) = \frac{2r(2) - r(1)}{2 - 1} = 7.4\%,$$
$$f(2,\ 3) = \frac{3r(3) - 2r(2)}{3 - 2} = 7.8\%,$$
$$f(1,\ 4) = \frac{4r(4) - r(1)}{4 - 1} = 7.8\%.$$

2.8 11.5%는 FRA 계약의 적정 이자율 11%를 초과하므로, 기본적으로 이 상황을 이용하기 위하여 FRA로 예금하는 전략을 취한다. 1년 후에 예금할 금액을 만들기 위해서 현재 시점에서 100을 1년 만기로 예치한다. (차익거래가 발생한다는 사실을 보이는 것이니 구체적 금액은 상관없다. 다른 금액이라면 비율대로 조정하면 된다.) 이 예치금 100은 2년 만기 대출을 통해서 조달한다. 따라서 현재의 현금흐름은 0이다. 즉, 내 투자금은 없다는 의미다.

1년 후에 예금을 상환받으면 원리합계는 $100e^{0.10}$이 될 텐데 이를 FRA 예금을 한다. (물론 이 계약은 0 시점에서 체결해야 한다.) 이 FRA 예금으로부터 1년 후, 즉 $t = 2$ 시점에서 $100e^{0.10}e^{0.115}$를 상환받게 된다. 이 금액으로 0 시점에서 실행한 대출을 상환한다. 그러면 $t = 2$ 시점에서의 현금흐름은

$$\text{상환받는 예치금} - \text{상환하는 차입금} = 100e^{0.1}e^{0.115} - 100e^{0.105\times 2} > 0$$

이 되므로 차익거래를 실현하게 된다.

2.9 1년 만기 할인채의 가격을 x, 1.5년 만기 할인채의 가격을 y로 표시하면, 이표채 A는 3개의 할인채의 포트폴리오로 생각할 수 있으므로 A의 가격과 관련하여

$$3 \times 0.96 + 3 \times x \div 100 + 103 \times y \div 100 = 96.28$$

의 관계가 성립할 것이다. 마찬가지로 이표채 B의 가격과 관련해서는

$$5 \times 0.96 + 5 \times x \div 100 + 105 \times y \div 100 = 101.80$$

의 식이 성립한다. 위의 두 식을 연립방정식으로 풀게 되면 $x = 92$, $y = 88$이 계산된다. 즉, 1년 만기 할인채의 가격은 92, 1.5년 만기의 할인채의 가격은 88이다. 따라서

$$r(0.5) = \frac{1}{0.5}\ln\frac{100}{96} = 8.1644\%,$$
$$r(1.0) = \ln\frac{100}{92} = 8.3382\%,$$
$$r(1.5) = \frac{1}{1.5}\ln\frac{100}{88} = 8.5222\%.$$

연 2회의 이산복리로 표시하기 위해서는 식 2.4를 적용한다. ($r_{[\infty]} = r, r_{[2]} = r_*$로 표시.)

$$e^r = \left(1 + \frac{r_*}{2}\right)^2$$

로부터

$$r_* = (e^{r/2} - 1) \times 2$$

의 관계를 이용하여

$$r_*(0.5) = 8.3333\%, \quad r_*(1.0) = 8.5144\%, \quad r_*(1.5) = 8.7064\%$$

로 계산한다.

제 3 장 적정 선도/선물가격

3.1 인도일 이전에 이표채로부터 발생하는 이표들의 현재가치는

$$A = 2{,}000 \cdot e^{-0.05\times\frac{1}{12}} + 2{,}000 \cdot e^{-0.055\times\frac{7}{12}} = 3{,}928.54.$$

따라서 균형 선도가격은

$$F^{[e]} = (77{,}000 - 3{,}928.54)e^{0.06\times1} = 77{,}589.95$$

이다.

3.2 우선 5개월 만기 이자율과 9개월 만기 이자율은 배당의 현재가치와 9개월 시점에서의 미래가치로부터 추측할 수 있다. 이로부터 적정 선도가격 $F^{[e]}$는

$$F^{[e]} = (200 - 4.9) \times \frac{5.1}{4.9} = 203.06$$

이므로 시장 선도가격이 상대적으로 높으니, 기본적으로 선도 매도와 현물 매입 전략을 취한다. 차입을 통해서 현물을 매입하는데 5개월 후 수령할 배당 5를 고려하여 은행에서 5개월 만기로 4.9를 차입하고, 나머지 $200 - 4.9 = 195.1$은 9개월 만기로 차입한다. 5개월 후 배당 5를 수령하면 이로써 이때 만기되는 차입금을 상환한다. 인도일에서는 보유하고 있는 주식을 선도 매입자에게 전달하고 205를 수령한다. 이 금액 가운데 차입금의 원리합계 $195.1 \times \frac{51}{49} = 203.06$을 상환하면 결국 1.94의 차익을 실현할 수 있다.

3.3 0.75년 만기 이자율 $r(0.75)$, 1년 만기 이자율 $r(1)$과 선도이자율 $f(0.75, 1)$ 사이에

$$f(0.75,\ 1) = \frac{1 \cdot r(1) - 0.75 \cdot r(0.75)}{1 - 0.75}$$

의 관계가 있으니 $r(1) = (0.25)(6\%) + (0.75)(5\%) = 5.25\%$가 구해진다. 따라서 할인채의 가격은

$$S = 100e^{-0.0525\cdot1} = 94.8854$$

일 것이다. 적정 선도가격은 기준물인 할인채의 가격으로부터

$$F^{[e]} = Se^{r(0.75)T} = 94.8854e^{0.05\cdot0.75} = 98.5112$$

가 계산된다. 선도가격을 구하는 다른 방법은 액면을 선도이자율을 적용하여 할인하는 방법이다. 즉,

$$F^{[e]} = 100e^{-0.06 \cdot 0.25} = 98.5112$$

로 첫 번째 방법에서와 같은 결과를 보이게 된다.

3.4 시장 선도가격이 저평가된 것이므로 기본적으로 선도 매입, 현물 공매의 포지션을 취한다. 여기에서 현물 공매는, 기준물인 1달러를 빌렸다가 달러로 상환하는 것이므로, 달러의 차입에 해당한다. 인도하는 기준물이 1달러라고 가정하고, 우선 $\frac{1}{e^{\alpha T}}$만큼의 달러를 공매(즉, 차입)한다. 공매한 달러를 $\frac{1}{e^{\alpha T}} \times S$원으로 환전하여 이를 원화 예금에 예치한다. T 시점이 되면 이 예금의 원리합계는 $\frac{1}{e^{\alpha T}} \times S \times e^{rT} = Se^{(r-\alpha)T}$원이 되는데 이 가운데 F를 선도 매입 대금으로 지급하고 1달러를 인도받아 달러화 차입금의 원리합계인 1달러를 상환한다. $Se^{(r-\alpha)T}$가 F보다 크므로 그 차액이 차익거래 수익이 된다.

제 4 장 선물을 이용한 헤징

4.1 우선 현물 가격 상승을 우려하는 상황이니 선물 매입 포지션을 취해야 한다. 문제에서 $\sigma_S = 25$, $\sigma_F = 30$, $\rho = 0.9$로 주어졌으므로, 최소 분산 헤지 비율은

$$\theta^* = \rho \frac{\sigma_S}{\sigma_F} = 0.9 \cdot \frac{25}{30} = 0.75$$

로 계산된다. 대두 선물 1계약 기준물이 136톤이므로 모두 3,450톤을 헤징하려면

$$3{,}450 \times 0.75 \div 136 = 19.0257,$$

즉 19계약의 선물 매입이 필요하다.

4.2 우선 S_0와 F_0는 확률변수가 아니므로

$$\sigma_F^2 = var(\Delta F) = var(S_T - F_0) = \sigma_S^2$$

이고

$$cov(\Delta S, \Delta F) = cov(S_T - S_0, S_T - F_0) = \sigma_S^2$$

임을 알 수 있다. 따라서 ΔS와 ΔF 사이의 상관계수는 $\rho = 1$이 된다. 전체 포지션의 분산은 $v(\theta^*) = \sigma_S^2(1-\rho^2)$로 표시할 수 있으므로 $\rho = 1$일 때 이 값은 0이 되어 전체 포지션의 위험이 완전히 제거된다.

제 5 장 주요 금융 선물/선도계약

5.1 만기일이 5월 15일이니 2022년 5월 15일에 이표가 지급되었고, 다음 이표 지급일은 11월 15일이다. 5월 15일부터 7월 19일까지는 65일, 11월 15일까지는 184일이다. 따라서

$$\text{호가 } 98-08 \ = 98+\frac{8}{32}=98.25$$

이면

$$\text{현금가격}=98.25+1.5\times\frac{65}{184}=98.7799$$

이다.

5.2 (1) 360일 기간에 대해 4.57의 이자가 지급된다는 것이니, 159일에 대해서는 $4.57\times\frac{159}{360}=2.0184$의 이자가 발생하는 것이고 따라서 $100-2.0184=97.9816$에 거래됨을 의미한다.
(2) 79일 동안 $100-98.94=1.06$의 이자가 발생하는 것이니 360일에 대해서는 $1.06\times\frac{360}{79}=4.83$의 이자가 발생하는 것으로 간주하여 4.83으로 호가될 것이다.

5.3 (1) 선물거래로부터의 손익은

$$3\times(97-96)\times 2{,}500=7{,}500$$

이고, 지급해야 하는 발생 이자는

$$3{,}000{,}000\times(0.04+0.03)\div 4=52{,}500$$

이다. 이 둘을 현금흐름으로 합계하면

$$7{,}500-52{,}500=-45{,}000$$

이므로 결국 3백만 달러를 3개월 차입하여 45,000달러의 이자를 지급하는 것이니, 이는

$$45{,}000\div 3{,}000{,}000\times 4=6\%$$

의 연 이자에 해당한다. 즉, 해당 기간에 적용되는 SOFR 이자율을 오늘 $100-97=3\%$로 확정함으로써 여기에 가산금리 3%를 더한 6%로 전체 차입 이자율을 확정한 것이다.

(2) 유사하게 선물거래 손익은

$$3\times(97-94)\times 2{,}500=22{,}500$$

이고, 발생 이자는

$$3{,}000{,}000 \times (0.06 + 0.03) \div 4 = 67{,}500$$

으로서, 전체 현금흐름은 역시 $-45{,}000$이 되어 SOFR 선물을 포함시킴으로써 전체 지급 이자를 연 6%로 확정하였다.

5.4 식 5.5나 식 5.7을 적용한다. $F_0 = 320 \times 25$만 $= 0.8$억, $\beta_P = 2.0$이므로 베타를 0으로 만들기 위해서는

$$\eta^* = -2.0 \times 200 \div 0.8 = -500,$$

즉 500계약을 매도한다. 베타를 1.2로 변화시키기 위해서는 $\beta_Q = 1.2$를 대입하여 이 경우에는

$$\eta^{**} = (1.2 - 2.0) \times 200 \div 0.8 = -200,$$

즉 200계약을 매도해야 할 것이다.

5.5 $\eta' = -\beta_P \frac{P_0}{F_0} \times \frac{1}{2}$로 헤지 규모를 선택한다면

$$P_0\beta_P + \eta' F_0 = P_0\beta_P - \beta_P \frac{P_0}{F_0} \times \frac{1}{2} F_0 = \frac{P_0\beta_P}{2}$$

이므로

$$var(\Delta P + \eta' \Delta F) = var\left(\frac{P_0\beta_P}{2}(r_m - r) + P_0 r\right)$$
$$= \left(\frac{P_0\beta_P}{2}\right)^2 \sigma_m^2$$

임을 알 수 있다. 원래의 포트폴리오의 가치 변화의 분산은

$$var(\Delta P) = (P_0\beta_P)^2 \sigma_m^2$$

이므로 부분적으로 헤지함으로서 분산을 $\frac{1}{4}$로 줄였음을 알 수 있다. 표준편차로 위험을 측정한다면 적정 규모의 반을 헤지함으로써 부분적으로 헤지된 포트폴리오의 위험을 반으로 줄일 수 있다는 것을 보여준다.

5.6 환율이 호가된 방식에 따라 달러를 화폐로, 파운드를 물건으로 간주한다. 따라서 $r = 0.02$, $r_f = 0.06$이다. 적정 선도환율은

$$F^{[e]} = 1.2e^{(0.02-0.06)\times 0.5} = 1.1762$$

로서 시장 선도환율보다 높으니 저평가된 선도가격을 이용하기 위해서 선도 매입, 현물 매도의 전략을 실행한다. 파운드 현물 매도 포지션을 위해 8,300파운드를 차입하여 달러

로 환전한다. 달러 환전 금액은 $8{,}300 \times 1.2 = 9{,}960$달러이고 이를 6개월 만기로 예치한다. 6개월 후 원리합계로 $9{,}960 \times e^{0.02\times 0.5} = 10{,}060.10$달러를 상환받게 된다. 한편 파운드 차입에 대한 원리합계 $8{,}300 \times e^{0.06\times 0.5} = 8{,}552.77$ 파운드 상환을 준비하기 위해서 $8{,}552.77 \times 1.17 = 10{,}006.74$달러를 오늘 선도 매도(즉, 파운드 선도 매입)해 두어야 한다. 결국 $10{,}060.10 - 10{,}006.74 = 53.36$달러를 인도 시점에서 차익거래 수익으로 실현할 수 있다.

제 6 장 스왑

6.1 • 기업 A: 6개월마다 은행으로부터 연 6.88%를 받아 연 7.00%를 지급하고, 은행에게 SOFR를 지급하니 결국 실제로 SOFR+0.12% 지급. 원래 변동금리보다 연 0.18% 작다.

• 기업 B: 6개월마다 은행으로부터 SOFR를 받아 거기에 0.85%를 더해서 채권자에게 지급하고, 은행에 6.92%를 지급하니 결국 $0.85\% + 6.92\% = 7.77\%$가 실제 지급이자. 주어진 고정금리보다 0.18% 작다.

• 은행의 수수료: $6.92\% - 6.88\% = 0.04\%$

6.2 고정금리의 차이는 $8.2\% - 7.5\% = 0.7\%$, 변동금리의 차이는 $0.6\% - 0.3\% = 0.3\%$이므로 이 둘의 차이인 0.4%(40bp)를 세 주체가 나눈다고 생각할 수 있다. 따라서 A에게 15bp, B에게 15bp의 이점(advantage)이 돌아가도록 한다. 그러기 위해 A의 실제 지급 이자율은 SOFR+0.15%, B의 실제 지급 이자율은 8.05%가 되도록 한다. 결국

[1] $7.5\% - 0.15\% = 7.35\%$
[2] $8.05\% - 0.6\% = 7.45\%$

가 되도록 구성하면 될 것이다. 자동적으로 은행은 그 차액인 10bp를 수수료로 수취하는 것이 확인된다.

6.3 향후 1개월, 7개월, 13개월 시점에서 이자 교환이 이루어진다. 고정금리 채권의 경우 (3.5, 3.5, 103.5)의 현금흐름을 발생시키므로 그 가치는

$$\begin{aligned} V_{fb} &= 3.5e^{-0.062\times(1/12)} + 3.5e^{-0.063\times(7/12)} + 103.5e^{-0.064\times(13/12)} \\ &= 103.4228 \end{aligned}$$

로 계산된다. 한편 변동금리 채권의 경우, 1개월 시점에서 적용되는 변동금리를 계산하기 위해서 최근 5개월 기간의 무위험 이자율 6.4359%와 앞으로 1개월 동안의 무위험 이자율 6.2%를 다음과 같이 가중평균한다. 즉, $\frac{5}{6}\times 6.4359\% + \frac{1}{6}\times 6.2\% = 6.3966\%$를 계산한 후 연 2회 복리로 변환하면 6.5%를 얻게 되는데 이를 1개월 시점에서의 6개월 SOFR로 간주한다. 이에 근거한 변동금리 이자 $100 \times 0.065 \div 2 = 3.25$와 액면을 합한 103.25가 바로 다음 번 이자 교환 시점에서의 가치라고 생각하고, 이를 현재 시점으로 할인한다. 그 가치는

$$V_{vb} = 103.25e^{-0.062\times(1/12)} = 102.7179$$

일 것이고, 결국 스왑의 현재가치는 $103.4228 - 102.7179 = 0.7049$로 이제 플러스의

값을 갖게 되었다.

6.4 1개월 시점 교환의 가치:

$$[100 \times (0.07 - 0.065) \div 2]e^{-0.062\times(1/12)} = 0.2487.$$

7개월 시점 교환의 가치(해당 선도이자율: 연속복리 6.3167%, 이산복리 6.4175%):

$$[100 \times (0.07 - 0.064175) \div 2]e^{-0.063\times(7/12)} = 0.2808.$$

13개월 시점 교환의 가치(해당 선도이자율: 연속복리 6.5167%, 이산복리 6.6240%):

$$[100 \times (0.07 - 0.066240) \div 2]e^{-0.064\times(13/12)} = 0.1754.$$

따라서 스왑의 가치는 $0.2487 + 0.2808 + 0.1754 = 0.7049$이다.

6.5 스왑의 가치를 변동금리 채권의 가치와 고정금리 채권의 가치의 차이로 파악한다. 그런데 시작 시점에서 스왑의 가치는 0이며 변동금리 채권의 현재가치는 액면 100과 동일하므로, 곧 고정금리 채권도 그 가치가 100이 되어야 한다. 이제 고정금리 채권의 가치를 100이 되도록 하는 고정금리를 결정하면 된다. 그 고정금리를 (소수 표시로) x라고 하면 6개월마다 이자가 $100 \times x \div 2 = 50x$이므로 고정금리 채권의 현재가치는

$$V_{fb} = 50x \times A + 100e^{-0.076\times3.0} = 264.0000x + 79.6124$$

로 표현할 수 있다. 이 값이 100이 되게 하는 x 값은 0.077226이므로 스왑의 고정금리는 7.7226%로 설정되어야 한다.

6.6 파운드화 채권을 매입하고 달러화 채권을 발행했다고 생각할 수 있다. 파운드화 채권의 3개월, 9개월, 15개월 후 시점에서의 현금흐름은 백만 단위로 표시했을 때 (0.3, 0.3, 10.3)이고 달러화 채권의 현금흐름은 (0.24, 0.24, 12.24)다. 한편 이 세 시점에서의 파운드화 할인율은 각각 5.25%, 5.75%, 6.25%로, 달러화의 할인율은 각각 4.75%, 5.25%, 5.75%로 계산된다. 따라서

$$\begin{aligned}\text{파운드화 채권 가격} &= 0.3e^{-0.0525\cdot\frac{3}{12}} + 0.3e^{-0.0575\cdot\frac{9}{12}} + 10.3e^{-0.0625\cdot\frac{15}{12}} \\ &= 10.1094\text{백만 파운드}\end{aligned}$$

이고

$$\begin{aligned}\text{달러화 채권 가격} &= 0.24e^{-0.0475\cdot\frac{3}{12}} + 0.24e^{-0.0525\cdot\frac{9}{12}} + 12.24e^{-0.0575\cdot\frac{15}{12}} \\ &= 11.8590\text{백만 달러}\end{aligned}$$

가 된다. 따라서 은행의 입장에서의 현재 이 스왑의 달러화 표시 가치는

$$\text{스왑의 가치} = 10.1094 \times 1.15 - 11.8590 = -0.2332\text{백만 달러},$$

즉 −233,200달러라고 할 수 있다.

6.7 우선 적정 선도환율을 구해야 한다.
인도 시점이 3개월인 선도환율:

$$\begin{aligned} F^{[e]}(0.25) &= Se^{(r(0.25)-r_f(0.25))(0.25)} \\ &= 1.15e^{(0.0475-0.0525)(0.25)} = 1.1486 \end{aligned}$$

인도 시점이 9개월인 선도환율:

$$\begin{aligned} F^{[e]}(0.75) &= Se^{(r(0.75)-r_f(0.75))(0.75)} \\ &= 1.15e^{(0.0525-0.0575)(0.75)} = 1.1457 \end{aligned}$$

인도 시점이 15개월인 선도환율:

$$\begin{aligned} F^{[e]}(1.25) &= Se^{(r(1.25)-r_f(1.25))(1.25)} \\ &= 1.15e^{(0.0575-0.0625)(1.25)} = 1.1428 \end{aligned}$$

파운드화를 수취하고 달러화를 지급하므로 달러 표시 스왑의 가치는

$$\begin{aligned} V_{swap} = {} & (0.3 \times 1.1486 - 0.24)e^{-(0.0475)(0.25)} + (0.3 \times 1.1457 - 0.24)e^{-(0.0525)(0.75)} \\ & +(10.3 \times 1.1428 - 12.24)e^{-(0.0575)(1.25)} = -0.2332(\text{백만 달러}). \end{aligned}$$

제 7 장 옵션의 기초

7.1 (1) 주식 공매의 순익 = (30,000 − 27,000) × 1,000 = 300만원.

6개월 후 주가가 행사가격보다 높으므로 풋옵션은 외가격으로 끝나고, 투자금 3,000만원 전액 손실을 입게 된다.

(2) 주식 공매의 순익 = (30,000 − 21,000) × 1,000 = 900만원.

풋옵션은 60,000개를 매입할 수 있다.

풋옵션 매입의 순익 = (25,000 − 21,000 − 500) × 60,000 = 2억 1천만원.

(3) 주식 공매의 순익 = (30,000 − 32,000) × 1,000 = −200만원.

6개월 후 주가가 행사가격보다 높으므로 풋옵션은 외가격으로 끝나고, 투자금 3,000만원 전액 손실을 입게 된다.

7.2 (1) 수입 대금 CF와 콜옵션으로부터의 수입(payoff)은 각각

$$\text{수입 대금 지불에 따른 } CF = -200{,}000S_T,$$
$$\text{콜옵션 수입} = 200{,}000\max(S_T - 1200,\ 0).$$

이 둘의 합계는 $200{,}000\max(-1200, -S_T)$이다. 한편 콜옵션의 프리미엄은 0.204억(= 102 × 200,000)원이다. 이런 결과를 그래프로 그리면 다음과 같다. 직선의 기울기는 a로 표시했다.

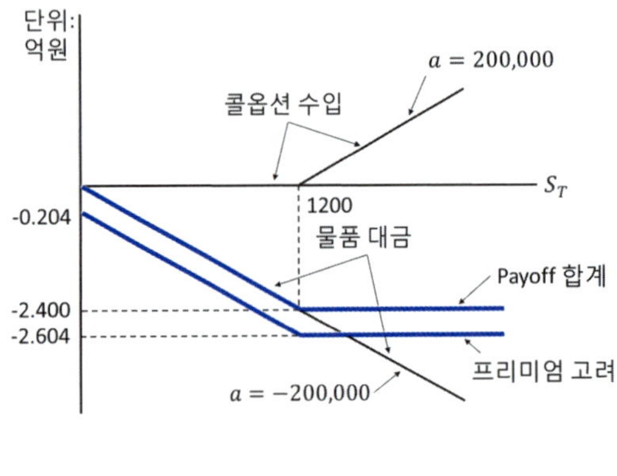

(2) 수입 대금 CF와 콜옵션으로부터의 수입은 각각

$$\text{수입 대금 지불에 따른 } CF = -200{,}000S_T,$$
$$\text{콜옵션 수입} = 100{,}000\max(S_T - 1200,\ 0).$$

이 둘의 합계는 $100{,}000\max(-S_T - 1200, -2S_T)$이다. (그래프에서 둘을 더하는 것으로 이해하면 더 쉬움.) 한편 콜옵션의 프리미엄은 0.102(= $102 \times 100{,}000$)억원이다. 이런 결과를 그래프로 그리면 다음과 같다.

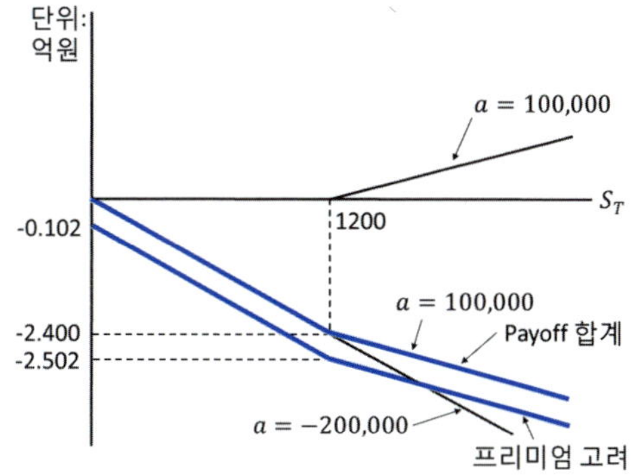

7.3 (1) $P_0 = 1{,}000$억, $S_0 = 320$, $\beta_P = 2$, $r = 0.014$, $\alpha = 0.008$로 주어졌다. 우선 A, B, η^*를 계산한다.

$$A = 2 \cdot \frac{1{,}000\text{억}}{320} = 6.25\text{억}$$
$$B = 1{,}000\text{억} \cdot (0.008 - 1 - 0.014)(2 - 1) = -1{,}006\text{억}$$

으로 계산되고, 필요한 계약수는 $\eta^* = A/m = 2{,}500$계약이 된다. 따라서 지불해야 하는 프리미엄의 총액은 8.5×25만원 $\times\, 2500 = 53.125$억원이다.

(2) $V_{min} = AK + B = 6.25 \times 300 - 1006 = 869$억원 .

(3) $V_{min} = AK + B = 6.25 \times K - 1006 = 744$를 만족시키는 K를 찾는다. $K = 280$으로 계산된다.

제 8 장 주식 옵션 가격과 가격 결정변수들 사이의 관계

8.1 $p_E < Ke^{-rT} - S$가 시장에서 관찰되고 있다고 가정하자. 풋을 매입하고, Ke^{-rT}에 해당하는 금액의 무위험 채권을 발행하며, 주식을 매입한다. 이러한 포지션에 따른 오늘의 현금흐름은 $-p_E + Ke^{-rT} - S$로서 가정된 조건하에서 플러스의 값을 갖게 된다. 본문에서도 언급하였듯이 무위험 채권의 발행과 관련해서는, 시장의 거래자 중에 무위험 채권을 발행할 수 있는, 즉 무위험 이자율로 차입할 수 있는 주체가 하나라도 존재한다면 차익거래가 발생할 수 있기 때문에 이러한 설정은 타당하다. T 시점에서의 수입의 합계를 그래프와 표로 나타내면 각각 아래와 같을 것이다.

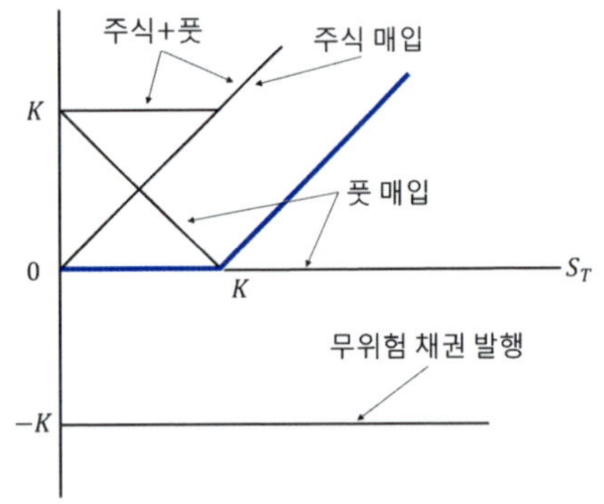

포지션	$S_T \leq K$	$K < S_T$
풋 매입	$K - S_T$	0
Ke^{-rT} 차입	$-K$	$-K$
주식 매입	S_T	S_T
합계	0	$S_T - K > 0$

그래프나 표에서 볼 수 있듯이 만기에서의 전체 수입은 0보다 크거나 같다. 따라서 차익거래가 발생하였고, 차익거래가 발생하지 않기 위해서는 $p_E \geq Ke^{-rT} - S$의 관계가 성립되어야 한다.

8.2 $p_A(K_2) - p_A(K_1) > K_2 - K_1$의 관계가 시장에서 관찰되고 있다고 가정하자. 행사가격 K_2의 풋을 매도하고, 행사가격 K_1의 풋은 매입하며, $(K_2 - K_1)$에 해당하는 금액을 예치한다. 오늘의 현금흐름은 $p_A(K_2) - p_A(K_1) - (K_2 - K_1)$으로서 주어진 가정하에서 플러스의 값을 갖는다.

우선 지금부터 만기까지의 임의의 시점 $\tau(0 < \tau \leq T)$에서, 발행된 행사가격 K_2의 풋옵션이 상대방에 의해서 행사되는 경우를 생각해 보자. 이럴 경우 나머지 포지션을 모두 정리한다. 그러면 τ에서의 현금흐름은

$$\begin{aligned} CF_\tau &= \text{발행한 풋옵션 행사에 따른 마이너스 현금흐름}(= -(K_2 - S_\tau)) \\ &\quad + \text{보유한 풋옵션 처분에 따른 현금흐름}(\geq K_1 - S_\tau) \\ &\quad + \text{무위험 자산 투자 회수금}(> K_2 - K_1) \\ &> \ -(K_2 - S_\tau) + (K_1 - S_\tau) + (K_2 - K_1) = 0 \end{aligned}$$

이므로 $CF_\tau > 0$임을 알 수 있다. 여기에서 보유한 풋옵션은 적어도 행사했을 때의 가치인 $K_1 - S_\tau$보다 크거나 같을 것이고, 무위험 자산의 투자 회수금은 원금보다 클 것이라는 사실이 반영되었다.

다음으로 만기 시점인 T까지 발행된 풋옵션이 행사되지 않는 경우다. 이는 $S_T \geq K_2$를 의미한다. 따라서 내가 보유하고 있는 행사가격 K_1의 풋옵션도 외가격으로 끝나게 된다. 남은 것은 무위험 자산의 투자 회수금으로 이는 0보다 클 것이므로, 이러한 경우에는 만기에서의 현금흐름이 플러스가 된다.

살펴본 두 경우 모두, 포지션을 정리하는 시점에서 플러스의 현금흐름을 확보할 수 있으므로 차익거래가 발생했고, 따라서 차익거래가 발생하지 않으려면 $p_A(K_2) - p_A(K_1) \leq K_2 - K_1$이 성립되어야 한다.

8.3 $p_A > c_A + K - S$가 관찰되고 있다고 가정한다. 그러면 풋 매도, 콜 매입, 현금 K 예치, 주식 공매의 포지션을 취하게 되면, 오늘의 현금흐름은 $p_A - c_A - K + S$로서 주어진 가정하에서 플러스이다. 임의의 시점 $\tau(0 < \tau \leq T)$에서 매도한 풋이 행사된다면, 이에 대응하여 나머지 포지션을 정리한다. 이 경우

$$\begin{aligned} CF_\tau &= \text{발행한 풋옵션 행사에 따른 마이너스 현금흐름}(= -(K - S_\tau)) \\ &\quad + \text{보유한 콜 매도}(\geq 0) \\ &\quad + \text{무위험 자산 투자 회수금}(> K) \\ &\quad + \text{공매한 주식 상환}(= -S_\tau) \\ &> \ -(K - S_\tau) + K - S_\tau = 0 \end{aligned}$$

이므로 $CF_\tau > 0$임을 알 수 있다. (참고로 지금 증명하고자 하는 부등식은 배당을 가정하지 않을 때 성립하는 것이고, 배당이 없을 때에는 미국형 콜옵션의 조기행사는 어떠한 경우에도 적절하지 않으므로 보유한 콜을 매도하여 현금화해야 한다.)

다음으로 만기 T까지 풋옵션이 행사되지 않는 경우에는 $S_T \geq K$라는 것을 의미하며 이때 보유한 콜옵션은 $S_T - K \geq 0$의 수입을 가져온다. 따라서 이 경우 만기에서의 현금

흐름 또는 수입은

$$\begin{aligned} CF_T &= \text{외가격으로 끝나는 풋옵션 수입}(=0) \\ &\quad + \text{콜옵션 수입}(S_T - K) \\ &\quad + \text{무위험 자산 투자 회수금}(> K) \\ &\quad + \text{공매한 주식 상환}(= -S_T) \\ &> (S_T - K) + K - S_T = 0 \end{aligned}$$

이므로 CF_T는 0보다 크다. 따라서 어떠한 경우에도 차익거래가 발생한다.

8.4 $p_E(K_2) > 0.25p_E(K_1) + 0.75p_E(K_3)$가 관찰되고 있다고 가정한다. 행사가격 K_2 풋 1개를 매도하고, 행사가격 K_1 풋은 0.25개, 행사가격 K_3 풋은 0.75개 매입하는 포지션을 취한다. 그러면 이로 말미암은 오늘의 현금흐름은 $p_E(K_2) - 0.25p_E(K_1) - 0.75p_E(K_3)$로서 가정에 따라 플러스의 값을 갖는다. 만기에서의 수입을 나타내는 그래프와 표는 아래와 같다.

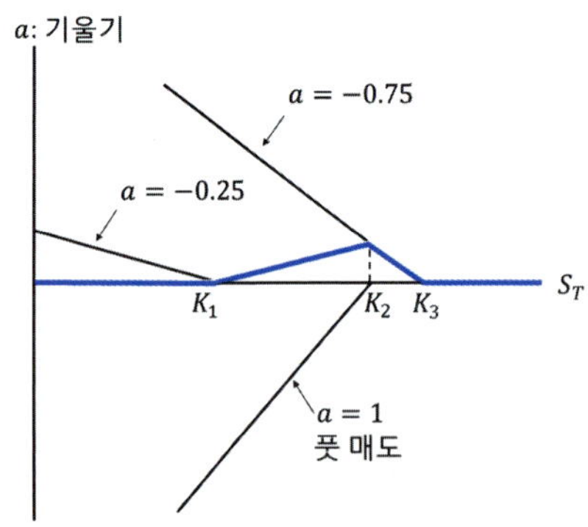

포지션	$S_T \le K_1$	$K_1 < S_T \le K_2$	$K_2 < S_T \le K_3$	$K_3 < S_T$
K_1의 풋 0.25개 매입	$0.25(K_1 - S_T)$	0	0	0
K_2의 풋 1개 매도	$-(K_2 - S_T)$	$-(K_2 - S_T)$	0	0
K_3의 풋 0.75개 매입	$0.75(K_3 - S_T)$	$0.75(K_3 - S_T)$	$0.75(K_3 - S_T)$	0
합계	0	$0.25(S_T - K_1)$ ≥ 0	$0.75(K_3 - S_T)$ ≥ 0	0

그래프나 표 각각에서, S_T의 값에 상관없이 어떤 경우에나 만기에서의 수입은 0보다 작지 않다는 것을 알 수 있다. 오늘의 현금흐름이 플러스라는 사실과 함께, 만기에서의 수입이 0보다 작지 않다는 사실은 차익거래가 발생했다는 것을 의미한다. 따라서 차익거래가 불가능한 균형 상태에서는 $p_E(K_2) \leq 0.25p_E(K_1) + 0.75p_E(K_3)$가 성립해야 한다.

제 9 장 옵션 거래 전략

9.1 오늘의 $CF = 71.39 - 6.02 = 65.37$

T 시점에서의 수입과 순익은 아래의 그림과 같다.

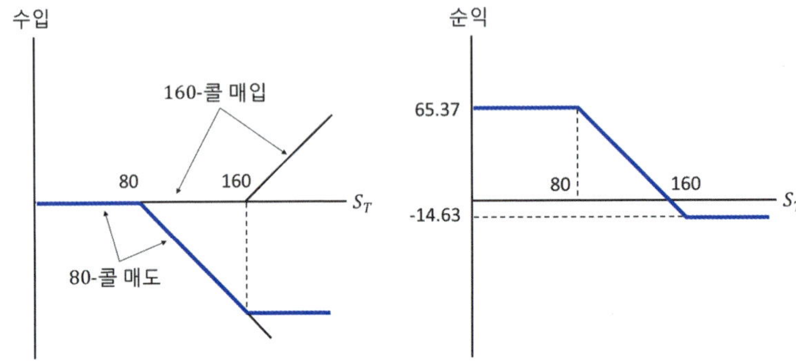

9.2 행사가격 K_1의 콜옵션과 행사가격 K_3의 콜옵션을 각각 1개씩 매도하고, 행사가격 $K_2(= 0.5K_1 + 0.5K_3)$의 콜옵션을 2개 매입한다. 그러면

오늘의 $CF = c_1 - 2c_2 + c_3 > 0$

T 시점에서의 수입과 순익은 아래의 그림과 같다.

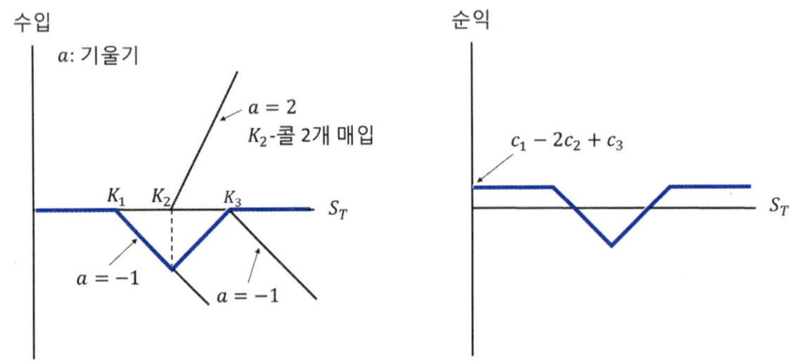

순익의 그래프는 그림 9.7의 그래프와 x-축을 기준으로 대칭인 모습을 갖게 됨을 확인할 수 있다.

9.3 행사가격 K_1의 풋과 행사가격 K_3의 풋을 각각 1개씩 매입하고 행사가격 K_2의 풋을 2개 매도하면, 오늘의 $CF = -p_1 + 2p_2 - p_3$이다. 그런데 풋-콜 등가식을 적용하면

$$
\begin{aligned}
-p_1 + 2p_2 - p_3 &= -(c_1 + K_1 e^{-rT} - S) + 2(c_2 + K_2 e^{-rT} - S) \\
&\quad -(c_3 + K_3 e^{-rT} - S) \\
&= -c_1 + 2c_2 - c_3 + (-K_1 + 2K_2 - K_3)e^{-rT} \\
&= -c_1 + 2c_2 - c_3
\end{aligned}
$$

이므로 콜옵션들을 이용한 버터플라이 스프레드에서와 동일한 오늘의 현금흐름을 발생시킨다. 만기에서의 수입도 아래의 그림과 같이 콜옵션들을 이용할 때와 동일하다. 따라서 만기에서의 순익 역시 동일하다는 것을 알 수 있다.

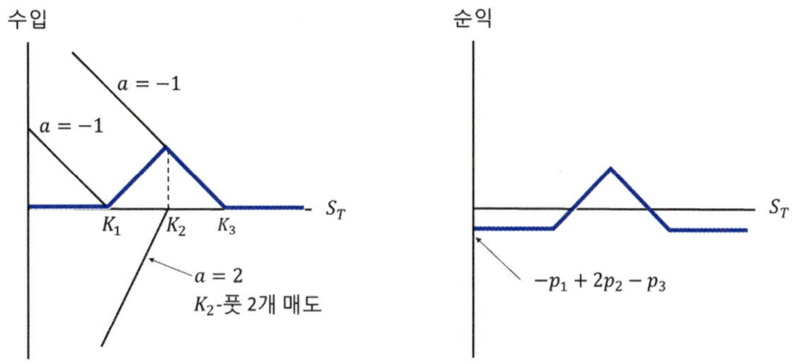

제 10 장 이항 옵션 평가기법

10.1 첫 번째 이항 움직임에 대해서

$$u = \frac{55}{50} = 1.1, \quad d = \frac{45}{50} = 0.9$$

로 계산된다. 다른 구간의 이항 움직임에서도 u, d는 일정하다. $h = 0.25$이므로

$$\pi = \frac{e^{rh} - d}{u - d} = \frac{e^{0.04 \cdot 0.25} - 0.9}{1.1 - 0.9} = 0.55025$$
$$1 - \pi = 0.44975$$

만기에서의 풋옵션의 수입을 계산하면

$$f_{[2,2]} = 0, \quad f_{[2,1]} = 1.5, \quad f_{[2.0]} = 10.5$$

이므로, 유럽형에 대해서는

$$f_{[1,1]} = e^{-0.01}[0.55025 \times 0 + 0.44975 \times 1.5] = 0.6679$$
$$f_{[1,0]} = e^{-0.01}[0.55025 \times 1.5 + 0.44975 \times 10.5] = 5.4925$$
$$f_{[0,0]} = e^{-0.01}[0.55025 \times 0.6679 + 0.44975 \times 5.4925] = 2.8095$$

로 계산되어 현재가치가 2.8095라는 것을 알 수 있다.

미국형의 경우 각 노드에서 행사하는 경우의 수입을 고려해야 하는데

- 노드[1,1]에서 행사하면 수입은 $\max(51 - 55,\ 0) = 0$이므로 조기행사가 부적절.
- 노드[1,0]에서 행사하면 수입은 $\max(51 - 45,\ 0) = 6$이므로 조기행사가 유리.

따라서

$$f_{[0,0]} = e^{-0.01}[0.55025 \times 0.6679 + 0.44975 \times 6] = 3.0355$$

로 계산된다.

10.2 만기에 주가에 대응되는 콜옵션의 수입은 10 또는 0이고, 풋옵션의 수입은 0 또는 20이다. 각 증권에 대해서 위험중립 가치평가 공식을 적용한다. 주가에 대해서는

$$[120\pi + 80(1 - \pi)] \div R = 100$$

이, 콜옵션에 대해서는

$$10\pi \div R = 7.5$$

가 성립할 것이다. 이 연립방정식을 π와 R에 대해서 풀면 $\pi = 6/7$, $R = 8/7$이다. 따라

서 풋옵션의 현재가치는

$$p = 20(1-\pi) \div R = 2.5$$

로 계산된다.

10.3 주식을 a주 매입하고 무위험 자산에 b를 투자하여 복제 포트폴리오를 만든다.

주가 상승시 이 포트폴리오의 가치 $= 49.6a + be^{0.07/2} = 11.6.$

주가 하락시 이 포트폴리오의 가치 $= 32.4a + be^{0.07/2} = 0.$

두 방정식을 풀면 $a = 0.6744,\ b = -21.0990$이 된다. 그러면

$$\text{이 포트폴리오 구성비용} = aS + b = 0.6744 \times 40 - 21.0990 = 5.8770$$

으로서 이것이 해당 콜옵션의 가치가 된다.

10.4 본문에서의 표시와는 조금 다르게, 예를 들어 노드$[ud]$를 주가가 첫 번째는 상승, 두 번째는 하락하는 경우에 도착하는 상태를 의미한다고 하자. 그럼 만기의 해당 옵션의 수입은 각각 다음과 같을 것이다.

$$f_{[uu]} = 13.15$$

$$f_{[ud]} = \max\left(\frac{105 + 100.8}{2} - 95,\ 0\right) = 7.9$$

$$f_{[du]} = \max\left(\frac{95 + 98.8}{2} - 95,\ 0\right) = 1.9$$

$$f_{[dd]} = \max\left(\frac{95 + 90.25}{2} - 95,\ 0\right) = 0.$$

- 노드$[u]$에서 시작하는 이항 움직임에 대해서는

$$u = \frac{111.3}{105} = 1.06, \quad d = \frac{100.8}{105} = 0.96$$

으로부터

$$\pi = \frac{e^{0.03} - 0.96}{1.06 - 0.96} = 0.7045, \quad 1 - \pi = 0.2955$$

가 계산되어

$$f_{[u]} = e^{-0.03}[0.7045 \times 13.15 + 0.2955 \times 7.9] = 11.2558$$

임을 알 수 있다.

- 노드[d]에서 시작하는 이항 움직임에 대해서는

$$u = \frac{98.8}{95} = 1.04, \quad d = \frac{90.25}{95} = 0.95$$

로부터

$$\pi = \frac{e^{0.03} - 0.95}{1.04 - 0.95} = 0.8939, \quad 1 - \pi = 0.1061$$

을 계산하여

$$f_{[d]} = e^{-0.03}[0.8939 \times 1.9 + 0.1061 \times 0] = 1.6482.$$

- 현재 시점에서의 이항 움직임에 대해서는

$$u = \frac{105}{100} = 1.05, \quad d = \frac{95}{100} = 0.95$$

로부터

$$\pi = \frac{e^{0.03} - 0.95}{1.05 - 0.95} = 0.8045, \quad 1 - \pi = 0.1955$$

를 계산하여 결과적으로 해당 옵션의 현재가치를

$$f = e^{-0.03}[0.8045 \times 11.2558 + 0.1955 \times 1.6482] = 9.1004$$

로 계산한다. (중간 계산 과정의 반올림 방식에 따라 조금 다른 계산 결과가 나올 수 있다.)

10.5 (1) 콜옵션의 만기 수입은 9 또는 0이다. 주식을 Δ주 매입하고 콜옵션 A를 1개 매도하여 만기에서 일정한 수입이 발생되도록 해야 하므로

$$48\Delta - 9 = 32\Delta$$

가 성립하여 $\Delta = \frac{9}{16}$이 되어야 한다. 이렇게 구성한 무위험 자산의 구성비용은 $40\Delta - 6.5 = 16$이고 만기에서의 수입은 $48\Delta - 9 = 32\Delta = 18$이므로, 무위험 자산 1의 1년 후 미래가치는 $\frac{18}{16} = \frac{9}{8}$라고 하겠다. 주가 상승의 가성확률 π는, 콜옵션 A의 가치에 대해서

$$[\pi \times 9 + (1 - \pi) \times 0] \times \frac{8}{9} = 6.5$$

의 관계를 만족시켜야 하므로

$$\pi = \frac{13}{16}$$

으로 구해진다.

(2) 파생상품 B의 적정 가격은

$$[\pi \times 0 + (1-\pi) \times 18] \times \frac{8}{9} = 3$$

이어야 하는데 3.4로 고평가되어 있어 차익거래가 가능하다. 파생상품 B를 복제하기 위해서 주식 w_1주와 콜옵션 A w_2개를 매입하여 구성한 포트폴리오를 C라고 부르자. C의 만기시의 수입을 B의 수입과 같게 만들어야 하므로

$$48w_1 + 9w_2 = 0$$
$$32w_1 + 0w_2 = 18$$

의 연립방정식을 풀어 $w_1 = \frac{9}{16}, w_2 = -3$을 구한다. 따라서 주식을 $\frac{9}{16}$주 매입하고 콜옵션 A를 3개 매도하여 C를 구성하면서, 동시에 파생상품 B에 대해서 매도 포지션을 취하면

$$\text{오늘의 현금흐름} = -\frac{9}{16} \times 40 + 3 \times 6.5 + 3.4 = 0.4$$

가 되고, 만기시에는 포트폴리오 C로부터의 수입과 B 매도 포지션의 수입이 상쇄되어 0의 수입이 확정되므로, 차익거래를 실현할 수 있다.

제 11 장 블랙-쇼울즈 모형

11.1 6개월 후의 주가 $S_{0.5}$는

$$\begin{aligned}\ln S_{0.5} &\sim \upsilon(\ln 40 + (0.12 - 0.5 \times 0.25^2) \times 0.5,\ 0.25^2 \times 0.5) \\ &= \upsilon(3.73325,\ 0.17678^2)\end{aligned}$$

의 분포를 따른다. 따라서

$$Prob[3.73325 - 1.96 \times 0.17678 \le \ln S_{0.5} \le 3.73325 + 1.96 \times 0.17678] = 0.95$$

즉,

$$Prob[3.3868 \le \ln S_{0.5} \le 4.0797] = 0.95$$

가 되며, 이로부터

$$Prob[e^{3.3868} \le S_{0.5} \le e^{4.0797}] = 0.95$$

또는

$$Prob[29.57 \le S_{0.5} \le 59.13] = 0.95$$

가 도출된다. 즉, 이 주식의 6개월 후의 가격이 (29.57, 59.13)의 구간에 놓이게 될 확률이 95%라는 것을 알 수 있다.

11.2

$$r(1) \sim \upsilon(0.064,\ 0.019^2)$$

이므로

$$\begin{aligned}\ln B(1,\ 5) &= \ln 94 - 3.29 \cdot r(1) \\ &\sim \upsilon(\ln 94 - 3.29 \times 0.064, (3.29 \times 0.019)^2) \\ &= \upsilon(4.3327,\ 0.06251^2).\end{aligned}$$

따라서

$$\begin{aligned}&Prob^*[4.3327 - 1.96 \times 0.06251 \le \ln B(1,\ 5) \le 4.3327 + 1.96 \times 0.06251] \\ &= Prob^*[4.2102 \le \ln B(1,\ 5) \le 4.4552] \\ &= Prob^*[e^{4.2102} \le B(1,\ 5) \le e^{4.4552}] \\ &= Prob^*[67.37 \le B(1,\ 5) \le 86.07] = 95\%.\end{aligned}$$

이에 따라 5년 만기 채권의 1년 후 시점에서의 가격은 95%의 확률로 (67.37, 86.07)의 구간에 놓이게 된다.

11.3 MC 시뮬레이션을 위해서는 기준 주식의 1년 후 가격 S_1의 위험중립 세계에서의 값을 생성해야 한다. 위험중립 세계에서 S_1은

$$\begin{aligned}\ln S_1 &\sim \upsilon(\ln 51 + (0.05 - 0.3^2/2)\cdot 1,\ 0.3^2 \cdot 1)\\ &= \upsilon(3.9368,\ 0.3^2)\end{aligned}$$

로 표시될 수 있는 로그정규분포를 따를 것이다. (즉, $\ln S_1$은 정규분포를 따른다.) 우리가 $y = 0.3\varepsilon + 3.9368$이라고 정의하면 y는 $\ln S_1$과 동일한 정규분포를 따를 터이니, 이렇게 y를 주어진 ε 값으로부터 구하고 다시 e^y를 계산하면 이 값이 바로 S_1의 시뮬레이션 값이 될 것이다. 이렇게 계산하면 S_1의 세 샘플포인트(sample point)는 (64.77, 32.29, 70.94)가 될 테고 이에 대응하는 콜의 가치는 (14.77, 0, 20.94)가 된다.

11.4 위험중립 가치평가의 원칙에 따라

$$\begin{aligned}\text{파생상품의 현재가치} &= e^{-rT}E^*(\text{만기에서의 수입})\\ &= e^{-0.05\cdot 2}E^*((S_2 - 10)^2)\\ &= e^{-0.1}(E^*(S_2^2) - 20E^*(S_2) + 100).\end{aligned}$$

위험중립 세계에서의 평균이라는 점을 나타내기 위해서 $E^*(\cdot)$로 표시하였다. 아래의 분산도 마찬가지로 $var^*(\cdot)$로 표시한다.

이제 $E^*(S_2^2)$와 $E^*(S_2)$를 평가해야 하는데, 둘 다 위험중립 세계에서의 기대값이니 S_2가 평균 0.05, 변동성 0.4의 모수를 갖는 로그정규분포를 따르는 것을 전제로 이 두 기대값을 계산해야 한다. 즉,

$$E^*(S_2) = Se^{rT} = 20e^{0.05\cdot 2} = 22.1034\ \ (Se^{\mu T}\text{가 아님을 주의})$$

이다. $E^*(S_2^2)$을 평가하기 위해서는

$$E^*(S_2^2) = var^*(S_2) + (E^*(S_2))^2$$

의 관계를 이용한다. 이를 위해 분산을 구하면

$$\begin{aligned}var^*(S_2) &= S^2e^{2rT}(e^{\sigma^2 T} - 1)\quad (\mu\text{가 아니라 } r\text{이란 것 주의})\\ &= 20^2e^{(2)(0.05)(2)}(e^{0.4^2\cdot 2} - 1)\\ &= 184.2500.\end{aligned}$$

따라서

$$\begin{aligned}E^*(S_2^2) &= var^*(S_2) + (E^*(S_2))^2\\ &= 184.2500 + 22.1034^2 = 672.8103.\end{aligned}$$

위에서 구한 $E^*(S_2^2)$와 $E^*(S_2)$의 값들을 대입하면

$$\text{파생상품의 현재가치} = e^{-0.1}(672.8103 - 20 \cdot 22.1034 + 100) = 299.268$$

이 구해진다.

11.5 (1)
$$\text{만기에서 수입} = 30 \times 1_{\{S_T \geq 100\}}$$

이므로

$$\text{파생상품의 현재가치} = e^{-0.05 \cdot 1} E^*(30 \times 1_{\{S_T \geq 100\}}) = e^{-0.05} \cdot 30 \cdot Prob^*[S_1 \geq 100].$$

위험중립 세계에서 기준 주식의 1년 후 가격 S_1은

$$\ln S_1 \sim \upsilon(\ln 80 + (0.05 - 0.4^2/2) \cdot 1,\ 0.4^2 \cdot 1) = \upsilon(4.3520,\ 0.4^2)$$

으로 표시될 수 있는 로그정규분포를 따를 것이다. 따라서

$$Prob^*[S_1 \geq 100] = Prob^*\left[\frac{\ln S_1 - 4.3520}{0.4} \geq \frac{\ln 100 - 4.3520}{0.4}\right]$$
$$= Prob^*[Z \geq 0.6329] \quad (\text{여기에서 Z는 표준정규분포의 변수})$$
$$= 1 - N(0.6329) = 1 - 0.7366 = 0.2634$$

로 계산된다. 결국

$$\text{파생상품의 현재가치} = e^{-0.05} \cdot 30(0.2634) = 7.517$$

이라고 할 수 있다.

(2)
$$\text{만기에서 수입} = A \times 1_{\{S_T \geq K\}}$$

이므로

$$\text{파생상품의 현재가치} = e^{-rT} E^*(A \times 1_{\{S_T \geq K\}}) = Ae^{-rT} \cdot Prob^*[S_T \geq K].$$

위험중립 세계에서 기준 주식의 T년 후 가격 S_T는

$$\ln S_T \sim \upsilon(\ln S + (r - \sigma^2/2)T, \sigma^2 T)$$

로 표시될 수 있는 로그정규분포를 따를 것이다. 앞의 식에서 평균 $\ln S + (r - \sigma^2/2)T$를 m으로 표시하면

$$
\begin{aligned}
Prob^*[S_T \geq K] &= Prob^*\left[\frac{\ln S_T - m}{\sigma\sqrt{T}} \geq \frac{\ln K - m}{\sigma\sqrt{T}}\right] \\
&= Prob^*[Z \geq -d_2] \\
&= Prob^*[Z \leq d_2] = N(d_2).
\end{aligned}
$$

위 식에서 $\frac{\ln K - m}{\sigma\sqrt{T}} = -d_2$라는 것은 쉽게 확인된다.

결국 디지털 옵션의 현재가치는 $Ae^{-rT}N(d_2)$라는 공식으로 나타낼 수 있다.

(3) 변형된 옵션의 경우

$$
\text{만기시 수입} = 30 \times 1_{\{S_T \geq 100\}} + 20 \times 1_{\{S_T \geq 150\}}
$$

로 나타낼 수 있으므로, 변형된 옵션은 (1)의 디지털 옵션에 행사가격 150, $A = 20$의 디지털 옵션을 추가한 것과 같다. 추가되는 옵션의 가치는 (2)의 공식을 이용하여 구할 수 있고, 이 경우

$$
d_2 = \frac{\ln(80/150) + (0.05 - 0.4^2/2) \cdot 1}{0.4 \cdot 1} = -1.6465
$$

를 적용한다. 따라서 추가되는 현재가치는 $20e^{-0.05}N(-1.6465) = 0.948$이고, 결국 해당 파생상품의 현재가치는 $7.517 + 0.948 = 8.465$라고 하겠다.

11.6 위험중립 세계에서 $\ln S_1$은

$$
\begin{aligned}
\ln S_1 &\sim \upsilon(\ln 100 + (0.1 - 0.2^2/2) \cdot 1,\ 0.2^2 \cdot 1) \\
&= \upsilon(4.68517,\ 0.2^2)
\end{aligned}
$$

의 분포를 따를 것이다. 따라서

$$
\begin{aligned}
\text{파생상품의 현재가치} &= e^{-0.1}E^*[(\ln S_1)^2] \\
&= e^{-0.1}[var^*(\ln S_1) + (E^*(\ln S_1))^2] \\
&= e^{-0.1}(0.2^2 + 4.68517^2) = 19.898
\end{aligned}
$$

이 구해진다.

제 12 장 동적 헤징

12.1 각 노드에서의 콜옵션의 델타를 구하기 위해서 콜옵션의 가치를 먼저 계산해야 한다. 만기에서의 수입은

$$f_{[2,2]} = \max(48.4 - 38,\ 0) = 10.4$$
$$f_{[2,1]} = \max(39.6 - 38,\ 0) = 1.6$$
$$f_{[2,0]} = \max(32.4 - 38,\ 0) = 0$$

무위험 채권 가치상승률과 가성확률은 앞서의 경우와 동일하므로 ($R = 1.017654$, $\pi = 0.5883$) 이에 근거해서

$$\begin{aligned} f_{[1,1]} &= [0.5883 \times f_{[2,2]} + (1 - 0.5883) \times f_{[2,1]}] \div R \\ &= [0.5883 \times 10.4 + 0.4117 \times 1.6] \div 1.017654 = 6.6592 \end{aligned}$$

마찬가지로

$$f_{[1,0]} = [0.5883 \times 1.6 + 0.4117 \times 0] \div 1.017654 = 0.9249$$
$$f_{[0,0]} = [0.5883 \times 6.6592 + 0.4117 \times 0.9249] \div 1.017654 = 4.2237$$

로 계산되고 이에 근거해서 콜옵션의 가치변화를 요약하면 아래의 그림과 같이 나타낼 수 있다.

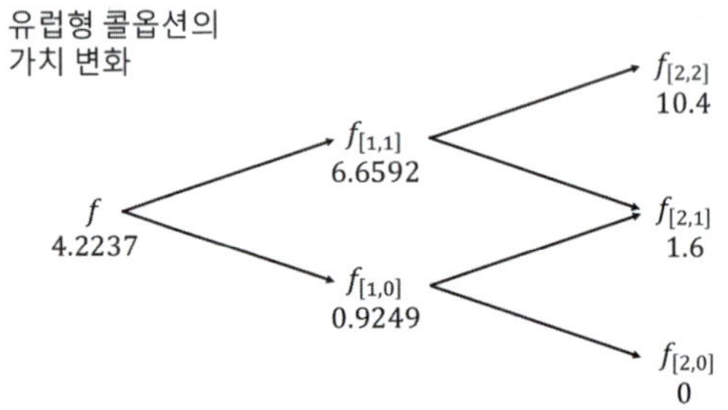

이제 헤징 포지션 H를 구성해 보자. 식 12.1에 근거해서 델타를 구하고 무위험 자산의 잔고 b는 $f - aS$로 계산한다.

노드[0,0]에서

$$a \equiv \Delta = \frac{f_{[1,1]} - f_{[1,0]}}{S_{[1,1]} - S_{[1,0]}} = \frac{6.6592 - 0.9249}{44 - 36} = 0.7168$$
$$b = f_{[0,0]} - aS_{[0,0]} = 4.2237 - 0.7168 \times 40 = -24.4479$$

노드[1,1]에서

$$a = \frac{f_{[2,2]} - f_{[2,1]}}{S_{[2,2]} - S_{[2,1]}} = \frac{10.4 - 1.6}{48.4 - 39.6} = 1$$
$$b = f_{[1,1]} - aS_{[1,1]} = 6.6592 - 1 \times 44 = -37.3408$$

노드[1,0]에서

$$a = \frac{f_{[2,1]} - f_{[2,0]}}{S_{[2,1]} - S_{[2,0]}} = \frac{1.6 - 0}{39.6 - 32.4} = 0.2222$$
$$b = f_{[1,0]} - aS_{[1,0]} = 0.9249 - 0.2222 \times 36 = -7.0751$$

로 계산된다. 계산된 헤징 포지션 H를 그림으로 나타내면 다음과 같다.

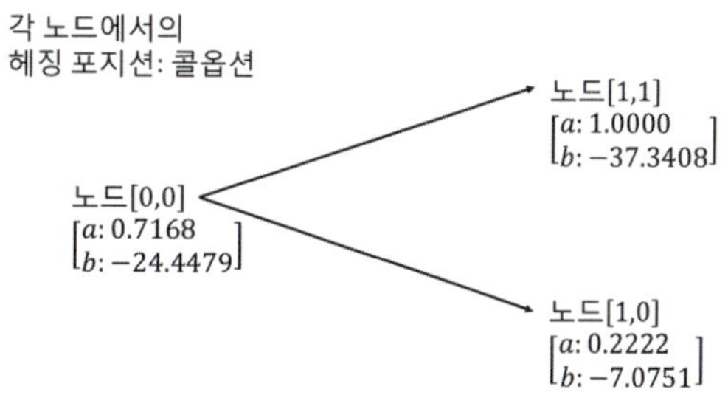

12.2 (1) 보유해야 하는 주식 수 = $0.58 \times 400 = 232$주

새로 추가할 주식 수 = $232 - 196 = 36$주

추가 매입 비용 = $36 \times 52.30 = 1{,}882.8$

무위험 자산 잔고 = $-8{,}430 \times 1.001 - 1{,}882.8 = -10{,}321.2$

결국 주식 232주, 무위험 자산 잔고 −10,321.2를 헤지 포지션으로 유지한다.

(2) 보유해야 하는 주식 수 = $0.53 \times 400 = 212$주

새로 추가할 주식 수 = $212 - 232 = -20$주

추가 매입 비용 = $-20 \times 51.18 = -1{,}023.6$

무위험 자산 잔고 = $-10{,}321.2 \times 1.001 + 1{,}023.6 = -9{,}307.9$

결국 주식 212주, 무위험 자산 잔고 −9,307.9를 헤지 포지션으로 유지한다.

12.3 보유해야 하는 주식 수 = $-0.63 \times 200 = -126$주 (즉, 126주 공매)

새로 추가할 주식 수 = $-126 - (-112) = -14$주 (추가 공매)

추가 매입 비용 = $-14 \times 75.75 = -1{,}060.5$

무위험 자산 잔고 = $10{,}600 \times 1.001 - (-1{,}060.5) = 11{,}671.1$

결국 주식 126주 공매, 무위험 자산 잔고 11,671.1을 헤지 포지션으로 유지한다.

12.4 (1) B만을 이용하여 감마를 0으로 만들기 위해서는 B를 $-\frac{\Gamma_{DN}}{\Gamma_B} = 4{,}800$개를 매입해야 한다. 이 경우 전체 델타가 $4{,}800 \times \Delta_B = 2{,}400$이 되니 이를 다시 0으로 만들기 위해 주식 2,400주를 매도해야 한다.

(2) C만을 이용하는 경우에는 C를 $-\frac{\Gamma_{DN}}{\Gamma_C} = 6{,}400$개를 매입하고, 이로 말미암아 전체 델타가 $6{,}400 \times \Delta_C = 5{,}120$ 되는 것을 0으로 회복시키기 위해 주식 5,120주를 매도한다.

(3) 전체 포지션의 델타와 감마, 그리고 베가를 동시에 0으로 만들기 위해서 주식, B, C를 각각 w_1주, w_2개, w_3개 포함하면

$$\text{전체 포지션 델타} = w_1 + 0.5w_2 + 0.8w_3 = 0$$

$$\text{전체 포지션 감마} = -1{,}920 + 0.4w_2 + 0.3w_3 = 0$$

$$\text{전체 포지션 베가} = -46{,}400 + 8.0w_2 + 10.0w_3 = 0$$

이 성립해야 한다. 아래 2개의 방정식을 먼저 풀면 $w_2 = 3{,}300$, $w_3 = 2{,}000$으로 계산된다. 이 값을 첫 번째 식에 대입하여 $w_1 = -3{,}250$을 구한다. 즉, B를 3,300개, C를 2,000개 매입하고, 주식을 3,250주 매도한다.

12.5 전체 포지션의 델타와 감마, 그리고 베가를 동시에 0으로 만들기 위해서 파운드화, B, C를 각각 w_1파운드, w_2개, w_3개 포함하면

$$\text{전체 포지션 델타} = w_1 + 0.6w_2 + 0.5w_3 = 0$$

$$\text{전체 포지션 감마} = -1{,}080 + 0.5w_2 + 0.6w_3 = 0$$

$$\text{전체 포지션 베가} = -3{,}240 + 2.0w_2 + 1.5w_3 = 0$$

이 성립해야 한다. 아래 2개의 방정식을 먼저 풀면 $w_2 = 720$, $w_3 = 1{,}200$으로 계산된다. 이 값을 첫 번째 식에 대입하여 $w_1 = -1{,}032$를 구한다. 즉, B를 720개, C를 1,200개 매입하고, 파운드화를 1,032파운드 매도한다.

제 13 장 옵션 평가모형의 응용

13.1 새로운 주가가 2.1이니 기업가치는 1,050으로 상승한 것이다. 이로부터

$$D = V_L - c(V_L, T, K) = 1050 - c(1050,\ 3,\ 600) = 501.6528$$

이 계산된다. 발행하는 할인채의 만기수익률은

$$\frac{1}{3}\ln\left(\frac{600}{501.6528}\right) = 5.9674\%$$

이다. 한편 자기자본은 총 $1{,}050 - 501.6528 = 548.3472$가 되어 주수는 $548.3472 \div 2.1 = 261.1177$주가 될 것이다.

13.2 MM의 정리하에서 부채가 있는 회사의 가치는 부채가 없는 회사의 가치와 동일하니 $V_L = V_U = 1{,}000$이라고 할 수 있다. 따라서

$$D = V_L - c(V_L, T, K) = 1000 - c(1000,\ 3,\ 600) = 498.7905$$

로 계산되어 이 할인채의 만기수익률은

$$\frac{1}{3}\ln\left(\frac{600}{498.7905}\right) = 6.1581\%$$

가 될 것이다. 한편 새로운 주가는 그대로 2로 유지되며, 주식재매입으로 감자한 주수는 $498.7905 \div 2 = 249.3953$주, 새로운 주수는 250.6047주가 된다.

13.3 (1) 본문의 기호를 그대로 이용할 때, 회사가치는

$$V = nS + mW = 500 \times 1.92 + 100 \times 0.3 = 990$$

이다. 그런데 BS 공식을 이용하면 $c(V, T, nK) = c(990,\ 2,\ 1000) = 205.2515$로서

$$\text{신주인수권 적정 가격} = \frac{1}{n+m}\ c(V, T, nK) = c(990,\ 2,\ 1000) \div 600 = 0.3421$$

$$\text{적정 주가} = \frac{1}{n}(V - mW) = (990 - 100 \times 0.3421) \div 500 = 1.9116$$

으로 계산되어, 주가는 상대적으로 고평가되어 있고 신주인수권은 저평가되어 있는 것으로 나타난다.

(2) 주가는

$$S = \frac{1}{n}\left[V - \frac{m}{n+m}\ c(V, T, nK)\right]$$

의 관계가 있으니 이를 이용하면

$$1.9 = \frac{1}{500}\left[V - \frac{1}{6}\ c(V,\ 2,\ 1000)\right]$$

라는 방정식이 만들어진다. 이는 V를 변수로 하는 비선형 방정식으로, 엑셀의 '데이터–가상분석–목표값 찾기' 루틴 등의 수치적 방법을 이용하여 풀게 된다. 앞의 방정식의 해는 $V = 983.4929$로 계산되며 따라서 신주인수권의 적정 가격은

$$W = (V - nS) \div m = (983.4929 - 500 \times 1.9) \div 100 = 0.3349$$

이다. (방정식을 직접 풀기가 기술적으로 어려운 경우 여기에 계산된 값들을 BS 공식에 대입하여 결과값이 일치함을 확인할 수 있을 것이다.)

13.4 (1) 다음의 변수들을 계산하면

$$\text{채권의 액면 총액} = mF = 100 \times 4 = 400$$
$$\text{전환시 지분 비율} = \lambda = \frac{m(F/cp)}{n + m(F/cp)} = \frac{2}{7}$$
$$\text{전환 임계점} = mF/\lambda = 1{,}400.$$

주어진 가격하에서 회사의 현재가치는 $V = nS + mCB = 500 \times 1.22 + 100 \times 3.65 = 975$이다. BS 공식에 따라 다음을 계산하면

$$c(V, T, mF) = c(975,\ 2,\ 400) = 613.8805$$
$$c(V, T, mF/\lambda) = c(975,\ 2,\ 1400) = 76.4106$$

이다. 이들을 이용하면

$$\text{전환사채 적정 가격} = \frac{1}{m}[V - c(V, T, mF) + \lambda c(V, T, mF/\lambda)]$$
$$= \frac{1}{100}\left[975 - c(975,\ 2,\ 400) + \frac{2}{7} \cdot c(975,\ 2,\ 1400)\right] = 3.8295$$
$$\text{적정 주가} = \frac{1}{n}[c(V, T, mF) - \lambda c(V, T, mF/\lambda)]$$
$$= \frac{1}{500}\left[c(975,\ 2,\ 400) - \frac{2}{7} \cdot c(975,\ 2,\ 1400)\right] = 1.1841$$

로 계산되어, 주가는 상대적으로 고평가되어 있고 전환사채는 저평가되어 있다는 것을 알 수 있다.

(2) 주가와 회사가치의 관계에 따라

$$1.211 = \frac{1}{500}\left[c(V,\ 2,\ 400) - \frac{2}{7}\cdot c(V,\ 2,\ 1400)\right]$$

라는 방정식이 성립해야 한다. 이는 V를 변수로 하는 비선형 방정식으로 수치적 방법으로 풀어야 한다. 이 방정식의 해는 $V = 990$으로 구해지므로 이에 근거해서 전환사채의 적정 가격을 계산하면

$$CB = (V - nS) \div m = (990 - 500 \times 1.211) \div 100 = 3.845$$

라는 것을 알 수 있다. (방정식을 직접 풀기가 기술적으로 어려운 경우 여기에 계산된 값들을 BS 공식에 대입하여 결과값이 일치함을 확인할 수 있다.)

13.5 채권 A, 채권 B, 그리고 주식의 5년 후 채권 만기 시점에서의 수입구조는 각각 다음의 그림들이 보여주는 바와 같다.

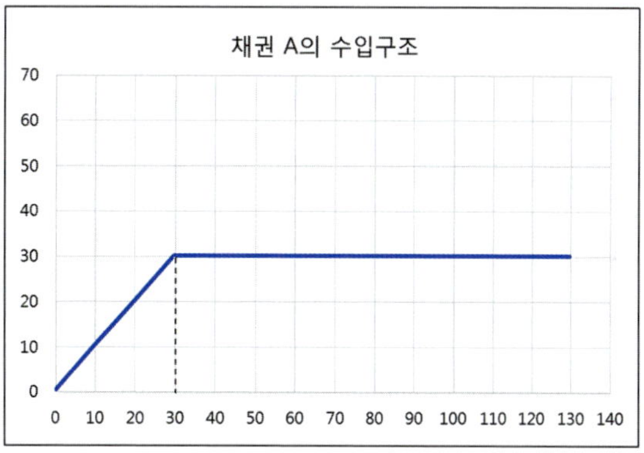

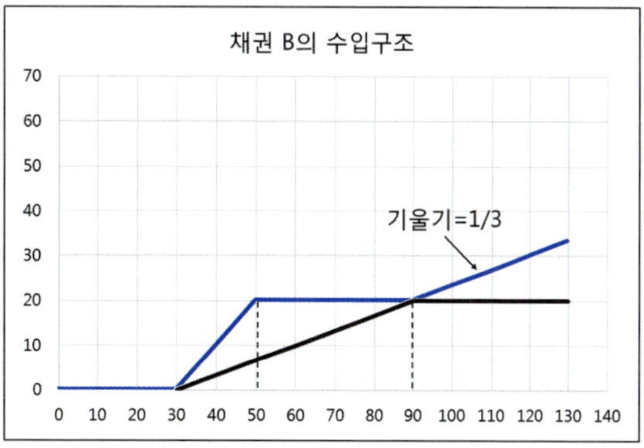

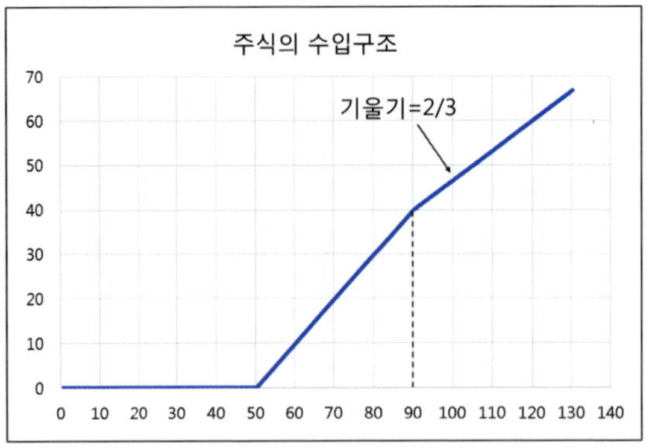

그러므로 각 증권은 다음의 포지션들을 취한 것과 같다.

- 채권 A: 기준자산(회사 전체) 매입, 행사가격 30의 콜옵션 발행
- 채권 B: 행사가격 30 콜옵션 매입, 행사가격 50 콜옵션 매도, 행사가격 90 콜옵션의 $\frac{1}{3}$ 매입. 채권 A가 완전히 변제된 후, 남아 있는 지분의 $\frac{1}{3}$이나 후순위 채권으로서의 변제액 가운데 큰 값이 수입(payoff)으로 파악되기 때문이다.
- 주식: 행사가격 50 콜옵션 매입, 행사가격 90 콜옵션 $\frac{1}{3}$ 매도

따라서 각 증권의 가치는 다음과 같이 평가할 수 있다.

$$D_A = 100 - c(100,\ 5,\ 30) = 100 - 78.96 = 21.04$$

$$D_B = c(100,\ 5,\ 30) - c(100,\ 5,\ 50) + \frac{1}{3}c(100,\ 5,\ 90)$$

$$= 78.96 - 65.75 + \frac{1}{3} \cdot 44.24 = 27.96$$

$$E = c(100,\ 5,\ 50) - \frac{1}{3}\ c(100,\ 5,\ 90) = 65.75 - \frac{1}{3} \cdot 44.24 = 51.00.$$

제 14 장 확률과정의 직관적 이해와 Ito의 정리

14.1 세 변수 각각의 분산은

$$var(\Delta W^{[A]}) = 2,\ var(\Delta W^{[B]}) = 1,\ var(\Delta W^{[C]}) = 2.$$

$\Delta W^{[A]}$와 $\Delta W^{[B]}$는 겹치는 부분이 없으니, 둘 사이의 공분산은 0이고 따라서 상관계수도 0이다.

$\Delta W^{[A]}$와 $\Delta W^{[C]}$는 $1 < t \leq 2$ 사이에서 겹치니, 둘 사이의 공분산은 1이고 상관계수는

$$\frac{1}{\sqrt{2 \cdot 2}} = 0.5$$

로 계산된다.

$\Delta W^{[B]}$와 $\Delta W^{[C]}$는 $2 < t \leq 3$ 사이에서 겹치니, 둘 사이의 공분산은 1이고 상관계수는

$$\frac{1}{\sqrt{1 \cdot 2}} = 0.7071$$

이 된다.

14.2 드리프트율과 표준편차율이 모두 상수이므로 X_T는 식 14.5의 정규분포를 따르게 된다. 따라서 1년 후의 재고량 X_1은 $X_1 \sim v(120,\ 50^2)$의 분포를 따를 것이다. 1년 후의 재고량이 170톤 이상 될 확률은

$$\begin{aligned} Prob\,[X_1 \geq 170] &= Prob\left[\frac{X_1 - 120}{50} \geq \frac{170 - 120}{50}\right] \\ &= Prob\,[Z \geq 1] = 1 - N(1) = 0.1587 \end{aligned}$$

로 계산된다. (여기에서 Z는 표준정규분포를 따르는 확률변수를 의미한다.)

14.3 $Y(S,t) = S^n$이라고 표시하고 도함수들을 구하면

$$\begin{aligned} \frac{\partial Y}{\partial t} &= 0 \\ \frac{\partial Y}{\partial S} &= nS^{n-1} \\ \frac{\partial^2 Y}{\partial S^2} &= n(n-1)S^{n-2}. \end{aligned}$$

Ito의 정리를 적용하면

$$\begin{aligned} dY &= \left(nS^{n-1}\mu S + \frac{1}{2}n(n-1)S^{n-2}\sigma^2 S^2\right)dt + nS^{n-1}\sigma S dW \\ &= \left(n\mu S^n + \frac{1}{2}n(n-1)\sigma^2 S^n\right)dt + n\sigma S^n dW \\ &= \left(n\mu + \frac{1}{2}n(n-1)\sigma^2\right)Ydt + n\sigma Y dW. \end{aligned}$$

따라서 $Y = S^n$은 평균수익률 $n\mu + \frac{1}{2}n(n-1)\sigma^2$과 변동성 $n\sigma$의 모수를 갖는 GBM을 따른다는 것을 알 수 있다.

14.4 $Y(S,t) = e^{r(T-t)}S^{-1}$로 표시한다. 도함수들은

$$\begin{aligned} \frac{\partial Y}{\partial t} &= -re^{r(T-t)}S^{-1} \\ \frac{\partial Y}{\partial S} &= -e^{r(T-t)}S^{-2} \\ \frac{\partial^2 Y}{\partial S^2} &= 2e^{r(T-t)}S^{-3}. \end{aligned}$$

Ito의 정리를 적용하면

$$\begin{aligned} dY &= (-re^{r(T-t)}S^{-1} - e^{r(T-t)}S^{-2}\mu S + e^{r(T-t)}S^{-3}\sigma^2 S^2)dt - e^{r(T-t)}S^{-2}\sigma S dW \\ &= (-r - \mu + \sigma^2)Ydt - \sigma Y dW. \end{aligned}$$

Y_t도 GBM을 따른다는 것을 알 수 있다.

제 15 장 파생상품 가치함수의 편미분방정식, 그리고 위험중립의 개념

15.1 (1) 제 3 장에서 현물 보유에 따른 현금흐름이 없는 경우, 현물가격과 선도가격 사이에는 $F = Se^{rT}$의 관계가 성립한다는 것을 차익거래불가의 원칙에 따라 살펴보았다. 지금 문제에서의 변수들로 나타낸다면 이는

$$F(t) = \frac{f(t)}{P(t,T)}$$

의 관계로 표현할 수 있다. 따라서 $F(t)$의 확률과정을 찾기 위해서는 f와 P의 비율의 확률과정을 찾아야 하는데 이를 위해서 제 14 장의 339페이지에서 살펴본 결과를 적용하도록 한다. 거기에서 $\mu_1, \mu_2, \sigma_1, \sigma_2$로 표시한 평균수익률과 변동성에 지금의 값을 대입한다. 즉,

$$\mu_1 = \mu_f$$
$$\mu_2 = \mu_P$$
$$\sigma_1 = \sigma_f$$
$$\sigma_2 = \sigma_P$$

를 식 14.9에 대입하면

$$dF = d\left(\frac{f}{P}\right) = (\mu_f - \mu_P - \sigma_f \sigma_P + \sigma_P^2)Fdt + (\sigma_f - \sigma_P)FdW$$

를 얻을 수 있다.

(2) 순간 위험중립 세계에서는 자산의 평균수익률이 무위험 수익률과 같아지므로, 즉 위험의 시장가격 λ가 0이므로 $\mu_f = r, \mu_P = r$이 된다. 따라서 F의 확률과정은 이들을 대입하여

$$dF = (-\sigma_f \sigma_P + \sigma_P^2)Fdt + (\sigma_f - \sigma_P)FdW$$

로 나타낼 수 있다.

(3) T-선도 위험중립 세계에서는 위험의 시장가격 λ는 화폐재인 $P(t,T)$의 변동성 σ_P이므로 $\mu = r + \lambda\sigma$로부터 $\mu_f = r + \sigma_P \sigma_f$이고 $\mu_P = r + \sigma_P \sigma_P = r + \sigma_P^2$임을 알 수 있다. 따라서 이를 대입하면

$$\begin{aligned} dF &= (r + \sigma_f \sigma_P - r - \sigma_P^2 - \sigma_f \sigma_P + \sigma_P^2)Fdt + (\sigma_f - \sigma_P)FdW \\ &= (\sigma_f - \sigma_P)FdW \end{aligned}$$

가 도출된다. 이는 $P(t,T)$가 화폐재인 경우 f/P가 마팅게일(즉, 드리프트율이 0인 확률과정)이 된다는 본문의 결론과 일치한다.

(4) T^*-선도 위험중립 세계에서의 위험의 시장가격 λ는 $P(t,T^*)$의 변동성 σ_P^*이므로 $\mu_f = r + \sigma_P^*\sigma_f$이고 $\mu_P = r + \sigma_P^*\sigma_P$가 될 것이다. 따라서

$$\begin{aligned} dF &= (r + \sigma_P^*\sigma_f - r - \sigma_P^*\sigma_P - \sigma_f\sigma_P + \sigma_P^2)Fdt + (\sigma_f - \sigma_P)FdW \\ &= (\sigma_f - \sigma_P)(\sigma_P^* - \sigma_P)Fdt + (\sigma_f - \sigma_P)FdW \end{aligned}$$

의 확률과정을 따를 것이다.

15.2 오늘의 선도가격은 F_0로, 선물가격은 $\hat{F}_0$라고 구별하여 표시해 보자. 그러면

$$F_0 = E^T(S_T)$$
$$\hat{F}_0 = E^*(S_T)$$

로 표현할 수 있다고 하였다.

한편 T-선도 위험중립 세계에서는 식 15.38을 적용하여

$$S_0 = P(0,T)E^T(S_T)$$

라고 쓸 수 있고, 전통적 위험중립 세계에서는 식 15.37을 적용하여

$$S_0 = E^*\left[\exp\left(-\int_0^T r(u)du\right)S_T\right]$$

라고 쓸 수 있을 것이다. 그런데 만일 이자율이 고정되어 있거나 미래의 이자율이 시간의 함수로서 오늘 알려져 있다면 $\exp\left(-\int_0^T r(u)du\right)$은 현재 시점에서 확률변수가 아닌 알려진 상수로 계산할 수 있으므로 기대값 연산자 밖으로 나올 수 있다. 즉,

$$S_0 = \exp\left(-\int_0^T r(u)du\right)E^*[S_T]$$

가 된다. 이제 이자율이 확률적이지 않으므로 두 할인요소는

$$P(0,T) = \exp\left(-\int_0^T r(u)du\right)$$

로 동일하고, S_0는 우리가 어떤 세계를 가정하든 동일한 것이니 $E^T(S_T) = E^*(S_T)$이며 결과적으로 $F_0 = \hat{F}_0$가 성립하게 된다.

제 16 장 이자율 파생상품의 가치평가

16.1 f_t, f_r, f_{rr}의 A, B, r 등으로 나타낸 형태는 Vasicek의 경우와 동일하다. 즉,

$$f_t = A_t e^{-Br} + Ae^{-Br}(-B_t r)$$
$$f_r = Ae^{-Br}(-B) = -ABe^{-Br}$$
$$f_{rr} = -ABe^{-Br}(-B) = AB^2 e^{-Br}$$

이므로 이를 식 16.22에 대입하면

$$A_t e^{-Br} + Ae^{-Br}(-B_t r) - ABe^{-Br}[\alpha(\beta - r)] + \frac{1}{2}AB^2 e^{-Br}\sigma^2 r = rAe^{-Br}$$

이 되는데 이를 정리하면

$$\left[A_t - rAB_t - AB[\alpha(\beta - r)] + \frac{1}{2}AB^2\sigma^2 r - rA\right]e^{-Br} = 0$$

로 나타낼 수 있다. 여기에서 $e^{-Br} > 0$을 제외한 부분을 r의 일차함수로 묶으면

$$(A_t - AB\alpha\beta) + (-AB_t + AB\alpha + \frac{1}{2}AB^2\sigma^2 - A)r = 0$$

이다. 이는 두 방정식

$$A_t - AB\alpha\beta = 0$$
$$B_t - B\alpha - \frac{1}{2}B^2\sigma^2 + 1 = 0$$

이 동시에 성립해야 함을 뜻한다.

16.2 (1) 제 2 절의 결과를 이용하면

$$P(0,t) = e^{-(0.05+0.001t)t},$$
$$F(0,t) = R(0,t) + t \cdot \frac{\partial R(0,t)}{\partial t}$$
$$= 0.05 + 0.001t + t \times 0.001 = 0.05 + 0.002t.$$

(2) $F_t(0,t) = 0.002$이므로

$$\theta(t) = 0.002 + \sigma^2 t$$

로 설정하면 될 것이다.

(3) $P(3,5) = A(3,5)e^{-r(3)(5-3)}$으로 표시하기 위해서 $A(3,5)$를 계산한다. 식 16.28을 이용하여

$$\ln A(3,5) = \ln P(0,5) - \ln P(0,3) + (5-3)F(0,3) - \frac{1}{2}(0.1)^2(3)(5-3)^2$$

을 계산하는데, (1)의 결과를 대입하면

$$\ln P(0,5) = -0.275,\ \ln P(0,3) = -0.159,\ F(0,3) = 0.056$$

이므로 $\ln A(3,5) = -0.064$로, $A(3,5) = 0.9380$으로 계산되고 따라서

$$P(3,5) = 0.9380e^{-2r(3)}$$

으로 나타낼 수 있다. 3년 후 시점에서 단기 이자율이 7%일 경우 $r(3) = 0.07$을 대입하면 2년 만기 할인채의 가격은

$$P(3,5) = 0.9380e^{-2\cdot(0.07)} = 0.8155$$

로 계산된다.

16.3 (1) [만기 1.5년 액면 2.5]의 할인채-1과 [만기 2년 액면 102.5]의 할인채-2의 조합이다. 두 할인채의 현재가치는 Vasicek 모형에 따라 계산되는 식 16.17로부터 각각 구할 수 있다. 즉, 할인채-1의 현재가치는

$$\begin{aligned} 2.5P(0,1.5) &= 2.5A_2e^{-B_2r(0)} \\ &= 2.5\cdot 0.99813e^{-1.45589\cdot 0.06} = 2.2866 \end{aligned}$$

으로, 할인채-2의 현재가치는

$$\begin{aligned} 102.5P(0,2.0) &= 102.5A_3e^{-B_3r(0)} \\ &= 102.5\cdot 0.99689e^{-1.92209\cdot 0.06} = 91.0516 \end{aligned}$$

과 같이 계산된다.

(2) 옵션이 만기가 되는 1.2년 시점에서의 기준 채권의 가격은

$$2.5P(1.2,\ 1.5) + 102.5P(1.2,\ 2.0) = 2.5A_4e^{-B_4r(1.2)} + 102.5A_5e^{-B_5r(1.2)}$$

와 같이 표현하는 것이 가능하다. 따라서 여기에 $r(1.2) = 0.088239$를 대입하여 위 식의 값이 98로 계산됨을 확인하면 된다.

(3) 할인채-1을 기준자산으로 하는 콜옵션의 행사가격은 $2.5\cdot 0.99991e^{-0.29821\cdot 0.088239} = 2.4349$ 이고, 할인채-2를 기준자산으로 하는 콜옵션의 행사가격은 $102.5\cdot 0.99942$

$e^{-0.78734 \cdot 0.088239} = 95.5651$일 것이다. 정리하면 해당 콜옵션은 다음 두 콜옵션의 조합이다.

옵션-1: 기준자산은 할인채-1, 만기 1.2년, 행사가격은 2.4349

옵션-2: 기준자산은 할인채-2, 만기 1.2년, 행사가격은 95.5651

(4) 식 16.43을 이용하여 각각의 옵션 가치를 계산한다. 옵션-1에 대해서는 $L = 2.5$, $s = 1.5$, $T = 1.2$를 대입하여

$$\sigma_P = 0.007975,\ \ d_1 = 1.09752,\ \ d_2 = 1.08955$$

를 얻어 결과적으로 옵션-1의 가치는 0.02112로 계산된다. 옵션-2에 대해서는 $L = 102.5$, $s = 2.0$, $T = 1.2$를 대입하여

$$\sigma_P = 0.02105,\ \ d_1 = 1.11060,\ \ d_2 = 1.08955$$

를 얻어 결과적으로 옵션-2의 가치는 2.21469로 계산된다. 최종적으로 해당 옵션의 이론적 현재가치는 둘의 합계인 2.23581이다.

찾아보기(INDEX)

저자 소개

이정진

서강대학교 경영학과 교수 (1993년부터, 현재 명예교수)

스탠포드 대학교 경영학박사 (재무관리 전공)

일리노이 대학교 수학석사

서울대학교 경제학사

파생상품

인　　쇄　2024년 8월 30일
발　　행　2024년 9월 6일

저　　자　이정진
펴 낸 이　김광범
펴 낸 곳　도서출판 시대가치

출판등록　2017년 3월 23일 제2018-000088호
주　　소　서울특별시 마포구 토정로 222, 422-1호(한국출판콘텐츠센터)
전　　화　02)3152-2620 / 팩스 02)6442-2621
이 메 일　timepub2017@gmail.com
홈페이지　시대가치.com

ISBN 979-11-89607-96-8 93320

가격 30,000원